प्रशासनिक हिन्दी : ऐतिहासिक सन्दर्भ

प्रशासनिक हिन्दी : ऐतिहासिक सन्दर्भ

डॉ. महेशचंद्र गुप्त

वाणी प्रकाशन

वाणी प्रकाशन

4695, 21-ए, दरियागंज, नयी दिल्ली 110 002

शाखा

अशोक राजपथ, पटना 800 004

फ़ोन: +91 11 23273167 फ़ैक्स: +91 11 23275710

www.vaniprakashan.in

vaniprakashan@gmail.com

PRASHASANIK HINDI : AITIHASIK SANDARBHA

by Dr. Mahesh Chandra Gupta

ISBN : 81-7055-256-7

Linguistic

प्रथम संस्करण 1992

द्वितीय संस्करण 1993

आवृत्ति 2011

मूल्य : ₹ 350

ओम ऑफ़सेट, दिल्ली-110093 में मुद्रित

वाणी प्रकाशन का लोगो मक़बूल फ़िदा हुसेन की कूची से

प्राक्कथन

प्राचीन भारतीय वाङ्मय में भारत की प्रशासनिक व्यवस्था, राज्यों के गठन और उनकी शासन पद्धति की विस्तृत व्याख्या मिलती है। उस समय राजा और प्रजा की भाषा में वैविध्य नहीं था। राजभाषा का क्षेत्र इतना व्यापक था कि प्रशासन में प्रयुक्त होनेवाले शब्द की अभिव्यक्तियाँ न केवल राजकीय अभिलेखों तक सीमित थीं बल्कि उनका प्रयोग काव्य और इतिहास में भी उपलब्ध था। इसीलिए नौवीं-दसवीं शताब्दी तक एक ऐसी राजभाषा का प्रयोग हो रहा था जो प्रशासनिक शब्दावली, प्रशासनिक परम्परा और प्रशासनिक व्यवस्था की दृष्टि से सम्पूर्ण भारत की अभिव्यक्ति को प्रतीकात्मक रूप में तैयार कर रही थी। तदनंतर विदेशी शासन के स्थापित हो जाने से विदेशी भाषा अरबी-फ़ारसी और बाद में अंग्रेज़ी सरकारी काम-काज की भाषा बन गई। इसके बावजूद तत्कालीन हिन्दी विभिन्न राज्यों की प्रशासनिक भाषा के रूप में प्रयुक्त होती रही। यह भाषा अपने काल-प्रवाह के साथ संस्कृत, अरबी-फारसी, अंग्रेज़ी आदि भाषाओं के शब्दों को अपने भीतर समाहित करते हुए राजभाषा की सार्थक भूमिका निभा रही थी। राजपूत और मराठा राज्यों में इस भाषा हिन्दी का प्रयोग धड़ल्ले से हो रहा था। स्वतन्त्रता-प्राप्ति के बाद हमारे संविधान-निर्माताओं ने संविधान के अनुच्छेद 343 के अन्तर्गत हिन्दी को भारत संघ की राजभाषा का गौरव प्रदान किया। वास्तव में राष्ट्रीय सन्दर्भ में हिन्दी के दो रूप मिलते हैं—एक, जनभाषा के रूप में और दूसरा, राजभाषा के रूप में। जनभाषा के रूप में हिन्दी समूचे भारत में प्लेटफ़ार्मों, तीर्थस्थलों, ऐतिहासिक स्थानों, पर्यटन केन्द्रों आदि में तो प्रयुक्त होती ही है, फिल्मों तथा दूरदर्शन में भी इसका जनभाषा रूप निखरा है। राजभाषा के रूप में यह राजनैतिक, सामाजिक और आर्थिक दृष्टि से भारत को एकता के सूत्र में बांधने की भाषा है। सरकारी काम-काज की भाषा के रूप में यह सरकार और जनता के बीच सम्पर्क स्थापित करती है।

हिन्दी का यह जनभाषा रूप और राजभाषा रूप 50-60 वर्षों का इतिहास नहीं है वरन् यह सदियों से चली आ रही परम्परा से पल्लवित रूप है। इसी परिप्रेक्ष्य में राजभाषा मर्मज्ञ विद्वान हिन्दी प्रेमी डॉ० महेशचंद्र गुप्त ने राजभाषा

हिन्दी की ऐतिहासिक परम्परा का विवेचनात्मक अध्ययन प्रस्तुत पुस्तक में किया है। डॉ० गुप्त मूलतः इंजीनियर हैं लेकिन हिन्दी प्रेमी होने के नाते इन्होंने इंजीनियरी के व्यवसाय को त्यागकर हिन्दी सेवा में स्वयं को समर्पित कर दिया। यह बात भी उल्लेखनीय है कि भारत सरकार के कार्यालयों में जब तक वे इंजीनियरी विभाग में रहे, उन्होंने अपना समूचा कार्य हिन्दी में ही करने का संकल्प लिया था। उनकी हिन्दी निष्ठा ने उन्हें भारत सरकार के राजभाषा विभाग में मनोनीत किया। तब से वे हिन्दी के राजभाषा रूप के प्रचार-प्रसार में संलग्न हैं।

प्रस्तुत पुस्तक में डॉ० गुप्त ने भारत में प्रशासनिक भाषाओं की परम्परा का विश्लेषण करते हुए राजस्थान, मध्य भारत आदि विभिन्न प्रदेशों में हिन्दी के प्रशासनिक रूप का मूल्यांकन किया है जिससे यह स्पष्ट होता है कि हिन्दी को स्वतन्त्रता के बाद राजभाषा का दर्जा नहीं मिला बल्कि यह सदियों से सम्पर्क-भाषा के साथ-साथ राजकाज की भाषा के रूप में भी प्रतिष्ठित थी। प्रशासनिक हिन्दी के इतिहासपरक अध्ययन को लेखक ने पन्द्रह अध्यायों में विभाजित किया है जिनके अन्तर्गत प्रशासनिक कार्यकलापों के अतिरिक्त विधि और न्याय, राजनयिक कार्यों, राजस्व सम्बन्धी कार्यों, मूल्य निर्धारण सम्बन्धी आदेशों, सुरक्षा कार्यों, स्थापना सम्बन्धी कार्यों आदि में हिन्दी प्रयोग का प्रमाण सहित लेखा-जोखा प्रस्तुत करने का सफल प्रयास किया है। इस पुस्तक का अध्ययन करने से निस्संकोच रूप से यह कहा जा सकता है कि स्वतन्त्रता-प्राप्ति के बाद हिन्दी को संविधान में राजभाषा का दर्जा देकर हमने उस पर कोई अहसान नहीं किया। वास्तव में उसे यह पदवी देकर हमने स्वयं को गौरवान्वित किया है। भारतीय प्रशासन में अंग्रेज़ी के वर्चस्व को समाप्त करने में हिन्दी ही सक्षम है। अतः इसके प्रचार-प्रसार से ही भारत की अखण्डता बनी रह सकती है। मुझे विश्वास है कि डॉ० गुप्त ने जिस उद्देश्य को लेकर इस पुस्तक का प्रणयन किया है, उसमें वे अवश्य सफल होंगे।

इस पुनीत सारस्वत कार्य के लिए मैं डॉ० महेशचंद्र गुप्त को साधुवाद देता हूँ।

13 अप्रैल, 1992
(बैसाखी)

—डॉ० कृष्णकुमार गोस्वामी
प्रोफेसर एवं अध्यक्ष,
उच्च शिक्षा और शोध संस्थान,
दक्षिण भारत हिन्दी प्रचार सभा,
हैदराबाद-500 004

भूमिका

हिन्दी भाषा के अध्येताओं और हिन्दी के प्रतिष्ठित तथा उदीयमान साहित्यकारों का प्रशासन में हुए हिन्दी के प्रयोग की ओर ध्यान दिलाना अत्यन्त आवश्यक कार्य है, क्योंकि हिन्दी के, इस दिशा में हुए प्रयोग का अध्ययन, न तो 'प्रशासन' विषय के अन्तर्गत, न ही इतिहास में किया जाता है और न ही साहित्य के महारथियों ने इस ओर ध्यान देने की आवश्यकता समझी है।

इस पुस्तक में हिन्दी के प्रशासनिक कार्यों में सदियों से हुए प्रयोग की ओर इंगित करते हुए, भाषा के महत्त्व का प्रतिपादन किया गया है। देश की भाषायी स्थिति के विषय में विचार करते समय बाइबिल में वर्णित बेबल की मीनार की कथा की ओर ध्यान चला जाता है जो इस प्रकार है :

आदम के बेटों ने आसमान तक पहुँचने के लिए एक बहुत बड़ा मीनार बनाना चाहा। ईश्वर ने देखा कि ये लोग स्वर्ग तक पहुँचकर मेरी बराबरी करने लगेंगे। उन लोगों की एक भाषा थी और वे मिलकर काम करते ऊपर चढ़ते चले जा रहे थे। ईश्वर ने उन्हें भिन्न-भिन्न भाषाएं देकर तितर-बितर कर दिया। भाषा की विभिन्नता के कारण अब वे एक दूसरे की बात ही न समझ सकते थे। वे आपस में लड़ने लगे। इसी झगड़े में मीनार भी टूट-फूट गया।[1]

जिस देश के लोग एक भाषा के सूत्र में बंधे रहते हैं उनके भावों और विचारों में एकता रहती है। भाषा की विभिन्नता के कारण राजनीतिक अथवा सांस्कृतिक एकता बनाए रखना दुष्कर होता है।

बेबल की मीनार वाली-सी स्थिति का ही सामना बहुत कुछ हिन्दी को भी करना पड़ा। हिन्दी को भारत संघ की राजभाषा यानी कामकाज की एकमात्र

---

1. हिन्दी उद्भव विकास और रूप--डा० हरदेव बाहरी, पृ० 211

भाषा बनने में अनेक बाधाएं आईं जिनमें से अभी भी कुछ विद्यमान हैं। इन समस्याओं का विश्लेषण करने से पूर्व देश के महापुरुषों तथा नेताओं द्वारा समय-समय पर हिन्दी के सम्बन्ध में प्रकट किए गए उद्‌गारों की ओर ध्यान दे लेना समयोचित होगा।

30 दिसम्बर, 1917 को कलकत्ता में राष्ट्रीय भाषा सम्मेलन के अधिवेशन का सभापतित्व करते हुए लोकमान्य बाळ गंगाधर तिळक ने अपनी ओजस्वी वाणी में कहा था : "एक राष्ट्रभाषा की सदा जरूरत रहती थी और आज भी है। बिना राष्ट्रभाषा के मनुष्य में धर्मनिष्ठा नहीं रह सकती। हम ऐसी भाषा चाहते हैं जो समस्त भारत में सरलता-आसानी से समझी जा सके। इस समय आपके देश में मुख्य रूप से हिन्दी भाषा का विशेष प्रचार है। नागरी लिपि में लिखी जाने से हिन्दी की व्यापक शक्ति और भी व्यापक है। हिन्दी के शब्दों में सब तरह के भावों के व्यक्त करने की शक्ति है; फलतः इसमें राष्ट्रभाषा होने के सभी गुण विद्यमान हैं।"[1]

डा० मित्र ने हिन्दी के महत्त्व को प्रतिपादित करते हुए कहा था :

"इन सबमें हिन्दी ही एक वह भाषा है जो सारे देश की कौमी जबान बन सकती है।"[2]

महात्मा गांधीजी ने राष्ट्रभाषा नामक पुस्तक में लिखा था :

"यदि हिन्दुस्तान को सचमुच एक राष्ट्र बनाना है तो चाहे कोई माने या न माने राष्ट्रभाषा तो हिन्दी ही बन सकती है, क्योंकि जो स्थान हिन्दी को प्राप्त है वह किसी दूसरी भाषा को कदापि प्राप्त नहीं हो सकता।"

एक बार मद्रास की हिन्दी पचार परिषद में बोलते हुए महात्मा जी ने कहा था :

"अगर स्वराज्य करोड़ों भूखों मरने वालों, करोड़ों निरक्षरों, निरक्षर बहिनों और दलितों का हो और इन सबके लिए होने वाला हो तो हिन्दी ही राष्ट्रभाषा हो सकती है।"[3]

सन् 1935 में हिन्दी साहित्य सम्मेलन इन्दौर के सभापति पद से बोलते हुए

---

1. राष्ट्रभाषा हिन्दी—पं० गौरीशंकर शुक्ल, प्रथम बार 1919, पृ० 6-7
2. वही, पृ० 11, 13
3. महात्मा गांधी और हिन्दी—श्री कुंवर बहादुर माथुर, हिन्दी परिचय—हेमंत 1887, पृ० 22-23

महात्मा गांधी जी ने कहा था :

"हिन्दी को हम राष्ट्रभाषा मानते हैं, यह राष्ट्रभाषा होने लायक है। वही राष्ट्रभाषा हो सकती है जिसे ज्यादा तादाद में लोग जानते हों और जो सीखने में आसान हो। ऐसी भाषा हिन्दी ही है।"

गांधी जी ने अपने पत्र 'नवजीवन' में लिखा था :

"संसार में सबसे अधिक बोली जानेवाली भाषाओं में हिन्दी का तीसरा स्थान है और यह इस बात का पक्का सबूत है इसलिए सब कोई हिन्दी सीख ले।"

इसी प्रकार महात्मा गांधी जी ने अन्य अवसरों पर हिन्दी सम्बन्धी अपने उद्गार प्रकट किए थे :

(1) "मेरा नम्र लेकिन दृढ़ अभिप्राय है कि जब तक हम हिन्दी भाषा को राष्ट्रीय और अपनी-अपनी प्रान्तीय भाषाओं को उनके योग्य स्थान नहीं देते, तब तक स्वराज्य की सब बातें निरर्थक हैं।"[1]

(2) "मैं अंग्रेजी से नफरत नहीं करता। पर मैं हिन्दी से अधिक प्रेम करता हूं। इसलिए हिन्दुस्तान के शिक्षकों से कहता हूं कि वे हिन्दी को अपनी भाषा बना लें। हम हिन्दी के जरिये ही दूसरी प्रान्तीय भाषाओं से परिचय प्राप्त कर सकते हैं, उनकी उन्नति कर सकते हैं। अगर विदेशी भाषा सीखने में हमारे दिल और दिमाग दोनों पथरा न गए होते, तो हमारे लिए 5-6 देशी भाषाएं न जानने का कोई कारण ही न आता।"[2]

हिन्दी के महान् समर्थक श्री केशवचन्द्र सेन ने एक बार कहा था कि :

"भारतवर्ष में जितनी भाषाएं प्रचलित हैं, उनमें हिन्दी भाषा प्रायः सर्वत्र ही प्रचलित है। इस हिन्दी भाषा को यदि भारत की एकमात्र भाषा बना दिया जाए तो अनायास ही एकता का कार्य शीघ्र सम्पन्न हो जाए। भाषा एक न होने से एकता कभी नहीं हो सकती।"[3]

बाबू बंकिम चन्द्र चटर्जी ने भी श्री सेन से सहमति प्रकट करते हुए कहा था :

"अंग्रेजी भाषा के द्वारा जो भी हो, किन्तु हिन्दी की शिक्षा न देने से किसी भांति काम नहीं चल सकता··· हिन्दी भाषा की सहायता से भारत के भिन्न-भिन्न प्रदेशों के बीच जो ऐक्य सम्बन्ध स्थापित कर सकेंगे, वे ही वस्तुतः भारत बंधु

1. हिन्दी परिचय—पावस 1890 शक, पृ० 2
2. हिन्दी परिचय—ग्रीष्म 1891 शक, पृ० 2
3. हिन्दी परिचय—शिशिर 1889 शक, पृ० 22

कहलाने के योग्य हो सकेंगे।"[1]

नेताजी सुभाषचन्द्र बोस ने हिन्दी की महत्ता को स्पष्ट करते हुए कहा था :

"हिन्दी में उच्च साहित्य है अथवा नहीं, यह विवादास्पद विषय उठाना निरर्थक है। हिन्दी व्यापक रूप से भारतवर्ष में बोली जाती है, और इसमें ग्रहण-शीलता तथा सरलता है।"[2]

कविवर रवीन्द्रनाथ ठाकुर ने भी गांधी जी के स्वर में स्वर मिलाकर कहा था :

"यदि हम प्रत्येक भारतीय के नैसर्गिक अधिकारों के सिद्धान्त को स्वीकार करते हैं तो हमें उस भाषा को राष्ट्रभाषा के रूप में स्वीकार करना चाहिए जो देश के सबसे बड़े भाग में बोली जाती है और जिसके स्वीकार करने की सिफारिश महात्मा गाँधी ने हम लोगों से की है, अर्थात् हिन्दी।"

पं० जवाहरलाल नेहरू ने भी इस विषय में अपने विचार प्रकट किए थे :

"हिन्दी का ज्ञान राष्ट्रीयता को प्रोत्साहन देता है। और भाषाओं की अपेक्षा राष्ट्रभाषा बनने की योग्यता हिन्दी में सबसे अधिक है।"[3]

क्या नहीं कहा गया ? क्या नहीं लिखा गया ? किस महापुरुष ने कहने में कसर उठा रखी है ? पर फिर भी हिन्दी की क्षमता के सम्बन्ध में कई प्रश्न उठाए जाने लगे, यथा—

(क) हिन्दी एक नई भाषा है जो आधुनिक काल की ही देन है।

(ख) हिन्दी उतनी समृद्ध नहीं जितनी अन्य भाषाएं तथा उसमें ज्ञान-विज्ञान और प्रशासन कार्य के उपयोग-योग्य शब्दावली नहीं है।

(ग) प्रशासनिक कार्य के लिए हिन्दी समर्थ नहीं है क्योंकि हिन्दी कविता, कहानी तथा उपन्यास की ही भाषा है।

(घ) हिन्दी के प्रयोग से देश की अन्य भाषाओं की हानि होगी।

संख्या बल में भी हिन्दी भाषा-भाषियों को कम करने का प्रयास होता दिखलाई पड़ता है। कहा जा रहा है कि,

(क) हिन्दी और बिहारी अलग-अलग हैं।

(ख) हिन्दी और मैथिली अलग भाषाएं हैं।

---

1. हिन्दी परिचय—शिशिर 1989 शक, पृ० 22
2. वही
3. वही

(ग) हिन्दी और राजस्थानी अलग-अलग हैं। इत्यादि।

इन सभी प्रश्नों के संबंध में कुछ विचार करना उपयोगी रहेगा।

(क) हिन्दी—एक नई भाषा

जहाँ तक हिन्दी को एकदम नई भाषा बताने का प्रश्न है, उसकी नींव में हिन्दी को, उसकी पुरानी परम्परा से अलग कर के, बिल्कुल अविकसित भाषा के स्तर पर लाकर बिठा देने की भावना काम कर रही लगती है। डा. कान्ति कुमार जैन ने निम्नलिखित शब्दों में हिन्दी की अति प्राचीनता की पुष्टि करते हुए कहा है :

"वास्तव में हिन्दी के आदिकालीन काव्य की दीर्घा में जिन कवियों के चित्र अधिकारपूर्वक टांगे जा सकते हैं वे चारण और जनकवि ही हैं। परवर्ती खोजों ने परवर्ती अपभ्रंश के अद्दहमाण जैसे कवियों को भी इस दीर्घा का पात्र स्वीकार किया है। उसका कारण यही है कि अद्दहमाण (अब्दुल रहमान) जैसे कवि अपनी काव्य भाषा के लिए रूढ़िबद्ध और टकसाली अपभ्रंश का मोह त्यागकर उस परवर्ती अपभ्रंश का साहसपूर्वक प्रयोग कर रहे थे जो जन बोलियों के निकट थी और जिसका संबंध लोक व्यवहार में विकसित हो रही हिन्दी की बोलियों से अत्यंत घनिष्ठ और आत्मीय था।"[1]

श्री चन्द्रबली पांडे ने अपनी पुस्तक 'कचहरी की भाषा और लिपि' में हिन्दी की प्राचीनता के विषय में लिखा है :

औरंगजेब जैसे कट्टर मुसलिम शासक के शासन में भी राष्ट्रभाषा हिन्दी किस प्रकार राजभाषा फारसी के साथ-साथ चलती रही इसकी एक झलक मिल गई। अब इतना याद रखें कि—

"वाकअ: यह है कि मुसलमान बादशाह हमेशः एक हिन्दी सिकरेटरी जो हिन्दी-नवीस कहलाता था और एक फारसी सिकरेटरी जिसको वह फारसी-नवीस कहते थे, रखा करते थे ताकि उनके एहकाम इन दोनों जबानों में लिखे जांय।"[2]

(गार्सां द तासी। नागरी प्रचारिणी पत्रिका सन् 1898 ई., पृ. 18)

---

1. आदिकालीन काव्य—डा० कान्ति कुमार जैन, प्रथम संस्करण सन् 1973, पृ० 1
2. कचहरी की भाषा और लिपि—चन्द्रबली पांडे, आश्विन 1996 वि० अंक, पृ० 15

फ्रांसीसी साहित्यकार गार्सां द तासी ने भी हिन्दी की प्राचीनता की पुष्टि की है।

भाषाओं का रूप समय के साथ उसी प्रकार बदलता है जैसे नदियां अपने मार्ग बदलती हैं। यह तथ्य हिन्दी के सम्बन्ध में भी अन्य भाषाओं की भाँति ही लागू होता है। एशिया की भाषाओं को आधुनिक बनाने के प्रसंग में डा. तकदीर अलिसजवाना ने लिखा है :

"हम जानते हैं कि शताब्दियों के दौरान हर भाषा बदलती रही है और कभी-कभी उसमें व्यापक और मौलिक परिवर्तन हुए हैं और इनकी पृष्ठभूमि में सामाजिक, सांस्कृतिक और मूल्य-तंत्र के बदलाव ही रहे हैं।"

हिन्दी को नई भाषा बताने वाले महानुभाव यह भूल ही जाते हैं कि तेरहवीं शताब्दी के आसपास अमीर खुसरो की कविता की भाषा क्या थी। उनकी भाषा का एक नमूना प्रस्तुत है :

तरवर ते एक तिरिया उतरी, उनने बहुत रिझाया।
बाप के उसके नाम जो पूछा, उलटा नाम बताया।।

यह तो तत्कालीन हिन्दी की खड़ी बोली कविता का रूप था। हिन्दी के अन्य रूपों में भी सुन्दर साहित्य का प्रणयन हुआ। यकायक कोई भी भाषा उन्नति के शिखर पर नहीं पहुँच सकती है। ऐसा मानना विकास की स्वाभाविक प्रक्रिया को नज़रन्दाज़ करना है। कैसे कोई भाषा यकायक विश्व की भाषाओं में विशिष्ट स्थान बना सकती है, जब तक कि वह शताब्दियों के अन्तराल में किसी न किसी रूप में प्रचलित न रही हो। यदि कुछ विद्वान् यह मानते हैं कि बन्दर से विकसित होकर लाखों वर्षों में मनुष्य बना तो स्पष्ट ही है कि हिन्दी किसी न किसी रूप में शताब्दियों से चलती आ रही होगी, तभी तो आज इतने विकसित रूप में यह सामने आ सकी है। वस्तुतः विकास की प्रक्रिया में हिन्दी के प्रचलित रूप भी बदलते रहे हैं। हिन्दी की विभिन्न बोलियां समय-समय पर साहित्यिक परिनिष्ठित भाषा बनती रही हैं। गत कई शताब्दियों से ब्रज भाषा साहित्यिक परिनिष्ठित भाषा का पद सुशोभित करती रही है। हिन्दी के रूप बदलाव के पश्चात् विश्व साहित्य में उसके स्थान के सम्बन्ध में डा० धर्मवीर भारती ने निम्नलिखित विचार व्यक्त किए हैं :

"कदाचित् किसी भी दूसरे साहित्य ने एक पुरानी और समृद्ध स्तरीय बोली को नहीं छोड़ा है और जन बोली को गद्य तथा पद्य की भाषा बनाया है। और ठीक एक सौ वर्षों में एशिया के सर्वोत्तम साहित्य में एक सम्माननीय स्थान पाया

है। यह आधुनिक हिन्दी की गतिशीलता को दिखाता है।"[1]

देखना यह है कि क्या अंग्रेजी ने रूप नहीं बदले हैं। बाइबिल की अंग्रेजी और शेक्सपियर की अंग्रेजी क्या सरलता से समझ में आती है? क्या आज की अंग्रेजी शेक्सपियर की अंग्रेजी से कुछ भिन्न रूप नहीं रखती? फिर हिन्दी पर दोषारोपण युक्तिसंगत नहीं कहा जा सकता। स्पष्टत: हिन्दी की जड़ों को कमजोर करने की दृष्टि से हिन्दी को उसके प्राचीन समृद्ध साहित्य से अलग करने का विचार फैलाकर हिन्दी को नई भाषा बताया जाता है।

(ख) असमृद्ध भाषा—हिन्दी

यदि हिन्दी समृद्ध भाषा नहीं है, तो दरिद्र भी नहीं है। हिन्दी श्री-सम्पन्न भाषा नहीं है तो कुरूप भी नहीं है। किसी अज्ञानवश या हठधर्मितावश हिन्दी को असमृद्ध भाषा बताने वालों के तर्कों के विश्लेषण की आवश्यकता है।

(1) शब्दावली की कमी

शब्दावली की कमी और शब्दों की कठिनता का बार-बार कहा जाना कुछ लोगों का पेशा बन गया है। शब्दावली के सम्बन्ध में केन्द्रीय हिन्दी निदेशालय के कार्य से वर्षों से सम्बद्ध डा० गोपाल शर्मा के कुछ विचारों को यहां उद्धृत किया गया है :

"इन कठिनाइयों के बावजूद भारतीय भाषाओं में पिछले तीन दशकों में काफी प्रगति हुई है। इस अवसर पर उसका संक्षिप्त लेखा-जोखा करना उचित होगा। भाषा के प्रसंग में एक लम्बे अर्से से भारत का अंग्रेजी प्रेमी बुद्धिजीवी वर्ग आम जनता का नेतृत्व स्वत: अपने कन्धों पर लादकर बड़ी उद्विग्नता के साथ नई पारिभाषिक शब्दावली के प्रति अपना आक्रोश व्यक्त करता रहा है।

सन् 1960 में केन्द्रीय हिन्दी निदेशालय बना। इसने दो सालों के भीतर, स्नातक स्तर के विषयों के लगभग डेढ़ लाख शब्दों का 'समेकित संग्रह' 1962 में प्रकाशित किया। सभी क्षेत्रों में इसका स्वागत हुआ और जो जहीन शब्द विधाता एक अर्से से 'मुख मार्जन वस्त्र खण्ड' और 'गमनागमन संकेत पट्टिका' जैसी ईजादें करके अपना और साथियों का दिल खुश करते आ रहे थे, बदलते हुए माहौल से

1. दी इलस्ट्रेटेड वीकली ऑफ इण्डिया के 5 जनवरी 1975 के अंक में अंग्रेजी लेख—'हिन्दी-राष्ट्रभाषा', पृ० 8, डा० धर्मवीर भारती।

समझौता करने लगे।"[1]

भाषा आयोग के सुझाव पर एक बार फिर एक तकनीकी पारिभाषिक शब्दावली आयोग की स्थापना की गई। उसने देश के सभी भागों में करीब-करीब 100 संगोष्ठियां आयोजित करके विषय-वार शब्दावलियां प्रकाशित कर दीं। आयोग ने आरम्भ काल से कुछ समय पहले तक एक हजार के लगभग विद्वानों और विशेषज्ञों की सहायता से 3 लाख 15 हजार पारिभाषिक शब्दों और अभिव्यक्तियों को अन्तिम रूप दिया और इन्हें 33 छोटी-बड़ी पुस्तिकाओं के रूप में प्रकाशित कर दिया।

वैज्ञानिक और तकनीकी शब्दावली आयोग और निदेशालय ने पाँच खण्डों में हिन्दी की वैज्ञानिक तथा तकनीकी शब्दावली का प्रकाशन कर दिया है।[2]

यह तो रही वैज्ञानिक और तकनीकी विषयों के शब्दों की स्थिति। इसके अतिरिक्त कई लाख शब्द हिन्दी में पहले से विद्यमान हैं। हिन्दी की बोलियों के ग्राम्य शब्द अनेक हैं जिनकी गणना का कदाचित कोई भी सुव्यवस्थित यत्न अभी तक नहीं हो सका है। इस प्रकार पूरी निष्ठा तथा वाणी की पूरी शक्ति से कहा जा सकता है कि हिन्दी किसी भी प्रकार के भावों-विचारों को प्रकट करने के सामर्थ्य से भरपूर है। अतः हिन्दी में शब्दावली की कमी बताना आज बिल्कुल बेमानी है।

(2) विश्वविद्यालयी पुस्तकों का अभाव

विभिन्न विषयों का विश्वविद्यालय स्तर का अध्ययन करने के लिए हिन्दी में पुस्तकों के अभाव का वर्णन बार-बार सुनने को मिलता है। डा० गोपाल शर्मा ने सन् 1975 में लिखा कि "सरकार और प्रकाशकों के सम्मिलित प्रयत्नों के फलस्वरूप आज लगभग 2000 प्रामाणिक पुस्तकें उपलब्ध हैं। पिछले कुछ वर्षों में शिक्षा मन्त्रालय और राज्य सरकारों के सम्मिलित प्रयास से हिन्दी में ज्ञान विज्ञान के लगभग 600 ग्रन्थ प्रकाशित हुए हैं। 390 ग्रन्थ प्रकाशनाधीन हैं और 1590 ग्रन्थों पर कार्य हो रहा है।[3]

हिन्दी 25 वर्षों में बहुत समृद्ध हुई है और निरन्तर समृद्ध होती चली जा

---

1. ज्ञान-विज्ञान का माध्यम हिन्दी, लेख—डा० गोपाल शर्मा, दिनांक 13 जनवरी, 1975 (विश्व हिन्दी सम्मेलन, नागपुर)
2. ज्ञान-विज्ञान का माध्यम हिन्दी : लेख—डा० गोपाल शर्मा
3. वही

रही है।"

इस सम्बन्ध में राम साहित्य के मर्मज्ञ बाबा कामिल बुल्के के कथन की ओर भी ध्यान देना अपेक्षित है, जिससे इस भ्रान्ति का निराकरण हो जाना चाहिए—

"हिन्दी भारतेन्दु हरिश्चन्द्र तथा महावीर प्रसाद द्विवेदी के प्रयत्नों के फलस्वरूप अर्द्ध शताब्दी से अधिक समय से समस्त हिन्दी प्रान्तों की साहित्यिक भाषा के रूप में स्वीकृत हो गई है। उसका स्वरूप निश्चित हो गया है और उसके ललित एवं उपयोगी साहित्य का भण्डार दिनोंदिन बढ़ता जा रहा है। वह एक अत्यन्त समर्थ भाषा है और उसके विकास की सम्भावनाएं कल्पनातीत हैं। वह संस्कृत के बहुत निकट है। जिसके आधार पर उसकी पारिभाषिक शब्दावली का निर्माण हो चुका है और हो रहा है। अतः उसका शब्द-भण्डार अत्यन्त समृद्ध है। पर्यायवाची शब्दों के बाहुल्य से तथा बहुसंख्यक सहायक क्रियाओं के विविध रूपों के माध्यम से हिन्दी में बहुत-सी सूक्ष्म अर्थछटाओं की अभिव्यक्ति सम्भव है। इसके अतिरिक्त हिन्दी का एक ऐसा सरल स्वाभाविक स्वरूप है, जिसके अध्ययन से कोई भी विषय सुबोधगम्य शैली में समझाया जा सकता है। प्रायः सभी प्राचीन संस्कृत धार्मिक एवं दार्शनिक ग्रंथ तथा संस्कृत के ललित साहित्य की प्रसिद्ध रचनाएं सरल हिन्दी व्याख्या सहित प्रकाशित हो चुकी हैं। भारत की अन्य प्रादेशिक भाषाओं के आधुनिक साहित्य का भी हिन्दी में अनुवाद होता रहता है। इस प्रकार हम देखते हैं कि जो व्यक्ति हिन्दी जानता है वह न केवल ज्ञान-विज्ञान सम्बन्धी उपयोगी साहित्य पढ़ सकता है, उसके पास प्राचीन भारतीय संस्कृति तथा समस्त आधुनिक भारतीय साहित्य की कुंजी भी विद्यमान है। अतः यह निर्विवाद है कि अन्य भारतीय भाषाओं की अपेक्षा आधुनिक साहित्यिक हिन्दी भारत की सामासिक संस्कृति की माध्यम भाषा बनने के लिए कहीं अधिक उपयुक्त है।"[1]

(ग) कविता, कहानी तथा उपन्यास की भाषा

यह तर्क भी यदाकदा दिया जाता है कि हिन्दी तो कविता, कहानी तथा उपन्यास आदि की भाषा है, वह प्रशासन कार्य के लिए समर्थ नहीं है। यह तर्क भी रामलीला में बने रावण के विशालकाय पुतले के ही समान है।

इस सम्बन्ध में केन्द्रीय हिन्दी निदेशालय के भूतपूर्व निदेशक, केरल के प्रसिद्ध विद्वान् प्रो० चन्द्रहासन् का, जिनका सरकारी कामकाज में हिन्दी के प्रयोग से

---

1. भारतीय सामासिक संस्कृति की माध्यम भाषा, हिन्दी लेख—डा० कामिल बुल्के, विश्व हिन्दी सम्मेलन, नागपुर

घनिष्ठ सम्बन्ध रहा है, निम्नलिखित मत था :

"आज की हिन्दी इतनी समर्थ हो चुकी है कि उसका सरकारी कामकाज एवं शिक्षा के माध्यम में आसानी से प्रयोग किया जा सकता है।

आधुनिक युग में जितनी प्रगति हिन्दी साहित्य ने की है, उतनी अन्य किसी भारतीय भाषा ने नहीं।"[1]

राजभाषा हिन्दी के प्रगामी प्रयोग के लिए सरकारी कार्यान्वयन की गति तीव्र करने की आवश्यकता है। इधर उस दिशा में उल्लेखनीय कार्य भी हुए हैं, जो अपर्याप्त होते हुए भी कम महत्त्वपूर्ण नहीं हैं। सरकारी और गैर-सरकारी क्षेत्रों में हिन्दी को उन्नत और विकसित करने के लिए, सरकारी कामकाज में हिन्दी को प्रयोग में लाने के लिए तथा उसे सक्षम बनाने के कई प्रयास हुए हैं। केन्द्रीय हिन्दी निदेशालय, वैज्ञानिक तथा तकनीकी शब्दावली आयोग और राजभाषा (विधायी) आयोग ने केन्द्रीय स्तर पर तथा कई हिन्दी भाषी राज्यों की सरकारों ने भी तकनीकी साहित्य उपलब्ध कराया है। विधि मन्त्रालय ने न्यायालय-निर्णय पत्रिका तथा उच्चतम न्यायालय निर्णय पत्रिका का प्रकाशन आरम्भ किया और अनेक नियमों, नियम पुस्तकों और अधिनियमों के हिन्दी रूप तैयार किए। इस प्रकार के कार्यों से प्रशासन तथा विधि-सम्बन्धी साहित्य पर्याप्त मात्रा में हिन्दी में सृजित हो सका है।[2]

वस्तुतः हिन्दी को मात्र कविता और कहानी अदि की भाषा कहना तथ्यों को झुठलाना है। हिन्दी में प्रशासनिक कार्यों को दक्षतापूर्वक निबटाने के लिए पर्याप्त सामग्री उपलब्ध है। 'केन्द्रीय सचिवालय हिन्दी परिषद्' नामक अखिल भारतीय संस्था ने स्थायी महत्त्व के अनेक संग्रहणीय प्रकाशन निकाले हैं, जो प्रशासनिक कार्यों में हिन्दी के प्रयोग का मार्ग प्रशस्त करते हैं।

(घ) हिन्दी के प्रयोग से अन्य भारतीय भाषाओं की क्षति

हिन्दी को राष्ट्रभाषा की संज्ञा काफी पहले से दी जाने लगी थी। महात्मा गांधी ने तो राष्ट्रभाषा हिन्दी को राष्ट्र मुक्ति आन्दोलन के साथ सम्बद्ध कर दिया। उनके आन्दोलनों में हिन्दी भी साथ-साथ चलती थी। परन्तु कुछ लोगों ने भारतीय भाषाओं की क्षति का नाम लेकर अंग्रेजी रक्षा का यत्न किया। पर मनी-

---

1. हिन्दी परिचय—पावस 1890 शक, पृ० 21
2. राजभाषा हिन्दी : वर्तमान और भविष्य (विश्व हिन्दी सम्मेलन, नागपुर) लेख—डॉ० मलिक मोहम्मद

षियों ने समझ-बूझकर इन यत्नों को निरस्त करने के प्रयत्न भी प्रारम्भ कर दिए थे। सन् 1919 में 'राष्ट्र-भाषा हिन्दी' पुस्तक में पं० गौरीशंकर शुक्ल ने लिखा है :

"इसके प्रचार और विस्तार से प्रान्तीय भाषाओं को कदापि हानि नहीं पहुंच सकती। हां, इसके अवरोध से अवश्य ही उनका पतन हो सकता है।"[1]

पं० व्यंकटेश नारायण तिवारी एम० ए० ने सम्मेलन पत्रिका के किसी अंक में लिखा था : "राष्ट्र-भाषा के प्रचार से प्रान्तीय भाषाओं को कैसे धक्का पहुंचेगा, यह हमारी समझ में नहीं आता। हमारा उद्देश्य यह है कि अंग्रेजी का जो स्थान इस समय है, वही स्थान हिन्दी को प्राप्त हो जाए। राजकाज और भिन्न-भिन्न प्रान्तों के शिक्षित सज्जनों के परस्पर व्यवहार में अंग्रेजी के स्थान में हिन्दी का प्रयोग होने लगे। यदि आज दिन अंग्रेजी भाषा मराठी या बंगला साहित्य की उन्नति में बाधक नहीं है तो हमारी समझ में नहीं आता कि अंग्रेजी के स्थान पर हिन्दी हो जाने से उक्त प्रान्तिक भाषाओं को किस प्रकार हानि पहुंच सकती है।"

पण्डित-द्वय शुक्ल और तिवारी के कथनों में सत्य के दर्शन होते हैं। परन्तु इस सम्बन्ध में महात्मा गांधी की वाणी का ओज द्रष्टव्य है :

"कुछ लोग ऐसा समझते हैं कि हम प्रान्तीय भाषाओं को नष्ट करके हिन्दी को सारे भारतवर्ष की एकमात्र भाषा बनाना चाहते हैं। इस गलतफहमी से भ्रमित होकर वे हमारे प्रचार का विरोध करते हैं। मेरा ख्याल है कि हमें इस बारे में अपनी नीति स्पष्ट करके ऐसी गलतफहमियां दूर करनी चाहिए। मैं हमेशा से यह मानता रहा हूं कि हम किसी भी हालत में प्रान्तीय भाषाओं को मिटाना नहीं चाहते। हमारा मतलब तो सिर्फ यह है कि विभिन्न प्रान्तों के पारस्परिक सम्बन्ध के लिए हम हिन्दी भाषा सीखें। ऐसा करने से हिन्दी के प्रति हमारा कोई पक्षपात प्रकट नहीं होता। हिन्दी को हम राष्ट्रभाषा मानते हैं। वह राष्ट्रीय होने के लायक है। वही भाषा राष्ट्रीय बन सकती है, जिसे अधिसंख्यक लोग जानते बोलते हों और जो सीखने में सुगम हो। ऐसी भाषा हिन्दी ही है।"[2]

इस सम्बन्ध में उत्पन्न किए गए भ्रम का निराकरण करने में राष्ट्रीय विचारों के मुसलमान तथा कुछ ईसाई पादरी भी पीछे नहीं रहे। दक्षिण भारत के वरिष्ठ

---

1. राष्ट्र भाषा हिन्दी—पं० गौरीशंकर शुक्ल, सन् 1919, पृ० 9-10
2. हिन्दी परिचय—पावस 1890 शक, पृ० 28

राष्ट्रीय नेताओं ने भी महात्मा गांधी जी के स्वर में स्वर मिलाकर इस प्रकार के भ्रम का मूलोच्छेद करने का प्रयत्न किया।

भारत के भूतपूर्व शिक्षा मंत्री श्री मुहम्मद अली करीम भाई चागला ने निम्न-लिखित शब्दों में इस प्रकार के प्रचार का खण्डन किया है :

"कुछ लोगों को ऐसा लगता है कि हिन्दी का प्रचार अन्य भारतीय भाषाओं को हानि पहुँचाकर किया जा रहा है। यह बात बिल्कुल गलत है। मेरा अपना मत है कि समस्त भारतीय भाषाओं को सशक्त बनाने से ही अन्ततः हिन्दी सशक्त बनेगी।

"हिन्दी के प्रचार से भारतीय भाषाओं को सहायता और शक्ति मिलेगी और भारतीय भाषाओं को जो सहायता हम देंगे उससे अन्त में हिन्दी को लाभ होगा। हिन्दी और अन्य भारतीय भाषाओं में कोई भेद नहीं है। हमें इस दृष्टि से देखना चाहिए कि हिन्दी और अन्य भारतीय भाषाओं का विकास साथ-साथ हो सके। भारतीय भाषाएँ हिन्दी के लिए बाहर की भाषाएँ नहीं हैं। हमारी अधिकतम भाषाओं का उद्‌गम एक ही संस्कृति और पृष्ठभूमि से हुआ है। कोई कारण नहीं कि हिन्दी के अध्ययन से भारतीय भाषाओं की समृद्धि अथवा विकास में कोई बाधा उत्पन्न हो।

"दक्षिण में, पूर्व में और पश्चिम में, सभी लोगों को यह महसूस कर लेना चाहिए कि यह राजभाषा है, यह हमारी राष्ट्रभाषा है और हम सबको इसका अध्ययन करना चाहिए, इसे जानना चाहिए।"[1]

बाबा (फादर) कामिल बुल्के ने इसी तथ्य की ओर ध्यान दिलाते हुए कहा था :

"अतः हिन्दी की उन्नति के लिए यह वांछनीय है कि हमारे अहिन्दी उदार चरित देशभक्त भाई ही अहिन्दी प्रान्तों में हिन्दी का प्रचार करें। इस तरह हिन्दी वालों पर हिन्दी साम्राज्यवाद का आरोप नहीं लगाया जा सकेगा। वे अपने प्रान्त के लोगों को यह समझाएँ कि जिस परिश्रम से वे अंग्रेजी सीखते हैं, उसके दशमांश परिश्रम से वे हिन्दी के पण्डित बन सकते हैं।

यह भी स्पष्ट किया जाए कि हिन्दी और किसी प्रादेशिक भाषा में विरोध नहीं है। हिन्दी दूर भविष्य में भी गुजराती, बंगाली, तेलुगु आदि भाषाओं का स्थान नहीं ले सकती है।"[2]

---

1. हिन्दी परिचय—शरद 1889 शक, पृ० 27
2. भारतीय सामासिक संस्कृति की माध्यम भाषा हिन्दी। लेख—बाबा कामिल बुल्के

मैसूर के भूतपूर्व मुख्यमंत्री तथा भारतीय राष्ट्रीय कांग्रेस के भूतपूर्व अध्यक्ष श्री स० निर्जलिंगप्पा ने भी इस तथ्य की पुष्टि करते हुए कहा था :

"लोगों के मन में इस बात की कोई आशंका नहीं होनी चाहिए कि हिन्दी के राष्ट्रभाषा बनने से अन्य क्षेत्रीय भाषाओं की कोई क्षति होगी। हमें इस बात की कोशिश करनी है कि हिन्दी बढ़े और उसका विकास हो, क्योंकि हमने उसे राजभाषा मानना स्वीकार किया है।"[1]

हिन्दी के विद्वान् डॉ० शिवमंगल सिंह सुमन का विश्व हिन्दी सम्मेलन के अवसर पर यह कथन "हिन्दी अपनी सारी बहनों को दूध पिलाकर ही दूध पिएगी," इस सम्बन्ध में उत्पन्न भ्रान्त धारणाएँ दूर करने में बहुत महत्त्वपूर्ण है।

वास्तव में हिन्दी के प्रयोग से देश की अन्य भाषाओं का हित ही हो रहा है। देश की भाषाओं में बने बहुत अच्छे साहित्य का रसास्वादन देश की सारी जनता नहीं कर पाती है। परन्तु किसी भी भाषा के उत्तम साहित्यिक ग्रन्थ के हिन्दी अनुवाद के आते ही उस कृति की प्रशंसा एक पारावार के रूप में उमड़ती है। इस सम्बन्ध में प्रमुख गुजराती साहित्यकार श्री गुलाबदास ब्रोकर की स्वीकारोक्ति महत्त्वपूर्ण है :

"जब हमारी कहानी धर्मयुग, सारिका आदि में आती है तब हमारे पास अनेक पत्र आते हैं कि मैं इसका अनुवाद अमुक भाषा में कर रहा हूँ।"

स्पष्ट है कि हिन्दी देश की सभी भाषाओं के मनकों को एक माला का रूप देने वाला धागा है।

इस विषय में और अधिक लिखने की आवश्यकता प्रतीत नहीं होती है क्योंकि जिन्हें इस विषय में सुनी सुनाई बातों से आशंका उत्पन्न हुई है, उनकी तो आशंका का निवारण हो ही जाना चाहिए पर जिन्हें यह आशंका हठधर्मिता वश है उनकी आशंका तो अनेक तर्कों या उद्धरणों द्वारा भी दूर नहीं हो सकेगी। वस्तुतः ये वे लोग हैं जो अपने क्षुद्र स्वार्थों के वशीभूत सम्पूर्ण राष्ट्राभिमान एवं गौरव को तिलांजलि देकर अपनी स्थानीय भाषाओं की क्षति के छद्मवेश में अंग्रेजी को ही अपने देश में बनाए रखना चाहते हैं। इनमें से कोई अपनी प्रान्तीय भाषाओं के उत्थान का कोई प्रयास नहीं करता।

सदियों से यह माना जाता रहा है कि हिन्दी की अनेक उपभाषाएँ और बोलियाँ हैं। हिन्दी की ही नहीं विश्व की लगभग सभी प्रमुख भाषाओं की उपभाषाएँ, बोलियाँ और उप-बोलियाँ होना एक वैज्ञानिक तथ्य है। परन्तु इन दिनों

1. हिन्दी परिचय --हेमन्त 1890 शक, पृ० 16

हिन्दी की उप-भाषाओं में से कुछ के हितैषी कहलाने वाले लोगों ने कुछ विचित्र विचार प्रकट किए हैं। उनके अनुसार बिहारी और राजस्थानी, हिन्दी से अलग भाषाएँ हैं। पर यह अब कहा ही नहीं जा रहा है अपितु इस दिशा में यत्न भी होते दिखाई देने लगे हैं। हो सकता है कि यह भारत की पुरानी अलगाववादी परम्परा का ही प्रतीक हो और इस प्रयास में सफलता न मिले पर फिर भी ऐसा किया जा रहा है तथा ऐसा कहा जा रहा है। अतएव इस विषय में कुछ भाषा वैज्ञानिकों, विचारकों तथा विद्वानों के मतों को लेकर इस बारे में आगे विचार किया गया है :

राजस्थान के प्रसिद्ध भाषावैज्ञानिक, साहित्य मर्मज्ञ पं० मोतीलाल मेनारिया ने बड़े स्वाभाविक रूप में अपनी पुस्तक 'राजस्थानी भाषा और साहित्य' में लिखा है।

"वस्तुतः हिन्दी कोई एक भाषा नहीं है। खड़ी बोली, ब्रज भाषा, अवधी, भोजपुरी आदि सात-आठ भाषाओं का समुदाय है जिसमें राजस्थानी भी सम्मिलित है।"[1]

इसी पुस्तक के प्रकाशकीय में लिखा गया है।

"हिन्दी भाषा और साहित्य से अपभ्रंश, ब्रजभाषा (पिंगल), राजस्थानी (डिंगल), अवधी, मैथिली और भोजपुरी आदि भाषाओं और साहित्य का बोध होता है।"

पं० गौरीशंकर शुक्ल ने इसी तथ्य को उर्दू के सम्बन्ध में लिखते हुए बताया है :

"उर्दू, हिन्दी से जुड़ी नहीं है। जिस प्रकार हिन्दी के पूर्वी, बिहारी या राजस्थानी आदि कितने ही भेद हो गए हैं उसी प्रकार यह भी एक है।"[2]

डॉ० हरदेव बाहरी ने मध्य देश की भाषा के रूप में हिन्दी के महत्त्व को दिखाते हुए कहा है :

"यह मध्य देश की भाषा है, इससे कोई इन्कार नहीं कर सकता, किन्तु हिन्दी का मध्य देश आज बहुत बड़ा है। ग्रियर्सन के अनुसार पश्चिम में अम्बाला (पंजाब) से लेकर पूर्व में बनारस तक और उत्तर में नैनीताल की तलहटी से लेकर दक्षिण में बालाघाट (मध्य प्रदेश) तक हिन्दी की बोलियाँ बोली जाती हैं।

---

1. राजस्थानी भाषा और साहित्य (संवत् 2008)—पं० मोतीलाल मेनारिया, पृ० 10
2. राष्ट्रभाषा हिन्दी—पं० गौरीशंकर शुक्ल, प्रथम बार 1919, पृ० 13-14

इससे प्रकट है कि वे हिन्दी के साथ राजस्थानी और बिहारी बोलियों के सम्बन्ध को ठीक तरह से नहीं आंक पाए। इधर पचास वर्षों से यह सम्बन्ध अधिक स्पष्ट हो गया है, और आज यदि वे जीवित होते तो उन्हें स्वीकार करना पड़ता कि राजस्थानी और बिहारी बोलियाँ भी हिन्दी के अन्तर्गत हैं।"[1]

इन प्रान्तों में मारवाड़ी-जयपुरी आदि और मगही-मैथिली बोलियाँ तो हैं किन्तु भाषाओं में उनका स्थान नहीं है—भाषा हिन्दी ही है। राजस्थानी या विशेष रूप से बिहारी भाषा जैसी कोई चीज नहीं—इनकी अपनी कोई लिपि नहीं, साहित्य की अपनी कोई परम्परा नहीं, शासन द्वारा मान्यता नहीं, कोई एक स्वरूप नहीं, कोई सामान्य आदर्श नहीं। अपनी पुस्तक 'राजस्थानी भाषा' में डॉ० सुनीति कुमार चटर्जी ने राजस्थानी को तो हिन्दी कह ही दिया है। स्वयं डॉ० ग्रियर्सन ने भी राजस्थानी शब्द को आविष्कार करने की बात स्वीकार की है।

कलकता में लोग राजस्थानी को 'मारवाड़ी हिन्दी' कहते हैं, और बम्बई तथा पंजाब में बिहारी का नाम पूर्बिया हिन्दी प्रचलित है। पहाड़ी के बारे में ग्रियर्सन ने पहले ही कबूल किया था कि पहाड़ी नाम की कोई भाषा नहीं है, केवल वर्गीकरण की सुविधा के लिए यह नाम कल्पित किया गया है। लोकमत और व्यवहार की दृष्टि से मध्य पहाड़ी-गढ़वाली और कुमाऊंनी-हिन्दी ही है। हमने देखा है कि संविधान में राजस्थानी, बिहारी या पहाड़ी नाम की कोई 'भाषा' नहीं गिनाई गई है।[2]

इस हिन्दी प्रदेश में ऐतिहासिक दृष्टि से पाँच प्राकृतें थीं—अपभ्रंश, शौरसेनी, अर्द्ध मागधी, मागधी और खस। जिसे हम हिन्दी कहते हैं, वह वास्तव में इन्हीं पाँच प्राकृतों की उत्तराधिकारिणी विभाषाओं का संघ है। एक अपभ्रंश से राजस्थानी हिन्दी, शौरसेनी से पश्चिमी हिन्दी, अर्द्धमागधी से पूर्वी हिन्दी, मागधी से बिहारी हिन्दी और खस से पहाड़ी हिन्दी का विकास हुआ है। ये हिन्दी की उपभाषाएँ हैं, इसलिए इनके साथ 'हिन्दी' शब्द जोड़ना उपयुक्त समझा गया है। उपभाषाएँ इसलिए कहा गया है कि एक तो इनके अन्तर्गत प्रत्येक की बोलियाँ और उप-बोलियाँ हैं, और दूसरे पहाड़ी हिन्दी को छोड़कर शेष सबकी किसी-न-किसी बोली में साहित्य मिलता है।[3]

---

1. हिन्दी उद्भव, विकास और रूप—डॉ० हरदेव बाहरी, नवीन संस्करण 1970, पृ० 59
2. वही
3. वही, पृ० 60

हिन्दी भाषा के पाँच वर्ग बनाने के प्रमुख आधार हैं—इनमें से प्रत्येक वर्ग की बोलियों की सामान्य विशेषताएँ, जिनके सहारे इनका वैज्ञानिक अध्ययन करने में सुविधा होगी।[1]

उपर्युक्त मतों में पं० मोतीलाल मेनारिया तथा डॉ० हरदेव बाहरी दोनों ने हिन्दी के सम्बन्ध में लगभग एक-सा मत प्रकट किया है। मेनारिया जी हिन्दी को कोई एक भाषा न मानकर भाषाओं का समुदाय मानते हैं। वैसे ही डॉ० बाहरी भी इसे विभाषाओं का संघ कहते हैं।

जार्ज ग्रियर्सन ने भाषा और बोली के अन्तर को स्पष्ट करते हुए लिखा :

"सर्वेक्षण का कार्य करते समय यह निश्चित करने में कठिनाई पड़ी कि वास्तव में एक कथित भाषा स्वतन्त्र भाषा है अथवा अन्य किसी भाषा की बोली है। इस सम्बन्ध में इस प्रकार का निर्णय देना, जिसे सब लोग स्वीकार कर लेंगे, कठिन है। भाषा और बोली में प्रायः वही सम्बन्ध है जो पहाड़ तथा पहाड़ी में है। यह निस्संकोच रूप से कहा जा सकता है कि एवरेस्ट पहाड़ है और हालबार्न पहाड़ी है, किन्तु इन दोनों की विभाजक रेखा को निश्चित रूप से बताना कठिन है। इसके अतिरिक्त कभी-कभी दार्जिलिंग के पहाड़ को, जो 7500 फुट ऊँचा है, पहाड़ी और स्मोडन को, जो केवल 3500 फुट ऊँचा है, पहाड़ कहते हैं। भाषा और बोली का प्रयोग भी प्रायः इसी प्रकार से शिथिल रूप में होता है।

बंगाल और पंजाब के बीच थोड़ा बहुत शिक्षित प्रत्येक व्यक्ति दो भाषाएँ समझ लेता है। इस क्षेत्र का प्रत्येक व्यक्ति अपने घर एवं पड़ोस में स्थानीय बोली का व्यवहार करता है किन्तु अपरिचित व्यक्तियों से वार्तालाप करते समय वह हिन्दी अथवा हिन्दुस्तानी के किसी-न-किसी रूप का व्यवहार करता है। इसके अतिरिक्त राजपूताना, मध्य भारत तथा गुजरात के विस्तृत क्षेत्रों में दैनिक जीवन में व्यवहृत शब्द एवं शब्द-समूह प्रायः समान हैं। हाँ, उच्चारण में अन्तर अवश्य है। इस प्रकार यह कहा जा सकता है और सामान्य रूप से लोगों को विश्वास भी यही है कि गंगा के समस्त कांठे में, बंगाल और पंजाब के बीच अपनी अनेक स्थानीय बोलियों सहित केवल एक मात्र प्रचलित भाषा हिन्दी ही है। एक दृष्टि से यह ठीक है और इसे अस्वीकार नहीं किया जा सकता। सर्वत्र हिन्दी अथवा हिन्दोस्तानी शासन की भाषा है और ग्रामीण स्कूलों में यही शिक्षा का माध्यम भी है। जैसा कि पहले कहा जा चुका है, इन क्षेत्र के लोग द्विभाषा भाषी हैं। अतएव व्यवहार में उन्हें किसी प्रकार की कठिनाई नहीं होती और ये लोग नहीं चाहते

1. हिन्दी उद्भव, विकास और रूप—डॉ० हरदेव बाहरी, नवीन संस्करण 1970, पृ० 61

कि शासन कार्य के लिए अनेक भाषाएँ स्वीकार कर कठिनाई उत्पन्न की जाय।"[1]

हिन्दी के व्यावहारिक पक्ष पर अपने विचार प्रकट करते हुए डॉ० राजाराम मेहरोत्रा ने कहा है :

"व्यवहार में तथा प्रचलित अर्थ में भोजपुरी, मगही, मैथिली, राजस्थानी, अवधी, बघेली, छतीसगढ़ी, पहाड़ी तथा ब्रज भाषा आदि सभी हिन्दी की बोलियाँ मानी जाती हैं। भारतीय जनगणना में हिन्दी की इन विभाषाओं के आंकड़ों को भी हिन्दी में सम्मिलित कर लेना अधिक व्यावहारिक प्रतीत होता है। स्वयं ब्रिटेन में अंग्रेजी भाषा की कम-से-कम 24 स्थानीय विभाषाएँ भाषा विज्ञान की दृष्टि से यद्यपि अपने स्वतन्त्र अस्तित्व का दावा कर सकती हैं तथापि व्यावहारिक रूप में उन सभी को अंग्रेजी के अन्तर्गत सम्मिलित किया गया है।"[2]

हिन्दी के व्यापक व्यवहार के सन्दर्भ में डॉ० कृष्णकुमार गोस्वामी का कथन है कि "आज हिन्दी शब्द का प्रयोग मुख्यतः तीन सन्दर्भों में हो रहा है। विस्तृत अर्थ में अर्थात् भौगोलिक सन्दर्भ में इसका प्रयोग हिन्दी भाषी प्रदेशों में बोली जानेवाली 17-18 बोलियों के समूह में हो रहा है। साहित्यिक सन्दर्भ में इसका प्रयोग खड़ी बोली, ब्रज भाषा, अवधी, मैथिली तथा कुछ-कुछ राजस्थानी के रूप में हो रहा है। प्रयोग विस्तार के सन्दर्भ में यह खड़ीबोली का साहित्यिक या मानक रूप है जो भारत संघ की राजभाषा के पद पर आसीन है।"[3]

इस प्रकार की अलगाववादी प्रवृत्तियों के प्रति प्रबुद्ध विचारक चिन्तित हैं। इसी प्रसंग में बाबा (फादर) कामिल बुल्के की सामयिक चेतावनी बुद्धिजीवियों तथा हिन्दी के शुभ चिन्तकों का मार्गदर्शन करती है :

"हिन्दी प्रान्तों की बोलियों को अनावश्यक महत्त्व देने के विषय में भी बुद्धिजीवियों को सतर्क रहना चाहिए। फ्रांस, जर्मनी आदि देशों में प्रत्येक प्रान्त की अपनी बोली है, किन्तु सभी समझते हैं कि देश की सांस्कृतिक प्रगति के लिए, समृद्ध मौलिक साहित्य की सृष्टि के लिए (जो समस्त देश के गौरव का विषय बन

---

1. भारत का भाषा सर्वेक्षण (खण्ड-1, भाग-1)—सर जार्ज अब्राहम ग्रियर्सन, अनुवादक—उदय नारायण तिवारी, प्रथम संस्करण 1959, (भूमिका) पृ० 42
2. साप्ताहिक हिन्दुस्तान 19 जनवरी 1975—लेख, जनगणना की आड़ में हिन्दी की जड़ खोदने का प्रयास, पृ० 49
3. शैक्षिक व्याकरण और व्यावहारिक हिन्दी, पृ० 4

सकता है) यह अत्यन्त आवश्यक है कि परिनिष्ठित फ्रेंच, जर्मन आदि शिक्षा का माध्यम हो और समस्त सामाजिक तथा सार्वजनिक जीवन का वाहन।"[1]

बाबा कामिल बुल्के के कथन को ध्यान में रखकर गम्भीर चिन्तन की आवश्यकता है। आज देश के अधिकांश हितचिन्तक चिन्तित हैं कि भारतीय भाषाएं मिलकर अंग्रेजी के प्रभुत्व को किस प्रकार घटाएं, किस प्रकार भारतीय राष्ट्रीय भाषाएं मिलकर अंग्रेजी का स्थान लें। यदि अभी से तबेले में रार पड़ जाती है तो क्या आशा की जा सकती है कि कभी हिन्दी की किसी उपभाषा को हिन्दी से अलग भाषा बताकर चलने वाले उस उपभाषा के सिर पर ताज रखा देख सकेंगे? इसीलिए बाबा कामिल बुल्के ने पुनः सावधान किया है :

"हिन्दी के भविष्य पर विचार करने पर यह स्पष्ट हो जाता है कि उसकी उन्नति के मार्ग में तथा भारतीय संस्कृति की माध्यम भाषा बनने में सबसे बड़ी बाधा है भारत के अधिकांश बुद्धिजीवियों तथा उच्च मध्य वर्ग के लोगों की अंग्रेजी परस्ती।

"हिन्दी प्रान्तों के जो देशभक्त बुद्धिजीवी अपनी भाषा के लिए भारतीय संस्कृति की माध्यम भाषा का गौरव चाहते हैं, उन्हें यह बात अच्छी तरह से समझ लेना चाहिए कि जब तक उनके अपने प्रान्तों में अंग्रेजी का बोलबाला है और हिन्दी पूर्ण रूप से प्रतिष्ठित नहीं है, तो यह आशा करना व्यर्थ ही है कि अन्य प्रान्तों में हिन्दी को अंग्रेजी का वर्तमान स्थान दिया जाएगा। अतः हिन्दी प्रान्तों के सामाजिक एवं सार्वजनिक जीवन से अंग्रेजी का बहिष्कार वांछनीय ही नहीं, अत्यन्त आवश्यक है।"[2]

डा० कृष्ण दिवाकर ने हिन्दी को भारत की सामासिक संस्कृति की संवाहक भाषा के रूप में मानते हुए कहा है :

"भारत की सामासिक संस्कृति को प्रसारित करने के लिए हिन्दी के अतिरिक्त दूसरी समर्थ भाषा नहीं है।"[3]

पर क्या हिन्दी की उप-भाषाओं के परस्पर मन-मुटाव में ये सुन्दर मोहक

---

1. भारतीय सामासिक संस्कृति की माध्यम भाषा हिन्दी, डॉ. कामिल बुल्के का लेख
2. वही
3. विश्व मानव की चेतना में भारत और हिन्दी का योगदान, लेख—शाश्वत मूल्यों की खोज, डॉ. कृष्ण दिवाकर, 12 जनवरी, 1975

स्वप्न जो हिन्दी के विषय में संजोए जा रहे हैं, पूरे हो सकेंगे ? समय रहते, सचेत होने की आवश्यकता है।

सुप्रसिद्ध विद्वान् डा० नगेन्द्र ने भी इसी तथ्य को सशक्त तर्कों द्वारा निम्नलिखित शब्दों में प्रकट किया है :

"पहले वर्ग के अंतर्गत जो समस्या मुंह बाये हमारी ओर बढ़ रही है वह है हिन्दी के व्यापक स्वरूप की संरक्षा की समस्या। सौभाग्य से हिन्दी का स्वरूप और उसका क्षेत्र अत्यन्त व्यापक है और अनेक उप-भाषाएँ तथा उनका समृद्ध साहित्य हिन्दी के स्वरूप में अंतर्भुक्त है। हिन्दी के विद्वान् और अन्य भाषाविद् आरम्भ से ही यह स्वीकार करते आए हैं कि भारतवर्ष के जितने भूभाग में वर्तमान हिन्दी या खड़ी बोली, सामाजिक व्यवहार अर्थात् पत्राचार, शिक्षा-दीक्षा, सार्वजनिक आयोजन, विचार-विनिमय तथा साहित्यिक अभिव्यक्ति आदि की माध्यम भाषा है, वह सबका सब हिन्दी प्रदेश है, उसकी समस्त जनसंख्या हिन्दी-भाषी है और उसके अंतर्गत बोली जानेवाली सभी भाषाएं हिन्दी की उप भाषाएं हैं। इस दृष्टि से वर्तमान बिहार, उत्तर प्रदेश, मध्यप्रदेश, राजस्थान, हरियाणा, हिमाचल प्रदेश व दिल्ली का इलाका हिन्दी क्षेत्र में आता है और मैथिली, मगही, भोजपुरी, पूर्वी अवधी, पश्चिमी अवधी, बघेलखण्डी, ब्रज, कन्नौजी, बुंदेलखण्डी, राजस्थानी के विभिन्न रूप (यानी मारवाड़ी, ढूंढाढ़ी, मेवाती, मालवी) और कुमायूंनी आदि पहाड़ी बोलियां हिन्दी की शाखा-प्रशाखाएं हैं। यह परिभाषा नई नहीं है, इसका रूप उस समय निर्धारित हो गया था जब भाषायी राज्यों और उनके प्रलोभनों की कल्पना भी किसी को नहीं थी। हिन्दी का यह 'वृहत्तर' या 'विशाल'—यानी राजनीतिक उद्देश्यों से विस्तारित रूप नहीं है, स्वाभाविक तर्कसम्मत रूप है, जिसके विषय में अभी कुछ समय पूर्व तक कोई शंका या विवाद नहीं था।

इस आंदोलन को भाषा वैज्ञानिक आधार प्रदान कर बड़े ही कूटनीतिक ढंग से चलाया जा रहा है। तर्क है कि भाषा विज्ञान के अनुसार राजस्थानी, भोजपुरी आदि के आधार स्रोत, व्याकरण, ध्वनि-विधान, शव्द-समूह आदि खड़ी बोली हिन्दी से अत्यंत भिन्न हैं, अतः उनका अंतर्भाव इसमें करना शास्त्र की दृष्टि से गलत है। उधर एक अन्य तर्क यह भी है कि इस प्रकार की मांग इन भाषाओं के प्रवक्ताओं की ओर से ही आ रही है, अतः यह भाषाओं का मुक्ति आंदोलन है, जिसको दबाना लोकतंत्र के नियमों के विरुद्ध है।

परन्तु ये सब बुद्धि के चमत्कार मात्र हैं, इनके पीछे यथार्थ-दर्शन और व्यावहारिक दृष्टिकोण का आधार नहीं है। वास्तविक जीवन में नागरिक स्तर

पर, इन सब प्रदेशों में न जाने कब से हिन्दी का व्यवहार हो रहा है और स्वतंत्रता प्राप्ति के बाद उसका प्रसार निरन्तर बढ़ता जा रहा है। हिन्दी के निर्माण में इन प्रदेशों के कवि-लेखकों और सांस्कृतिक-साहित्यिक नेताओं का योगदान किसी से कम नहीं। संकीर्ण दृष्टि से देखें तो हिन्दी के सेनानियों में किसकी भाषा आधुनिक हिन्दी है ? राजर्षि टण्डन की ? डॉ० लोहिया की ? सेठ गोविन्ददास की ? सुधांशु जी या श्री हरिभाऊ उपाध्याय की ? इसी प्रकार हिन्दी साहित्य के निर्माताओं में प्रसाद-प्रेमचन्द की भाषा बनारसी-भोजपुरी और मैथिलीशरण गुप्त की बुन्देली थी; निराला की बैसबाड़ी अवधी, पन्त की कुमायूंनी और दिनकर की मैथिली है। ये सभी अपनी-अपनी मातृभाषा का झण्डा उठा सकते थे, परन्तु इनका दृष्टिकोण राष्ट्रीय रहा है और हिन्दी का व्यापक रूप इनकी उदार चेतना में सहज ही रम गया है। हमें स्थिर मति से, राष्ट्रहित को सर्वोपरि मानते हुए, हिन्दी के स्वरूप का विचार करना चाहिए, क्योंकि हिन्दी एकता की वाहक भाषा है—उसका स्वरूप जितना व्यापक होगा एकता की भावना का भी उतना ही अधिक प्रसार होगा। मेरा यह अभिप्राय नहीं है कि इन प्रादेशिक भाषाओं, उप-भाषाओं की समुचित उन्नति का प्रयत्न नहीं होना चाहिए। ये सभी उप-भाषाएं हमारी साहित्यिक-सांस्कृतिक निधियों का अक्षय भण्डार हैं—अतः उनको प्रकाश में लाने के लिए विस्तृत योजनाओं का निर्माण होना चाहिए और उनकी भाषिक तथा साहित्यिक समृद्धि का सम्यक् मूल्यांकन होना चाहिए। परन्तु वर्तमान जीवन की माध्यम-भाषा के रूप में, हिन्दी के प्रतियोग में, उन्हें खड़ा करने के घातक प्रयत्नों को रोकना चाहिए।

इस खतरे का सामना करने के लिए सम्बद्ध राज्यों में जनमत तैयार करके यह स्पष्ट करना होगा कि हिन्दी से अलग होने की मांग न केवल राष्ट्रीय एकता के विरुद्ध है, वरन् उससे इन उप-भाषाओं का भी अंततः लाभ नहीं होगा। हिन्दी को ही शिक्षा और शासन का माध्यम बनाने में जब इतनी कठिनाई हो रही है तो राजस्थानी और भोजपुरी को कौन स्वीकार करेगा—परिणाम होगा—फिर अंग्रेजी की गुलामी, और अनन्तकाल तक गुलामी।"[1]

यहां पर मोहम्मद गौरी द्वारा पृथ्वीराज चौहान तथा जयचन्द को विनष्ट करने की घटना को याद कर लेना ठीक रहेगा कि कैसे उसने जयचन्द को अपनी

1. हिन्दी के व्यापक रूप की संरक्षा, लेख—डॉ. नगेन्द्र, पुस्तक परिचय, जनवरी 1975 अंक, पृ० 14

ओर मिलाकर पहले पृथ्वीराज चौहान को नष्ट किया तथा बाद में जयचन्द का विनाश किया। देश के कुछ अंग्रेजी परस्त लोग इसी प्रकार की चालें चलकर संख्या बल तथा साहित्य सामर्थ्य में हिन्दी को कम करने का षड्यंत्र करते दीखते हैं। कुछ हिन्दी की विभाषाओं से संबंधित लोग, कुछ पेशेवर राजनीतिज्ञ इनके प्रचार में आकर बिना परिणाम सोचे विश्व में अग्रणी स्थान रखनेवाली भाषा, हिन्दी के हित को धक्का पहुँचाने का यत्न कर देते हैं। अंग्रेजी-परस्त उच्च-पदस्थ लोग हिन्दी की प्रतिमा को खण्डित करनेवाले प्रयत्नों को बढ़ावा देते हैं।

उद्धरणों से तथा तर्कों से यह स्वयंसिद्ध है कि राजस्थानी या बिहारी आदि हिन्दी की ही उप-भाषाएं हैं। इस पुस्तक से इन तथ्यों की पुष्टि होती है।

शताब्दियों से हिन्दी का राजकाज में जो प्रयोग हुआ है, उसको उजागर करके हिन्दी के प्रशासनिक पक्ष को सुदृढ़ करने का प्रयास अभी कम ही हुआ है। देश के काफी बड़े भूभाग में विशेषतः राजस्थान, मध्यप्रदेश तथा उत्तर प्रदेश की देशी रियासतों के कामकाज में शताब्दियों से हिन्दी का प्रयोग हुआ है। इन राज्यों के अभिलेखागारों में, केन्द्रीय अभिलेखागार, दिल्ली में तथा सम्बद्ध शासकीय विभागों के अभिलेखों में एतद्विषयक प्रचुर सामग्री उपलब्ध है जिसका सम्यक् विवेचन एवं विश्लेषण इस ग्रंथ में किया गया है। यह सामग्री यत्र-तत्र बिखरी हुई है तथा इसके नष्ट हो जाने की सम्भावना है।

इस सामग्री के अध्ययन की महती आवश्यकता है क्योंकि—

1. इन अभिलेखों के व्यापक तथा गहन अध्ययन से अन्य अनेक महत्त्वपूर्ण मौलिक तथ्य : जिनका स्थानाभाव से तथा विस्तार-भय के कारण अध्ययन नहीं किया जा सका है, प्रकाश में आ सकेंगे।
2. इससे हिन्दी की प्रशासनिक क्षमता का और अधिक दर्शन होगा।
3. इससे उच्च कक्षाओं में अध्ययन करनेवाले छात्रों को शोध के नए विषय मिल सकेंगे। अभी तक हिन्दी के शोधार्थी सामान्यतः हिन्दी के साहित्यिक विषयों पर ही शोध करके अपने कर्तव्य की इतिश्री समझ लेते हैं। उनके विषयों में किसी कवि के जीवन पर शोध करना, किसी कवि की किसी निश्चित कृति पर शोध करना, किसी कवि की किसी एक काव्य प्रतिभा पर शोध करना आदि ही होते हैं। निस्संदेह इस प्रकार के अध्ययन आवश्यक हैं। इनसे हिन्दी की श्रीवृद्धि हो रही है। परन्तु शोध के अन्य क्षेत्र अभी अछूते हैं। हिन्दी का प्रशासनिक पक्ष, हिन्दी का वैज्ञानिक पक्ष, हिन्दी का राष्ट्रीय ऐक्य में योगदान पक्ष और हिन्दी का स्वातंत्र्य प्राप्ति में योगदान पक्ष आदि अनेक ऐसे विषय अभी शोधार्थियों की राह देख रहे हैं। विश्वविद्यालयों में हुए शोध के विषयों

को देखने से इन विषयों का अभाव खलता है।

4. अध्ययन से हिन्दी का ऐतिहासिक पक्ष उजागर होगा।
5. राष्ट्रीय ऐक्य में हिन्दी के महत्त्वपूर्ण योगदान पर भी प्रकाश पड़ेगा।
6. वर्तमान समय में हिन्दी भारत संघ की राजभाषा है। समय-समय पर आने वाली छोटी-मोटी समस्याएं कई बार गम्भीर रूप ले लेती हैं। इंगित शोध कार्यों से कई वर्तमान समस्याओं का हल हो सकेगा।
7. हिन्दी की विभिन्न उपभाषाओं में उपलब्ध सामग्री को नवीन धरातल मिल सकेगा।
8. इन उप-भाषाओं के पुरातन स्वरूप का अध्ययन किया जा सकेगा।
9. हिन्दी के पुरातन स्वरूप का वर्तमान स्वरूप से तुलनात्मक अध्ययन हो सकेंगे।
10. प्रशासनिक दृष्टि से अनेक नए उपयोगी सरल शब्द हिन्दी की शब्दमाला में पिरोए जा सकेंगे।
11. प्रदेशों के जनजीवन को भाषायी परिवेश में देखने का अवसर मिल सकेगा।
12. विभिन्न प्रदेशों के वासियों का हिन्दी के प्रसार में जो महत्त्वपूर्ण योगदान रहा है उस पर स्वाभाविक रूप से प्रकाश पड़ेगा।
13. प्रदेशों की सांस्कृतिक विरासत की भी कुछ विशिष्ट जानकारी मिल सकेगी।

आगे उल्लिखित अनेक उदाहरणों से यह सिद्ध हुआ है कि हिन्दी अतीत में भी राज-काज एवं प्रशासन के सशक्त माध्यम के रूप में प्रयुक्त होती रही है। काल-क्रम में इसकी इस अभिव्यंजना शक्ति का निरन्तर विकास होता रहा है। अंग्रेजों के शासन काल में भी अंग्रेजी के साथ-साथ हिन्दी जन-सम्पर्क की एकमात्र सबल माध्यम रही है। प्रशासनिक कार्यों में हिन्दी के प्रयोग का इतिहास यह सिद्ध करता है कि हिन्दी एक सशक्त भाषा रही है और इसकी तकनीकी तथा प्रशासनिक शब्दावली का विकास भी पूर्णरूप से हुआ है। इस दृष्टि से यह निस्संकोच कहा जा सकता है कि प्रशासनिक कार्यों में अंग्रेजी का स्थान ग्रहण करने की क्षमता, हिन्दी में पहले से ही विद्यमान है।

—डॉ० महेशचन्द्र गुप्त

कृतज्ञता-ज्ञापन

श्रद्धेय डॉ० श्रीमोहन द्विवेदी (भूतपूर्व अध्यक्ष, हिन्दी विभाग, राजा बलवन्त सिंह कालेज, आगरा), हिन्दी के मूर्धन्य समालोचक डॉ० रामविलास शर्मा के मार्गदर्शन और राष्ट्रीय अभिलेखागार नई दिल्ली के भूतपूर्व पुस्तकाध्यक्ष स्व० श्री जगदीशचन्द्र श्रीवास्तव, डॉ० कैलाश बिहारी, श्री सुरेन्द्र शर्मा, श्री कृष्णलाल अरोड़ा, श्री एम० के० डोगरा, राजस्थान राज्य अभिलेखागार बीकानेर की श्रीमती क्षमा शर्मा, श्री सत्यनारायण स्वामी, श्री लक्ष्मी नारायण सिरोलिया, श्री गुलाब सिंह, श्री उस्मान गनी, श्री बसन्त खाव्या और श्री अवधेश गोस्वामी से मिले सहयोग के लिए मैं हार्दिक आभार मानता हूँ।

केंद्रीय सचिवालय हिंदी परिषद के कार्यकर्ताओं श्री हरिबाबू कंसल, स्व० श्री पन्नालाल शर्मा, श्री वीर देव कपूर, स्व० श्री सूरजपाल शर्मा, श्री विजय-कुमार गुप्ता (नई दिल्ली), श्री ब्रजलाल शर्मा, श्री प्यारेलाल शर्मा के प्रति कृतज्ञता प्रकट करता हूँ।

डॉ० मोती बाबू (सम्प्रति, महासचिव, हिन्दी विधि प्रतिष्ठान, पूर्व जिला एवं सत्र न्यायाधीश देहरादून) और श्री सुशील कुमार सिंहल (आगरा वाले) के मार्ग-दर्शन और सहयोग से ही यह पुस्तक यह रूप ग्रहण कर सकी है।

परिवारी जनों में यह पुस्तक अम्मा, धर्मपत्नी श्रीमती कमला देवी, श्रीमती सरोज, श्रीमती माधुरी, श्रीमती मुक्ता, कु० शालिनी को समर्पित है।

प्रसिद्ध विद्वान और भाषा वैज्ञानिक डॉ. कृष्ण कुमार गोस्वामी के सहयोग और प्रेरणा के प्रति आभार व्यक्त करने योग्य शब्द ही नहीं हैं।

अनंत चतुर्दशी, भाद्रपद 2048 वि. — महेश चन्द्र गुप्त

दिनांक 22 सितम्बर, 1991

विषय-सूची

अध्याय 1

हिन्दी के प्रयोग की परम्परा

14 सितम्बर सन् 1949 ई० देश के इतिहास में एक क्रोश-स्तम्भ बना। उस दिन भारत की संविधान सभा ने सर्वसम्मति से संविधान के भाषा सम्बन्धी प्रावधानों को स्वीकार किया और हिन्दी को भारत संघ की राजभाषा की गरिमा प्रदान की। मुंशी-अयंगार (कन्हैयालाल माणिकलाल मुंशी तथा गोपाल स्वामी अयंगार) सूत्र के पारित हो जाने पर संविधान सभा के अध्यक्ष देशरत्न डा० राजेन्द्र प्रसाद ने सदन को बधाई देते हुए जो प्रेरणादायक शब्द कहे थे वे आज भी उस उदीयमान स्वातंत्र्य का उद्‌घोष प्रतिध्वनित करते हैं और हमें अपने संवैधानिक दायित्वों का स्मरण कराते हैं। डा० राजेन्द्र प्रसाद ने तब कहा था :

"हमारे सम्पूर्ण देश के निर्माण में भाषा-विषयक अध्याय का सुदूरवर्ती प्रभाव होने वाला है। आज पहली बार हम अपने संविधान में एक भाषा को स्वीकार कर रहे हैं कि जो भारत संघ के प्रशासन की भाषा होगी और जिसे समय के अनुसार अपने आपको ढालना और विकसित करना होगा। हमने अभी देश का राजनैतिक एकीकरण सम्पन्न किया है। राजभाषा हिन्दी देश की एकता को कश्मीर से कन्याकुमारी तक अधिक सुदृढ़ बना सकेगी। मैं आशा करता हूँ कि सभी सदस्य इस निर्णय पर संतोष की भावना के साथ अपने घर लौटेंगे। एक राजभाषा मान्य कर लेने की घटना हमारे राष्ट्रीय जीवन को दिशा देने वाली और हमारी मनः-स्थिति की दृष्टि से एक निर्णायक घटना है। हिन्दी, हमारी केन्द्रीय भाषा, हमें ज्यादा से ज्यादा निकट लाएगी।

हमने आज सबसे ज्यादा बुद्धिमानी का काम किया है और जो निर्णय हमने लिया है उससे मुझे बहुत प्रसन्नता है। मैं समझता हूँ कि आने वाली पीढ़ियाँ हमें इस निर्णय के लिए साधुवाद देंगी और कृतज्ञ होंगी।"[1]

कुछ लोग भले ही इन वाक्यों के महत्त्व की ओर ध्यान न दें परन्तु इतिहास इस बात का साक्षी है कि जिस प्रकार से भारतीय संस्कृति में सब कुछ समेटने की शक्ति है वही शक्ति हिन्दी भाषा में भी है।

हिन्दी वाङ्मय के अध्ययन से स्पष्ट होगा कि हिन्दी भाषा के विकास में विविध धर्मों, विविध सम्प्रदायों, विविध भाषा-भाषियों और विविध संस्कृतियों का योगदान है। समन्वय की यह साधना हिन्दी में अत्यन्त व्यापकता तथा गहराई के साथ दृष्टिगोचर होती है। वस्तुतः पूरे भारत की सांस्कृतिक एकता और साहित्यिक माध्यम की सशक्त कड़ी के रूप में हिन्दी भाषा विकसित हुई है।

एक सहस्र वर्षों से भी अधिक से काव्य में निरंतर प्रयुक्त, सारे राष्ट्रीय जीवन को प्रभावित करने वाली भाषा के, जिसका विशाल साहित्य है तथा जिसके अब तक अनेक इतिहास प्रकाश में आ चुके हैं, राजकाज तथा राष्ट्रीय कार्यों में प्रयोग का अध्ययन नहीं के बराबर हुआ है। इतना ही नहीं, जो कुछ थोड़ी-सी जानकारी उपलब्ध हुई है उसका भी हिन्दी के किसी भी इतिहास में कोई उल्लेख नहीं मिलता है।

सदियों पूर्व भी हिन्दी इस देश में राजकाज का माध्यम रही है, इस तथ्य की ओर साहित्यकारों, हिन्दी-सेवियों और शासन का ध्यान नहीं गया। कहीं-कहीं इस विषय में छुटपुट जानकारी अवश्य मिल जाती है। डॉ० हरदेव बाहरी ने लिखा है :

"मुसलमान बादशाहों के शासन काल में चार पाँच शताब्दी तक शासन कार्य का माध्यम हिन्दी थी। मध्यकालीन शासन व्यवस्था के प्रसिद्ध जानकार ब्लाखमैनने सन् 1871 ई० के 'कलकत्ता रिव्यू' में लिखा था कि मालगुजारी का इकट्ठा करना और जागीरों का प्रबंध करना उस समय बिल्कुल हिन्दुओं के ही हाथ में था और इसीलिए निजी तथा सर्व साधारण के हिसाब-किताब सब हिन्दी में रखे जाते थे। सभी दस्तूर-उल-अमलों से इस बात की पुष्टि होती है कि प्रारम्भ से लेकर अकबर के शासन काल के मध्य तक सभी सरकारी काग़ज़ात हिन्दी में रखे जाते थे।"[2]

अकबर के पश्चात भी मुसलमान बादशाह हिन्दी के प्रयोग को समाप्त न कर सके और यह प्रयोग होता रहा। औरंगजेब के शासनकाल में भी हिन्दी राजभाषा फारसी के साथ-साथ चलती रही।[3] पता चलता है कि मुसलमान बादशाहों के शासन में ही नहीं अपितु मराठा तथा राजपूत शासकों के राजकाज में भी हिन्दी का पर्याप्त प्रयोग हुआ है। मराठों तथा महाराष्ट्र से सम्बन्धित हिन्दी पत्रों की खोज का श्रमसाध्य प्रयास पुणे विश्वविद्यालय के डॉ० का० श० केळकर ने किया है। उन्होंने ब्रिटिश-पूर्व काल में महाराष्ट्र में हिन्दी के राजकाज में हुए प्रयोग के अध्ययन करने की योजना बनाई जिसे विश्वविद्यालय अनुदान आयोग ने स्वीकार

किया। उनके सौजन्य से इस प्रकार के कुछ प्रलेखों को केन्द्रीय सचिवालय हिन्दी परिषद (मुख्यालय, नई दिल्ली) ने अपने मुख-पत्र 'हिन्दी परिचय' के अंकों में प्रकाशित किया है। पेशवा बाजीराव प्रथम के आज्ञापत्र की संवत् 1780 वि० की प्रति देखिए :

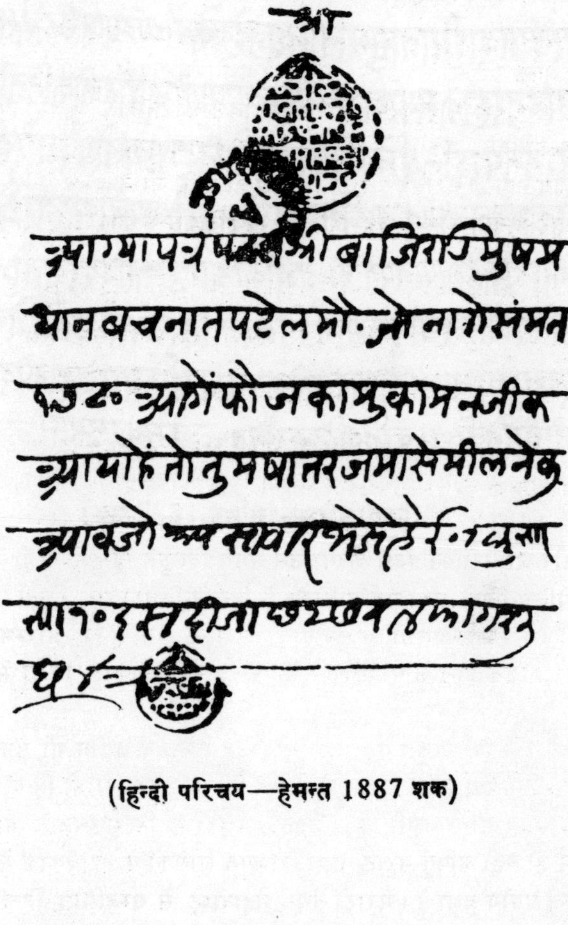

(हिन्दी परिचय—हेमन्त 1887 शक)

इसी प्रकार श्री रघुनाथ बाजीराव ने एक पत्र सम्वत् 1823 वि० में राजा मानसिंह को लिखा था जिसकी प्रति द्रष्टव्य है :

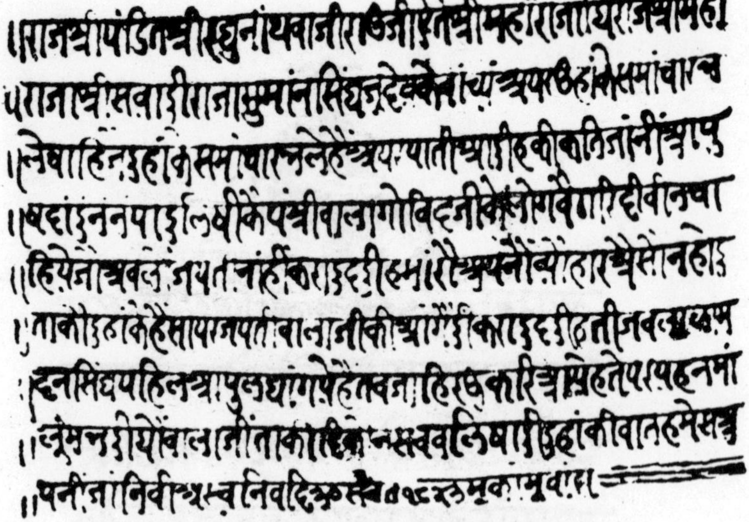

(हिन्दी परिचय-शिशिर 1887 शक)

महाराज श्री जसवंत राव होलकर ने मेवाड़ के राजा श्री बख्तावर सिंह के नाम मगसिर सुदी 13 सम्वत् 1860 वि० को फिरंगी से मुकाबला करने के सम्बन्ध में पत्र लिखा जिसकी प्रति नीचे दी गई है :

(हिन्दी परिचय—शिशिर 1888 शक)

छत्रपति शिवाजी ने जो संग्राम किया उसका एक महत्त्वपूर्ण अंग राष्ट्रभाषा से सम्बन्ध रखता था। उनकी यह दृढ़ धारणा थी कि स्वभाषा के बिना स्वराज्य अर्थशून्य है। इसीलिए उन्होंने सारे राज व्यवहार में मराठी का प्रयोग प्रारम्भ किया। हो सकता है कि महात्मा गांधी ने भी छत्रपति शिवाजी के विचारों से कुछ प्रेरणा ली हो और तदनुसार स्वातन्त्र्य आन्दोलन के साथ स्वभाषा को जोड़ा हो। छत्रपति शिवाजी ने ही शासन के उपयोग की शब्दावली बनवाने का कार्य भी प्रारम्भ कराया। उनके दरबार में इटली के राजदूत मनुच्ची (Manucci) ने बिना दुभाषिये की सहायता के, हिन्दी में वार्तालाप किया।[4]

इस प्रकार हिन्दी सैकड़ों वर्ष पहले राजकाज में उत्तर में ही नहीं दक्षिण में भी प्रयुक्त होती रही है।

ईस्ट इण्डिया कम्पनी के शासन काल में भी हिन्दी का प्रयोग जारी रहा। सन् 1803 में ईस्ट इण्डिया कम्पनी ने जनता से सम्बन्धित कानूनों को हिन्दी में दिए जाने के आदेश दिए।[5]

मध्य प्रदेश तथा राजस्थान में तो शताब्दियों से हिन्दी राजकाज की भाषा रही। इन राज्यों के अभिलेखागारों में, राष्ट्रीय अभिलेखागार, नई दिल्ली में तथा अन्यत्र इस प्रकार की सामग्री बिखरी पड़ी है। कुछ सामग्री इन प्रदेशों के वयोवृद्ध महानुभावों के पास भी होगी। समय रहते यदि इस सब सामग्री का संकलन तथा प्रकाशन न किया गया तो उसके लुप्त हो जाने की पूरी सम्भावना है।

वस्तुतः अब तक नाम मात्र को ही कुछ सामग्री प्रकाश में आई है।

उन्नीसवीं शताब्दी के प्रारम्भ में इतिहास को मोड़ देने वाली एक घटना घटी। ईस्ट इण्डिया कम्पनी के डायरेक्टरों ने इस बात पर विचार किया कि भारत में शिक्षा भारतीय भाषाओं में दी जाए या अंग्रेजी में? उनकी शासन-सत्ता में भागीदार भारतीयों का यह मत था कि शिक्षा भारतीय भाषाओं में दी जाए। परन्तु टामस बाबिंगटन मेकाले का (जो बाद में लार्ड मेकाले के नाम से जाने गए) मत इसके विरुद्ध था।[6] वे स्वयं बैरिस्टर थे और चाहते थे कि अदालतों की भाषा अंग्रेजी हो जिसके द्वारा इंगलैण्ड का 'कॉमन लॉ' यहाँ भी प्रचलित किया जाए। जब वे कलकत्ता में रहकर भारतीय दण्ड विधान का संकलन कर रहे थे तब उन्होंने अपने पिता के नाम विलायत में जो पत्र भेजा था वह उनके लक्ष्य की ओर इंगित करता है।[7] तदनुसार मेकाले की योजनानुसार शिक्षा को अंग्रेजी के माध्यम से दिए जाने की व्यवस्था की गई। शिक्षा को नौकरियों से जोड़ दिया गया और परिणामतः सरकारी कामकाज में भी अंग्रेजी का वर्चस्व बढ़ने लगा। अंग्रेजी के माध्यम से शिक्षित व्यक्तियों को सरकारी सेवाओं में लिए जाने से सरकारी काम स्वतः अंग्रेजी में चलने लगा। परन्तु ऐसा पूरी तरह न हो सका और हिन्दी के प्रयोग को समाप्त न किया जा सका। रियासतों का कामकाज तथा अंग्रेजों से पत्राचार आदि अबाध गति से हिन्दी के माध्यम से चलता रहा जैसा कि अगले अध्यायों में सप्रमाण विवेचन से स्पष्ट हो जाएगा।

स्वातंत्र्य प्राप्ति के पश्चात अंग्रेजी के प्रसार और उसके सरकारी सेवाओं से जुड़ी होने के कारण हिन्दी का यह पक्ष दब सा गया। शिक्षित जनता का एक बड़ा वर्ग यह समझने लगा कि हिन्दी राजकाज के लिए समर्थ भाषा नहीं है और यदि हिन्दी का प्रशासनिक कामकाज में प्रयोग किया गया तो यह प्रयास सर्वथा नवीन ही नहीं कठिन होगा।

दूसरी ओर हिन्दी में सरकारी कामकाज संबंधी यह सामग्री अधिकांश शिक्षितों

के अपनी भाषा के प्रति उपेक्षा-भाव के फलस्वरूप नष्ट होनी आरम्भ हो गई है।

प्रस्तुत ग्रंथ में अत्यंत महत्त्वपूर्ण सामग्री के दोहन तथा अध्ययन का प्रयास किया गया है। इसके फलस्वरूप अनेक अनखुले तथा अधखुले रहस्यों पर से आवरण उठने की पूरी अपेक्षा है। इससे भाषा-प्रयोग विषयक अंग्रेजों की कूटनीति और भारतीय राजाओं की नीतियों और कार्यकलापों पर भी वांछित प्रकाश पड़ता है। विभिन्न क्षेत्रों में रेलों, डाक प्रणाणी, राजपत्र व्यवस्था, राजनय, राजस्व पद्धति आदि के विकास के सही चित्र प्रस्तुत होते हैं।

पुरातन भाषा हिन्दी के प्रशासन में प्रयोग से उसके विकास की गति, अवस्था और रूप पर भली-भाँति प्रकाश पड़ता है। विभिन्न प्रकार के सरकारी आदेशों, आबकारी के नियमों, विवाह सम्बन्धी कानूनों और अर्जदाश्ताओं (आवेदनों) से तत्कालीन समाज की अवस्था और भाषा के बदलते रूपों, परिवेशों आदि का सही चित्र उपस्थित होता है जो अभी तक अदृश्य था। हिन्दी गद्य के विकास की परंपरा जिसे अभी तक पूर्णरूपेण जाना नहीं जा सका है, बहुत पहले से आती हुई दृष्टि-गोचर होती है। हिन्दी भाषा के साहित्य के इतिहास में हिन्दी के प्रशासन में प्रयोग नामक विधा को सम्मिलित कर लेने से साहित्य के इतिहास को नये आयाम मिलेंगे। प्रशासन में भाषा का प्रयोग समाज की संरचना को प्रभावित करने में सक्षम है। सामान्यतः साहित्यकारों और कवियों का इस ओर ध्यान नहीं गया, जिसके कारण से समाज और हिन्दी दोनों का अहित हुआ है और अंग्रेजी से प्रभावित कुछ महानुभावों को हिन्दी की कमियों को बढ़ा चढ़ाकर बखान करने का अवसर मिला है। इस पुस्तक से प्रशासन में हिन्दी के प्रयोग की गति को तीव्रतर करने में सहायता मिलेगी। भाषा की क्षमता और अभिव्यक्ति की स्पष्टता के सम्बन्ध में लगने वाले आक्षेपों के निराकरण में सुविधा होगी। हिन्दी में हुए राज-काजीय पत्र-व्यवहार, राजपत्रों में निकले आदेशों, प्रसिद्ध पत्रों और सूचनाओं आदि को प्रकाश में लाकर उनकी भाषा के तुलनात्मक अध्ययन, शब्दों और लिपि के बदलते रूपों, विभिन्न प्रकार के आदेशों और संदेशों में भाषा के बदलते रूपों और अन्ततोगत्वा हिन्दी का राजकाज में शताब्दियों से प्रयोग होने का दिग्दर्शन कराने का सफल प्रयत्न किया गया है। इससे यह स्पष्ट हो जाएगा कि हिन्दी प्रशासन में बहुत पहले ही प्रौढ़ता प्राप्त कर चुकी थी।

सन्दर्भ

1. राष्ट्रभाषा की संवैधानिक स्थिति : डॉ० लक्ष्मीमल्ल सिंघवी (पुस्तक परिचय, जनवरी 1975 अंक) पृ० 9, 10
2. हिन्दी उद्भव, विकास और रूप : डॉ० हरदेव बाहरी, नवीन संस्करण

1970, पृ० 223

3. कचहरी की भाषा और लिपि : श्री चन्द्रबली पांडे, नागरी प्रचारिणी सभा काशी, आश्विन 1996 वि०, पृ० 15

औरंगजेब जैसे कट्टर मुसलिम शासक के शासन में भी राष्ट्रभाषा हिन्दी किस प्रकार राजभाषा फारसी के साथ-साथ चलती रही, इसकी एक झलक मिल गई। अब इतना याद रखें कि—

"वाकअः यह है कि मुसलमान बादशाह हमेशः एक हिन्दी सिकरेटरी जो हिन्दी-नवीस कहलाता था और एक फारसी सिकरेटरी जिसको वह फारसी-नवीस कहते थे, रखा करते थे ताकि उनके एहकाम इन दोनों जबानों में लिखे जायें"

(गार्सां द तासी : नागरी प्रचारिणी पत्रिका सन् 1898 ई०, पृ० 18

4. 'दी इलस्ट्रेटेड वीकली ऑफ इण्डिया,' 5 जनवरी, 1975 ई०)

'हिन्दी-राष्ट्रभाषा' : डॉ० धमवीर भारती, पृ० 7

5. कचहरी की भाषा और लिपि : श्री चन्द्रबली पांडे, नागरी प्रचारिणी सभा काशी, आश्विन 1996 वि०, पृ० 24

कम्पनी सरकार का कहना है :

"जीला के फौजदारी के साहेब लोग को लाजीम है के थानेदारि के तहसीलदार सभ वो दारोगा को सनद में इस आइन का तरजमा फारसी भाखा वो अछर वो हीनदोसतानी भाखा वो नागरी अछर में देहि वो उस सनद वो तरजमा के उपर फौजदारि का मोहर वो अपना दसतखत करहि

(अंगरेजी सन् 1803 साल 34 आईन 22 दफा)

सभ—सब

तरजमा—अनुवाद

भाखा—भाषा

अछर—अक्षर

हीनदोसतानी—हिन्दुस्तानी

पृष्ठ 25

"इस आईन के तीने दफे के जिलों के जज साहिब और मजिसटरट साहिब को लाजिम है के जिस वक्त इस आईन का फारसी या हींदी तरजमा उनके कने पहुँचे तो उसके तईं अपनी कचहरीयों में पढ़वावें और मशहूर करें···"

मजिसटरट—मजिस्ट्रेट (अंग्रेजी सन 1805 साल 8 आईन 31 दफा)

पृष्ठ 27

"किसी को इस बात का उजुर नहीं होऐ के उपर के दफे का लिखा हुकुम सभ से वाकीफ नहीं है हरीऐक (हरेक) जिले के क्लीक्टर साहेब को लाजीम है के इस आइन के पावने पर ऐक ऐक केता इसतहोरनामा निचे के सतह से फारसी वो नागरी भाषा वो अछर में लीखाऐ के अपने मोहर व दसखत से अपने जिला के मालीकान जमीन बो ईजारेदार जो हजुर में मालगूजारी करता उन सभो के कचहरि में वो अमानि महाल के देसि ताहसीलदार लोग के कचहरि में भी लटकावहि"......

(अंगरेजी सन् 1803 साल 31 आईन 20 दफा)

पृष्ठ 29

"उपर का लीखा दफा के सरह के इसतहार पावने पीछे उसका नकल फारसी भाखे वो अछर वो हीनदोसतानी भाखा वो नागरी अछर में लीखाऐ कै टकसाल के साहेब टकसाल में आदमी के देखरेख जऐह लटकावहि"

(अंगरेजी सन् 1803 साल 45 आईन 18 दफा 2 तफसील)

कचहरी की भाषा और लिपि : श्री चन्द्रबली पांडे

पृष्ठ 28

"जौ सीटामप सभ के दावे वो जवाब गैरह कागज के ऊपर किआ जाऐगा उसके उपर नीचे का मजमून फारसी भाखे वो अछर वो हीनदवी जूबान वो नागरी अछर में खोदा जाऐगा।"

(अंगरेजी सन् 1803 साल 43 आईन दफा 6 तफसील)

सीटामप—स्टाम्प, भाखे—भाषा
हीनदवी—हिन्दवी, अछर—अक्षर

1. (क) हिन्दी परिचय : ग्रीष्म 1890 शक (वर्ष 7 अंक 2)
   (ख) हिन्दी परिचय-बसन्त 1890 शक (वर्ष 7 अंक 1)

6. 'प्रशासन में हिन्दी' पुस्तक, प्रकाशक केन्द्रीय सचिवालय हिन्दी परिषद लेख : अदालतें और भारतीय भाषाएँ, लेखक : श्री क० पु० रामुण्णि मेनन, पृ० 80

7. वही, पृ० 80

'प्रिय पिता जी'

हमारे अंग्रेजी स्कूलों की बड़ी आश्चर्यजनक प्रगति हो रही है। जरूरत भर के लोगों को अंग्रेजी शिक्षा देने की हम बहुत कोशिश कर रहे हैं—कहीं-कहीं यह कार्य असम्भव ही बताया जा सकता है। केवल हुगली नामक एक नगर में

डेढ़ हजार लड़कों को अंग्रेजी शिक्षा दी जाती है। हिन्दुओं पर इस शिक्षा का गहरा और व्यापक प्रभाव पड़ रहा है। अंग्रेजी शिक्षा प्राप्त कोई भी हिन्दू अपने धर्म में विश्वास नहीं रखता। केवल इने गिने लोग दिखावटी तौर पर विश्वास रखते हैं : यद्यपि बहुत से लोग अपने को आस्तिक कहते हैं। लेकिन कुछ ईसाई धर्म में दीक्षित भी हैं। यदि हमारी शिक्षा योजना मजबूती के साथ प्रचलित रहेगी तो तीस साल के अन्दर बंगाल के प्रतिष्ठित परिवारों में कोई मूर्तिपूजक नहीं रह जाएगा, इसका मुझे अटल विश्वास है। हम धर्म परिवर्तन की योजना के बिना ही यह सब सिद्ध कर सकते हैं। ज्ञान एवं मनन् से ही यह अनायास सिद्ध हो सकता है। धार्मिक स्वतन्त्रता से इसका किसी तरह विरोध नहीं होगा। सुदूर भविष्य की इस सम्भावना से मैं हार्दिक आनन्द का अनुभव कर रहा हूँ।

आपका प्रिय पुत्र
मेकाले

—इस पत्र का पूरा अंग्रेजी रूप—

Life and Letters of Lord Macaulay by His nephew the Right Hon. Sir George Otto Trevelyan, Bart. O.M. Enlarged and complete Edition (1903) in two Volumes-Vol-I.

Longmans, Green And Co. London—New York. Toronto 1931.

Calcutta : October 12, 1836

My dear Father, We were extremely gratified by receiving, a few days ago, a letter from you which, on the whole, gave a good account of your health and spirits. The day after tomorrow is the first anniversary of your little grand-daughter's birthday. The occasion is to be celebrated with a sort of droll puppet-show, much in fashion among the natives; and exhibition much in the style of Punch in England, but more dramatic and more showy. All the little boys and girls from the houses of our friends are invited, and the party will, I have no doubt be a great deal more amusing than the stupid dinners and routs with which the grown-up people here kill the time.

In a few months,—I hope, indeed, in a few weeks,—we shall send up the Penal Code to Government. We have got rid of the punishment of death, except in the case of aggravated treason and wilful murder. We shall also get rid indirectly of everything that can properly be called slavery in India. There will remain civil claims on particular people for particular services, which claims may be enforced by civil action; but no person will be entitled, on the plea of being the master of another, to do anything to that other which it would be an offence to do to a free-man.

Our English schools are flourishing wonderfully. We find it difficult,—indeed, in some places impossible,—to provide instruction for all who want it. At the single town of Hoogly fourteen hundred boys are learning English. The effect of this education on the Hindoos is prodigious. No Hindoo, who has received an English education, ever remains sincerely attached to his religion. Some continue to profess it as a matter of policy; but many profess themselves pure Deists, and some embrace Christianity. It is my firm belief that, if our plans of education are followed up, there will not be a single idolater among the respectable classes in Bengal thirty years hence. And this will be effected without any efforts to proselytise; without the smallest interference with religious liberty; merely by the natural operation of knowledge and reflection. I heartily rejoice in the prospect.

I have been a sincere mourner for Mill. He and I were on the best term, and her services at the India House were never so much needed as at this time. I had a most kind letter from him a few weeks before I heard of his death. He has a son just come out, to whom I have shown such little attentions as are in my power.

Within half a year after the time when you read this we shall be making arrangements for our return. The feelings with which I look forward to that return I cannot express. Perhaps I should be wise to continue here longer, in order to enjoy during a greater number of months the delusion,—for I know that it will prove a delusion,—of this delightful hope. I feel as if I never could be unhappy in my own country; as if to exist on English ground and among English people, seeing the old familiar sights and hearing the sound of my mother tongue, would be enough for me. This cannot be : yet some days of intense happiness I shall surely have; and one of those will be the day when I again see my dear father and sisters.

Ever yours most affectionately
T.B. Macaulay

अध्याय 2

भाषायी स्थिति (विशेषतः राजस्थान के संदर्भ में)

भाषाशास्त्रियों के अनुमानानुसार प्राचीन आर्य-जन जो भाषा बोलते थे, उसके एक रूप से वैदिक संस्कृत का प्रादुर्भाव हुआ जिसका साहित्यिक रूप कालान्तर में संस्कृत नाम से जाना गया। जन साधारण की बोलचाल की भाषाएं प्राकृत कहलाईं। प्राकृतों को कालक्रमानुसार पहली तथा दूसरी नाम दिए गए। पहली प्राकृतों में पाली और अर्द्धमागधी हैं तथा दूसरी प्राकृतों में शौरसैनी, मागधी और महाराष्ट्री मुख्य थीं। समय की गति से ये प्राकृतें भी साहित्यिक रूप ग्रहण करने लगीं। परन्तु जन-भाषाएं भी अलग से बढ़ती गईं और उन्हें अपभ्रंश कहा गया। अपभ्रंशों के अनेक भेद उपभेद किए गए।[1]

इन्हीं अपभ्रंशों में से नागर अपभ्रंश का प्रचार क्षेत्र डा. ग्रियर्सन ने गुजरात-पश्चिमी राजस्थान होना अनुमानित किया, किन्तु डा. सुनीतिकुमार चटर्जी ने इस क्षेत्र के अपभ्रश को सौराष्ट्री अपभ्रंश नाम दिया है।[2]

डा. मोतीलाल मेनारिया के मतानुसार ये दोनों ही नाम अस्पष्ट हैं। उनके विचार से श्री कन्हैयालाल माणिकलाल मुंशी का रखा हुआ नाम गुर्जरी अपभ्रंश अर्थात गुर्जर देश की अपभ्रंश अधिक सार्थक है।[3] यह निर्विवाद है कि राजस्थानी-हिन्दी की बोलियों में विस्तार और साहित्य दोनों दृष्टियों से मारवाड़ी का विशेष स्थान है। डिंगल का मूलाधार भी मारवाड़ी ही है।[4] आठवीं शताब्दी के 'कुवलय-माला' नामक ग्रंथ में भारत की 18 देश भाषाओं में मरुदेश की भाषा का भी उल्लेख मिलता है।[5] श्री नरोत्तम दास स्वामी के अनुसार अबुल फजल की 'आईने अकबरी' में भी मारवाड़ी की भारत की प्रमुख भाषाओं में गणना की गई है।[6]

मारवाड़ी को भारत सरकार, विदेश विभाग की 1872-73 की एक महत्त्व-पूर्ण प्रशासनिक रिपोर्ट में 'हिन्दी का बिगड़ा रूप' बताया गया है।[7] उस काल के अन्य शासकीय प्रलेख यह स्पष्ट और पुष्ट करते हैं कि राजस्थान की उपभाषाओं और बोलियों को राजस्थानी नामक किसी भाषा के अन्तर्गत नहीं रखा जाता था। वस्तुतः इन सभी को हिन्दी की बोलियों के अंतर्गत ही वर्गीकृत किया जाता था।

अजमेर और मेरवाड़ा प्रान्त की सन् 1881 में ली गई जनगणना के आंकड़ों में हिन्दी, हिन्दुस्तानी, मराठी और पंजाबी को क्षेत्र की विद्यमान भाषाएं बताया गया है। इन भाषाओं की बोलियों की जो गणना कराई गई है उसमें हिन्दी भाषा के अन्तर्गत निम्नलिखित बोलियां बताई गई हैं।[8]

अजमेरी	मेरवाड़ी (कांथा)
मेवाड़ी	मारवाड़ी
ढूंढाड़ी	हाड़ौती
शेखावाटी	हरियाणा
बंजारी	

सन् 1891 की भारत की जनगणना के अंतर्गत राजपूताना सम्बन्धी भाग में पुनः यह पुष्टि की गई और घोषित किया गया कि देश की कृषक जनसंख्या में जो भाषा मुख्यतः समझी जाती है वह हिन्दी है और इसकी पांच बोलियां अर्थात (1) मारवाड़ी (2) ढूंढाड़ी (3) ब्रज भाषा (4) मेवाती और (5) मेवाड़ी हैं।[9] इस प्रकार परम्परा से मारवाड़ी, हिन्दी की एक उपभाषा है।

मारवाड़ी पश्चिमी रियासतों : मारवाड़, जैसलमेर, बीकानेर, किशनगढ़ और सिरोही में मुख्य रूप से बोली जाती थी। बूंदी, कोटा, शाहपुरा और झालावाड़ में एक ऐसी बोली का प्रचलन था जो लगभग मारवाड़ी ही थी।

ढूंढाड़ी जयपुर और लावा में प्रचलित थी। भरतपुर, करौली और धौलपुर में ब्रजभाषा बोली जाती थी।

मेवाड़ी पूरे दक्षिणी प्रभाग में प्रचलित थी। बाँसवाड़ा, डूंगरपुर और सिरोही में कुछ गुजराती भी चलती थी। गुजरात की सीमा से मिले होने के कारण यह सर्वथा स्वाभाविक था।

सन् 1901 ई० की जनगणना में जो आँकड़े राजस्थान के विभिन्न भागों की बोलियों के सम्बन्ध में आए उनमें सभी बोलियों को ग्रियर्सन द्वारा किए गए भाषाई सर्वेक्षण के अनुसार 'राजस्थानी' नामक वर्ग में रख दिया गया। इससे पूर्व तक इस नाम का उल्लेख किसी सरकारी प्रलेख या साहित्यिक ग्रंथ में नहीं मिलता। पहले मरुभाषा या मारवाड़ी के उल्लेख अवश्य मिलते हैं। पहले स्पष्ट कर दिया गया है कि मारवाड़ी की सदैव हिन्दी की बोलियों में गणना होती रही है। डा. मोतीलाल मेनारिया लिखित 'राजस्थानी भाषा और साहित्य' नामक पुस्तक से भी यह प्रतीति होती है कि राजस्थानी शब्द का प्रयोग पुरातन नहीं है। वस्तुतः विद्वान इस शब्द के प्रयोग के उत्पत्ति काल के विषय में उल्लेख नहीं करते और सीधे ही इस शब्द को मारवाड़ी या 'मरुभाषा' या डिंगल से जोड़ देते हैं।

सन् 1901 ई० की इस जनगणना में यह स्वीकारोक्ति है कि राजस्थानी और पश्चिमी हिन्दी आदि नाम जिनके अंतर्गत राजपूताना के निवासियों की

बोलियां वर्गीकृत की गई हैं, जनता को ज्ञात नहीं हैं और जनता तो विभिन्न बोलियों यथा मारवाड़ी, जयपुरी आदि को ही जानती है।[10]

इससे यह निष्कर्ष निकाल लेना अनुपयुक्त नहीं होगा कि राजस्थान की बोलियों को 'राजस्थानी' का एक समूह नाम देने का कार्य ग्रियर्सन ने ही किया और इस समूह को जो उस समय तक के आँकड़ों में हिन्दी के अंतर्गत लिया जाता रहा, आगे से 'राजस्थानी' अंतर्गत रख दिया गया। ग्रियर्सन ने भी यह समूह नाम प्रान्तगत प्रवृत्तियों के परिप्रेक्ष्य में ही दिया। उन्होंने स्वयं इस नाम का आविष्कार किया है, यह उनकी स्पष्ट स्वीकारोक्ति है।[11]

सन् 1901 ई० की जनगणना के अनुसार राजस्थानवासी जनता ने 69 भाषाओं और बोलियों की जानकारी जनगणना अधिकारियों को दी।[12] जिनमें से 17 को राजस्थानी के अंतर्गत माना गया। इन सबको बोलने वालों की संख्या 65,56,337 थी। ये 17 हैं : बागड़ी, ढूंढाढ़ी या जयपुरी की 8 बोलियां, हाड़ौती, मालवी, मारवाड़ी, मेरवाड़ी, मेवाड़ी की 3 बोलियां और सुंदवाड़ी। इनको भी पश्चिमी और पूर्वी नामक दो वर्गों में वर्गीकृत किया गया।

ढूंढाड़ी या जयपुरी और हाड़ौती को पूर्वी वर्ग की प्रतिनिधि माना गया और मारवाड़ी को पश्चिमी वर्ग की प्रतिनिधि।[13]

पूर्वी का प्रयोग जयपुर, मेवाड़, किशनगढ़, झालावाड़, बूंदी, कोटा, शाहपुरा और लावा में होता था और पश्चिमी का प्रयोग बीकानेर, जैसलमेर, मारवाड़ और सिरोही में होता था।[14]

विभिन्न क्षेत्रों में बोली जाने वाली बोलियों का निम्नलिखित विवरण राजस्थान की भाषायी पृष्ठभूमि पर यथोचित प्रकाश डाल सकेगा क्योंकि यह विवरण सम्बन्धित क्षेत्र की वास्तविक स्थितियों के आधार पर तैयार किया गया है। राजस्थानी हिन्दी की बोलियों का यह विशद वर्णन सन् 1901 ई० की जनगणना के अनुसार है।

1. **बागड़ी** : बागड़ी या शेखावाटी को सन् 1901 ई० की जनगणना में 5,64 252 लोगों ने अपनी भाषा / बोली लिखाया, जिनमें से 5,63,583 जयपुर के थे। सामान्यतः यह बीकानेर के निवासियों की मुख्य भाषा रही है, पर बीकानेर के अधिकांश लोगों ने मारवाड़ी को अपनी मातृभाषा लिखाया।[15]

2. से 9. **ढूंढाड़ी या जयपुरी** : इसको 15,58,047 लोगों ने लिखवाया। यह जयपुर और किशनगढ़ रियासतों के निवासियों की बोली थी। कोटा और मारवाड़ के भी पर्याप्त निवासी इसको मानते थे। मानक बोली जिसे 9,04,170 व्यक्तियों ने अपनी बोली लिखवाया, जयपुर रियासत के मध्य में अर्थात् जयपुर निज़ामत में, जिसमें जयपुर का बड़ा नगर सम्मिलित था, और साम्भर निज़ामत के एक भाग में बोली जाती थी।[16]

ढूंढाड़ी की कई उप-बोलियों में से चौरासी नामक उप-बोली मालपुरा निज़ामत में, जो जयपुर रियासत के दक्षिण में थी, बोली जाती थी। यह 93,908 व्यक्तियों द्वारा अपनाई गई थी। कठैड़ा (Kathaira) उप-बोली, जयपुरी और मारवाड़ी का एक मिश्रण जिसे 44,898 व्यक्तियों ने अपनाया, साम्भर निज़ामत के दक्षिण में और किशनगढ़ की सीमा पर बोली जाती थी। किशनगढ़ी उप-बोली लगभग पूरी किशनगढ़ रियासत में प्रयुक्त होती थी। यह 83,373 व्यक्तियों द्वारा अपनाई गई। नगरचल उप-बोली को 27,749 व्यक्तियों ने अपनाया। यह अधिकतर जयपुर के दक्षिण में बूंदी की सीमा के निकट प्रयुक्त होती थी। राजावाटी उप-बोली जयपुर की सवाई माधोपुर निज़ामत में प्रयुक्त होती थी और 1,45,602 व्यक्तियों द्वारा अपनाई गई। तोनरावाटी उप-बोली तोनरावाटी जिले में बोली जाती थी तथा 2,58,269 व्यक्तियों द्वारा अपनाई गई। दादरी को कोटा में 78 व्यक्तियों द्वारा अपनाया गया।[17]

10. **हाड़ौती** : यह बूंदी और कोटा रियासतों की भाषा थी, जिनके शासक पहान चौहान वंश की हाड़ा शाखा से सम्बन्धित थे। इसे 5,60,720 व्यक्तियों ने अपनाया।[18]

11. **मालवी** : यह मुख्यतः कोटा, झालावाड़ और परताबगढ़ रियासतों के गाँवों, जो मध्य भारत की सीमा से लगते थे, में प्रयुक्त होती थी। इसे 1,55,775 लोगों द्वारा अपनाया गया।[19]

12. **मारवाड़ी** : यह सर्वाधिक सर्वत्र बोली जानेवाली बोली थी। पश्चिमी प्रभाग की रियासतों के निवासियों की बहुसंख्या और दक्षिणी प्रभाग के सिरोही में यह बोली जाती थी। मारवाड़ी को मानने वालों की संख्या सन् 1901 ई० में 26,51,562 अर्थात् कुल जनसंख्या का 27 प्रतिशत थी। ग्रियर्सन ने बताया था कि भानक मारवाड़ी के अतिरिक्त मारवाड़ी की छह उप-बोलियां थीं। किन्तु जनगणना अनुसूचियों में कोई भी समाविष्ट नहीं की गई।[20]

13. **मेरवाड़ी** : यह मेरवाड़ा जिले के मेरा निवासियों की भाषा थी और सिरोही में 82 लोगों ने इसे माना।[21]

14. से 16. **मेवाड़ी** : यह मेवाड़ रियासत और शाहपुरा की मुख्य भापा थी। यह बूंदी और टोंक में भी पर्याप्त मात्रा में प्रयुक्त होती थी और कोटा में भी 15,000 से अधिक लोगों द्वारा प्रयुक्त होती थी। मेवाड़ी को मानने वालों की संख्या 10,60,618 थी। मेवाड़ के उत्तर में यह बोली जयपुरी के निकट हो जाती थी और पश्चिम में मारवाड़ी से नैकट्य स्थापित करती थी। जनता इसे उन दोनों बोलियों से अलग मानती थी और मेवाड़ी को अपनी बोली लिखानेवालों की बड़ी संख्या ने ही जनगणना अधिकारियों को इसे अलग बोली मानने को विवश किया। मानक के अतिरिक्त दो उप-बोलियां भी प्रविष्ट कराई गईं (क) मेवाड़ी

खैराड़ी जो 45,561 व्यक्तियों द्वारा बोली जाती थी, खैराड़ में प्रयुक्त रूप था। खैराड़ मेवाड़ के उत्तर-पूर्व में, जहाजपुर पहाड़ियों के पश्चिम में एक पहाड़ी जनपद था जो पड़ोसी रियासतों जयपुर और बूंदी तक फैला था और जिसमें मुख्यतः मीना लोग निवास करते थे।

(ख) मेवाड़ी सरवारी को कोटा में 54 व्यक्तियों द्वारा माना गया। इस बोली ने अपना नाम किशनगढ़ के सरवार परगना से लिया लगता है यद्यपि उस रियासत की अनुसूचियों में इसका कहीं नाम नहीं था।[22]

इन दोनों उप-बोलियों को बोलने वालों की संख्या को मुख्य बोली मेवाड़ी की संख्या में सम्मिलित किया गया था।[23]

17. **सुंदवाड़ी** : यह राजस्थानी हिन्दी की बोलियों में से अंतिम थी जिसे 5,301 व्यक्तियों द्वारा माना गया जो लगभग सभी झालावाड़ के थे। यह मुख्यतः चौमेहला जनपद में सुंदवाड़ में बोली जाती थी। इस जनपद की विचित्रता थी कि वे 'स' को 'ह' कहते थे और इस प्रकार 'सुंदवाड़' को हुंदवाड़ कहते थे।[24]

राजस्थानी हिन्दी के पश्चात् राजस्थान में पश्चिमी हिन्दी के बोलने वालों की संख्या 27,46,552 थी। बोलियां जो लिखाई गई थीं वे 16 थीं।[25]

ये थीं ब्रजभाषा की 2 बोलियां, बुंदेलखण्डी, डांगी (dangi) की 5 बोलियां, ढाढार, हरियाणी, हिन्दी, मेवाती की 4 बोलियां और उर्दू।[26]

1-2. **ब्रजभाषा** : यह भरतपुर की मुख्य भाषा थी जहाँ यह 5,31,921 व्यक्तियों द्वारा मानी गई जो उस रियासत की 85 प्रतिशत जनसंख्या थी। यदुवती (Jadobati) रूप कोटा रियासत के 112 व्यक्तियों द्वारा लिखाया गया।[27]

3. **बुंदेलखण्डी** : यह 179 व्यक्तियों द्वारा बोली जाती थी जिनमें से लगभग सभी कोटा और झालावाड़ में थे।[28]

4-8. **डांगी** : इसको 7,25,549 व्यक्तियों द्वारा लिखाया गया। इसको ब्रजभाषा का एक रूप माना गया और डांग की बोली माना गया। 'डांग' के अर्थ हैं टूटा प्रदेश जो जयपुर के पूर्व में और करौली और भरतपुर के समीप था। उप-बोली जो अधिकांशतः प्रयुक्त होती थी डांगी-जयपुरी थी जो जयपुर रियासत के 2,57,445 व्यक्तियों द्वारा लिखाई गई। इसके आगे शुद्ध डांगी या काकाछु आती थी जो हिन्डौन निजामत और करौली और भरतपुर की सीमाओं पर रियासत के पूर्वी भागों में निवास करने वाले 1,83,439 व्यक्तियों द्वारा लिखाई गई।

तदुपरांत जयपुर, भरतपुर और करौली के 1,14,947 व्यक्तियों द्वारा डांग-भांग लिखाई गई। डूंगरवाड़ा उपबोली 96,612 व्यक्तियों द्वारा और कालीमल को 73,107 व्यक्तियों द्वारा लिखाया गया।[29]

ढाढार उपबोली जो कम जानी जाती थी अलवर के 21,886 व्यक्तियों द्वारा

लिखाई गई ।[30]

9. **हरियाणी** : यह अधिकांशतः बीकानेर के 3,954 व्यक्तियों द्वारा लिखाई गई ।[31]

10. **हिन्दी** : जनगणना में लिखित वर्णन के अनुसार यह नाम उस भाषा का था जो सम्पूर्ण हिन्दुस्तान में प्रचलित भाषा के लिए प्रयुक्त होता था ।[32]

राजपूताना में मुख्यतः यह धौलपुर, टोंक, करौली और अलवर में बोली जाती थी । हिन्दी लिखाने वालों की कुल संख्या 9,08,146 थी ।[33]

11-14. **मेवाती** : इसको 4,78,756 लोगों ने अपनी बोली लिखाया । यह मेवों की बोली थी और हिन्दुओं की कुछ जातियों की, जो मेवाड़ में निवास करती थीं, भाषा थी। यह क्षेत्र डीग से भरतपुर के उत्तरी भाग, पंजाब (तत्कालीन) के गुड़गांव (अब हरियाणा में) जिले का एक भाग और अलवर रियासत के एक तिहाई से अधिक भाग, तिजारा, किशनगढ़, रामगढ़ और गोविन्दगढ़ तहसीलों समेत और लछमनगढ़ तहसील के उत्तरी भाग से बनता है। मानक मेवाती, जो 2,66,-72 व्यक्तियों द्वारा लिखाई गई, के अतिरिक्त तीन उपबोलियां लिखाई गईं ।[34]

मेवाती कठेर (Kather) अलवर में कठेर नाम से जाने गए क्षेत्र की बोली थी । कठेर लछमनगढ़, कुटुम्भर और राजगढ़ तहसीलों के समतल भाग को कहते थे । यह अलवर के 37,493 निवासियों द्वारा लिखाई गई ।[35]

मेवाती नहेरा (Nahera) अलवर की थाना गाजी तहसील के पश्चिमी भाग के स्थानीय नाम नहेरा में यह बोली प्रयुक्त होती थी । इसको 48,502 व्यक्तियों द्वारा लिखाया गया ।[36]

मेवाती राठ (Rath) अलवर रियासत की दो उत्तर-पश्चिमी तहसीलों (वहरोर और मंडावर) से बने क्षेत्र राठ की बोली थी जो 1,25,929 व्यक्तियों द्वारा लिखाई गई ।[37]

15. **उर्दू** : जनगणना के अनुसार यह शिक्षित मुसलमानों की भाषा थी। इसे 93,172 व्यक्तियों द्वारा लिखवाया गया। इसमें सिरोही, किशनगढ़ और मेवाड़ रियासतों के 5,865 व्यक्ति भी सम्मिलित किए गए जिन्होंने हिन्दुस्तानी को मातृभाषा लिखवाया ।[38]

16. **गुजराती** : सन् 1901 ई० की जनगणना के प्रतिवेदन के अनुसार बड़ौदा और पश्चिमी भारत की व्यापारिक भाषा गुजराती राजपूताना में विशेष नहीं बोली जाती थी । गुजराती बोलने वालों की संख्या मात्र 15,532 थी जिसमें से मानक भाषा बोलने वालों की संख्या 15,338 थी और शेष 194 व्यक्ति चार उपबोलियों अर्थात् (क) बेलदारों की बोली (21), (ख) गुजराती मारवाड़ी

(138), (ग) कच्छी या जराजी (24) और (घ) काठियावाड़ी (11) बोलते थे।[39]

दो बोलियां भीलनी और वागड़ी भीलों और ग्रासियों (Grassias) द्वारा अपनी बोलियाँ लिखाई गईं जो कोटा और दक्षिणी प्रभाग की रियासतों में रहते थे। इनको लिखाने वालों की संख्या 3,34,148 थी। ये दोनों बोलियां बहुत मिली-जुली होती थीं और मुख्यतः हिन्दी और गुजराती के बिगड़े रूप में थीं।[40]

भारत की दूसरी स्थानीय भाषाओं को सन् 1901 ई० की जनगणना में लिखाने वालों की संख्या 69,247 अर्थात् कुल जनगणना का 0.71 प्रतिशत थी। जो बोलियां बताई गईं वे थीं—बलूची (Balochi), लबाहरी, बंगाली, गोंडी, पार्थी (जिप्सी बोली का रूप) कश्मीरी, मराठी और पश्चिमी पंजाबी। इनमें से पंजाबी और सिंधी लिखाने वालों की संख्या 22,112 और 39,168 थी जिनमें से अधिकांश पश्चिमी प्रभाग की रियासतों में रहते थे। सिंधी में धाती बोली (Dhati Boli), जिसे लगभग 3,000 लोगों द्वारा जैसलमेर में लिखाया गया, सम्मिलित थी। कोई भी दूसरी स्थानीय बोली 1000 से अधिक व्यक्तियों द्वारा नहीं बोली जाती थी।[41]

भारत के बाहर के एशियाई देशों की भाषाओं में अरबी, फारसी और तुर्की को 47 व्यक्तियों द्वारा लिखाया गया। झालावाड़ के दो व्यक्ति जिन्होंने तुर्की को मातृभाषा लिखाया वे इसी वर्ग में सम्मिलित किए गए।[42]

आगे-आगे जैसे-जैसे राष्ट्रीय चेतना का प्राबल्य होता गया राजस्थान की बोलियों के बोलने वालों की सही संख्या की जानकारी मिलना कठिन होता गया। यह तथ्य सन् 1921 ई० की जनगणना के प्रतिवेदन में स्वीकार किया गया।[43] प्रतिवेदन के अनुसार अलवर में मेवाती के स्थान पर हिन्दी को लिखाया गया।[44]

उपलब्ध साक्ष्यों के आधार पर बोलचाल में भले ही विभिन्न बोलियां प्रयुक्त होती रही हों किन्तु लिखत-पढ़त में मुख्यतः 'भारत का भाषा सर्वेक्षण' के अनुसार पश्चिमी हिन्दी के वर्ग की खड़ी बोली का व्यापक प्रयोग होता रहा। कामकाज की भाषा के रूप में इसका स्थान राजस्थान भर में बना रहा। यद्यपि यत्र-तत्र इसमें क्षेत्रीय बोलियों के प्रभाव को नकारा नहीं जा सकता। वस्तुतः स्थानीय बोली का प्रभाव सर्वथा स्वाभाविक है और यह भाषा की जीवन्तता का परिचायक है। यदि भाषा बोली से दूर हटती है तो अंधकार की ओर बढ़ती है।

लगभग सवा सौ वर्ष पूर्व से लगाकर लगभग एक सौ वर्ष पूर्व तक के राजस्थान से सम्बन्धित सरकारी पत्र व्यवहार के नमूनों का अध्ययन तथा विश्लेषण हिन्दी की उपयुक्त सार्वभौमता और उसमें स्थानीय बोलियों के सम्मिश्रण को प्रदर्शित करेगा। व्यावहारिक उदाहरणों से राजस्थान की भाषायी पृष्ठभूमि पर समुचित प्रकाश पड़ सकेगा।

सन् 1846 ई० से हरजी (मारवाड़) और मणादर (सिरोही) के मध्य सीमा विवाद उग्र रहा। निम्नलिखित पत्र द्रष्टव्य है :

"राजेश्री कपतांन वलीयम ईदरसेन साहब बाहादुर जी : गांम मणादर थी सपड़ासी रुपारी अरजी श्री हजुर मे मालुम हौवो अपरांच गांम हरजीरी मवेसी मणादररी सीम म सरावां जाते हे और अपणी मवेसी वांरे और घास वालां रे सांग जाबता के वास्ते सवार ७ और पाला बॉदुकॉवाला १५ भेज देते हे : और मणादर वाले मने करे के मांरी सीम मे मत आवो पीण हरजीवाला केते हे के मने करो तो फीसाद होसी पीण में तो थांरी सीम मे आवसां ईस : फक्त सात १९०५ आसोज चुद १ सांत १८४८ ईसवी : ता मा सीतांबर"[45]

(1) इस पत्र की फोटो प्रति पृष्ठ 54 के बाद लगे चार्ट पर देखी जा सकती है।

हरजी और मणादर दोनों, भाषायी दृष्टि से मारवाड़ी के क्षेत्र के अंतर्गत हैं। तदनुसार इस आवेदन की भाषा बड़ी स्वाभाविक है। एक निम्नतम स्तर के सरकारी कर्मचारी रूपा चपड़ासी ने कप्तान विलियम एंडरसन को रपट भेजी है। पत्र की भाषा में शब्दों के 4 वर्ग विचारणीय हैं :

1	2	3	4
राजेश्री	सपड़ासी	मांरी	जाते हे
गांम	अरजी	थांरी	भेज देते हे
मवेसी	हजुर	अपणी	हरजीवाला
सीम	मालुम		मणादर वाले
पीण	जाबता		आवो
	वास्ते		केते हे
	सवार		
	फीसाद		
	फकत		

वर्ग 1 के शब्द विशाल हिन्दी क्षेत्र में ग्रामीण प्रयोग के हैं।

वर्ग 2 के शब्द सैंकड़ों वर्षों के अरबी तथा फारसी के प्रभाव के द्योतक हैं।

वर्ग 3 के शब्द खड़ी बोली क्षेत्र के ग्रामों में सामान्यत: प्रयुक्त शब्द हैं, जो क्रमश: म्हारी, थारी, अपणी रूप में आज भी प्रयुक्त होते हैं।

वर्ग 4 की क्रियाएं आदि खड़ी बोली के प्रभाव को परिलक्षित करती हैं।

पत्र में विभक्तियों का प्रयोग मारवाड़ी प्रभाव को दर्शाता है।

वस्तुतः यह पत्र वर्तमान राष्ट्रीय स्तर पर प्रशासनिक कार्यों में हिन्दी के प्रयोग के लिए मार्गदर्शी रूपरेखा प्रस्तुत करता है। कप्तान विलियम एंडरसन को राजेश्री शब्द से सम्बोधन तथा एन्डरसन को ईदरसेन कहना भी विशेषतः ध्यान देने योग्य है। कहने का अर्थ है कि एंडरसन का भारतीय रूप इंदरसेन या ईदरसेन हो सकता है।

इसी प्रकार के एक और पत्र का उदाहरण देकर इस पृष्ठभूमि को स्पष्ट करने का यत्न किया गया है।

(2) नकल अरजी चोपदार पीरबक्स बनाम करनेल सररजमं···श्री सीक्सपीयर साहब बाहादुर पोलटीकल अजंट जोधपुर मिती चेत सुद ३·········अप्रंच षुदावेंदा सात बरस का सरा जो हरजीवाले म बाकी था जो मणाधर बालो कु दे दीया गया पचास ५०) कलसी जो ओर इंकाऽ ५१।) व रुपीय दीया और फारकती हरजी वाले न ले ली वीह ओर षुदावदा राजीनाव दौनु तरफ से लेकर हजुर म भेजा है जो मुलाजा फरमांवगे और षुदावेंदा आग स वरसावरस दीया जावेंगै राजी षुसी स और षुदावदा गुलांम कुदो म्हीनः का हुक्म मीला था सो षुदावदा अब जैसा हुक्म मील जसा अमलाया जाव हजुर मा बाप है : फकत।[46]

उपर्युक्त पत्र में स्थान-स्थान पर रिक्त स्थान छूट जाने का कारण लिखावट का स्पष्ट न हो पाना है। पत्र में खड़ी बोली के क्रियापदों का प्रयोग स्पष्टतः परिलक्षित है। बीच में 'वरसाबरस' शब्द 'वर्षानुवर्ष' और राजीनांव' 'राजीनामा' शब्दों के ग्रामीण प्रयोग हैं।

(3) चोपदार पीरबख्श के एक और पत्र की फोटो प्रति साथ के चार्ट में लगी है जिससे पिछले पत्र सं (2) की लिखावट पर प्रकाश पड़ सके। राजपूताना रेजीडेन्सी की ओर से राजपूताना के विभिन्न क्षेत्रों में भेजे गए पत्रों में से कुछ का विश्लेषण करने का प्रयास यहां किया गया है।

उदाहरण (1) खरीतह जनरल सेंट पेटरिक लारंस साहिब अजंट गवरनर जनरल राजपूताना ब: नाम ठाकुर बसाऊ ।। तारीख १ जनवरी १८६१ ई०

अपरंच खत राज का आया समाचार बांच वाक़िफ़ हुआ राज ने जो खुश ख़बरी हमारे आने की सुनी और खुशी लिखी सो ठीक है राज की लियाक़त और लिख़ावट से मैं खुशी हूँ आसो जानसी और काग़िज हमेशह लिखावसी इति ।[47]

उपर्युक्त पत्र के सब शब्द एक दूसरे से मिले हुए लिखे गए हैं । पुस्तक सीलन के कारण अच्छी अवस्था में नहीं पाई गई ।

उदाहरण (2) खरीता खेतड़ी की माजी राणावत जी के नाम साहिब अजंट गवरनर जनरल बहादुर राजपूताने की तर्फ़ से तारीख १५ अक्तूबर १८६१

अपरंच खरीता राज का आया जो राज ने अपना दुख दर्द तकलीफ केद वग़रह लिखी सो सब मालूम हुआ जो कि पहिले भी राज के खरीते साहिब पोलिटिकेल अजंट बहादुर जयपूर की ख़िदमत में भेजे गए हैं इसलिए राज को लिखा जाता है कि इस मुकदमह में राज को कहना सुनना होवे साहिब अजंट बहादुर जयपूर की खिदमत में कहे सुनें यहाँ पर बार-बार लिखना बेदसतूर है इति ।[48]

उदाहरण (3) खरीता नाथद्वारा के गोस्वामी के नाम साहिब अजंट गवरनर जनरल बहादुर की तर्फ़ से २२ अक्तूबर १८६१ ई० मिती···

अपरंच आपका खरीता लिखा हुआ असाड बद ११ सं १९१८ इस मजमून से कि···खेड़ा जो म्हारजा दौलतराव सिंधिया ने हम को दिया था आपकी सरकार से कुर्क हुआ है और सनद तलब्र हुई है इसलिए गोपीलाल मोतिमिद को सनद मुलाहजे कराने के लिए भेजा है । खालसा उठाया जावे आया समाचारों से जानकार हुआ जो कि ऍसे कामों में साहिब पोलिटिकेल अजंट बहादुर मेवाड़ से कहना सुन्ना चाहिए इस कारण से लिखने में आता है कि जो कुछ कहना सुन्ना होवे पूरबोक्त साहिब बहादुर से कहें सुनें और सदा कृपा रखोगे २२ अक्तूबर १८६१ मिती कार्तिक बदी ४ सम्वत् १९१८ ।[49]

उपरिलिखित पत्र में कई संस्कृत शब्दों का प्रयोग यथा 'पूरबोक्त' अर्थात् पूर्वोक्त 'समाचार' और कृपा आदि किया गया है । लिखने में 'ऐसे' को 'ऍंसे' और 'सुनना' को 'सुन्ना' लिखा गया है । इसी प्रकार 'महाराजा' को 'म्हाराजा' लिखा गया है । वस्तुत: इससे इस तथ्य का समर्थन होता है कि 'हिन्दी में जो बोलते हैं वही लिखते हैं' और यह धारणा सतत मान्य रही है । इसी क्रम में एक ही प्रकार के पत्र रेजिडेन्सी की ओर से बीकानेर, उदयपुर और सिरोही के राजाओं को लिखे गए हैं । इन पत्रों में हिन्दी में घुलमिल गए अरबी-फारसी के शब्दों के बाहुल्य के साथ हिन्दी के शब्दों का भी प्रयोग हुआ है ।

उदाहरण (4) षरीता बनाम रईस उदयपूर व़ा बीकानेर व़ा सिरोही तारीष ८वीं अपरल सन् १८६३ ईस्वी अपरंच नवाब मुस्तताबमोल्ला अलकाव नायबुल

सलतनत बहादुर व गवरनर जनरल हिन्द ने १७वीं फरवरी सन् १८६३ ई० कू आगरा के मुक़ाम दरबार आम में जनाब हज़रत मलकह् मोज्जमह् इंगलिस्तान व हिन्दुसतान दाम सलतनत हाके हुक्म मवाफिक़ वासते सरसबजी रईयत और आबादी मुल्क व फायदह् रईसान हिन्द के अर्थात वासते तालीम रईयत और मुकर्रर करने मदरसो और बनवाने सड़क और मोकूफ करने रस्म सती और मारने लड़की वा ठगी व डकेती इत्यादि के और षुशनूदी जनाब नवाब साहिब मोसूफ उन रईसों से जिन्होंने इस काम में जलदी करके पूर्वोक्त बातों की दुरस्ती में कोशिश की है अपनी जबान मुबारक से तक़रीर शायसतह् बयान की कि जिसका उल था अब सरकार की आज्ञानुसार छपकर दोस्तदार के पास प्होंचा है जो कि दोस्तदार ने कई बार मुलाकात के समय वा दरबार में वा आपके वकील से इन बातों का ज़िक्र किया है और जो इन दिनों बन्दगान जनाब हज़रत मलकह् मोज्ज़मह् और नायबुल सलतनत बहादुर हिन्द रईसान हिन्द की नेकनामी और तरक्की वा बेहतरी की तर्फ़ मुतव्ज्जह हैं और सरसबज़ी रईयत वग़ैरह पूर्वोक्त कामों की दुरस्ती होने से हो सकती है इसलिये ऐक प्रति तरजमह (तर्जुमा) तकरीरी जनाब मम्दूह की इस षरीते के साथ भेजी जाती है उमेद है कि आप वासते तालीम रिआया और इजराय मदारस और दुरसती सडक और मोकूफ़ी षुदकुशी औ दुषतरकुशी वासती ठगी और डकैती वग़ैरह् के अपने इलाके में ऐसी कोशिश फरमावेंगे कि सबब षुरसन्दी षातिर जनाब नव्वाब साहिब ममदूह और नज़र इलतफ़ात हज़रत मलकह् मोज्ज़मह् दामत सलतनत हाका होवे तारीष ८वीं अपरेल सन् १८६३ ईस्वी मुकाम आबू ।[50]

सन्दर्भ

1. राजस्थानी भाषा और साहित्य : डा० मोतीलाल मेनारिया शकाब्द 1882, हिन्दी साहित्य सम्मेलन प्रयाग, पृ० 3
2. वही, पृ० 4
3. वही
4. क्रिसन-रुकमणी-री वेलि : श्री नरोत्तमदास स्वामी, तृतीय संस्करण 1971ई०, खंड 1, प्रास्ताविक पृ० 2
5. वही
6. वही
7. सैलेक्शन्स फ्रॉम दी रिकार्ड्स आफ जी० ओ० आई० (फारेन डिपार्टमेन्ट) रिपोर्ट ऑन दी एडमिनिस्ट्रेशन ऑफ दी अजमेर एण्ड मेरवाड़ा डिस्ट्रिक्ट्स 1872-73

प्रेषक : लैसली सौंडर्स एस्क्वायर, बी०सी०एस० कमिश्नर, पृ० 13 सं० xii "The ordinary language of the district is Marwaree, a corruption of Hindi." राष्ट्रीय अभिलेखागार, नई दिल्ली ।

8. रिपोर्ट ऑन दी सेन्सस ऑफ़ दी प्रोविन्स ऑफ अजमेर-मेरवाड़ा, 17 फरवरी सन् 1881 ई० द्वारा—पं० भागराम जुडीशियल असिस्टेंट कमिश्नर, पृ० 74

272. The prevalling languages are Hindi, Hindustani, Mahrathi and Punjabi. The various dialects referrible to those languages being as detailed below :

HINDI LANGUAGE	HINDUSTANI
Ajmeri	Purbi
Merwari (Kantha)	Urdu
Meywari	Mewati
Marwari	Braj
Dhundari	Bharatpur
Harowti	Karowli
Shekhawati	Bundelkhandi
Hariana	Rohelkhand
Banjari	

9. सेन्सस ऑफ़ इण्डिया 1891, जिल्द XXVI राजपूताना भाग II, लेखक : ले० कर्नल एच० बी० एब्बोट पुस्तक सं० 33787, अध्याय VIII Languages table X.

85. The language chiefly understood by the agricultural population of the country is Hindi and its 5 dialects, namely (1) Marwari (2) Dhundari (3) Brij Bhasha (4) Mewati (5) Meywari.

Marwari is largcly spoken in the western states of Marwar, Jesalmer and Bikanir and in Kishangarh and Sirohi.

In Bundi, Kotah, Shahpura and Jhallawar there appears a dialect which is more Marwari than anything else, as there is very little difference between the two esccept in pronounciation.

Dhundari is common in Jeypore and Lawa Mewati is localised at Alwar.

Brij Bhasha is the dialect of the Eastern States of Bharatpur Karauli and Dholpur.

Meywari pervades the whole of the southern Division. Here the Bhils and Grassias speak a speech of their own, Which is much interspersed with Gujerati words.

Some Gujrati is also used in Banswara, Dungarpur and Sirohi.

The study of Hindustani or Urdu is spreading throughout the province. It is the Court language at the capitals of some Durbars.

10. सेन्सस आफ इण्डिया, 1901 जिल्द XXV, राजपूताना अध्याय VII, भाषा (टेबिल X), अनुच्छेद 163

11. लिंग्विस्टिक सर्वे आफ इण्डिया, ले० सर जी० ए० ग्रियर्सन, जिल्द IX, भाग II इण्ट्रोडक्शन, पृ० 1

Rajasthani means literally the language of Rajasthan or Rajwara (रजवाड़ा) the country of the Rajputs. The name, "as Connoting a language has been invented for the purpose of this survey", in order to distinguish it from Western Hindi on the one hand and from Gujarati on the other. Europeans have hitherto included the various dialects under the loose term of 'Hindi' just as they have also used that name for Bihari and for the Eastern Hindi of Oudh. Natives do not employ any general name for the language, but content themselves with referring to the various dialects, Marwari, Jaipuri, Malvi and so forth.

12. सेन्सस आफ इण्डिया, 1901 जिल्द XXV, राजपूताना अध्याय VII, भाषा (टेबिल X), अनुच्छेद 164

13. वही, अनुच्छेद 165

14. वही

15. वही, अनुच्छेद 166

16. वही, अनुच्छेद 167

17. वही, अनुच्छेद 168

18. वही, अनुच्छेद 169

19. वही, अनुच्छेद 170

20. वही, अनुच्छेद 171
21. वही, अनुच्छेद 172
22. वही, अनुच्छेद 173
23. वही
24. वही, अनुच्छेद 174
25. वही, अनुच्छेद 175
26. वही
27. वही, अनुच्छेद 176
28. वही, अनुच्छेद 177
29. वही, अनुच्छेद 178
30. वही, अनुच्छेद 179
31. वही, अनुच्छेद 180
32. वही, अनुच्छेद 181
33. वही
34. वही, अनुच्छेद 182
35. वही
36. वही
37. वही
38. वही, अनुच्छेद 183
39. वही, अनुच्छेद 184
40. वही, अनुच्छेद 185
41. वही, अनुच्छेद 186
42. वही, अनुच्छेद 187
43. वही, सन् 1921 ई० जिल्द XXIV भाग 1, अध्याय X, पृ० 191
44. वही
45. Sirohi file received from western Rajputana states Residency Bounary File No. 48 (1846-1871) राष्ट्रीय अभिलेखागार, नई दिल्ली
46. 1855 के पत्र सं० 126 का अनुलग्नक पत्रावली सं० 48 (1846-1871), पृ० 339, राष्ट्रीय अभिलेखागार, नई दिल्ली, पश्चिमी राजपूताना रेजिडेन्सी रेकार्ड
47. खरीतों वगैरह की नक्ल की किताब की सूची पत्र सन् 1861, पृ० 1 राजपूताना रेजीडेन्सी नं० 533, राष्ट्रीय अभिलेखागार, पृ० 50-51

48. राजपूताना रेजीडेन्सी नं० 533
वर्नाक्यूलर डिस्पैच—रजिस्टर आफ दी कापीज़ आफ़ हिन्दी खरीताज़ एण्ड मिसलेनियस लेटर्स 1861-62, राष्ट्रीय अभिलेखागार, नई दिल्ली, पृ० 50-51
49. वही, पृ० 51-52
50. राजपूताना रेजिडेन्सी नं० 557, वर्नाक्यूलर डिस्पैच रजिस्टर आफ दी कापीज़ आफ़ हिन्दी ख़रीताज़ एण्ड मिसलेनियस लेटर्स 1863-1864, पृ० 15 से 17, राष्ट्रीय अभिलेखागार, नई दिल्ली

अध्याय 3

हिन्दी का विकास

हिन्दी भारोपीय भाषा परिवार की भाषा है। यह सिद्ध किया जा चुका है कि राजस्थान और आसपास के क्षेत्रों में बोले जाने वाले हिन्दी के विभिन्न रूपों को एक संगठित नाम राजस्थानी दिया गया। डा० मोतीलाल मेनारिया के अनुसार हिन्दी—खड़ी बोली, ब्रजभाषा, अवधी, भोजपुरी आदि सात-आठ भाषाओं का समुदाय है जिसमें राजस्थानी भी सम्मिलित है।[1] उन्होंने राजस्थानी को लगभग सारे राजस्थान तथा मालवा की भाषा माना है और यह बताया है कि यह मध्य प्रान्त, सिन्ध तथा पंजाब के भी कुछ भागों में बोली जाती है।[2] डा० सुनीति कुमार चाटुर्ज्या के अनुसार—

"यह साधु हिन्दी अथवा नागरी हिन्दी सारे बिहार एवं उत्तर प्रदेश तथा राजस्थान के हिन्दुओं के सार्वजनिक शिक्षण, साहित्यिक प्रगति तथा पत्रकारिता की एकमात्र भाषा है।"[3] विषय को स्पष्ट करने के लिए आगे से हिंदी के राजस्थानी समूह की बोलियों को राजस्थानी हिन्दी कहना समीचीन होगा और यही नामकरण आगे अपनाया गया है।

राजस्थानी हिन्दी के पूर्व में हिन्दी की ब्रजभाषा तथा बुन्देली बोलियों का क्षेत्र, पश्चिम में सिंधी तथा हिन्दकी (लहन्दा) का क्षेत्र, उत्तर में पंजाबी तथा हिन्दी की बांगड़ू बोली का क्षेत्र और दक्षिण में गुजराती तथा मराठी भाषाओं के क्षेत्र हैं।[4]

दी इम्पीरियल गज़ेटियर आफ़ इण्डिया (1907) में गुजराती, पंजाबी को वर्ग 'बी' में माध्यमिक (इण्टरमीडिएट) भाषाओं में रखा गया है जिन्हें मध्यदेशीय भाषा 'पश्चिमी हिन्दी' से अधिक समीपता से सम्बन्धित बताया गया है। राजस्थानी हिन्दी भी इसी वर्ग में है। लहंदा, सिन्धी और मराठी भाषाओं को वर्ग 'सी' में बाहरी भाषाओं में रखा गया है।[5]

राजस्थानी हिन्दी, पंजाबी तथा गुजराती परस्पर अत्यन्त निकट रही हैं। कुछ विद्वानों ने यह माना है कि सोलहवीं शताब्दी तक गुजराती और राजस्थानी

हिन्दी एक ही भाषा थी।[6] राजस्थानी हिन्दी की चार मुख्य शाखाएं मानी गई हैं। इनका विवरण आगे दिया गया है।

1. पूर्वी या ढूंढाड़ी[7] : इसका क्षेत्र जयपुर और हाड़ौती का प्रदेश है। अजमेर-मेरवाड़ा के उत्तरी पूर्वी भाग में भी यह बोली जाती रही है।

2. पश्चिमी या मारवाड़ी[8] : इसका क्षेत्र उदयपुर, जोधपुर, जैसलमेर, बीकानेर तथा शेखावाटी का प्रदेश है।

3. उत्तरी[9] : इसमें अलवर प्रदेश की मेवाती और अहीरी बोलियों का क्षेत्र आता है।

4. दक्षिणी या मालवी[10] : इसमें मालवा और उसके दक्षिणी प्रदेश नेमाड़ आदि का क्षेत्र आता है।

श्री नरोत्तम दास स्वामी के अनुसार राजस्थानी हिन्दी के विकास को दो कालों में बांटा जा सकता है।

1. प्राचीन काल—सम्वत् 1600 वि० के पूर्व

2. नवीन काल—सम्वत् 1600 वि० के पश्चात्

कतिपय विद्वानों के मतानुसार गुजराती और राजस्थानी हिन्दी का स्वतंत्र विकास सोलहवीं शताब्दी में हुआ। इन्हीं के अनुसार राजस्थान में साहित्य तीन शैलियों में लिखा गया :

(1) जैन शैली (2) चारण शैली और (3) लौकिक शैली।[11] जैन शैली के लेखक जैन साधु और यति या उनसे सम्बन्धित लोग हैं। चारणी शैली के लेखक प्रधानतया चारण और गौणतया अन्यान्य लोग हैं (जैनों, ब्राह्मणों, राजपूतों, भाटों आदि ने भी इस शैली में रचना की है)[12] लौकिक शैली में सदा समसामयिक भाषा का उपयोग किया गया है। ब्राह्मणों, व्यापारियों तथा जन साधारण का साहित्य इस शैली में लिखा गया।

'डिंगल' शब्द का प्रयोग कभी तो चारणी शैली के लिए और कभी समस्त राजस्थानी हिन्दी के लिए, किया गया। डिंगल वस्तुतः अपभ्रंश शैली का ही विकसित रूप है।[13] डा० मोतीलाल मेनारिया का मत है कि डिंगल नाम पश्चिमी राजस्थानी अर्थात् मरुभाषा या मारवाड़ी के साहित्यिक रूप को दिया गया है और बहुत प्राचीन नहीं है। कोई उन्नीसवीं शताब्दी (सं० 1871 वि०) से यह व्यवहार में आने लगा है; और जोधपुर के कविराजा बांकीदास के 'कुकवि बतीसी' नामक ग्रन्थ में इसका सर्वप्रथम प्रयोग देखा जाता है।[14]

डिंगल और पिंगल : पश्चिमी राजस्थान, सौराष्ट्र, कच्छ आदि के पश्चिमी प्रदेश में चारणों का जोर रहा और पूर्वी राजस्थान, ब्रज मण्डल आदि के पूर्व प्रदेश में ब्रह्म भट्टों का (जिन्हें भाट भी कहा जाता है, पर जो वंशावली आदि रखने वाले भाटों से भिन्न हैं) चारणों ने गीत शैली लेकर राजस्थानी हिन्दी में काव्य

रचना की और ब्रह्म भट्टों ने पिंगल के छन्दों और पदों को लेकर ब्रजभाषा में रचना की। दोनों की रचनाएं वीर-रस प्रधान थीं। फलतः साधारण बोलचाल की भाषा की अपेक्षा इन रचनाओं की भाषा में कुछ अन्तर था। ब्रह्म भट्टों की ब्रजभाषा पिंगल नाम से प्रसिद्ध हुई और चारणों की राजस्थानी हिन्दी डिंगल नाम से विख्यात हुई।[15] आगे चलकर चारणों ने भी पिंगल को अपनाया। डिंगल राजस्थानी-हिन्दी से भिन्न कोई भाषा नहीं, वह राजस्थानी-हिन्दी की ही एक काव्यगत शैली-विशेष है। साधारण राजस्थानी हिन्दी और डिंगल में मुख्य अन्तर या तो शब्दावली का है या शब्दों की वर्तनी का; व्याकरण का अन्तर सर्वथा नगण्य है।

भाषा के विकास में बोलियों का अनिर्वचनीय योगदान रहता है। हिन्दी के निर्माण और विकास में भी बोलियों ने अपना-अपना भाग देकर हिंदी को रूप-सौष्ठव प्रदान किया है। बोलियों से ही भाषा का विकसित रूप प्रकट होता है। हिन्दी को राजस्थान में जिन रूपों में देखा जा सकता है, उनके नामकरण की चर्चा तो इसी प्रकरण में की गई है, किन्तु इन रूपों का दर्शन कराना शेष रहता है। इस दर्शन से इन रूपों का पारस्परिक सम्बन्ध स्पष्ट होने लगेगा।

पूर्वी या ढूंढाड़ी : इस पर गुजराती और मारवाड़ी दोनों का प्रभाव लगभग समान रूप से पाया जाता है। साहित्यिक रूप में ब्रजभाषा की भी विशेषताएं दृष्टिगोचर होती हैं। उदाहरणार्थ :

एक बाँण्यू छो। रात की भगत दो-न्यू लोग लुगाई घर मैं ता सूछा। आदी रात गियां एक चोर आर घर में बड़ गयो। ऊं भगत मैं बाँण्या नै नींद सूँ चेत हो ग्यो। बाँण्याँ ने चोर को ठीक पड़-ग्यो। जद बाँण्यू आपकी लुगाई ने जगाई।[16]

इस रूप में 'लोग लुगाई' जैसे शब्दों का प्रयोग खड़ी बोली में भी मिलता है। 'में' के लिए 'मैं' तथा 'ने' के लिए 'नै' का प्रयोग और 'घुसने' के लिए 'बड़ना' भी खड़ी बोली के ग्रामीण रूप हैं। 'गयो' या 'ग्यो' रूप ब्रजभाषा की 'ओ' के प्रयोग की प्रवृत्ति के द्योतक प्रतीत होते हैं।

पश्चिमी या मारवाड़ी : इसका प्राचीन नाम मरुभाषा है। यह ओज गुण सम्पन्न है। इसमें संस्कृत, प्राकृत और अपभ्रंश के शब्द विशेषतः मिलते हैं।[17] कालान्तर में कुछ अरबी, फ़ारसी के शब्द भी घुलमिल गए। मारवाड़ी के छन्दों में 'सोरठा' और रागों में 'माण्ड' राग इसकी विशेषता हैं। मारवाड़ी का निम्नलिखित रूप द्रष्टव्य है—

अमलाँ मैं आछा लागो, म्हारा राज पीवों-ना दारु-ड़ी
सुरज था-ने पुजस्यां जी भर मोत्यां-को थाल
घड़ेक मोड़ा उगजो जी पिया जी म्हारे पास पीवो-ना दारु-ड़ी[18]

इस रूप में 'लागो' ब्रजभाषा की 'ओ' के प्रयोग की प्रवृत्ति का सूचक है।

खड़ी बोली के ग्रामीण अंचलों में 'हमारा' के लिए 'म्हारा' का प्रयोग एक सामान्य प्रयोग है। 'पीवो-ना' में 'ना' का प्रयोग नकारातमक न होकर आग्रहसूचक है जिसका प्रयोग खड़ी बोली में भी सामान्यतः होता है। जैसे—"भई ! यह काम कर लो-ना"।

उत्तरी (मेवाती) : इस पर ब्रजभाषा का प्रभाव अत्यधिक दिखाई देता है। चरणदासी पंथ के संस्थापक सन्त चरणदास, दयाबाई और सहजोबाई की कृतियाँ इसी रूप में पाई जाती हैं।[19] रूप द्रष्टव्य है :

'भाई ! अब रोवै-पुकारै मत या भांटा का रोड़ा लू उई रे ठाण मैं गाड़ दै और जाण लै कै तेरी सोना की ईंट हुँई गड़ रही है। क्यूंक जब तैंने या पुख्ता इरादो कर लियो है कै वा सूँ कोई फायदौ उठाणे ई नाँयतो लू जिसी सोना की ईंट उसी भाँटा को रोड़"।[20]

शब्दों का 'रोवै' रूप खड़ी बोली में भी बहुतायत से प्रयुक्त होता है। जैसे—'तू जावै या नहीं', 'ज्यादा रोवै ना' आदि। इसी प्रकार 'गाड़ दै' रूप का प्रयोग इसी अर्थ में खड़ी बोली क्षेत्र के ग्रामों में होता है। 'रोड़ा' शब्द का प्रयोग भी खड़ी बोली से भिन्न नहीं है। 'ओकारान्त' का प्रयोग तो ब्रजभाषा का ही प्रभाव है।

दक्षिणी (मालवी) : इसमें मारवाड़ी और ढूंढाड़ी दोनों की विशेषताएं पाई जाती हैं। कहीं-कहीं मराठी का प्रभाव भी मिलता है। यह कर्णप्रिय और कोमल है। मालवा के राजपूतों में इसका एक विशेष रूप प्रचलित है जो रांगड़ी कहलाता है। यह कुछ कर्णकटु है।[21] इसका निम्नलिखित रूप प्रस्तुत है :

"एक सरवण नामकरी ने आदमी थो। वणी रा मा बाप आँखा ऊँ आँदा था। सरवण बणा ने तोक्याँ फरतो थो। चालताँ चालताँ आँदा आँदी ने रस्ता मे तरस लागो। जदी सरवण ने की दो के बेटा, पाणी पाव। म्हाँने तरस लागी।[22]

पश्चिमी उत्तर प्रदेश के जनपदों विशेषकर मेरठ, मुजफ्फर नगर आदि में बोली जाने वाली खड़ी बोली में 'तरस' के बजाय 'तीस' शब्द का प्रयोग 'प्यास' के लिए होता है। 'पानी' के लिए 'पाणी' बहुत प्रचलित है। 'ओकारान्त' प्रयोग तो ब्रजभाषा के निकट है। 'रस्ता' शब्द का प्रयोग खड़ी बोली में भी होता है।

हिन्दी के इन चारों रूपों को भली-भाँति स्पष्ट करने के लिए एक ही प्रकार की कथा को चारों रूपों में प्रस्तुत किया गया है तथा साथ में उनका मानक हिन्दी रूप भी दिया गया है :

1. **पूर्वी** : एक मूंजी कनै थोड़ो-सो धन छो। ऊँ नै हर भगत यो ही डर लग्यो रहै छो क दुनिया भर का सगळा चोर-घाड़ेती म्हारा ही धन पर आँख गाड़ मेली छै। काँई ठीक कद आर लूट लेला।[23]

2. **पश्चिमी** : एक कंजूस कने थोड़ो सो धन हो। उणनै रोजीना इण बात रो

डर रेवतो कै संसार रा सगळा चोर अर डाकू मारा ही धन माथै निजर गड़ोयोड़ा है। ऐड़ी नहीं हुवे कैवै कदेई इनै लूट ले।[24]

3. **उत्तरी** : एक माँखी चूस के पे कछु माल-मतो हो। वा लू सदाँ याँई डर बणो रह हो कै सारी दुनियाँ का चोर और लूटणियाँ मेराई धन की चगेस में हैं; कहा थाह जाणै कब लूट लें।[25]

4. **दक्षिणी** : एक मूँजी रे कनै थोड़ो माल थो। वणी ने हदाँई ओ डर लाग्यो रैतो थो के आखी दुनिया रा चोर ने डाकू म्हार ज धन पर आँख्या लगायाँ थका है; नी मालम कदी आई नै वी लूटी लेगा।[26]

5. **मानक हिन्दी** : एक कंजूस के पास थोड़ा-सा धन था। उसे सदा डर लगा रहता था कि संसार भर के सारे चोर और डाकू मेरे ही धन पर आँख लगाए हैं; न मालूम कब वे लूट लेंगे।

हिन्दी का मानक रूप और उसकी विभिन्न बोलियाँ यथा खड़ी बोली, ब्रजभाषा, मारवाड़ी, ढूँढाड़ी, मालवी तथा मेवाती आदि एक दूसरे से घनिष्ठ रूप से सम्बद्ध हैं। इनमें एकसूत्रता है और पृथकता के दर्शन का कोई औचित्य नहीं है।

डा० धीरेन्द्र वर्मा के अनुसार हिन्दी के प्रभाव क्षत्र की सीमाएं पश्चिम में जैसलमेर, उत्तर पश्चिम में अम्बाला, उत्तर में शिमला से लेकर नेपाल के पूर्वी छोर तक के पहाड़ी प्रदेश का दक्षिणी भाग, पूर्व में भागलपुर, दक्षिण पूर्व में रायपुर तथा दक्षिण पश्चिम में खण्डवा तक पहुँचती है।[27]

संदर्भ

1. राजस्थानी भाषा और साहित्य : डा० मोतीलाल मेनारिया, शक 1882 निवेदन, पृ० 10
2. वही, प्रथम संस्करण, पृ० 2
3. भारत की आर्य भाषा और हिन्दी : डा० सुनीति कुमार चाटुर्ज्या, पृ० 176 (हिन्दी भाषा का राजकाज में प्रयोग : डा० रामबाबू शर्मा, विषय प्रवेश, पृ० 73)
4. राजस्थानी भाषा और साहित्य . डा० मोतीलाल मेनारिया, शकाब्द 1882, प्रथम प्रकरण, पृ० 2
5. दी इम्पीरियल गजेटियर आफ़ इण्डिया, दी इण्डियन एम्पायर जिल्द I 1907, पृ० 364
6. क्रिसण रुकमणी-री वेलि : श्री नरोत्तमदास स्वामी, तृतीय संस्करण 1971 खंड 1, प्रस्ताविक, पृ० 2

7. वही, पृ० 1
8. वही
9. वही
10. वही
11. वही, पृ० 4
12. वही
13. वही
14. राजस्थानी भाषा और साहित्य : डा० मोतीलाल मेनारिया, प्रथम प्रकरण, पृ० 20
15. क्रिसन रुक्मणी-री वेलि : श्री नरोत्तमदास स्वामी, प्रस्तावना, पृ० 8
16. ग्रामीण हिन्दी : डा० धीरेन्द्र वर्मा ग्यारहवीं आवृत्ति, 1971 ई०, पृ० 54
    (राजस्थानी उपभाषा में)
    भगत = बखत = बख्त = समय
    मैं = में, नै = ने
    सूता छा = सोते थे, आर = आकर
    बड़ गयो = घुस गया, पड़-ग्यो = ज्ञान हो गया
17. राजस्थानी भाषा और साहित्य : डा० मोतीलाल मेनारिया, प्रथम प्रकरण, पृ० 6
18. ग्रामीण हिन्दी : डा० धीरेन्द्र वर्मा, पृ० 53
    अमलां = नशे, मैं = में, म्हारा = हमारा, राज = स्वामी, पीवांना = जरूर पिओ, दारु-ड़ी = दारू = शराब, मौत्याँ को = मोतियों का, घड़ेक मोड़ा = एक घड़ी देर में
19. राजस्थानी भाषा और साहित्य : डा० मोतीलाल मेनारिया, प्रथम प्रकरण, पृ० 14
20. वही, पृ० 15
    भाँटा = पत्थर, रोड़ा = टुकड़ा
21. वही, पृ० 13
22. ग्रामीण हिन्दी: डा० धीरेन्द्र वर्मा, ग्यारहवीं आवृत्ति, 1971, पृ० 55
    (राजस्थानी उपभाषा में)
    वणी रा = उसके, तोक्यों = लेकर
    आँदा आँदी ने = अंधा अंधी को, तरस = प्यास, तृषा
23. राजस्थानी भाषा और साहित्य : डा० मोतीलाल मेनारिया, प्रथम प्रकरण, पृ० 10
24. वही, पृ० 6

—

25. वही, पृ० 15
26. वही, पृ० 13
27. ग्रामीण हिन्दी : डा० धीरेन्द्र वर्मा, ग्यारहवीं आवृत्ति 1971 ई०, पृ० 10

हिन्दी भाषा का प्रचलित अर्थ तथा प्रभाव क्षेत्र : आजकल वास्तव में इसका व्यवहार उत्तर भारत में मध्य भाग की वर्तमान साहित्यिक भाषा के अर्थ में मुख्यतया तथा इसके साथ-साथ इस भूमि भाग की समस्त जनपदी बोलियों और उनसे सम्बन्ध रखने वाले प्राचीन साहित्यिक रूपों के लिए भी साधारणतया होता है। इस भूमि भाग में आधुनिक साहित्य और पत्र-पत्रिकाओं तथा शिष्ट बोलचाल और स्कूली शिक्षा की भाषा एक है। साधारणतया हिन्दी शब्द का प्रयोग जनता में इसी साहित्यिक खड़ी बोली हिन्दी भाषा के अर्थ में किया जाता है। किन्तु साथ ही इस भूमि भाग की जनपदी बोलियों जैसे मारवाड़ी, ब्रज, छत्तीसगढ़ी, मैथिली आदि को ब्रज, अवधी आदि प्राचीन साहित्यिक भाषाओं को भी हिन्दी के अंतर्गत ही माना जाता है। 'हिन्दी' शब्द का यह प्रचलित अर्थ है।

अध्याय 4

प्रशासन की तथा अन्य क्षेत्रों की भाषा

किसी भी राष्ट्र की सामान्य जन-भाषा ही प्रशासन की भी भाषा होनी चाहिए। कहने का भाव यह है कि राष्ट्रभाषा ही राजभाषा होनी चाहिए। हमारे चिंतकों ने इस तथ्य को स्वीकारा। लोकमान्य बाल गंगाधर तिलक ने सन् 1917 में इस तथ्य को यों प्रकट किया :

"एक राष्ट्र-भाषा की सदा जरूरत रहती थी और आज भी है। बिना राष्ट्र-भाषा के मनुष्य में धर्मनिष्ठा नहीं रह सकती।"[1]

तिलक जी ने राष्ट्रभाषा को मनुष्य की धर्मनिष्ठा के साथ जोड़ा है। यहाँ धर्म का व्यापक अर्थ मनुष्य की कर्त्तव्य-परायणता से है। राष्ट्रभाषा का प्रयोग मनुष्य को कर्त्तव्य-परायण बनाता है। वर्तमान परिस्थितियों के परिप्रेक्ष्य में तो यह और भी आवश्यक है जब राज्य या सरकार के कार्य इतने व्यापक हो गए हैं कि राष्ट्र का कोई भी नागरिक उनसे प्रभावित हुए बिना नहीं रह सकता। ऐसी दशा में राज कार्य का जनभाषा या राष्ट्रभाषा में होना परमावश्यक है और उससे राज-कर्मचारी वर्ग कर्त्तव्य-परायण बनेगा। कारण सामान्य हैं कि अधिकांश जन जिस भाषा को जानते हों उसमें शासन का कार्य होने से राज कर्मचारी द्वारा अधिक धोखाधड़ी किए जाने की संभावनाएं कम हो जाएंगी।

राष्ट्रभाषा के गुणों का विवेचन करते हुए महात्मा गांधी जी ने राष्ट्रभाषा के राजभाषा पक्ष को ध्यान में रखकर निम्नलिखित मार्गदर्शी सिद्धांत प्रतिपादित किए :

1. उस भाषा को देश के अधिकांश निवासी बोलते हों।
2. वह भाषा राष्ट्र के लिए सरल हो।
3. वह भाषा क्षणिक या अल्प स्थायी स्थिति के ऊपर निर्भर न हो।
4. उस भाषा के द्वारा भारतवर्ष के परस्पर धार्मिक, आर्थिक तथा राजनैतिक व्यवहार निभ सकें।
5. वह भाषा राज-कर्मचारियों के लिए सरल हो।

स्पष्टतः उपर्युक्त गुण 4 और 5 राजभाषा या प्रशासन की भाषा के लिए हैं। इसलिए राजभाषा वही होनी चाहिए जो राष्ट्रभाषा हो। इस प्रकार निष्कर्षतः प्रशासन की भाषा के कुछ निम्नलिखित आवश्यक तत्त्व कहे जा सकते हैं।

1. सरलता
2. देश की अधिकांश जनता द्वारा बोलचाल में प्रयोग।
3. स्थायी स्थिति पर निर्भरता
4. आर्थिक और राजनैतिक व्यवहार क्षमता।

आधुनिक अनुभवों के परिप्रेक्ष्य में कुछ और गुणों का भी इस सूची में समावेश करना आवश्यक हो गया है, जैसे :

1. शब्दावली की उपलब्धता
2. पारिभाषिकता
3. निश्चितार्थता

प्रशासन के लिए भाषा का प्रयोग प्राचीन काल से किसी न किसी रूप में होता आया है। प्राचीन भारत में धर्म तथा नीति के ग्रंथ ही प्रशासन की मार्गदर्शक रूप-रेखाएं निर्धारित करते थे। न्याय-प्रशासन प्रायः परम्परागत सिद्धांतों तथा न्यायकर्ता के अपने विचारों तथा विवेक के अनुसार होता था। विधायिका, कार्य-पालिका तथा न्यायपालिका का वर्तमान विभेद नहीं था। तीनों शक्तियां अंततः एक ही व्यक्ति अथवा निकाय में निहित होती थीं।[3] रूढ़ियों तथा परम्पराओं से चलती आ रही प्रक्रियाओं से ही प्रशासन तंत्र का रथ चलता था। इनमें जटिलता बहुत कम थी। अधिकांश आदेशों, निदेशों का मौखिक रूप से निर्वाह हो जाता था। विचारों तथा भावनाओं की अभिव्यक्ति का साधन होने से भाषा साध्य न होकर साधन का ही स्थान पाती है। प्रशासन के क्षेत्र में भी प्रशासक का मन्तव्य ही महत्त्वपूर्ण होता है न कि उसका माध्यम। इसलिए जन-जन द्वारा जाना जाने वाला माध्यम ही प्रशासन के मन्तव्य को जन-जन तक पहुँचा सकता है। जिस प्रशासन का मन्तव्य जनता द्वारा न जानी जा रही भाषा के माध्यम से दिया जाता है, वह मन्तव्य जनता के लिए भार-मात्र बन कर रह जाता है। इसलिए सुष्ठु प्रशासन के लिए जन भाषा का माध्यम ग्रहण करना परमावश्यक है।

प्रशासन की भाषा का सरल होना अत्यंत महत्त्वपूर्ण है। इसलिए सरलता, प्रशासन की भाषा का प्रथम गुण है।

सरलता : जनतंत्र में प्रशासन, जनता के प्रतिनिधियों का, जनता के कल्याण के लिए, जनता की भाषा में ही होना चाहिए। जनता की भाषा दुरूह नहीं हो सकती, क्योंकि वह तो सर्वसुलभ एवं सुबोध होती है। विधायिका, जो कार्यपालिका के कार्य के लिए नियम व कानून बनाती है, भी सरल भाषा की ही समर्थक होती है, परंतु विधायिका की इच्छा के अनुकूल जो विधेयक तैयार होते हैं वे कार्य-

पालिका के अधीन प्रशासनिक अधिकारियों द्वारा तैयार किए जाते हैं, इसलिए विभिन्न छिद्रों को बंद करने की दृष्टि से उनकी भाषा जन-सामान्य की भाषा से कुछ हट जाती है। इसका प्रमुख कारण है वर्तमान न्यायपालिका, जिसका सामान्यतः सारा कार्य आज शब्दों की करामात पर आधारित है। इसलिए शब्दावली का महत्त्व बढ़ जाता है। इस कारण शब्दों के विशिष्ट अर्थ और परिभाषाएं निश्चित करनी पड़ती हैं। इसलिए जन साधारण में जो शब्द किसी अर्थ में प्रयुक्त होता है, वही शब्द कानून की भाषा में कोई दूसरा अर्थ देने लगता है जिसके कारण अनेक नए शब्दों का आविर्भाव होता है। वे नए शब्द जनता में प्रचलित न होने से दुरूहता को जन्म देते हैं। बोलचाल की भाषा इस कारण पूर्णरूपेण प्रशासन के संचालन के लिए अपर्याप्त सिद्ध होती है। वर्तमान काल में जब औद्योगीकरण, विश्व के अनेक देशों से व्यापार और अनेक आधुनिक यंत्रों की उत्पत्ति और प्रयोग होने से जटिलता बढ़ती जाती है तो अनेक अर्थों, भावों तथा विचारों को प्रकट करने के लिए जन साधारण के थोड़े से शब्द प्रशासन के कार्य व्यापार को प्रशस्त करने में असमर्थ हो जाते हैं। कार्यपालिका द्वारा उठाए जा रहे अनेक पगों को न्यायपालिका में चुनौती दी जा सकती है। फलस्वरूप नियम और कानूनों की भाषा को विधि-विशेषज्ञों के परामर्श से निश्चित किया जाता है। विधि के क्षेत्र में शब्दों की सरलता के स्थान पर उनकी **निश्चितार्थता** को महत्त्व दिया जाता है। विधि-विशेषज्ञ सरल शब्दावली का प्रयोग करके वाक्य को प्रत्यक्षतः सरल परंतु अंततः विवादास्पद बना सकता है। परन्तु प्राविधिक तथा निश्चितार्थात्मक शब्दावली का प्रयोग करके भाषा को प्रत्यक्षतः दुरूह किंतु वस्तुतः निश्चितार्थात्मक बनाया जा सकता है। सरल शब्दावली के अर्थ बहुधा अनिश्चित होते हैं। इसलिए प्रशासन की भाषा में सरलता के साथ स्पष्टता और निश्चितार्थता भी चाहिए। हिन्दी में सरलता का गुण तो विद्यमान है ही, संस्कृत का मूलाधार एवं पृष्ठभूमि सहज सुलभ होने के कारण इसके शब्दों में निश्चितार्थता एवं स्पष्टता स्वयं अनुस्यूत हैं।

देश की अधिकांश जनता द्वारा बोलचाल में प्रयोग

लोकमान्य बाल गंगाधर तिलक ने कहा था, "हम ऐसी भाषा चाहते हैं जो समस्त भारत में सरलता से आसानी से समझी जा सके।"[4] तिलक जी का संकेत राजकाज अथवा प्रशासन और शिक्षा की भाषा की ओर है। देश में भाषावार प्रांत-रचना का आधार भी यही है कि जिस क्षेत्र में जो भाषा मुख्यतः जनभाषा हो उसी को प्रदेश के प्रशासन और शिक्षा की भाषा बनाया जाए। फलतः आज कई जन भाषाएं अपने-अपने क्षेत्र में प्रशासन की भाषाएं बनीं। जो कारण प्रदेशों में प्रादेशिक

भाषाओं को प्रशासन की भाषा बनाता है वही कारण देश में देश की अधिकांश जनता द्वारा बोली और समझी जाने वाली भाषा को अखिल भारतीय स्तर पर राजकाज और शिक्षा के माध्यम की भाषा बनाने के लिए पर्याप्त है। यह होना भी चाहिए। प्रशासन जनता के लिए होता है न कि जनता प्रशासन के लिए। फिर ऐसे प्रशासन का उपयोग ही क्या जो जनता की भाषा में न हो। इसलिए प्रशासन और भाषा जुड़े होते हैं। जो प्रशासन अधिकांश लोगों द्वारा बोली समझी जाने वाली भाषा में चलता है वह अधिक कारगर सिद्ध होता है। उदाहरणार्थ यदि परिवार नियोजन अभियान और कार्यक्रम केवल अंग्रेजी में ही चलाया जाए और उसका कोई भी प्रचार जन भाषाओं में न किया जाए तो क्या वह कभी कारगर हो सकेगा ? निःसंदेह कभी नहीं। इसलिए और अधिक स्पष्ट करने का प्रयत्न पिष्टपेषण ही होगा। हिन्दी के संबंध में इसके अधिक बोली और समझी जाने के विषय में तिलक जी ने स्पष्ट शब्दों में सन् 1917 में यह घोषित किया, "इस समय आपके देश में मुख्य रूप से हिन्दी भाषा का विशेष प्रचार है।"[5] लोकमान्य के बाद महात्मा गांधी जी ने सम्पूर्ण देश में हिन्दी प्रचार को स्वतंत्रता संग्राम का अंग बनाया और समय की गति के साथ हिन्दी को समझने बोलने वालों की संख्या में सतत वृद्धि होती गई।

स्थायी स्थिति पर निर्भरता : भाषा को स्थायित्व उसमें उपलब्ध विभिन्न विषयों के वैविध्यपूर्ण ग्रंथ कराते हैं। यद्यपि संस्कृत शताब्दियों से बोलचाल की भाषा नहीं है तथापि उसका अमर साहित्य हमारी अमूल्य निधि है और संस्कृत आज भी स्थायी और सुदृढ़ आधार पर खड़ी है और देश की भाषाओं में संजीवनी प्रवाहित कर रही है।

कई सहस्र वर्ष प्राचीन हिब्रू स्थायी स्थिति पर निर्भर होने के कारण शताब्दियों के अंतराल और अंधकारयुक्त काल व्यतीत होने के उपरांत भी स्वतंत्र इज्राइल के अस्तित्व में आते ही अपनी स्थायी क्षमता के कारण सक्रिय बन गई और आज पूर्णतः आधुनिक वैज्ञानिक विषयों की भाषा है। लगभग 400 वर्ष पूर्व की अक्षम अंग्रेजी अबाध गति से प्रणीत साहित्य सृजन के कारण स्थायी आधार पर खड़ी हो गई और विश्व के कई देशों की प्रशासन की भाषा बन गई। अतः राजभाषा बनने के लिए यह गुण भी महत्त्वपूर्ण है। संस्कृत के स्थायी आधार पर स्थित हिन्दी ने भी अब तक साहित्य विज्ञान और सभी दिशाओं में अभूतपूर्व प्रगति कर ली है और अपने पूर्वार्जित स्थायित्व को सुदृढ़ कर लिया है।

आर्थिक और राजनैतिक व्यवहार क्षमता : राजनैतिक व्यवहार तो सामान्यतः जन भाषा के माध्यम से ही चलाया जाता है। आजकल जनता द्वारा शासन का निर्माण किया जाता है। इसलिए राजनैतिक कर्म में लगा व्यक्ति अपना दृष्टिकोण जनता के समक्ष उन्हीं की भाषा में रखना अधिक श्रेयस्कर समझता है,

जिससे जनता के साथ वह भावनात्मक ऐक्य स्थापित कर सके। इसलिए राजनैतिक व्यवहार क्षमता भी प्रशासन की भाषा का एक स्वतः उद्भूत गुण हो जाता है।

जहाँ तक आर्थिक व्यवहार का प्रश्न है, भाषा प्रयोग से निखरती है और सक्षम बनती है। जब जन-भाषा शासन और प्रशासन की भाषा बनती है वह अनेक क्षमताओं से भरपूर होने लगती है। उसकी अभिव्यक्ति सशक्त होने लगती है। वह अपने भीतर अपार सम्भावनाओं को समेटने तथा आत्मसात करने लगती है। इसलिए भाषा की आर्थिक व्यवहार-क्षमता उसका अनिवार्य गुण नहीं होती अपितु उसके अंदर उसका समावेश तब होता है जब वह शासन के आसन पर विराजती है। लोकमान्य तिलक ने हिन्दी के संबंध में अपने विचार प्रकट करते हुए इस पर प्रकाश डालते हुए कहा, "नागरी लिपि में लिखी जाने से हिन्दी की व्यापक शक्ति और भी व्यापक है। हिन्दी के शब्दों में सब तरह के भावों को व्यक्त करने की शक्ति है।"[6] पिछले कुछ दशकों में तो हिन्दी में विपुल शब्द भंडार तैयार हुआ है जो अब सर्वविदित है।

शब्दावली की उपलब्धता : प्रशासन के बहुविध कार्यकलापों का विधि से गहरा संबंध जुड़ जाने से शब्दावली की महत्ता में वृद्धि हो गई है और विधि क्षेत्र में विस्तृत शब्दावली का होना नितांत आवश्यक है। सामान्य वार्तालाप में यदि किसी विचार को स्पष्ट करने की आवश्यकता होती है तो वह एक वाक्य के पश्चात कई वाक्यों में प्रकट की जा सकती है। परंतु विधि क्षेत्र में यह न हो सकेगा। एक बात एक ही बार में कही जाती है और वह भी कम से कम शब्दों में।[7] इस कारण शब्द-चयन का महत्त्व बढ़ जाता है। अतः यह आवश्यक हो जाता है कि शब्दावली सामान्य से उच्च स्तर की तथा सूक्ष्म हो। उदाहरणार्थ 'कर्ता' का अर्थ व्याकरण और कानून में अलग-अलग होता है।

पाश्चात्य भाषा शास्त्री सेपीर (Edward Sapir) के अनुसार भाषा का शब्द भंडार उस समाज के भौतिक और सामाजिक परिवेश का परिचायक होता है। इस प्रसंग में जहाँ तक हिन्दी का संबंध है, अब तक लाखों विशिष्ट शब्दों का प्रणयन हो चुका है। भारत सरकार के वैज्ञानिक एवं तकनीकी शब्दावली आयोग ने लगभग एक हजार विद्वानों और विशेषज्ञों के सहयोग से तीन लाख से अधिक पारिभाषिक शब्दों और अभिव्यक्तियों को अंतिम रूप दिया है।[8]

पारिभाषिकता : प्रशासन एक विशिष्ट विषय बन गया है। अतः उसकी बहुत-सी शब्दावली पारिभाषिक होती जाती है। विधि क्षेत्र में तो सामान्य शब्द भी विशिष्ट अर्थ देने लगते हैं तथा उनका ठीक अर्थ भी विधि ज्ञान से शून्य व्यक्ति नहीं जानता, भले ही वह शब्द से परिचित होने के कारण यह धारणा बना ले कि वह उसका अर्थ जानता है। उदाहरणार्थ 'चोरी' शब्द को लिया जा सकता है।

इसका जो अर्थ सामान्य भाषा में है, विधि भाषा में उससे कुछ भिन्न अर्थ है।[7]

अंग्रेजी में 'पे' 'एलाउन्स' और 'इमोल्यूमेण्ट' तीन शब्द हैं। इनके अलग-अलग अर्थ हैं। यदि भाषा में पारिभाषिकता का सामर्थ्य न हो तो अर्थ का अनर्थ हो जाना स्वाभाविक होगा। यही कारण है कि तीन अलग-अलग शब्द यथा 'वेतन', 'भत्ता' और 'परिलब्धि' निश्चित किए गए। अंग्रेजी में 'डोनेशन' तथा 'सब्सक्रिप्शन' दो शब्द हैं। दोनों के लिए दो शब्द 'दान' तथा 'अभिदान' हैं। दोनों शब्द बिल्कुल भिन्न अर्थ रखते हैं। अतः परिभाषा महत्त्वपूर्ण होती है। परंतु यह होते हुए भी शब्द-जगत् की अपेक्षा भाव-जगत् कहीं अधिक विस्तृत होता है। शब्दावली का सदैव अभाव रहता है। प्रत्येक भाव अथवा वस्तु के लिए अलग-अलग शब्द मिल जाना कठिन होता है और तभी तो एक शब्द कई अर्थों में प्रयुक्त होता है। अतः परिभाषाओं की आवश्यकता असंदिग्ध है। यदि किसी अनेकार्थक अथवा संदिग्धार्थक शब्द का प्रयोग किया जाता है तो उसकी परिभाषा द्वारा यह स्पष्ट कर दिया जाता है कि अमुक शब्द का प्रयोग किस अर्थ में किया जाता है। परिभाषाओं द्वारा अर्थ-संकोच अथवा अर्थ-विस्तार का कार्य भी लिया जाता है। जब किसी ऐसे वस्तु अथवा वस्तु-समुदाय को प्रकट करने के लिए कोई पूर्व निश्चित शब्द नहीं होता तो निकटतम भाव को अभिव्यक्त करने वाला शब्द स्वीकार करके उसकी परिभाषा कर दी जाती है।

परिभाषाएं भाषा में संक्षिप्तता भी लाती हैं। संक्षिप्तता भाषा का एक गुण है और यह प्रशासकीय-भाषा की आवश्यकता है। संक्षिप्तता लाने में परिभाषाएं विशेष सहायक होती हैं। परिभाषा करके किसी एक शब्द अथवा पदावली के अंतर्गत वह समस्त अर्थ जगत् समेट लिया जाता है जो अन्यथा एक वाक्य-समूह द्वारा प्रकट किया जाता।

ये परिभाषाएं प्रशासन-भाषा को सामान्य भाषा से भिन्न बना देती हैं।

निश्चितार्थता : प्रशासन-भाषा का विधि से घनिष्ठ संबंध होने से यह परमावश्यक है कि प्रशासन में प्रयुज्य शब्दों के निश्चित अर्थ हों। भ्रांतियुक्त अथवा संदेहजन्य भाषा से प्रशासन को भारी हानि उठानी पड़ सकती है। उससे कुछ का कुछ भाव निकल सकता है। साहित्य में 'श्लेष' जितना बड़ा गुण होता है, प्रशासन में श्लेष उतना ही बड़ा दोष होता है। सूक्ष्म अर्थों के स्पष्टीकरण के लिए शब्दावली का सूक्ष्मता से चयन महत्त्वपूर्ण होता है। शब्दावली में अव्याप्ति दोष अथवा अतिव्याप्ति दोष नहीं होना चाहिए। इसके लिए यह आवश्यक है कि प्रशासक अथवा आदेशकर्ता जिस भाव को अभिव्यक्त करना चाहता है उसके लिए प्रयोग-योग्य शब्दावली की सूक्ष्मता से परिचित हो। उसको क्या मन्तव्य प्रस्तुत करना है, यह भी पूर्णरूपेण उसे स्पष्ट रहना चाहिए। अतएव शब्दों की निश्चितार्थता का महत्त्व भी असंदिग्ध है। एक शब्द के अनेक पर्याय होना भी भाषा का गुण है। कोई एक

शब्द किसी को स्मरण रह सकता है तो दूसरे को वही शब्द स्मरण रखने योग्य प्रतीत नहीं भी हो सकता। इस प्रकार प्रशासन में भाषा का प्रवाह गंगा के प्रवाह के समान ही गुणवान चाहिए।

प्रशासन की भाषा और साहित्यिक भाषा : प्रशासन की भाषा के गुणों का विस्तार से विवेचन किया जा चुका है। साहित्य की भाषा लालित्य से ओत-प्रोत हो तभी आनन्ददायक होती है। परन्तु प्रशासन की भाषा इससे दूर होती है। साहित्यिक भाषा भावोद्रेक करती है तो प्रशासनिक भाषा विचारोत्तेजक होती है। प्रशासन की भाषा में मनुष्य विचारों के प्रवाह में प्रवाहित होता है। प्रशासन की भाषा कृत्रिमता से बोझिल नहीं होती। उसमें उक्ति-वैचित्र्य को कोई स्थान नहीं होता। प्रशासन में तो मन्तव्य को संप्रेषित करना होता है। अतः प्रेषणीयता ही प्रयोजन है। किन्तु साहित्य में उक्ति वैचित्र्य श्लाघनीय होता है। प्रशासन में भाषा की अभिधा शक्ति का आश्रय ही सर्वोत्तम समझा जाता है किन्तु साहित्य लक्षणा और व्यंजना के आश्रय से ही फलीभूत होता है। यद्यपि प्रशासन की भाषा में इनका सर्वथा त्याग सम्भव नहीं है किन्तु साहित्य में उपलब्ध उच्च स्थान इन्हें प्रशासन में उपलब्ध नहीं होता। ये तो केवल प्रेषणीयता अथवा अभिधा के सहायकों के रूप में ही प्रयुक्त होते हैं। प्रशासन की भाषा अधिकतर शुष्क होती है जबकि साहित्य में नीरसता और शुष्कता असहनीय होती है। इस प्रकार ये दो विपरीत ध्रुवी हैं।

सन्दर्भ

1. राष्ट्रभाषा हिन्दी : ले० पं० गौरीशंकर शुक्ल, प्रथम बार 1919, पृ० 6 (लोकमान्य तिलक का कलकत्ता में राष्ट्रभाषा सम्मेलन, दि० 30 दिसम्बर, 1917 का भाषण)
2. वही, पृ० 11
3. हिन्दी विधि शब्दावली : डा० मोती बाबू, शक 1891, पृ० 44
4. राष्ट्रभाषा-हिन्दी : पं० गौरीशंकर शुक्ल, प्रथम बार 1919, पृ० 7
5. वही
6. वही
7. विधि शब्दावली : डा० मोती बाबू, शक 1891, पृ० 49
8. ज्ञान विज्ञान का माध्यम—हिन्दी : डा० गोपाल शर्मा, विश्व हिन्दी सम्मेलन, नागपुर, दि० 13-1-75, पृ० 7
9. विधि शब्दावली : डा० मोती बाबू, पृ० 49

अध्याय 5

भारत में प्रशासनिक भाषाओं की परम्परा

विश्व का अति सभ्य प्राचीन देश होने के कारण भारत में अत्यन्त प्राचीन काल से शासन चलता आया है। पूर्व काल से ही शासन का अध्यक्ष एक राजा होता था और राजा के अधीन मन्त्री और अन्य अधिकारी तथा कहीं-कहीं मन्त्रि-परिषद् होती थी। राजा के अन्तर्गत ही न्याय सम्बन्धी अधिकारों का समावेश था अर्थात् राजा ही प्रमुख न्यायाधीश भी था। इस प्रकार आधुनिक शब्दावली के अनुसार कार्यपालिका और न्यायपालिका दोनों का ही अध्यक्ष राजा होता था। फिर भी इस व्यवस्था में राजा अधिकारों का समुच्चय न होकर कर्त्तव्यों का ही रखवाला होता था। स्वयं धर्म-पालन करना और दूसरों से धर्म-पालन कराना उसका अधिकार न होकर कर्त्तव्य होता था। यहां धर्म शब्द का प्रशासन से सम्बन्ध जुड़ जाता है। इसका संक्षिप्त विवेचन युक्तिसंगत होगा। 'धर्म' शब्द 'धृ' धातु से बना है, जिसका अर्थ होता है धारण अथवा पालन करना अर्थात् जिसका धारण अथवा पालन किया जाए वही धर्म है। दूसरा अर्थ है कि जो धारण अथवा पालन करे वही धर्म है।[1]

तदनुसार तैत्तीरीय श्रुति की घोषणानुसार धर्म में ही सारा संसार प्रतिष्ठित है।[2] धर्म के बिना जड-जंगम की प्रतिष्ठा नहीं है। प्रत्येक वस्तु के साथ उसका एक धर्म प्रतिष्ठित है। जैसे अग्नि का धर्म जलाना और दीपक का स्वयं जलकर दूसरों को प्रकाश देना। इसी प्रकार राजा का धर्म प्रजा-रक्षण है। जड वस्तुओं और पशु-पक्षियों का धर्म व्याख्या और विवेचन से परे होता है। परन्तु मनुष्य एक महान मस्तिष्क वाला प्राणी होता है। अतएव मानव के लिए धर्म ने अत्यन्त व्यापक रूप धारण किया। धर्म की परिधि का भारी विस्तार हुआ। धर्म का निदर्शन बहुधा विधि निषेधात्मक वाक्यों द्वारा किया गया और तर्क द्वारा ठहराए हुए सिद्धांत के रूप में नहीं। वास्तव में धर्म-पालन के लिए किसी तर्क अथवा प्रलोभन की आवश्यकता भी नहीं है।[3] अग्नि किसी कारणवश नहीं जलती और दीपक का भी प्रकाश देने का कोई कारण नहीं है, अपितु जलना और प्रकाश देना इनके स्वभाव

हैं। इसी प्रकार मनुष्य का भी धर्म को इस प्रकार पालन करना कर्त्तव्य है जैसे कि वह इसका स्वभाव हो। इस प्रकार जो किसी मनुष्य द्वारा स्वाभाविक रूप से आचरण के योग्य है वही उसका धर्म है। स्पष्टतया कर्त्तव्याकर्त्तव्य का विवेचन ही धर्म की व्याख्या है।[4] धर्म की यह व्याख्या लोक-परलोक, स्थावर-जंगम, जन्म-जन्मान्तर सबको ही दृष्टि में रखकर की गई है। यह धर्म, अर्थ तथा काम का विरोध न करके इनका समन्वय करके चलता है। इसीलिए श्रीमद्भगवद्गीता में भी कहा गया है 'धर्माविरुद्धो भूतेषु कामोऽस्मि भरतर्षभ' इस धर्म का स्वरूप बड़ा व्यापक है। राजनीति, नीतिशास्त्र, स्वास्थ्य और स्वच्छता सब इसमें समाविष्ट हैं।

धर्म देश, काल और अवस्था के अनुसार परिवर्तित होता रहता है।[5] यह कोई पत्थर की लकीर नहीं है। इतने व्यापक धर्म में सम्पूर्ण न्याय और प्रशासन के तत्त्व निहित हैं। राजा इसी व्यापक धर्म का पालन कराता था। भारत में इस धर्म-मूलक शासन की भाषा ईसा से शताब्दियों पूर्व से लेकर महात्मा बुद्ध के काल और ईसा की प्रारम्भिक शताब्दियों तक संस्कृत ही रही। महात्मा बुद्ध के काल से प्राकृतें और विशेषतः पाली जन-साधारण की भाषा का रूप लेने लगीं। तो भी राजाज्ञाएं (अशोक के धर्म शासनों को छोड़कर) संस्कृत में ही प्रचारित और प्रसारित होती थीं। अशोक के शासन के पूर्व और पश्चात् मौर्य काल में भी जब प्राकृतें प्रचलन में आ गई राजकार्य में संस्कृत का प्राधान्य बना रहा। धर्म विधि और प्रशासन का मूल होने के कारण यह देखना समीचीन होगा कि संस्कृत में एतद्विषयक धर्म-ग्रन्थों के प्रणयन की क्या परम्परा तथा स्थिति रही है। विद्वानों ने[6] हिन्दू विधि के निम्नलिखित चार स्रोत माने हैं :

1. स्मृति अथवा धर्म शास्त्र
2. टीकाएं तथा निबन्ध
3. रूढि तथा
4. विधायन।

अर्वाचीन लेखकों का हिन्दू विधि के सम्बन्ध में विधायन से तात्पर्य उस विधायन से है जो अंग्रेजी भाषा में हुआ है।[7]

रूढ़ि मौखिक अथवा व्यवहारगत होती है। इस प्रकार स्मृतियां अथवा धर्म-शास्त्र, टीकाएं तथा निबन्ध ही इस दृष्टि से शेष रह जाते हैं। संस्कृत के विधि-साहित्य को निम्नलिखित भागों में विभाजित किया जा सकता है।[8]

(1) धर्म सूत्र, (2) स्मृतियां, (3) रामायण, (4) पुराण, (5) महाभारत, (6) अर्थशास्त्र, (7) टीकाएं अथवा व्याख्याएँ तथा (8) निबन्ध।

अधिक विवेचन न करके केवल इतना ही लिखना पर्याप्त होगा कि धर्म सूत्रों तथा स्मृतियों की रचना बन्द हो जाने पर टीकाओं तथा निबन्धों का युग आया।

इनकी रचना का प्रारम्भ सातवीं शताब्दी ईस्वी माना जा सकता है तथा नवीनतम निबन्धों की रचना 18वीं शताब्दी तक हुई है।[9]

इस प्रकार निश्चित रूप से सातवीं शताब्दी तक संस्कृत विधि तथा प्रशासन की यदि एकमात्र भाषा नहीं भी रही हो तो भी प्रयुक्त अवश्य होती रही, क्योंकि टीकाओं और निबन्धों का युग प्रारम्भ होने से यह अर्थ निकाला जा सकता है कि तत्कालीन प्राकृतें तथा बाद में अपभ्रंशादि विधि तथा प्रशासन में प्रयुक्त होने लगी होंगी। वस्तुतः इस पुस्तक की परिधि के बाहर होने के कारण इस विषय पर अधिक छानबीन तथा गवेषणा अपेक्षित नहीं है। यह विषय स्वयं में शोध का एक स्वतन्त्र गहन विषय है।

भारत में मुसलमानों के आगमन के पश्चात् देश के उन भागों में जहाँ उन्होंने शासन स्थापित किए, अरबी-फारसी को भारतीय भाषाओं के साथ प्रशासन में स्थान अवश्य मिल गया, किन्तु उत्तर भारत में गुलाम वंश, खिलजी वंश, लोदी वंश, सूरी तथा मुगल वंशों के विभिन्न बादशाहों के शासन में हिन्दी के प्रयोग के प्रमाण तथा साक्ष्य मिलते हैं।[10] औरंगजेब के शासन में भी हिन्दी का प्रयोग फारसी के साथ होता रहा।[11] मुसलमान बादशाहों के शासन काल में सिक्कों पर सारी सूचना हिन्दी में रहती थी। शाही फरमानों में भी हिन्दी का प्रयोग होता था। मुगलकाल में यद्यपि फारसी राजभाषा हो गई किन्तु हिन्दी का प्रयोग शासन में वैकल्पिक रूप से होता ही था; जनता में तो हिन्दी ही सार्वदेशिक भाषा थी। ब्लाखमैन ने अपनी खोज के आधार पर 'कलकत्ता रिव्यू' (1871 ई०) में लिखा था कि मुगल बादशाहों के शासन काल में ही नहीं, इससे पहले भी सभी सरकारी कागजात हिन्दी में रखे जाते थे। साहित्य और शिक्षा का माध्यम भी व्यापक रूप में हिन्दी ही थी।[12]

दक्षिण भारत में शताब्दियों पहले हिन्दी का राजकाज में प्रयोग होता रहा। इस सम्बन्ध में श्री सीताराम शास्त्री ने अपने खोजपूर्ण निबन्ध में लिखा है :

आज से छः सौ वर्ष पूर्व दक्खिनी भाषा (हिन्दी) दक्षिण भारत की जन साधारण की भाषा थी और तीन सौ वर्ष पर्यन्त राजभाषा के पद पर आसीन होकर न केवल राज्य के कार्य कलापों में, वरन् सामान्य जनता के वैचारिक आदान-प्रदान और भावात्मक एकता की प्रतीक बनी रही। यह बात इतिहास के गर्भ में छुपा हुआ रहस्य अवश्य है, किन्तु छः सौ वर्ष पूर्व के दक्षिण भारत के इतिहास के पन्ने उलटिए, तो इस रहस्य का उद्‌घाटन होगा।

14वीं शती के बहमनी वंश के शासन में दक्खिनी आम जनता की भाषा बन गई थी और राजभाषा पद भी प्राप्त कर चुकी थी। बहमनी वंश के हसन गंगू के माल विभाग के महामन्त्री मंगू ब्राह्मण ने दक्खिनी भाषा को राजभाषा बनाया।

दक्खिनी को राजभाषा बनाने में अन्य कारणों पर इतिहासकारों ने यों लिखा

है : "तेलगू, कन्नड़, मराठी आदि भाषाओं के विभागों में राज्य बँटा होने के कारण इनमें से किसी को राजभाषा का पद नहीं दिया जा सकता था। दक्खिनी भाषा सर्वत्र बोली और समझी जाती थी। वह एक प्रकार की आन्तर भाषा थी। इसीलिए शासन उसे राजभाषा का पद देने में विवश था।

तात्पर्य यह है कि दक्खिनी भाषा (हिन्दवी, हिन्दी) को राजभाषा बनाने का उत्तरदायित्व और श्रेय दक्षिण भारत को सर्वप्रथम उपलब्ध हुआ था।

बहमनी शासन के दो सौ वर्ष पर्यन्त दक्खिनी राजभाषा बनी रही। 15वीं शती के उत्तरार्ध में बहमनी वंश के कमजोर पड़ने पर राज्य विच्छिन्न हुआ। परिणामतः बरार, अहमदनगर, बीजापुर, गोल-कुण्डा, बीदर आदि भिन्न-भिन्न राज्य अस्तित्व में आए। बाद में बीजापुर के शासकों ने भी दक्खिनी को राजभाषा बनाया। इस प्रकार 16वीं शती के प्रारम्भ तक दक्खिनी दक्षिण के राजा और प्रजा की सामान्य भाषा बन गई थी।[13] इस समय के दक्षिणी भाषा के क्षेत्र के सम्बन्ध में सर जार्ज ग्रियर्सन ने अपने 'लिंग्विस्टिक सर्वे ऑफ इण्डिया' में लिखा है : "मध्य भारत के नर्मदा नदी के नीचे मध्य प्रदेश के नागपुर, वर्धा, चांदा जिले, बरार स्टेट, पुराना मद्रास, हैदराबाद, मैसूर, कुर्ग दक्खिनी प्रदेश थे। दक्खिनी बोलने वाले बड़े-बड़े शहरों और देहातों में फैले हुए हैं।[14]

देश के विशाल भू-भाग में हिन्दी का राजकाज में प्रयोग हुआ। उपलब्ध जानकारी के अनुसार सुदूर केरल प्रदेश में भी सौ, डेढ़ सौ वर्ष पहले हिन्दी शासन की तो नहीं किन्तु व्यवहार की भाषा अवश्य बन गई थी। सन् 1830 के लगभग केरल के प्रसिद्ध राजा स्वाति तिरुनाल ने हिन्दी में काव्य रचना की। इसके अतिरिक्त इन राज्यों के अन्तर्गत आने वाले छोटे-छोटे स्वतन्त्र राज्यों की सेनाओं के उच्च कर्मचारी और सिपाही, उत्तर भारतीय राजपूत, पठान तथा मराठा वंश के सिपाहियों से सम्पर्क बनाए रखने के लिए हिन्दी का व्यावहारिक ज्ञान प्राप्त कर लेते थे। सेना की संगति में आने वाले अन्य लोग भी व्यापारी, कारीगर, मजदूर, धोबी, नाई रसोइए आदि भी हिन्दी की जानकारी प्राप्त कर लेते थे। केरल के प्रमुख बन्दरगाहों में जैसे अलप्पी, कालीकट आदि में बहुत पहले से उत्तर भारतीय व्यापारियों के आने के कारण व्यापारिक केन्द्रों में भी हिन्दी बोलचाल की भाषा बनी रही।

केरल के सुप्रसिद्ध राजा रामवर्मा ने हिन्दी की बड़ी सेवा की है। उन्होंने बड़ी सुमधुर हिन्दी में गीत लिखे हैं।[15]

18वीं शती में पेशवा सिंधिया तथा होलकर आदि मराठी घराने हिन्दी में अपना राजकार्य करते थे।[16] ईस्ट इंडिया कम्पनी के सिक्के और आदेश हिन्दी में छपते थे। राजस्थान, मध्य प्रदेश और (कश्मीर को छोड़) उत्तरी भारत की समस्त रियासतों में सारा कार्य-व्यवहार हिन्दी के माध्यम से ही चलता रहा है।[17]

सन्दर्भ

1. Encyclopaedia of Social Sciences (1951 Print) Vol. IX, p. 257.

   "The word dharma (n) is the nearest Sanskrit equivalent for law or jus, is a passive noun from the intensive form of the root dhr, to support, cherish or maintain, and means literally that which is strongly supported,...but by a metonyrny of which they are already traces in the Rigveda the word came to be used in the active sense as "that which supports or maintains, "the foundation···"

   हिन्दी विधि-शब्दावली : डॉ० मोतीबाबू, पृ० 202

2 से 3. धर्म्मो विश्वस्य जगत. प्रतिष्ठा।

   हिन्दी विधि-शब्दावली : डॉ० मोती बाबू, पृ० 303

4. कर्मणां च विवेकार्थं धर्माधर्मों व्यवेचयत् ।। मनु० 1-26

   हिन्दी विधि-शब्दावली : डॉ० म। ाबू, पृ० 304

5. अन्ये कृतयुगे धर्मास्त्रेतायां आपरेऽअपरे

   अन्ये कलियुगे नृणां युगह्रासानुरूपत: ।। मनु० 1-65

   हिन्दी विधि-शब्दावली, डॉ० मोती बाबू, पृ० 305

6. मेन-कृत ट्रीटायज आन हिन्दू लॉ एण्ड यूसेज के अध्याय 2 तथा 3, हिन्दी विधि-शब्दावली, डॉ० मोतीबाबू, पृ० 308

7. हिन्दी विधि-शब्दावली, डॉ० मोती बाबू, पृ० 308

8. वही, पृ० 309

9. वही, पृ० 312

10. हिन्दी भाषा का राज-काज में प्रयोग : डॉ० रामबाबू शर्मा, शोध प्रबन्ध, आगरा विश्वविद्यालय, द्वितीय अध्याय, पृ० 142-154

11. कचहरी की भाषा और लिपि : श्री चंद्रबली पांडे संवत् 1996 वि०, पृ० 15

12. हिन्दी-उद्भव विकास और रूप : डॉ० हरदेव बाहरी, नवीन संस्करण 1970, पृ० 213

13 से 14. पुस्तक परिचय, जनवरी 1975 ई० अंक, 'हिंदी दक्षिण की राजभापा थी', सीताराम शास्त्री, पृ० 26-27

15. हिन्दी परिचय, ग्रीष्म 1891 शक अंक, पृ० 23

16. हिन्दी-उद्भव, विकास और रूप : डॉ० हरदेव बाहरी, नवीन संस्करण सन् 1970, पृ० 212

17. वही, पृ० 223

अध्याय 6

स्वातंत्र्यपूर्व हिन्दी का न्याय प्रशासन में प्रयोग

विधि मानव-आचरण को विनियमित करने वाले उन सामान्य नियमों अथवा सिद्धान्तों का संग्रह है जिनको न्यायालय न्याय-कार्य में मान्यता देते हैं। इस प्रकार का प्रत्येक नियम अथवा सिद्धान्त विधि कहलाता है।[1] विधि का निर्माण, प्रकाशन और न्याय-प्रशासन प्रमुख विधि कार्य हैं। विधि का निर्माण विधान मण्डलों द्वारा होता है। यह निर्माण कार्य विधायन कहलाता है।

विधि का सम्बन्ध सभी मनुष्यों से होता है किन्तु इसका सम्बन्ध कुछ के साथ एक विशेष रीति में हो सकता है। यदि एक मनुष्य एक अपराध करता है, किसी दूसरे की देह या सम्पत्ति को चोट पहुंचाता है या अपनी संविदा के निष्पादन में विफल हो जाता है, तो उसको दण्ड दिया जाएगा या क्षतिपूर्ति का दण्ड दिया जाएगा और वह अदालत में यह नहीं कह सकेगा कि वह नहीं जानता था कि उसका आचरण विधि के विपरीत था।[2] विधि-क्षेत्र के विभिन्न कार्यों का संकेत इस एक वाक्य से मिल जाता है। इसके अनुसार विधि का सम्बन्ध मुख्यतः व्यक्ति, सम्पत्ति और किसी करार से होता है। इस प्रकार जो विधियां बनती हैं वे आचरण सम्बन्धी, मनुष्य की सम्पत्ति की रक्षा सम्बन्धी, मनुष्य द्वारा किए गए किसी प्रकार के करार सम्बन्धी हो सकती हैं।

सर जान सालमोण्ड के अनुसार सभी मामले और प्रश्न जो एक न्यायालय के समक्ष प्रस्तुत होते हैं, तीन श्रेणियों के होते हैं :

1. विधिक मामले और प्रश्न अर्थात् वे सब जो प्राधिकृत कानूनी सिद्धांतों द्वारा निर्धारित होते हैं।

2. न्यायिक विवेक के मामले और प्रश्न, अर्थात् वे सब मामले और प्रश्न जिनमें क्या ठीक, न्याययुक्त, समतायुक्त या न्यायसंगत है, का निर्धारण किया जाता है, सिवाय उन मामलों के जो विधि द्वारा निर्धारित होते हैं।

3. तथ्यात्मक मामले और प्रश्न अर्थात् अन्य सभी मामले और प्रश्न, वे चाहे जो भी हों। सालमोण्ड का यह वर्गीकरण उनके व्यावहारिक अनुभव से उद्भूत

है। उनके वाक्य संदर्भ टिप्पणी[3] में देखे जा सकते हैं।

विधि क्षेत्र का प्रधान कार्य राज्य द्वारा न्याय की व्यवस्था करना या न्याय का प्रशासन स्थापित करना है। न्याय प्रशासन की स्थापना औचित्यों को लागू करने और उनके उल्लंघन के लिए दण्ड देने में राज्य की शक्ति का प्रयोग करने के लिए की जाती है। 'औचित्य' का विचार तदनुसार विधिक सिद्धांत में मौलिक महत्त्व रखता है। स्पष्टतः विधि क्षेत्र का प्रमुख कार्य 'औचित्य' को लागू करना है। इस औचित्य को लागू करने के लिए 'अनुचित' तथा 'कर्त्तव्य' की जानकारी का होना नितान्त आवश्यक है।

'अनुचित' सामान्यतः एक अनुचित कार्य है—एक ऐसा कार्य जो 'औचित्य' और 'न्याय' के नियम के विपरीत हो। इसका पर्याय 'आघात' है जिसको अब 'क्षति' या हानि भी कहा जाने लगा है।

'अनौचित्य' दो प्रकार के होते हैं एक 'नैतिक' तथा दूसरा 'विधिक'।[4] नैतिक या नैसर्गिक 'अनौचित्य' वह कार्य है जो नैतिक या नैसर्गिक रूप से अनुचित है और जो नैसर्गिक न्याय के नियम के विपरीत है। विधिक 'अनौचित्य' वह कार्य है जो विधिक रूप से अनुचित है तथा जो विधिक न्याय के नियम के विपरीत है और विधि का उल्लंघन है। यह नैतिक रूप से अनुचित हो सकता है और नहीं भी हो सकता है। इस प्रकार एक नैतिक 'अनौचित्य' विधिक रूप से अनुचित हो सकता है और नहीं भी हो सकता है।

कर्त्तव्य एक अनिवार्य कार्य है अर्थात् एक ऐसा कार्य जिसका विलोम एक 'अनौचित्य' होगा। एक अनौचित्य का सम्पादन एक कर्त्तव्य का घात है और एक कर्त्तव्य का निष्पादन एक 'अनौचित्य' से बचना है।

'अनौचित्यों' की भांति 'कर्त्तव्य' भी दो प्रकार के होते हैं एक 'नैतिक' दूसरा 'विधिक'।[5] एक 'नैतिक' या 'नैसर्गिक' कर्त्तव्य एक ऐसा कार्य है जिसका विलोम एक नैतिक या नैसर्गिक 'अनौचित्य' होगा। 'विधिक कर्त्तव्य' एक ऐसा कार्य है जिसका विलोम एक 'विधिक अनौचित्य' होगा। इन कर्त्तव्यों के वर्गीकरण के उदाहरण निम्नलिखित हैं :

विधिक कर्त्तव्य के अनुसार मिलावटी दूध का न बेचना या बेचने के लिए न रखना एक विधिक कर्त्तव्य है, भले ही किसी को इसका ज्ञान हो या न हो। पड़ोसियों की सुख-सुविधा का ध्यान रखने के लिए कोई विधिक कर्त्तव्य नहीं है किन्तु यह एक नैतिक कर्त्तव्य है कि एक पड़ोसी को हमारे कार्यों से कष्ट न हो। चोरी न करना विधिक तथा नैतिक दोनों कर्त्तव्यों के अन्तर्गत है।

जब 'विधि' किसी कार्य को एक 'कर्त्तव्य' की श्रेणी में रखता है तो विधि इसके निष्पादन को सामान्यतः लागू करता है या इसके उल्लंघन के लिए दण्ड की व्यवस्था करता है।

'औचित्य' एक ऐसा हित है जो औचित्य के नियम द्वारा मान्यता प्राप्त है और उसके द्वारा रक्षित है। यह ऐसा हित है जिसके प्रति सम्मान 'कर्त्तव्य' है और असम्मान 'अनौचित्य' है। जो उचित या अनुचित, न्यायपूर्ण या अन्यायपूर्ण का विचार है, वह किसी कार्य के मनुष्यमात्र के हितों अर्थात् मनुष्य के कल्याण से सम्बन्धित विभिन्न तत्त्वों यथा जीवन, स्वातन्त्र्य, स्वास्थ्य, नाम और भौतिक पदार्थों के प्रयोगों पर, प्रभाव के कारण है। यदि कोई कार्य उचित या न्यायसंगत है तो वह इसलिए ऐसा है कि उससे किसी रूप में मनुष्य-हित-साधन होता है। यदि कोई कार्य अनुचित या अन्यायपूर्ण है तो वह इसलिए ऐसा है कि उससे मनुष्य का अहित होता है। ऐसा आचरण जिसका किसी के भी हितों पर कोई प्रभाव नहीं होता है उसका विधि में या नैतिकता में कोई महत्त्व नहीं होता है।

अतएव प्रत्येक अनौचित्य से किसी हित को आघात पहुँचता है और प्रत्येक कर्त्तव्य से वह हित साधन होता है जिसका उससे सम्बन्ध है। मनुष्यों के कुछ हित एक-दूसरे से टकराते हैं, इसलिए सबके लिए औचित्यपूर्ण मान्यता असम्भव हो जाती है। इस प्रकार वे हित जो 'औचित्य' के नियमों से रक्षा और मान्यता प्राप्त करते हैं, 'अधिकार' कहलाते हैं। प्रत्येक मनुष्य जिसका किसी वस्तु में अधिकार होता है तो उसका उसमें हित भी होता है किन्तु उसका हित बिना किसी अधिकार को रखे भी हो सकता है। दूसरे शब्दों में एक 'अधिकार' ऐसा हित है जिसका उल्लंघन एक 'अनौचित्य' होगा। 'अधिकार' की परिभाषा कुछ विद्वानों के अनुसार—"अधिकार विधिक रूप से रक्षित हित हैं।"[6]

एक हित को विधिक अधिकार बनने के लिए केवल विधिक रक्षा ही पर्याप्त नहीं है अपितु इसे विधिक मान्यता प्राप्त होनी चाहिए। यह प्रश्न कि क्या अधिकार और कर्त्तव्य सहगामी हैं, विवाद का विषय रहा है। एक विचार के अनुसार कोई भी अधिकार नहीं हो सकता जब तक कोई संगत कर्त्तव्य न हो। दूसरा विचार इसके विपरीत है। किन्तु हमारा कार्य इसकी गहराई में जाना नहीं है। हम तो यही कह सकते हैं कि विधि का कार्य विधिक अधिकार की रक्षा करना है। 'कर्त्तव्यों' के विपरीत आचरण को रोकना है। 'औचित्य' की रक्षा करना और 'अनौचित्य' को राज्य की शक्ति से रोकना, विधि के कार्य हैं।

विधि के लिए भाषा तथा शब्दों का प्रयोग सदैव होता रहा है। वर्तमान काल में तो शब्दावली का विधि-क्षेत्र में विशेष महत्त्व हो गया है। मानव-अधिकारों तथा कर्तव्यों का जगत् आज प्रायः विधि-वाक्यों द्वारा परिभाषित तथा विनियमित होता है। विधि-शब्दावली की अस्थिरता इस समग्र जगत् में अस्थिरता लाने के लिए पर्याप्त है। जीवन और मृत्यु की सीमा विधि में शब्दों द्वारा ही अंकित होती है और शब्दावली की किंचित् अव्यवस्था इस सीमा को ही अव्यवस्थित कर सकती है।[7] विधि-क्षेत्रों से इतर क्षेत्रों में लेखक को अपनी भाषा में परिवर्तन

करने का प्राय: पूर्ण अधिकार रहता है, किन्तु विधि-लेख्यों में परिवर्तन का अधिकार कुछ स्थानों पर तो होता ही नहीं है और कुछ स्थानों पर बहुत सीमित होता है। विधि-निर्माता का उद्देश्य यही होता है कि उसकी कृति का अर्थ ठीक-ठीक समझा जा सके तथा उसका यथावत् पालन किया जाए। उसका ध्यान अपने मन्तव्य पर केन्द्रित होता है और भाषा के बनाव श्रृंगार से उसका कोई प्रयोजन नहीं रहता। इसलिए विधि में भाषा की अभिधा शक्ति का आश्रय ही सर्वोत्तम समझा जाता है। उत्तम विधि-लेख वही समझा जाएगा जिसमें अभिप्रेत अर्थ अभिहित हो, लक्षित अथवा व्यंजित मात्र नहीं।[8]

विधि की भाषा सरलतम होनी चाहिए, किन्तु सदैव सरलतम प्रचलित शब्दों द्वारा विधि का भाव स्पष्ट करना सम्भव नहीं हो पाता। कभी-कभी सरलता के लोभ में अर्थ का अनर्थ हो जाता है। सामान्य और तथाकथित सरल शब्दावली के प्रयोग से विधि-वाक्य प्रत्यक्षत: सरल तो हो सकता है किन्तु अन्तत: विवादास्पद बन सकता है, जबकि प्राविधिक शब्दावली कुछ क्लिष्ट भले ही प्रतीत हो किन्तु उसका अर्थ निश्चित हो जाता है। अर्थ की निश्चितता की, विधि में, इस सीमा तक आवश्यकता होती है कि पाठक प्रयत्न करके भी निश्चित से भिन्न अर्थ न निकाल सके। यहाँ श्लेष, गुण न होकर अवगुण बन जाता है।

विधि-क्षेत्र में विस्तृत शब्दावली की आवश्यकता होती है। साधारणत: बोलचाल में भावों की विभिन्नता का विशेष ध्यान कम ही रहता है जबकि विधि में इसके विपरीत स्थिति होती है। उदाहरणार्थ—किसी व्यक्ति पर अपराध का कोई दोष लगने पर सामान्य बोलचाल में उसे अपराधी कहा जाने लगता है चाहे उसके ऊपर अपराध अभी सिद्ध न भी हुआ हो। किन्तु विधि-क्षेत्र में यह नहीं किया जा सकता। जब तक व्यक्ति द्वारा किए गए अपराध का आरोप विचाराधीन हो तब तक वह 'अपराधी' न कहलाकर 'अभियुक्त' ही कहा जाएगा। इसलिए विधि में अलग-अलग शब्द रखकर शब्दावली को व्यापक बनाना होता है।

विधि-क्षेत्र में सामान्य शब्द भी विशिष्ट अर्थ के द्योतक बन जाते हैं। उनका ठीक अर्थ विधि-ज्ञान से शून्य व्यक्ति नहीं जानता, भले ही वह व्यक्ति उस शब्द से परिचित होने के कारण यह धारणा बना ले कि वह उस शब्द का अर्थ जानता है। उदाहरणार्थ—'चोरी' शब्द की जो परिभाषा भारतीय दण्ड संहिता की धारा 378 में दी गई है, वह सामान्य भाव में इस शब्द के अर्थ से भिन्न होती है। इसलिए विधि-क्षेत्र में शब्दों की पारिभाषिकता का विशेष महत्व होता है और शब्दों की परिभाषा दे दी जाती है।

प्रयुक्त विधि-शब्दावली उस कालखण्ड की है जब देश में मुसलमानों का प्रभुत्व समाप्तप्राय हो रहा था, किन्तु हिन्दू-सत्ता के उदय के स्थान पर अंग्रेजों की सत्ता लगभग स्थिर होने लगी थी। सन् 1857 ई० में तो विराट स्वतंत्रता-

संग्राम, जिसे अंग्रेजों ने 'गदर' या 'विद्रोह' की संज्ञा दी थी, हुआ था। उस संग्राम की विफलता के उपरांत अंग्रेजी साम्राज्य की नींव पक्की हो गई। राजस्थान की देशी रियासतों में लगभग सभी राजा लोग हिन्दू ही थे, किन्तु वे वही लोग थे जो सैंकड़ों वर्षों से मुसलमानों का आधिपत्य स्वीकार कर चुके थे और उसके कारण विधि और न्याय प्रशासन में फारसी के प्रयोग के आदी हो गए थे। अंग्रेजों ने अपने शासन के प्रारम्भ में राजस्थान में ही नहीं अपितु उत्तरी भारत में प्रायः फारसी को अपनाया था। बाद में उन्होंने उर्दू को स्वीकार किया जिसमें फारसी की सारी विधि-शब्दावली को अपना लिया गया था।[9] तदनन्तर जब हिन्दी को न्यायालयों में प्रयोग के लिए स्वीकार किया गया तब भी परिस्थितिवश हिन्दी शब्दावली का विशेष प्रयोग अथवा प्रचार न हो सका।

सन् 1857 ई० के बाद के कालखण्ड में विधि-क्षेत्र में प्रयुक्त शब्दावली के दिग्दर्शन के लिए यहाँ पर कुछ तत्कालीन दस्तावेजों का विश्लेषण किया गया है।

उदाहरण 1 : ख़त रावतजी भैंस रोड गढ के नाम साहिब अजंट गवरनर जनरल बहादुर राजपूताना की तर्फ़ से

तारीख २८ अक्टूबर सन् १८६१ ई० मिती कार्तिक बदी १० सम्वत १९१८

अपरंच राज का खत रामराव हिन्दीनवीस अजंसी मेवाड मुदई के मुकदमह में आया समाचार बांचने से जाहिर हुआ कि राज अजंसी मेवाड के हुक्म की अपील करना चाहते हैं पर राज को मालूम होवे कि अजंसी मेवाड के रोज-नामचह में इस मुकदमा का ज़िक्र देखकर हमने मुकदमह मजकूर की मिसल मंगाई थी और खूब ग़ौर और तहक़ीकात इस मुकदमह में की जोकि तहकीकात और मुलाहिजह मिसल से साहिब अजंट बहादुर की राय मुनासिब मालूम हुई इसलिए बहाल फरमाई अब कि तजवीज साहिब अजंट बहादुर मंजूर हो गई दूसरा हुक्म नहीं हो सकता जो राज को साहिब··· के हुक्म में उज्र हो पहिले से दसतूर के मुआफिक अपील उस वक्त तक पेश करना चाहिए था कि जिस वक्त तक यहाँ से साहिब अजंट बहादुर का हुक्म मंजूर न हुआ था और हमने राज के अपील किए बगैर ही खूब तहकीक कर लिया है सो जानसो और मुकदमह मजकूर के हुकम अखीर की नकल इस खत के साथ भेजी जाती हैं सो पहुँचेगी इति[10]

टिप्पणी—अस्पष्ट भाग···

पूर्वोक्त पत्र में प्रयुक्त निम्नलिखित शब्द द्रष्टव्य हैं :

हिन्दी	अरबी/फारसी के ऐसे शब्द जो हिन्दी में घुल मिल गए हैं	अरबी/फारसी	अंग्रेजी
राज	खत	हिन्दी नवीस	अपील
आया	मुदई	तर्फ़	अजंसी
समाचार	जाहिर	मुकदमह	अजंट
वांचने	हुक्म	रोज नामचह	
मालूम	मुकदमा	मजकूर	
देखकर	जिक्र	मुलाहिजह	
मंगाई थी	मिसल	तहकीक	
पहिले से	खूब		
सौ	ग़ौर		
के साथ	तहकीकात		
भेजी जाती है	राय		
पहुँचेगी	मुनासिब		
इति	बहाल		
	फरमाई		
	तजबीज		
	मंजूर		
	उज्र		
	दसतूर		
	मुआफिक		
	वक्त		
	बगैर		
	अखीर		
	नक्ल		

विधि-कार्य सम्बन्धी इस पत्र में हिन्दी के तत्सम या तद्भव शब्दों के साथ विदेशी किन्तु हिन्दी में घुल मिल गए शब्द ही अधिकतर हैं। लिपि नागरी है तथा व्याकरण भी हिन्दी का ही है। अरबी-फारसी के कुछ शब्द हैं जिनके बदले हुए रूप हिन्दी के अंग बन गए हैं। कुछ फ़ारसी के शब्द तो फ़ारसी रूप में ही पाए जाते हैं, जैसे—मुकदमह, मुलाहिजह, रोजनामचह आदि। वर्तमान काल में इन शब्दों का हिन्दी में प्रयोग होते समय इनका रूप बदला जाता है, यथा—मुकदमा मुलाहजा, रोजनामचा आदि। तत्कालीन फ़ारसी के कई शब्द अब हिन्दी में प्रयुक्त नहीं होते, यथा—मजकूर, तहकीक आदि। कुछ और शब्दों में थोड़ा-सा

परिवर्तन हो गया है जैसे—'मिसल' के स्थान पर 'मिसिल'। मंजूर, ग़ौर हुक्म, मुकदमा, खूब, ग़ौर, राय मुनासिब आदि शब्द आजकल भी पर्याप्त प्रचलित हैं। पूरे पत्र में तब तक अंग्रेजी के तीन शब्द यथा—अजंट, अपील और अजंसी ही पाए गए। ये भी अंग्रेजी से तद्भव लगते हैं। ये शब्द नई राज्य व्यवस्था के कारण ही प्रचलित हुए, जो अंग्रजों ने स्थापित की।

उदाहरण 2 : जनाबे आली

बतामील हुकम के तलबी मुदाअले की गई लेकीन हाजीर न हुवा मुदई वासते पेरैवी हाजीर आया अजब बन्ही के मुदई अपनी मुराद पैं पोहोचे चुका हो लीहाजा मीसल पेस करता हु

तारीष जनवरी ३१ सन् १८८५

रपोट हुकम व० अहेमद मु०

मुदाअले की तलबी हो व मुदई भी दरियाफत कीया जावे ता० ३१ जनवरी सन् १८८५

ह० उर्दू में—अपठनीय[11]

उपर्युक्त उदाहरण आजकल सरकारी पत्रावलियों पर टिप्पणियाँ लिखने की एक प्रणाली का रूप है। इसमें भी जो शब्द पाए गए हैं, उनका वर्गीकरण निम्नलिखित रूप में किया जा सकता है :

हिन्दी	अरबी-फारसी के हिन्दी में घुल-मिल गए शब्द	अरबी-फारसी	अंग्रेजी
हुवा	हुकम	जनाबे आली	रपोट
आया	हाजीर	बतामील	
अपनी	मुदई	तलबी	
पोहोचे	पेरैवी	मुदाअले	
	मीसल	मुराद	
	पेस	हाजा	
	तारीख		
	दरियाफत		

इस उदाहरण से भी यह पुष्टि होती है कि अरबी-फारसी के हिन्दी में घुल-मिल गए शब्दों का ही बाहुल्य रहा है। हिन्दी के व्याकरण और नागरी लिपि का प्रयोग बना रहा है।

ऊपर दिए गए दोनों नमूनों में बीच-बीच में कहीं भी पूर्ण विराम या अर्द्ध विराम चिह्न आदि नहीं लगाए गए।

पत्र उदाहरण सं० 1 में भारतीय तिथियों का प्रयोग भी किया गया, जबकि

अंग्रेजी तारीखें भी प्रयोग की गईं।

उदा० सं० 2 में भारतीय तिथियाँ नहीं मिलती हैं। स्वातंत्र्य प्राप्ति के पश्चात् देश में राष्ट्रीय पंचांग (शक सम्वत्) को अपनाया गया किन्तु बहुत कम ही उन तिथियों का प्रयोग हुआ है। यदाकदा कहीं पर ये तिथियाँ दिख पाती हैं। किन्तु अनेक पुराने दस्तावेज अध्ययन करने पर सामान्यतः सर्वत्र भारतीय विक्रम सम्वत् का प्रयोग अंग्रेजी तारीखों के साथ होता रहा है।

उदाहरण 3 : श्रीराम जी

हुकमनाम अज महकमे माल राज देवगढ़ प्रतापगढ़

तारीख २ माह ४ सन् १९१७

नम्बर मुकदमा सम्वत् १९७

उनवान

दौलतरामजी वल्द मोतीराम जी

जोतसी डीगरीदार प्रतापगढ़

बनाम

काला व चुनी पीसरान द० हाकिम माल

द० महेता कीसोर सींघ

गंगाराम माली सा: प्रताबगढ़

मतालबा ३९=

बनाम कालीया चुनी 4) पीसरान गंगाराम प्रताबगढ़

वाजे होके मुक़दमा उनवान सदर में तारीख पेशी ७ माह ४ सन् १९१७ ई० मुकर्रर की जाकर हुक्म दिया जाता है कि बरोज मुकर्रर वक्त इजलात मैं सन्नद व सबुत हाजिर हो फक्त[12]

उदाहरण सं० 3 से स्पष्ट है कि अरबी-फ़ारसी की हिन्दी में घुल-मिल गई शब्दावली का प्रयोग सतत् चलता रहा। इस उदाहरण में भी हिन्दी व्याकरण और अधिकांश शब्द बोलचाल के ही हैं।

हिन्दी का 'ज्योतिषी' शब्द 'जोतसी' के रूप में लिखा गया है जो कि बोल-चाल का रूप आज भी है और तद्भव शब्द है। अंग्रेजी शब्दों में 'नम्बर' का प्रयोग विशेष उल्लेखनीय है।

शुभ-सूचक शब्द 'श्रीरामजी' का प्रयोग महत्त्वपूर्ण है।

उदाहरण 4 : रूबकार महकमा मोहतशिमा आलिया कौन्सिल सीग़े फौजदारी महकूमा २४ जनवरी सन् १९२४ ई०

हुकम है कि

अब तक यह अमलदरामद है कि निज़ामत हाय से जो मुलज़िमान चालान होकर आते हैं वह महकमे अपील में आते हैं और नाज़िर महकमे अपील बज़रिये रुक्का

जेल में आसामियान को भेजता है, इसमें तवालत होती है, आसामियान परेशान होती हैं लिहाजा जुमले निज़ामत हाय को इत्तिला दी जावे कि जब किसी मुक़दमे के मुलज़िमान किसी महकमे सदर में चालान किये जावें तो कैफियत उस महकमे के नाम इत्तिलाई लिख दी जाया करे कि जिस महकमे के मुतअल्लिक आसामियान तलब हो सकें और इसमें सहूलियत भी है आयन्दा इसका इन्तिज़ाम कर दिया जावे, जेल और महकमे अपील को इत्तिला लिखी जावे और निज़ामतों को यह भी लिख दिया जावे कि आलाते ज़र्ब वग़ैरा सामान जो अब तक जिस तरह महकमे मुतअल्लिका में भेजते हैं, भेजते रहें, तारीख २४ जनवरी सन् १६२४ ई०[13]

By order
CHAUBAY BISVESVAR NATH
Secretary State Council, Jaipur

जयपुर रियासत में उर्दू-फारसी का प्रयोग सम्भवत: सर्वाधिक सबसे पहले प्रारंभ हुआ और बाद तक चलता रहा। उपर्युक्त उदाहरण सं० 4 में शब्दों का वर्गीकरण निम्नलिखित है :

हिन्दी	**अरबी/फारसी के हिन्दी में घुलमिल गए शब्द**	**अरबी/फारसी**	**अंग्रेजी**
अब	महकमा	रूबकार	कौन्सिल
तक	आयन्दा	मोहतशिमा	अपील
यह	इत्तिला	आलिया	जेल
है	सहूलित	सीग़े	जनवरी
होकर	फ़ौजदारी	मुर्वारिखा	
आते हैं	मुलाहिज़े	अमलदरामद	
भेजता है	क़ैफ़ियत	निज़ामत	
इसमें	तलब	मुलज़िमान	
होती है	हुक्म	नाज़िर	
दी जावे	चालान	बज़रिये	
किसी	रुक्का	जुमले	
नज़म	आसामियान	हाय	
लिख	तवालत	इत्तिलाई	
दिया	परेशान	जर्ब	
जावे	लिहाज़ा	आलाते	
सामान	इत्तिला		
	सदर		
	मुतअल्लिक़		
	तलब		
	सहूलियत		
	इन्तिजाम		

स्पष्टतः आदेश में अधिकांशतः हिन्दी के तथा अरबी/फ़ारसी के हिन्दी में घुल-मिल गए शब्द ही मिलते हैं। उदाहरण सं० 1 में दिए विवरणानुसार अरबी-फ़ारसी के शब्दों में से पर्याप्त अभी भी प्रचलित हैं, यद्यपि कुछ शब्द अब अतीत का व्यवहार रह गए हैं।

उदाहरण 5 :

ओ३म्   डायरी नं० १०५

———

५।१०।३९

वेदोऽखिलोधर्ममूलम्

आर्य्य समाज, सरदारपुरा जोधपुर

पत्र संख्या ४९४   ता० ५ अक्तूबर, १९३९

मिती आश्विन कृ० ७ १९९६ वि०

श्री मद्दयानन्दाब्द ११३

सेवा में,

श्रीमान चीफ़ मिनिस्टर साहब महोदय जी

श्रीमन्नमस्ते,

आर्य समाज सरदारपुरा (जोधपुर) की ४-१०-३९ की यह सभा प्रस्ताव करती है कि जोधपुर सरकार द्वारा तैय्यार किया गया शादी कानून का मसविदा मारवाड की प्रजा के लिए अत्यन्त आवश्यक लाभदायक, और उपयोगी है। हम इसका हृदय से समर्थन करते हुए महाराजा साहब का बड़ा आभार मानते हैं तथा उनकी सरकार को आन्तरिक धन्यवाद देते हैं और उनसे यह प्रार्थना करते हैं कि मारवाड़ की जनता के इस महान हितकारक कानून को मरवाड़ की तमाम जातियों पर शीघ्रातिशीघ्र लागू करके मुल्क और प्रजा का कल्याण करें।[14]

५-१०-३९   भवदीय

ह० मंत्री

आर्य समाज सरदारपुरा, जोधपुर

इस आवेदन में प्रयुक्त शब्दावली जनता की शब्दावली है जो स्पष्टतः हिन्दी-संस्कृत बहुल है।

हिन्दी (तत्सम तथा तद्भव)		अरबी/फारसी के हिन्दी में घुलमिल गए शब्द	अंग्रेजी
आश्विन	आभार	शादी	चीफ़ मिनिस्टर
पत्र संख्या	आन्तरिक	कानून	
सेवा में	धन्यवाद	मसविदा	
महोदय	प्रार्थना	तमाम	
श्रीमन्नमस्ते	जनता	मुल्क	
सभा	महान		
प्रस्ताव	हितकारक		
प्रजा	जातियों		
अत्यन्त	शीघ्रातिशीघ्र		
आवश्यक	कल्याण		
लाभदायक	मंत्री		
उपयोगी			
हृदय			
समर्थन			

रियासतों की जनता अरबी-फ़ारसी के हिन्दी में घुल-मिल गए शब्दों के साथ-साथ तत्सम, तद्भव शब्दों का व्यवहार ही कर रही थी, ऐसा स्पष्ट है।

उदाहरण 6 : सम्मन अज अदालत ठिकाना सवलपुर बाके

फाइल ३/४२-४३ ता० २३-१२-१९४३

बनाम मुदायला हीरालाल व मुखिया कौम खाती सा० गोगालिया पट्ठे ठि० हाजा

मुद्दई : रामकुंअर हीरालाल महाजन गोगालिया

मुद्दायल : बगतिया मुलिया खाती सा० गोगालिया

दावा सं० ८० रुपया

मुकदमे में मुन्दर्जे अनवान में मुद्दई ने दख्वास्त पेश की है के मुदायला हिमान के खिलाफ चन्द दफे सम्मन बजरिये रजिस्ट्री के पोस्ट जीवर जिला परवीन लेण गोदावरी भेजा गया था। मगर मुदायला विदेश में होने की वजह से तामील नहीं ले सका इसलिए हस्ब आर्डर ५ रु० २० जाब्ता दीवानी के माफिक गजट में शाया कराया जावे।

लिहाजा जरिये सम्मन हाजा तुमको इत्तिला दी जाती है के ता० २९-२-१९४४ की पेशी पर असालतन या वकालतन हाजिर होकर अपना जवाब दावा पेश करो

वरना बाद गुजरने इस पेशी के तुम्हारे खिलाफ यकतरफा कारवाई अमल में लाई जावेगी।
फकत

बेरी साल सिंह
जज अदालत ठिकाना सबलपुर[15]

अंग्रेजी राज की स्थापना हुए इतना अधिक समय हो जाने पर भी विधि कार्यों में लगभग सभी राजस्थानी रियासतों में हिन्दी व्याकरण, नागरी लिपि तथा हिन्दी में घुले-मिले अरबी-फ़ारसी शब्दों का प्रयोग होता रहा। उदाहरण संख्या 6 के इस सम्मन में भी अधिकांश शब्द लगभग पूर्व-उदाहरणों के समान ही हैं।

उदाहरण 7 : ब अदालत साहब डिस्ट्रिक्ट जज अलवर
मुक़दमा दिवालिया नं० ४२ बाबत १९३६

दर्ख़ास्त म० १९-५-३६ मिनजानिब लीला बेटा मुंशी चमार अलवर मोहल्ला देहली दरवाज़ा।

बइस्तदु आय करार दिये जाने दिवालिया पेश होने पर बाद समाअत सायल हुक्म दिया जाता है कि कर्ज़दार दिवालिया है और कर्ज़दार ज़रिये हुक्म हाज़ा दिवालिया करार दिया जाता है कि तारीख़ इमरोज़ा से १-१२-३७ तक कर्ज़दार अपनी बरीयत के लिये दर्ख़ास्त पेश करें।
ता० ३०-११-३६

रामेश्वरनाथ डिस्ट्रिक्ट जज[16]

यह देखा गया है कि अलवर रियासत में अच्छी हिन्दी का बहुत प्रयोग हुआ है किन्तु विधि-कार्य में अरबी-फ़ारसी के हिन्दी में घुले-मिले शब्दों की बहुलता दृष्टिगोचर होती है। उदाहरण संख्या 7 में तो कई शब्द नये हैं जो पहले के उदाहरणों में भी दिखाई नहीं देते हैं।

हिन्दी	**अरबी/फ़ारसी के हिन्दी में घुले-मिले शब्द**	**अरबी/फ़ारसी**	**अंग्रेजी**
दिया	मुक़दमा	ब अदालत	डिस्ट्रिक्ट
जाता है	बाबत	बइस्तदुआय	जज
अपनी	दर्ख़ास्त	समाअत	
	क़रार	सायल	
	पेश	हाज़ा	
	हुक्म	नीज़	
	कर्ज़दार	इमरोज़ा	
	ज़रिये	बरीयत	
	तारीख़		

इतने उदाहरणों से यह तथ्य तो असंदिग्ध रूप से उभरता है कि विधि-कार्यों में हिन्दी का प्रयोग सन् 1857 से लगाकर स्वातंत्र्य प्राप्ति तक सतत होता रहा।

सन्दर्भ

1. हिन्दी विधि-शब्दावली : डॉ० मोती बाबू, शक 1891, प्रारम्भिक पृ० 41-42
2. Everybodys' book of Law—by S. Ramaswamy Iyer, Chapter 1, Page 1 of 1951 edition.

   "If he commits a crime, injures another's person or property or fails to perform his contract. he will be punished or penalised in damages and it will not avail him to say in a court of law that he did not know that the law forbade his conduct."
3. Jurisprudence—by Sir John Salmond (A Judge of the Supreme Court of Newzealand) Tenth edition by Glanvilla L. Williams LL.D. 1947, Printed in England—Chapter 3, page 70, Naval H.Q. call no. 340. 1 Acc No. 579.

   Foot note—Having regard to this distinction all matters and questions which came before a Court of Justice are of three classes—

   1. Matters and questions of law—that is to say, all that are determined by authoritative legal principles.
   2. Matters and questions of Judicial description—that is to say, all matters and questions as to what is right, Just, equitable, or reasonable, except so far as determined by law.
   3. Matters and questions of fact—that is to say, all other matters and questions whatsoever.
4. Jurisprudence—by Sir John Salmond Tenth edition 1947 Chapter 10, page 227.
5. Ibid, p. 228
6. Ibid, p. 230
7. हिन्दी विधि-शब्दावली : डा० मोती बाबू, पृ० 45
8. वही, पृ० 46

9. वही, पृ० 351
10. राजपूताना रेजिडेन्सी नं० 533
    वर्नाक्यूलर डिस्पैंच, रजिस्टर आफ दी कापीज़ आफ हिन्दी खरीताज़ एण्ड मिसलेनियस लेटर्स 1861-62 राष्ट्रीय अभिलेखागार, नई दिल्ली
11. प्रतापगढ़ रियासत, सन् 1900 ई० से पूर्व का रिकार्ड
    महकमा--माल, सीग़ा—बस्ता (कपड़े पर नं० 6558-6559)
    फोल्डर नं० 4062, राजस्थान राज्य अभिलेखागार, बीकानेर
12. प्रतापगढ़ रियासत सन् 1907 से सन् 1949· महकमा माल—सीगा—शरणार्थियों की फाइल राजस्थान राज्य अभिलेखागार, बीकानेर
13. जयपुर गज़ट, जिल्द 46, 15 फरवरी सन् 1924 ई०, मिती माह सुदी 10 सम्वत् 1980, नम्बर 4327, राजस्थान राज्य अभिलेखागार, बीकानेर
14. मेहकमा खास, गवर्नमेन्ट आफ जोधपुर, फाइल सं० c/5/1 vol. II मेजरहेड सोशल, अभि० बीकानेर
15. फाइल सं० जो—44 । ज जू । 1, दी जोधपुर गवर्नमेन्ट गजट जनवरी 22, 1944 राजस्थान राज्य अभिलेखागार, बीकानेर
16. अलवर राजकीय गजट संख्या 6, अलवर चन्द्रवार तारीख 8 फरवरी, सन् 1937 ई० खण्ड 28, फाइल सं० अल 37। ज-मा ।1, राजस्थान राज्य अभिलेखागार, बीकानेर

अध्याय 7

हिन्दी में विधि-कार्य और भाषा की प्रशासनिक क्षमता

लगभग सवा सौ वर्षों के कालखण्ड के अनेक ऐसे दस्तावेज, आज्ञा-पत्र, नियमावलियां और खरीते हैं जिनसे हिन्दी के विधि कार्यों में प्रयोग की व्यापकता पर भरपूर प्रकाश पड़ता है। विभिन्न रियासतों के कुछ प्रलेखों के विश्लेषण से तत्कालीन भाषा के रूप और भाषा की प्रशासनिक क्षमता का दिग्दर्शन हो सकेगा।

(अ) **अलवर** : इस रियासत में सन् 1908 से ही उर्दू का स्थान हिन्दी ने ले लिया था।[1] अलवर राज्य गज़ट हिन्दी में प्रकाशित होता था। विधि-कार्यों में हिन्दी के प्रयोग की मात्रा और उसके रूप का अध्ययन करने के लिए कुछ उदाहरण निम्नलिखित हैं :

उदाहरण 1 : अलवर स्टेट गज़ट
(विशेषांक)

गज़ट नम्बर 5 अलवर गुरुवार तारीख़ १ फ़र्वरी सन् १९२३ जिल्द १५ हिज़ हाईनेस गवर्नमेण्ट ने संशोधित क्रमनल ट्राईब्स ऐक्ट राज्य अलवर सन् १९२३ (अपराधकारिणी जातियों के लिये) कि जिसका प्रचार १ फर्वरी १९२३ से हुआ, स्वीकार किया।[2]

उदाहरण 2 : अलवर स्टेट गजट, विशेषांक

नम्बर १४ अलवर मंगल तारीख २० फर्वरी सन् २३ ई० जिल्द १५

....

हिज हाईनेस गवर्नमेण्ट ने संशोधित अर्जी रूल्ज कि जिन का प्रचार १ फर्वरी सन् १९२३ से हुआ स्वीकार किये।

नियमों की प्रति सम्मिलित है।

श्री प्रभु आदेशानुसार
गिर्धारी लाल गृह मन्त्री
हिज हाईनेस गवर्नमेण्ट अलवर,

राज्य अलवर

अर्जियों के कायदे ॥

1 जिस किसी को अर्जी पेश करने की जरूरत हो पहली दर्ख्वास्त उस सरिश्ते में देनी चाहिये जिसके मुतअल्लिक वह काम हो।

2 सरिश्ते के फैंसला देने पर अगर अपील की जरूरत हो तो सरिश्ते से नतीजा फार्म लेकर प्रधान कार्यालय में उन मंत्री महोदय के यहाँ अर्जी देनी चाहिये जिनके मुतअल्लिक वह काम हो।

3. इसी तरह मंत्री महोदय के फैसले का अपील करने की जरूरत हो तो नतीजा फार्म मंत्री महोदय के यहाँ से लेकर अर्जी श्री राजेन्द्र शासन में पेश करनी चाहिये।

4. नतीजा फार्म मिलने की दरखवास्त स्टाम्प ऐंक्ट के बमूजिब दो आने के स्टाम्प के कागज पर पेश होगी।

5. कोई नतीजा फार्म श्री राजेन्द्र शासन के हुक्मों का न दिया जावेगा और न उन हुक्मों का दिया जावेगा जिनसे कि नतीजे फार्म का दिया जाना नामंजूर हुआ।

6. यह अर्जी पेश करने के कायदे सिर्फ सीगे जात और सरिश्तह जात के मुतअल्लिक हैं, दीवानीफौजदारी या माल के मुकद्दमों की अर्जियों का कानून स्टाम्प ऐक्ट और जुड़ीशिल रूल्ज में अलग दर्ज हैं।

7. सरिश्ते के फैंसले का अपील मंत्री महोदय के यहाँ और मंत्री महोदय के फैसले का अपील राजेन्द्र शासन में नतीजा फार्म लेने की तारीख से एक महीने के अन्दर पेश हो सकता है।

8. फीस अर्जी पेश करने की नीचे लिखी हुई शरह के मुताबिक है।

फाइल संख्या—अल० 23। ज० दि०। 1

(क) सरिश्ते के समीप अर्जी की फीस १५० लफ्ज तक १ रु० फी पाँच लफ्ज या उससे ज्याद : पर १ आनाा

(ख) मंत्री महोदय को अर्जी की ,, १५० ,, ,, २ रु० ,,

(ग) राजेन्द्र शासन में ,, १५० ,, ,, ३ रु० ,, ४

9. कोई अफसर इन कायदों के खिलाफ अपील की समाअत नहीं कर सकता और जो अर्जीनवीस इस कायदे के खिलाफ अर्जी लिखेगा वह सजा का मुरतोजिब होगा।

10. अगर इस फारम पर कुल मजमून न आ सके तो दो 2 पैसे का सादे फार्म शामिल करके अर्जी पूरी की जावे।

11. **कोई अर्जी समाअतन की जावेगी तावक्ते उस पर अर्जी दिहन्द के दस्तखत हिन्दी में साफ न हुए हों या निशान** या निशान अँगूठा साफ तौर पर न हुआ हो।

12. ताजीमी सरदारों के लिए स्टाम्प लगाना मुआफ है।

....

इस सतर के ऊपर सिर्फ स्टाम्प लगने चाहिए—कुछ लिखा न जावे

....

इस सतर से ऊपर पता और आदाब अलकाब होने चाहिए अर्जी का मजमून नहीं लिखा जावे

....

....

इस सतर से ऊपर अर्जी का मजमून साफ तौर पर हिन्दी में लिखा जावे

....

....

दस्तखत अर्जीनवीस, दस्तखत अर्जी दिहन्दा

"साफ तौर पर और पते के साथ होने चाहिए।"[3]

दोनों उदाहरणों से यह तथ्य प्रकट होता है कि अलवर रियासत में कानून बनाने की परम्परा सन् 1923 में व्यवस्थित रूप में थी और कानूनों को गजट (राजपत्र) में प्रकाशित कराया जाता था। इन नियमों को हिन्दी में बनाया गया और इनकी भाषा और विस्तार से यह तथ्य उजागर होता है कि विधि-कार्यों के लिए हिन्दी बहुत पहले से समर्थ रही है। अर्जियों के कायदों से यह भी प्रकट होता है कि शासन में स्तर रखे गए थे जिससे जनता को यदि एक स्तर से न्याय की उपलब्धि न हो तो दूसरे स्तर से और अंत में श्री राजेन्द्र शासन से न्याय प्राप्ति की आशा की जा सके। नियमों की विशेषता यह है कि इन आवेदन नियमों में अर्जी पर हिन्दी में हस्ताक्षरों की अनिवार्यता रखी गई है और मजमून को भी साफ तौर पर हिन्दी में लिखे जाने का आदेश दिया गया है। एक अन्य उदाहरण से भी श्री राजेन्द्र शासन की न्यायप्रियता और दयालुता के साथ सुन्दर हिन्दी के प्रयोग का उत्तम उदाहरण देखने को मिलता है।

उदाहरण 3 : अलवर स्टेट गज़ट

(विशेषांक)

संख्या 30 अलवर, शुक्रवार तारीख २५ मई सन् १९२३ ई० जिल्द १५

श्री सवाई महाराज वीरेन्द्र शीरोमणि देव ने रामदयाल की प्रार्थना के तार पर निम्नलिखित आज्ञा प्रदान की है :

चूंकि अपराध का दण्ड अलग दिया जा चुका है और हमारे विचार से वह भोग भी लिया है अब वह जो दया का प्रार्थी है वह आत्म-गोपन के कारण है जिसका दण्ड उसकी सम्पत्ति का ११०००) में नीलाम किया जाना हुआ है। चूंकि मनुष्य वृद्ध है और अब वास्तव में पश्चात्तापी है और अपने अपराध का दंड भी भोग चुका है हम सहर्ष पिछले दंड के लिये दया प्रदान करते हैं और उसकी सम्पत्ति के नीलाम का धन जो राजकोष में जमा है उसको लौटा दिया जाय।[4]

श्री प्रभू आदेशानुसार
हुकमसिंह, गृहमंत्री
हिज़ हाइनेसेज़ गवर्नमेण्ट
अलवर

अलवर रियासत के राजा की ओर से दिए गए इस निर्णण में हिन्दी के सुंदर शब्दों का प्रयोग हुआ है जैसे —आत्म-गोपन, वास्तव में, पश्चात्तापी, सहर्ष, राजकोष और आदेशानुसार आदि। इसमें भाषा के सौन्दर्य के साथ भावों के सौन्दर्य का सुन्दर समन्वय देखने को मिलता है। सन् 1923 में राजकोष में से 11000) की इतनी बड़ी धनराशि को लौटाए जाने का आदेश आज के परिप्रेक्ष्य में बड़ा महत्त्व रखता है। इन दिनों तो शासन में जमा हो गए धन को निकालने की कल्पना एक दूर की कल्पना है। विधि-कार्यों में हिन्दी के प्रयोग की परिपाटी सतत चलती रही। सन 1941 का एक उदाहरण प्रस्तुत है :

उदाहरण 4 : अलवर राजकीय गज़ट

अधिकारानुसार प्रकाशित किया गया

संख्या १4 अलवर सोमवार तारीख ७ ऐप्रिल सन् १९४१ ई० खंड ३४

पार्ट १

गवर्नमेण्ट आर्डर्स, रूल्स, अपाइण्टमेण्टस आदि

जुडीशल ब्रांच

नं० ४० तारीख २७ मार्च, १९४१

वकीलों के अमले मुंशीयान में अनिच्छित शख्सों की भरती रोकने के लिये, निम्नलिखित नोटिफ़िकेशन जारी किया जाता है :

आयन्दा कोई वकील किसी ऐसे शख्स को अपना मुंशी नहीं रक्खेगा जब तक कि वह शख्स किसी वकील के पास कम-से-कम 3 साल तक मुंशी न रहा हो, या कि आरायज़नवीस न हो या रियासत अलवर का स्पेशल मिडिल इम्तिहान पास न किया हो और **हिन्दी की अच्छी योग्यता न रखता** हो, बशर्ते कि ऐसा कोई शख्स मुंशी नहीं रक्खा जायगा जोकि पेशा वकालत की दलाली करने वाला क़रार दिया गया हो या किसी ऐसे जुर्म का मुजरिम करार दिया गया हो जिससे उसका चाल-चलन खराब ज़ाहिर हो या गवर्नमेण्ट सरविस से डिसमिस हो गया हो।[5]

कुंवरसैन

चीफ़ जस्टिस

वकीलों के मुंशियों के लिए **हिन्दी की अच्छी योग्यता का होना अनिवार्य आवश्यकता बताई गई है**। आदेश में अंग्रेजी, अरबी-फ़ारसी तथा हिन्दी के प्रचलित शब्दों का अच्छा समन्वय हुआ है। वस्तुतः भाषा के उस रूप को रखने का यत्न दृष्टिगोचर होता है जो सर्वसाधारण की समझ के बाहर न हो। हिन्दी के राजभाषा रूप के लिए यह एक महत्त्वपूर्ण आवश्यकता है कि भाषा सरल और सुबोध रहे। इस नोटिफिकेशन (अधिसूचना) में 'अनिच्छित' शब्द का प्रयोग 'अवांछित' के लिए किया गया है। अंग्रेजी में इसके लिए 'undesirable' शब्द का प्रयोग सरकारी पत्रावलियों में देखा जा सकता है। हिन्दी के 'अधिकारानुसार' जैसे सुन्दर शब्द भी इसमें देखे जा सकते हैं जिसके लिए आजकल 'प्राधिकार से' शब्दों का प्रयोग किया जाता है।

अलवर रियासत में प्रशासन में हिन्दी का व्यापक प्रयोग होता रहा है।

(आ) **उदयपुर** : रियासत के महाराणा सामान्यतः राष्ट्रवादी और स्वाभिमानी रहे हैं। स्वाभिमान की ज्वलंत परम्परा के अनुकूल ही रियासत के विधि-कार्यों में हिन्दी का प्रयोग होता रहा है। राजपूताना रेज़िडेंसी की ओर से भी महाराणाओं के साथ हिन्दी में पत्र-व्यवहार होता रहा। सम्भवतः कोई दूसरा विकल्प भी नहीं था। हिन्दी के प्रयोग की सशक्त परम्परा के कुछ उदाहरणों का यहाँ उल्लेख किया जा रहा है।

उदाहरण 1 : नकल परीता अज तरफ साहब कलां बहादुर बनांम महारांणे साहब बहादुर रईस ऊदेपुर ता० २५ फरवरी १८६० फागण सुदी ४,१९१६ का।

अपरंच परीता आपका लीपा हुवा फागण वदी ८ समत हाल का ईस मजमुन से के हाथी की राड, हुई जीस बपत अजीतसिंघ जी के और सीपां के आपस में गाली गलबो हुबो सो बांकी भुल सें तरवार वाय ऊभारया फेर हमने पकड़ के ऊन कों कैद कर दीया अब साहब कहें जी तरे कैद रापां वा मेवाड में से नीकाले देवां वा जरी बालोकर के सीपां ने जपमानी दीवाय देवां आया मजमुन सब पड़ने सें मालुम हुवा आपकों जाहर हो के हमारी दानस्त मे ऊस अजीतसंघ जी पर पचास

रुपये तो जुरवाना करके सीष जो जषमी हुआ है ऊस्कों दीलवावे वास्ते रजाबंदी ऊस जषमी मजकुर के और पचास रुपये सब सीषों को वास्ते षुस करणे के बतौर जयाफत के ऊस सें दीरवायें और स्वाय ईस जुरवाने के जेस कि आप मुनासब समजें अछी तरे सजा देवें ताके आयंदा और लोगों कों भी ऐसी बातों से ईवरत होय और आपके मिजाज कीषुसी लीषावसी मुंऽ राजनग मारफत वकील के दीया गया ।[6]

उपर्युक्त खरीते में शब्दों के कुछ रूपों पर विशेष ध्यान देने की आवश्यकता है और लिखने का ढंग भी विशिष्ट है ।

शब्द जिस रूप में लिखा गया है	शब्द का रूप जो अब प्रचलित है
षरीता	खरीता
वनांम	बनाम
ऊदेपुर	उदयपुर
लीषा	लिखा
हुवा	हुआ
समत	सम्वत्
ईस	इस
राड	राड़
वषत	वख्त (इसकी बोलचाल में वर्तनी 'बखत' है)
पडने	पढ़ने
कव्हें	कहें
तरे	तरह
राषां	राखें
सीषां	सिक्खों
जषमानी	जख्म
ऊस	उस
जुरवाना	जुर्माना
रजाबंदी	रजामन्दी
षुस	खुश
करणे	करने
वतौर	बतौर
स्वाय	सिवाय
संमजें	समझें
अछी	अच्छी

तरे	तरह
आयंदा	आइन्दा
अेसी	ऐसी
षुसी	ख़ुशी

(सामान्यत: शब्दों में 'ख' के स्थान पर 'ष' के लिखने की परिपाटी अनेक पत्रों में देखने में आई है। इसी पत्र में कई शब्दों में ऐसा हुआ है।)

सारे पत्र में कहीं भी विरामों या अर्ध विरामों का प्रयोग नहीं किया गया। अन्य अनेक पत्रों में भी यह अभाव रहा है। पत्र में प्रयुक्त अनेक शब्द इस पत्र के लिखे जाने की तारीख के लगभग एक सौ बीस वर्ष पश्चात भी खड़ी बोली क्षेत्र के ग्रामों में प्रचलित हैं, यथा—

फागण, राड़ (पत्र में राङ लिखा गया है) अर्थात झगड़ा, बखत (पत्र में बषत) दानिस्ता (पत्र में दानस्त), खुस (पत्र में षुस), करणें, मुनासिब (पत्र में मुनासब), अच्छी (पत्र में अछी), तरह (पत्र में तरे)।

पत्र की भाषा में व्याकरण सामान्यत: खड़ी बोली का ही है। बीच-बीच में ब्रजभाषा के रूप भी देखने में आते हैं जैसे 'हुवो'। अंत में 'लीषावसी' में राजस्थानी रूप के भी दर्शन हो जाते हैं।

पत्र के अध्ययन से यह महत्त्वपूर्ण तथ्य उभरता है कि सन् 1860 ई० में राजस्थान की यह अत्यन्त महत्वपूर्ण रियासत पूर्णरूपेण अंग्रेजों के आश्रित थी और छोटी-छोटी घटनाएं रेज़िडेन्सी को सूचित की जाकर उसके निर्णय के अनुकूल चलने लगी थी। इस पत्र से 'विधि' का यह रूप भी देखने में आता है कि रेज़िडेन्सी की ओर से वादों का निपटारा किया जाता था।

उदाहरण 2 : षत बनाम पंच सरदारान राज उदयपूर ता० १ जून १८६३ ईस्वी

सिद्धि श्री उदयपूर शुभस्थाने सर्वोपमा श्री पंच सरदारान राज उदयपूर जोग्य लिषतं जनरल जारज सेंट पेटरिक लारेंस साहिब बहादुर कैन सलाम बांचजो अठा का समाचार भला छै राज का सदा भला चाहीजै अपरंच राज के षत लिषे हुये मिती चैत सुद ४ सम्वत १९१९ वा बैसाष बद ५ वा बैसाष वद १० वा बैसाष सुद ३ वा जेठ बद २ और म्हाराना साहिब उदयपूर के परीते लिषे हुये मिती चैत बद २ वा चेत सुद ३ सम्वत १९१९ प्होंचे इस फरयाद के सुन्नें से हमकू बहुत अफ़सोस हुवा और यह भी अफ़सोस है कि दोरह के वक्त हम उदयपूर न गये और यह मुकदमा नवाब गवरनर जनरल साहिब बहादुर के हजूर में मुफ़स्सिल रिपोर्ट किया गया और जब तक वहां से इस मुकदमे में हुक्म न आवे हम राज कू हुक्म देते हैं कि साहिब अजंट बहादुर के हुक्म और षाहिश में कुछ फ़रक़ न लाबो और

सब तरह ताबेदारी उठावो और साहिब अजंट की मदद और सलाह से रियासत का काम चलावो और इस काम में कुछ ग़फ़लत या सुसती न करो कि जिससे रियासत के काम में कुछ फ़रक न आवे और नुक़सान न हो और षुशी का लिषासी तारीष १ जून सन १८६३ ई०।[7]

उपर्युक्त पत्र में राजस्थान की परम्परानुसार ही रेज़िडेन्सी के पत्र में 'सिद्धि श्री उदयपूर शुभस्थाने सर्बोपमा' शब्दों का प्रयोग किया गया है। राजस्थान में अधिकांश राजकीय पत्रों में इस परम्परा का निर्वाह होता दिखाई पड़ता है। इस पत्र में 'सार्वोपमा' के स्थान पर 'सर्बोपमा', 'जार्ज' के स्थान पर 'जारज', 'पैट्रिक' के स्थान पर 'पेटरिक' आदि लिखे गए हैं। 'अठा का स्माचार भला छै राज का सदा भला चाई.जे' अर्थात आगे का समाचार भला (अच्छा) है, राज का सदा भला चाहिए (चाहते हैं), वाक्य भी राजस्थान में शासकीय पत्रों में सामान्यतया लिखा जाता रहा है। पत्र में अंग्रेजी के 'रिपोर्ट' और अरबी-फ़ारसी के कठिन शब्दों यथा 'मुफ़स्सिल', षाहिश (ख्वाहिश), आदि का प्रयोग उल्लेखनीय है। 'ख' के स्थान पर 'ष', दौरा या दौरे के लिए दोरह, सुनने के लिए सुन्ने आदि के प्रयोग द्रष्टव्य हैं।

उदाहरण ३ : सज्जन कीर्ति सुधाकर ६ जुलाई सन् १९३६ ई०

अज नि० गिरवा

वाके ज्येष्ठ शुक्ला ७ ता० २७-५-३६ ई० सं १९९२ नं० १९०८०

दरबारे लाओलाद फौत हो जाने से परथा खटीक सा० लकडवास जिसके दरियाफ्त बाबत मुकद्दमा हाजा में एक प्रत इश्तिहार मिआदी १ माह जारी कर हर खास व आम को इत्तला दी जाती है के जो कोई मुतवफ्फी का वारिस हो अन्दर मिआद १ माह के हाजिर आकर चारा जोई करे वरना बाद मुनकजी मिआद सामान नीलाम किया जाकर जरे नीलाम सिवाय पैदायश में जमा होगा फिर कोई उजर काबिल समाअत के नहीं होगा।

तफसिल सामान,

गोदडी ५ जरिण, घागरा १, तुमडा जीरण १, घागरौ नानणा को १, तलवार की मूंठ १, ढेरो १, कामरो १, लक्डी लोह की खारिज चीजें बजवी परचूनी अन्दाजन ५२॥ सेर, ऊन ५॥ खारिज परतला १ चमडा का, धोवती का टुकड़ा ५ जरिण, कापडा ९, बेंतबेंत का अंगरखा २, कोट १, औरतों के पहरने को जीरण लुगडो १, नवो रेणसाई कापडो १, हाथ १ केसारिया बटको, दांतला ३, चिकनहाथ १, बटका, ताला, टोपलियें छोटी कमोटी ६, टोपला १ टुटो, बोरियां ४, अम्बाडी का हलकापौन सेर, जरमनी प्याला २, पीतल की बाटकी १, लोठा १, तबेली १

पीतल की, तासक १ छोटी, चिणी को प्यालो १, शिशो काच को १ फूटो, रस्सी जिसमें गोदड़ा बन्दा हुआ, घोडा के गला की गलबोर, जूता जोड़ी एक फटी, कमांडल लकड़ा को कोठी के लगावारो, तरपाई १ छोटी लकड़ी की, केलू ६० छाणा २००।[8]

मोहन चन्द

उदाहरण 4 : सज्जन कीर्ति सुधाकर

जिसमें मेवाड गजट भी संयुक्त है

कला ५८ मयूख १
Vol LVIII No. 1

श्रावण कृष्णा 2 सोमवार सम्वत् १९९३

ता० ६ जुलाई, १९३६ ई०

इश्तिहार

अज राज्य श्री महक्मह खास

वाके वैषाख शुक्ला १२ ता० १५ मई सन् १९३५ ई०

बिल कानून हकरसी मेवाड एक्ट नम्बर २ सं० १९९१ तय्यार होकर ला कमेटी से पेश हुवा जो इस गरज से गजट में शाया किया जाता है कि तीन माह अन्दर मुतअल्लिक किसी को कोई उजर हो तो महक्मह हाजा में जरिये दर्ख्वास्त पेश करे फक्त।[9]

धर्म नारायण

उदाहरण 5 : सज्जन कीर्ति सुधाकर

१७ अप्रैल सन् १९४४

अज स्माल काजेज़ कोर्ट शहर

तारीख ३०-३-४४ ई०

मु नं० १८७

भंवर लाल वल्द अंबालाल	श्रीलाल वल्द कालूपामेचा
सिंगटवाड्या सा०	सा० शहर
शहर मुद्दई	मुद्दायला

दावा रु० ५०

बनाम श्रीलाल वल्द कालू कौम पामेचा साकिन शहर बमुकद्दमे मुन्दर्जे अनवान तारीख ७-५-४४ मिती बैशाख सुद १४ सं० २००० वास्ते इनफिसाल [illegible]तई मुकर्रर की जाकर पेशी असालतन या वकालतन मय दस्तावेजात वक्त ११॥

बजे दिन क हाजिर अदालत हाजा मुकाम स्माल काज़ेज़ कोर्ट होकर बगैर इजाजत अदालत वापिस नहीं जाओ वर्ना तुम्हारी गैर हाजरी में कार्रवाई जाव्ता अमल में आवेगी।[10]

लेहरसिंह महता
जज स्माल काज़ेज़ कोर्ट
शहर

उपर्युक्त उदाहरणों से यह तथ्य, कि उदयपुर में विधि-कार्यों में हिन्दी का पर्याप्त प्रयोग होता रहा है, पुष्ट होता है। अरबी-फ़ारसी के शब्द अवश्य भाषा में स्थान पाते रहे हैं। परन्तु ये शब्द अधिकतर वे ही रहे हैं जो हिन्दी में घुलमिल चुके हैं।

(इ) जयपुर : राजस्थान की अन्य बड़ी रियासतों की अपेक्षा इसमें अरबी-फारसी का अधिक बोलबाला रहा है। विधि-कार्यों में भी यद्यपि अरबी-फारसी का प्रयोग होता रहा, तो भी हिन्दी का प्रयोग कम नहीं रहा और हिन्दी का स्थान बना रहा। सन् 1857 के प्रलेख के उदाहरण से विधि-कार्यों में हिन्दी-प्रयोग की परम्परा की पुष्टि होती है।

उदाहरण 1 : नकल परचा अज तरफ साहेब कलाँ बहादुर बनांम रांमसिंघ जी बेटा राव हणवंतसिंघ जी मनोहरपुर वाले का ईलाकै जैपुर तारीष १६ जनवरी, सन् १९५७ ईस्वी मिती महा वदि ६-१९१३ का (इस पत्र में गलती से सन १९५७ ई० लिखा हुआ मिला है, किन्तु यह १८५७ ई० है) अपरंच आज के रोज षत रांमसिंघ जी बेटा राव हणवंतसिंघ जी मनोहरपुर वाले का व मजमुन ढीसमीस होने दावा अपना बाबत रीयासत मनोहरपुर अदालत राज सवाई जैपुर सै व दख्वास्त मुलाहजा करणे मीसल मुकदमे मजकुर कै मुलाहजै मैं आया सौ जवाब ईस्का ये है कै ईस मुकदमे मैं यहां से कुछ हुकम नहीं होगा जो कुछ कहणा होय वाच राज मोसुफ कै अपणा अरज मारुज करौ फक्त मुं॥ नीमच मै।[11]

इस पत्र में अंग्रेजी के 'डिस्मिस' (Dismiss) शब्द का प्रयोग हुआ है और 'ढीसमीस' लिखा गया है। अंग्रेजों की इस नीति का, कि कुछ रियासतों के राजाओं को नियंत्रण में रखकर शेष सभी छोटे जागीरदारों, मनसबदारों को राजाओं के अधीन रहने दिया जाए, इस पत्र से आभास होता है। किन्तु यह नहीं कहा जा सकता कि अंग्रेजों ने छोटे जागीरदारों आदि का अपने हित में प्रयोग नहीं किया। उन्होंने आवश्यकता पड़ने पर छोटे जागीरदारों को राजाओं के विरुद्ध प्रयोग करने में संकोच नहीं किया। पत्र की भाषा हिन्दी में अरबी-फरसी, अंग्रेजी के प्रचलित शब्दों का प्रयोग हुआ है और उदयपुर की भांति 'ख' को 'ष' लिखा गया है।

उदाहरण 2 : कैफियत बनाम प्रतापसिह सेषावत परसरामपुरा इ० जयपूर ता० ११ नवम्बर, १८६३ ईस्वी।

अपरंच कैफियत तुम्हारी मुलाहज़ह से गुज़री और तुमने शिकायत ठाकुर बसावू बावत ग़ारत करने गाँव वा ढा देने मकान और शिकायत राज जैपूर बावत जबती गाँव वा तजवीज करने वासते देने मुषतारी ठिकाना तुम्हारे बेरे गिरधारी सिंह कू और शिकायत राजाजी खेतड़ी बाबत तकरार घोली डूंगरी वगैरह और दरषास्त दादरसी अपनी की लिषी सो मालूम हुई जो कि ऐसे मुकदमों में इस महकमह से कुछ हुक्म नहीं होता है इसलिए तुम्हारी कैफियत की नकल साहिब अजंट बहादुर जैपूर के पास भेज दी जावेगी तुमको जो कुछ अर्ज करना हो राज जैपूर में या साहिब मौसूफ की षिदमत में करो इति[12]।

इस पत्र में भी 'ख' के स्थान पर 'ष' का प्रयोग हुआ है। पत्र की भाषा में अरबी-फारसी के ऐसे शब्द हैं जो हिन्दी में घुलमिल कर हिन्दी का अंग बने हैं। अंग्रेजों की कार्यविधि पर यह पत्र अच्छा प्रकाश डालता है। राजस्थान की बड़ी रियासतों के साथ ही नहीं अपितु छोटे ठिकानों और जागीरदारों आदि के साथ में भी हिन्दी में ही पत्र व्यवहार चलता था, इस पत्र से इस तथ्य की भी पुष्टि होती है।

उदाहरण 3 :

The Jaipur Gazette Registered No. 93

Published by Authority

Vol. XLIX Ist January 1930 No 4484

सम्मन

नाम अदालत—मुनसफी जदीद तोरावाटी

उनवान मुकद्दमा

सालगराम मालीलाल महाजन सिकने थोई मुद्दई प्रशादी वल्द बींजराज व चिरंजीलाल वल्द नाराना कौम बिरहमन सिकने थोई मुद्दाअलेह

दावा १३८)

सम्मन बनाम—प्रशादी वल्द बींजराम कौम बिरहमन सिकने थोई चूंकि बमुकद्दमा हाज़ा अर्जी दावा गुज़र कर तारीख पेशी ३० माह जनवरी सन् १९३० ई० क़ार पाई है।

लिहाज़ा नकल बज़रिए इस सम्मन के पास तुम्हारे मुर्सिल होकर इत्तिला दी जाती है कि तारीख़ मुक़र्रा पर बवक्त इजलस वास्ते जवाब दिही के असालतन या बकालतन मय अस्नाद जो कुछ रखते हो या मय गवाहान सुबूत हाजिर अदालत होकर जवाबदिही करो और अगर मारफ़त अदालत के गवाहों की हाजरी चाहो तो तारीख तामील सम्मन से ७ दिन के अन्दर हस्ब ज़ाबिता अदालत में दरख्वास्त पेश करो। बसूरत ग़ैर हाज़री तुम्हारे मुकद्दमे में एकतर्फ़ा कारवाई होगी। बसब्त

हमारे दस्तखत और मुहर अदालत के आज बतारीख ४ माह दिसम्बर सन् १६२६ ई० जारी किया गया।[13]

उदाहरण 4 : The Jaipur Gazette January 15, 1946

नोटिस मजरिया अदालत मुनसफी शर्कीशहर, राज सवाई जयपुर,

उनवान मुकद्दमा.........दावा.........रुपया ५१, रामसहाय वल्द हरदेव कोम डाकोत सिकने जयपुर......मुद्दई

लादू सूंडा नानगा बगैरह डाकोत सिकने जयपुर...मुद्दाअलेह, हरगाह कि रामसहाय वल्द हरदेवकोम डाकोत सिकने जयपुर वरुन चाँदपोल दरवाजा हरदेवजी की बागीची ने अदालत हाजा में दावा बाबत दिला पाने ५१ रुपया कल्दार खिलाफ मुद्दाअलेहिम लादू, सूडा, परमात्मा, हरसहाय, माहरीलाल, जगन्नाथ, गणेश नारायण, नाथूलाल, काना, विजयलाल, भैंरुंबख्श, पन्ना, मेरूं, देवीलाल, व नानगा बहैसियत पंचान ब्रादरी डाकोतान दायर किया है और मुद्दाअलेहिम को बतौर कायम मुकाम मुद्दाअलेहिम दायर करने की इजाजत बहैसियत पंचान ब्रादरी डाकोतान अदालत हाजा से दी गई हैं, लिहाजा जो अशखास फरीक मुकद्दमा बनना चाहें उनको जरिए हाजा मुत्तला किया जाता है कि अदालत हाजा में तारीख ५ फरवरी सन् १६४६ ई० को बवक्त इजलास हमारे रूबरू असालतन या बजरिये वकील हाजिर होकर कोई वजह रखते हों तो जाहिर करो, फक्त [14]

तारीख २२ दिसम्बर सन् १६४५ ई०

दस्तखत हाकिम

स्पष्टतया जयपुर में भी विधि-कार्यों में हिन्दी का प्रयोग सतत् होता रहा है।

(ई) जैसलमेर : इस रियासत में भी अन्य रियासतों की भाँति हिन्दी का प्रयोग होता रहा है। कुछ उदाहरणों द्वारा उनका विश्लेषण किया गया है।

उदाहरण 1 : खत बनाम म्हारानी बीकी जी जयसलमेरवाली १० जून, १८६५

सिद्धिश्री सर्वोपमा म्हारानी जी श्री बीकी जी जोग्य करनेल वलयम फीडरक ईडन साहिब बहादुर अजंट गवरनर जनरल बहादुर राजस्थान लिखावतुं सलाम बाँचजो अठा का समाचार भला छै राज का सदा भला चाहीजे अपरंच खत राज का लिखा हुवा मिती बैसाख बद १३ सं० १६२१ बशिकायत ठाकुर केसरीसिंह जी मुखतार राज जयसलमेर बाबत वे इंतजामी राज वा बहका देने म्हारावल बैरीसाल जी बमुकदमह मसनद नशीनी भये और दूसरे हालात,

मुफस्सिल इस दरखास्त से वसूल हुवा कि राज के कामों में अखतियार हमकू मिल जावे सो सब जाहिर लिखा जाता है कि कई सबब से इस मुकदमह में इन

दिनों में खूब खयाल रखता हूं और जो कुछ पीछे से मसलहत और मुनासिब इस मुकदमह में होगा बाद दरयाफत इतला दूंगा इति[15]

उदाहरण 2 : खत म्हारानी बीकी जी जयसलमेर

ता० २० अक्तूबर १८६६ मु० जयसलमेर

अपरंच आपकी दो दरख़ास्त मेरे पास आई और मैंने जैसा मुनासिब मालूम हुवा आपके मुकदमे मैं म्हारावल बैरीसाल जी और ठाकुर केसरीसंह जी कू बज़रये याददास्त जो वास्ते इजरायकार रियासत के लिखी है तहरीर किया और उम्मेद कि म्हारावल और ठाकुर साहिब आपकू खुश रखेंगे और आपकू भी मनासिब है कि साथ म्हारावल साहिब और ठाकुर साहिब के एकदिल होकर रहें महारावल साहिब आपके फ़रजिंद हैं और ठाकुर साहिब आपके बजाय बाप हैं चाहिए कि आप इस मवाफिक उनसे बरताव रखें और नकल यादाशत की आपकी इतला के वासते मलफूफ है और यह मेरी खुशी की बात है कि जिनकू आपले गोद लिया और मजबूरी हमारे सरकार की हो गई अब वह मसनद नशीन हो गए ।[16]

उदाहरण 3 : श्री जैसलमेर राजपत्र

वर्ष १२ Part II ता० १४ जनवरी, सन् १६४६ अंक ३

हुलिया मजरिया महकमा सदर अदालत राज श्री जैसलमेर वाके ता० २०-१२-१६४५ ई० सदर अदालत की मुहर

चूंकि एक बैल हस्व हुलिया जैलमिल किया मुसम्मी रामचन्द्र वल्द जोधा डोढ़ीदार साकिन जैसलमेर का माह आसौज सुदी ८ सन् हाल को फाटिक चोपा से आपरौल जाता रहा लिहाज़ हर खाश आम को इतिला दी जाती है कि जिस किसी शख्स को बैल मजकूर दस्तायाब हो तो फौरन महेकमा हाजा में पेश कर दे या इतिला दें।

हुलिया

बैल रंग पीला उदगसिंगे कुरोट पीठ पर परवालों का कुछ चिन्ह पींडे व पगों का रंग हिन् की माफिक[17]

G.D. Acharya
Judge Sadar Adalat

उदाहरण 4 : श्रीहरिः,

॥ उत्तर भड़किवाड़ भाटी ॥

श्री जैसलमेर—राजपत्र, गैर मामूली,

वार्षिक मूल्य ढाई रुपया 1, राज्या अधिकार द्वारा प्रकाशित हुआ, इस अंक का मूल्य तीन आना छः पाई

जैसलमेर, शुक्रवार, ता० १ मार्च सन् १९४६

सुर्क्यूलर आर्डर मजरिया महकमा आलिया श्री खास राज श्री जैसलमेर वाकै ता० १ मार्च सन् १९४६ ई०

नं० ९२५ १५५४ जी । ४६

चूंके फिलहाल रियासत हाजा में कोई कवानीन तैयार शुदा नहीं है और अदालतों में इन्साफ करने में ब्रिटिश इण्डिया में जारी शुदा कवानीन व ऐक्टों का शाया लिया जाता है और चूंकि उन क्वानीन व ऐक्टों का जैसलमेर स्टेट में इस्तेमाल के लिए तैयार किया जाना, जिसकी तरफ काफी अरसे से दरबार की पूरी तवज्जेह है नजदीकतर मुमकिन नहीं है हिज हाईनेस श्री महारावल जी साहिब बहादुर दाम इकबालहू यह मुनासिब व निहायंत जरूरी ख्याल फरमाते हैं कि ब्रिटिश इण्डिया में जारी शुदा हस्ब जैल कवानीन रियासत हाजा में काम में लाये जायें और उनकी मनशा पर अदालतों की बनावट व अखत्यारात नीज ऐसे रयज रिवाज व अमल दरामद जो अखलक या आम असूलों के खिलाफ न हों को मद्देनजर रखते हुए देश के हालात से मुआफिक्त के साथ अमल किया जाय।

1. मजमुआ ताजीरात हिन्द
2. मुजमुआ जाबता फौजदारी,
3. मजमुआ जाबता दीवानी,
4. ऐक्ट शहादत,
5. जायदाद के इन्तकाल का ऐक्ट,
6. ऐक्ट मुआहिदा,
7. ऐक्ट दादरसी खास,
8. ऐक्ट हवल आशायश,
9. ऐक्ट मिआद,

ऐक्ट मियाद का इस्तेमाल इस शर्त के समय किया जायगा कि कोई दावा जिसके लिये इस ऐक्ट से मुकर्ररा मियाद का अरसा उस अरसे से, जिसका कि महकमा खाश के अहकाम व रायज अमल दरामद के मुताबिक किसी शख्स को इस्तहकाक हासिल है, कम हो, इस हुक्म जारी होने से आइन्दा दो साल के अन्दर दायर किया जा सकता है।

यह हुक्म तारीख १ अप्रैल सन् १९४६ से रायज होगा[18]

बाई कमाण्ड,

B. N. Zutshi

दीवान, रियासत जैसलमेर

यह तथ्य है कि विधि-कार्यों में हिन्दी का प्रयोग होता रहा और भाषा का रूप भी लगभग अन्य रियासतों जैसा ही रहा। शब्दावली और व्याकरण में भी अन्तर नहीं हुआ। राजपत्र में प्रारंभ में 'श्री हरि' सदृश शब्दों का प्रयोग विशेष उल्लेखनीय है। अरबी-फ़ारसी के प्रचलित शब्दों के साथ अंग्रेजी के शब्दों का भी समावेश भाषा में होता गया। किन्तु रियासत में उच्चतम राजकीय स्तरों से लगाकर जन सामान्य स्तर तक हिन्दी कामकाज की भाषा बनी रही।

(उ) **जोधपुर** : मारवाड़ी के हृदय-स्थल जोधपुर में प्रशासनिक कामकाज में हिन्दी के मानक रूप का प्रयोग होता रहा है, यद्यपि मारवाड़ी में भी लिखा-पढ़ी होती रही है। विधि-कार्यों में और न्याय-प्रशासन संबंधी पत्र-व्यवहार में मानक हिन्दी का प्रयोग, एक सामान्य प्रचलन रहा है। निम्नलिखित उदाहरणों से इस तथ्य की पुष्टि होती है :

उदाहरण 1 : स्वस्तिश्री सर्वोपमा ठाकुरां श्री लक्ष्मणसिंह जी श्री गुलाबसिंह जी श्री भाटी हिम्मत सिंह जी श्री सुताण सिंह जी योग्य जनरल जारज सेंटपेटरिक राजश्री लारेंस साहिब बहादुर लिखावतं मुजरो बांचज्यो अठा का समाचार भला छः राज का सदा भला चाहीजे अपरंज राज का खत लिखा हुआ मिती बैसाख सुद ३ सम्वत १९१७ हमारे खत लिखे हुये ११ मार्च १८६१ ई० के जवाब में इस खुलासह से कि आपके हुक्म मवाफ़िक़ जोधपूर जाकर अर्ज़ श्री म्हाराजा साहिब बहादुर के हुज़ूर में अर्ज कराने में हरगिज़ उज्र नहीं और तामील हुक्म करेंगे परंत जो सलाम मुजरा और शुनवाई तक न होवे तो हमारी इज्ज़त हतक हो जावेगी और भाटी नाथू सिंह जी हमारे मोतिमिदों को आपकी ख़िदमत में भेजे हैं जोधपूर में जो हाल जहूर में आवेगा यह आपसे अर्ज करते रहेंगे मथे और माफ़स्सिल हाल के पहुंचा समाचारों से वाकिफ़ हुआ जो राज अपने लिखने मवाफ़िक़ काम करेंगे तो बहुत अच्छा है और राज की तर्फ़ से यहां किसी मोतिमिद का रहना ज़रूर नहीं सो जान सो और खुशी का कागज़ लिखबो करना तारीख १८ जून सन् १८६१ जेठ सुद १०, १९१८[19]

उपर्युक्त खरीता ठाकुर रायपूर, ठाकुर नीबाज, ठाकुर खेजडला और ठाकुर रूहट को लिखकर भेजा गया। पत्र के बीच में, जैसी कि उन दिनों में परिपाटी दृष्टिगोचर होती है, जिस पत्र का उत्तर दिया जा रहा है, उसके कुछ वाक्य लिखे गए हैं। स्पष्टतः उस पत्र की, जिसका उत्तर दिया जा रहा है, भाषा मानक हिन्दी थी। पत्र का प्रारम्भ और अन्त राजस्थान में पत्रों के लिखने की एक सामान्य शैली के अनुरूप ही है। प्रारंभिक शब्दावली तथा वाक्य रचना एक सामान्य निश्चित पद्धति के अनुसार ही रखी गई है। कहीं-कहीं पर प्रारंभिक 'सिद्धिश्री' या 'स्वस्तिश्री' आदि का प्रयोग करके सीधे ही 'अठाका' या 'अठारा' समाचार भला

छ 'राजका' या 'राजरा' सदा भला चाहीजै आदि भी लिखा जाता रहा है।

डायरी ८२
४१०३९

उदाहरण 2 : श्रीमान चीफ मिनिस्टर साहब जोधपुर की सेवा में
सर्वगाधी कौम की तरफ से

ता० २-१०-३९

अर्ज यह है कि इस विवाह के कानुन से हमारा नुकशान होगा मुकद्दमेबाजी बढ़ेगा —धर्म पर कुठाराघात होगा और पबलीक में अशान्ती बढ़ेगी। इसको कानुन न बनाने की कृपा करें। हमको धर्म कि स्वतंत्रता रहनी चाहिए।[20]

हस्ताक्षरकर्ता
श्री
२३ नं० हैं

उदाहरण 3. श्रीमान चीफ मीनीस्टर साहब जोधपुर की
सेवा में सादर समर्पित

महोदय, एडवाईजरी बोर्ड से प्रस्तावित और ता० १६-९-३९ के गजट में प्रकाशित 'विवाह कानून' का हम मारवाड़ की जनता घोर विरोध करते हैं। हम हमारे धार्म्मिक और सामाजिक नियमों में हस्तक्षेप नहीं चाहते। यह कानून भारतीय संस्कृति का घातक है। इस कानून के बन जाने से मुकद्दमेबाजी बढ़ेगी, मारवाड़ की संतुष्ट प्रजा में अशान्ति पैदा होगी और खासकर ग्रामीण प्रजा तो लुट जायगी। इसलिए प्रार्थना है कि इस धर्म्मघातक हानिकारक कानून को सर्वदा रोककर मारवाड़ की प्रजा को शान्ति एवम् सुखी कर यश के भागी बनें।[21]

मुकाम अगरवाला जोधपुर ता० ११-१०-३९

हस्ताक्षरकर्ता
११९ नं०

उदाहरण 4 : The Jodhpur Govt. Gazette June 24, 1944
Part IV
Act of the Jodhpur Government assented to by
His Highness the Maharaja Sahib Bahadur
Notification
English Version —छोड़ दिया
नोटिफिकेशन

जोधपुर म्युनिसिपल एक्ट सन् १९४३ मंजूरशुदा बजेर कौंसिल रेजोलेशन नम्बर १० मवरिखा २५-३-४३ और शायाशुदा बतौर जमीमा (Supplement) जोधपुर

गवर्नमेन्ट गजट मवरिखा सितम्बर ११, १६४३ का हिन्दी तर्जुमा इस गजट के जमीमें (Supplement) के तौर पर इत्तलाए आम के लिए शाया किया जाता है।[22]

अनोपसिंह
Assistant Legal Remembrancer
For Legar Remembrancer

जोधपुर म्युनिसिपल कानून सन् १६४३

मंजूर शुदा बजेर कौन्सिल रिजोल्युशन नं० १० मवरिखा २५ मार्च, १६४३,

"जोधपुर म्युनिसिपैलिटी को तरतीब देने और उसके एहतमाम के लिए बेहत्तर कवायद मुरत्तिब करने वास्ते कानून।"

चूंकि ये जरूरी मालूम होता है कि जोधपुर शहर की म्युनिसीपेलिटी को तरतीब देने और उसके एहतमाम करने के लिए बेहत्तर क्वायद मुरत्तिब किए जावें इसलिए मुन्दर्जा जेल कानून बनाया जाता है।

बाब पहला
तमहीदी

मुख्तसर अनवान
बुअसत और निफाज

१. (१) ये कानून जोधपुर म्युनिसीपेलिटी का १६४३ का कानून कहलावेगा।

(२) ये वक्तन फवक्तन जोधपुर के अन्दर और शहर से आसपास के उन रकबों पर लागू होगा जो जोधपुर गवर्नमेंट गजट में बजरिया इश्तहार म्युनिसिपेलिटी होना जाहिर किया जाय या म्युनिसीपेलिटी में शामिल कर लिया जाय।

(३) ये उस तारीख से निफाज होगा जो कि जोधपुर गवर्नमेन्ट जोधपुर गवर्नमेन्ट गजट में बजरिया इश्तहार मुकर्रर करे।

२. जोधपुर गवर्नमेन्ट जोधपुर गवर्नमेन्ट गजट में मुश्तहिर करके या किसी दूसरे तरीके से जो वो तजवीज करे। '१' म्युनिसीपेलिटी के मातेहत किसी हल्के पर इस कानून के लागू होने से या '२' किसी हल्के पर इस कानून की खास दफोआत के लागू होने से मुस्तसना कर सकती हैं।

३. (१) जब कोई हल्का दफा 2 के मुताबिक बजरिया इश्तहार इस कानून के लागू होने से मुस्तसना कर दिया जावे तो तमाम कवायद और बनाये गए तहती कवायद, एहकाम, हिदायत और इश्तहार जो जारी किये गए हों और इसके मातेहत अख्तियारात का निफाज उस जगह पर बन्द हो जावेगा।

(२) जब कोई हल्का दफा २ के मातेहत बजरिया इश्तहार इस कानून की

खास दफाआत लागू होने से मुस्तसना करार दिया जावे तो तमाम ऐसे कवायद और तहती कवायद जो हों और एहकाम, हिदायात, इश्तहारात जो जारी शुदा हों और अखत्यारात जो इस कानून के मातेहत ऐसी खास दफाआत के मुत्तल्लिक हों उनका वहाँ पर लागू होना बन्द हो जायगा।

४. मुरत्तब शुदा जोधपुर म्युनिसीपल बोर्ड, कायम शुदा कमेटियां, तकरूरियां, कवायद शर्तइस्तश्नाइया ज्वाबत, तहती-कवायद और दिए गए एहकाम और जारी शुदा एलान, महसूल, सड़कों बगैरा पर महसूल, मुकर्रर शुदा निरखनामे और फीसें, मुआहिदे और ठेके जो इस कानून के जारी होने से पहले किए गए हों तो वो इस हद तक समझे जावेंगे जैसे के वो इसी कानून के मातेहत मुरत्तब किया गया, कायम किया गया, मुक़र्रर किए गए, जारी किए गए, लगाए गए और तै किये गए हों।

५. इस कानून में जहाँ तक के कोई बात इसकी इबारत या मन्शा के खिलाफ न हो, मुन्दर्जा जेल इल्फ़ाज और इस्तलाहों के मुन्दर्जा जेल मानी समझे जावेंगे·—तारीफात।

(अ) 'म्युनिसीपेलिटी' से मुराद ऐसा हलका है जो इस एक्ट से या उसके पातेहत म्युनिसीपेलिटी होना करार दिया जाय।

(ब) 'बोर्ड' से मतलब उस म्युनिसीपल बोर्ड से है जो इस कानून के मातेहत कायम हो।

(स) 'तहती-कवायद' से मुरादहर ऐसे कवायद हैं जो बोर्ड अपनी खास मीटिंग में अपने अख्तियारात से जो इस कानून के मातेहत हों, बनाए।

(द) 'बिल्डिग' से मुराद कोई घर, दुकान, झोंपड़ा, नोहरा, छपरा या अस्तबल हैं ख्वाहे वो इन्सानों के रहने के वास्ते इस्तेमाल होता हो या किसी दूसरे तौर पर और ख्वाहे वो पत्थरों, ईंटों, लकड़ी मिट्टी, फूस, घास या किसी दूसरी चीज का, जो भी हो बना हुआ हो और इसमें दीवार और कूआ भी शामिल हैं लेकिन तंबू और दूसरी ऐसी हटाई जा सकने वाली और आरजी रहने वाली जगह शामिल नहीं हैं।

(इ) 'बिल्डिग लाइन' से मुराद ऐसी लाइन हैं जिसके आगे किसी गली या तजवीज शुदा गली की तरफ किसी बिल्डिग का बाहर का हिस्सा या बाहर की दीवार का कोई हिस्सा बढ़ा हुआ न हो।

(फ) 'मालिक' जब किसी इमारत या जमीन के बारे में इस्तेमाल किया जावे तो उसमें ऐसा शख़्श शामिल हैं जो उस बिल्डिग या जमीन का किराया वसूल करता हो ख्वाहे ही खुद ही के लिए या क़िसी के एजेन्ट या ट्रस्टी की हैसियत से या जो इसी तरह से वसूल करेगा अगर ऐसी बिल्डिग या जमीन किरायादार को दे दी जावे।

(ग) 'गली' से मुराद ऐसी सड़क, पुल, पगडंडी, गली, चौक, सेहन, कूचा या राह गुजर जो म्युनिसीपल हल्का में हो और जिस पर रिआया या उसके किसी हिस्से का गुजरने का हक हो और उसमें गंदे पानी की निकलन की हर दो तरफ की नालियां और ऐसी जमीन, ऐसी मुश्तरका जायदाद की हद्द तक वाकया हो जिसकी चकबंदी की तशरीह की गई हो शामिल हैं।

(ह) 'महसूल' में सड़कों बगैरा पर लगने वाला महसूल, भाव पर लगने वाला महसूल या लगान या फीस या दूसरे महसूल जो इस कानून के मातमत लगाए जावें शामिल हैं।

(आई) 'गाड़ी' से मुराद पहियोंदार सवारी जो बाजारों बगैरा और सड़कों पर इस्तेमाल की जावे और इसमें बाईसिकल, ट्राईसिकल और मोटरकार भी शामिल हैं।

(जे) 'मिनिस्टर-इन-चार्ज' से मुराद ऐसे मिनिस्टर से है जो म्युनिसीपेलिटीयों का इन्चार्ज हो।

(के) 'गवर्नमेन्ट' से मुराद श्री जी साहिब बहादुर से हैं और इसमें चीफ मिनिस्टर या कोई दूसरा शख्स या अश्वास की जमात जो मारवाड़ का बन्दोबस्त चलाने के लिए मुकर्रर किये जायें, भी शामिल हैं।

कानूनों को अंग्रेजी के साथ हिन्दी में भी प्रकाशित करने की परम्परा चलती रही। यद्यपि अंग्रेजी का प्रयोग बढ़ता गया और अंग्रेजी ने रियासतों के प्रशासन में एक स्थान प्राप्त कर लिया किन्तु वह हिन्दी का स्थान उसी प्रकार न ले सकी जैसे अरबी-फ़ारसी हिन्दी का स्थान शताब्दियों के मुगल शासन के उपरान्त भी नहीं ले सकी थी। कानूनों की वाक्यावली सामान्यतः हिन्दी में प्रचलित अरबी-फ़ारसी के शब्दों से बनी है। किन्तु यह तथ्य भुलाया नहीं जा सकता कि रियासत की जनता संस्कृत के तत्सम / तद्भव शब्दों से मिश्रित भाषा का प्रयोग ही करती रही। इसका कारण यह भी हो सकता है कि प्रशासन में शताब्दियों से फ़ारसी के प्रचलन के कारण फ़ारसी का स्वाभाविक प्रभुत्व-सा उसी प्रकार बन गया जैसे आज अंग्रेजी का दिखाई देता है और नौकरी के इच्छुक लोग फारसी के प्रयोग को गौरवमय समझते रहे हों जैसे आज के भारत में अंग्रेजी के लिए वातावरण दिखाई देता है।

(ऊ) **झालावाड़** : राजस्थान के दक्षिण-पूर्व में स्थित इस रियासत में भी अन्य रियासतों की भाँति हिन्दी का विधि-कार्यों में प्रयोग हुआ है। निम्नलिखित उदाहरणों से इस तथ्य की पुष्टि होती है।

उदाहरण 1 : पुलिस को चाहिए कि आम बौरा पर अमन व अमान कायम रखे : झालावाड़ पुलिस एक्ट (जून १, १९३२ से) दफा २६---पुलिस को उचित

है कि आम रास्तों, सड़कों या गुजरगाहों, घाटों और पड़ाओं और हरएक ऐसे स्थान पर कि जहां आम लोगों की आव-जाव बनी रहती है, सुख शांति कायम रखे और मजमों और जलूसों के समय आम रास्तों पर ऐसी भीड़ न होने दे कि जिससे रास्ते के बंद हो जाने या रुक जाने का डर हो।[23]

टिप्पणी : उपर्युक्त एक्ट में 'उचित', 'स्थान', 'घाटों', 'सुख शांति', 'समय' आदि उत्तम शब्दों का प्रयोग हुआ है। एक शब्द 'आव जाव' विशेष तौर पर द्रष्टव्य है। आजकल की शब्दावली में अंग्रेजी के (Transit) शब्द के लिए हिन्दी में 'आवा-जाही' शब्द रखा गया है।

उदाहरण 2 : झालावाड़ स्टेट गज़ट

(मुद्रा)

मजरिये ब हुक्म झालावाड़ गवर्नमेंट

जिल्द १) मुकाम झालरापाटन, बुधवार, ता० १ माह मइ

सब १९३५ ई० (नवम्बर ३२)

कोर्ट सर्क्यूलर

नदारद

हिस्सा १

तक़र्रुरात रुखसत तबादुले वगैरह

नदारद

हिस्सा २

हिदायात व अहकाम दिलचस्प अवाम

रियासत झालावाड़

मोटर गाड़ियों का क़ानून सन् १९३४

चूंकि यह अमर क़रीन मसलेहत है कि रियासत झालावाड़ के अन्दर क़ानून मुतअल्लिक मोटर गाड़ियों का मुजतमा व तरसीम किया जावे लिहाज़ा हस्ब जैल हुक्म होता है।

बाब अव्वल

मरातिब इब्तदाई

१. (क) यह क़ानून रियासत झालावाड़ के मोटर गाड़ियों का क़ानून सन् १९३४ कहलायगा।

मुख्तसिर नाम वसअत व आग़ाज़ (ख) यह कानून तमाम रियासत झालावाड़ के अन्दर नाफ़िज़ होगा और यकूम अक्टूबर सन् १९३४ से इस पर अमल दरामद होगा।

2. मोटर गाड़ी (वीहकिल) में ऐसी तमाम सवारियां, गाड़ियां बग़ैरा शामिल हैं जोकि सड़क के ऊपर बिजली के ज़रिये से या किसी मिशनरी के ज़रिये से कुल्लिन या जुज़अन चलाई जावें।

'मुक़र्रर करदा' से मुराद यह है कि जो इस क़ानून के मातहत मुक़र्रर किया गया हो।

'पबलिक प़िलेस' शारे आम से मुराद सड़क-गली-रास्ता या दीगर ऐसे मुक़ामात हैं जहां से आम लोगों को जाने आने का अख़्तयार है या जहां उनको जाने आने के हक़ूक़ हासिल हैं।

('आगे का भाग छोड़ दिया')

उदाहरण— 3. झालावाड़ राज्य का पंचायत कानून

(संवत् २००३ का १)

आंशिक उदाहरण

पंचायतों के चुनाव का तरीका—दफा 5—देहाती पंचायत के मेम्बरान संयुक्त और बालिग मताधिकार के आधार पर और इस कानून के तहत निर्धारित नियमों के अनुसार चुने जावेंगे।

....

बीच का भाग छोड़ दिया

....

दफा 9—निजामत पंचायत का सरपंच

निजामत पंचायत—उसी पंचायत के लिए चुने हुए उन मेम्बरान में से उन शख्सों के द्वारा चुना जावेगा जो कि उन मेम्बरान को चुनने के लिए मत (वोट) देने के अधिकारी हों।[24]

'ऐ'—डूंगरपुर—इस रियासत में विधि-कार्यों में हिन्दी का पर्याप्त प्रयोग हुआ। संवत 1960 (सन 1903) का पुलिस एक्ट दो जिल्दों में प्रकाशित हुआ एक उर्दू में दूसरा हिन्दी में, डूंगरपुर के ग्राम पंचायत कानून के अंश यहां उद्धृत हैं :

धारा 13—सम्बंधित मंत्री को किसी ऐसे पंच या सरपंच को उसके पद से अलग करने का अधिकार होगा जो—

पंचों का अलग किया जाना—

(क) पंचायत का काम करने से अस्वीकार करे, या

(ख) पंचायत का काम करने के योग्य न रहे, या

(ग) उसका पंचायत में रहना सार्वजनिक या पंचायत के हित में हानिकारक हो, या

(घ) पंचायत की लगातार चार बैठकों में अनुपस्थित हो बशर्ते कि पंचायत के पंचों की दो तिहाई राय उस पंच को इस कारण से अलग करने के पक्ष में हो।[25]

अधिक खोज होने पर इस रियासत के विधि-कार्यों में हिन्दी के प्रयोग के अनेक उदाहरण मिलेंगे। हिन्दी के मानक रूप के प्रयोग की परम्परा स्वातंत्र्य-पूर्व काल में तीन-चार शताब्दी से अवश्य रही क्योंकि लगभग २००-२५० वर्ष पूर्व तो भाषा के प्रौढ़ रूप के दर्शन होते हैं जो कि यकायक नहीं आ सकता।

ओ—**बीकानेर**—अन्य रियासतों की भाँति इस रियासत में हिन्दी का विधि-कार्यों में पर्याप्त प्रयोग हुआ है और भाषा के निखरे हुए प्रौढ़ रूप के दर्शन होते हैं। अधिक कुछ न लिखकर इस तथ्य की पुष्टि अनेक उदाहरणों के द्वारा ही की जा रही है। राजपूताना रेज़िडेन्सी की ओर से बीकानेर रियासत के महाराजा और जागीरदारों को अनेक पत्र हिन्दी में लिखे गए।

उदाहरण—1. नक्ल षरीता अज तरफ साहब कलां बहादुर बनांम महाराजे सीरदारसिंघ जी बहादुर रईस बीकानेर ता० १८ अपरेल सं / १८६० ईस्वी मिती वैसाष ब्दी १३/१९१७ का अपरंच ईन दिनों में हमने चिठी बनांम साहब बालासान कपतांन ज्वांनवीगढ़ नीमसन साहब बहादुर पुलटीकल अजंट राज जोधपुर ईस मजमुन सें लीषा है के जो कुछ के दावा ओर नालीस रीयाया संघ के ऊपर रीयाया राज बीकानेर के हो ओर बीकानेर के राज के रईयत दावा रीयाया संघ व दुसरे ईलाके गेर पर हो तो मवाफीक हुकम तारीष २७ जोलाई सं / १८६० ईस्वी के अपने महकमे में सुना करें सो दोनों तरफ की रईयत कों आरांम और तहकीकात मुकदमात की वसबव नजदीक होने अजंटी जोधपुर के जो सरहद राज बीकानेर की दुसरे ईलाकों से मीली हुई हे हो ईसलीये आपकों लीषणें मे आता है कै आयंदा से जीस मुकदमे में के साहब पुलटीकल अजंट बहादुर राज मोसुफ लीषें तामील ऊस्की अहलकारांन आपकी रियास्त के कर दीया करें ओर आपके मिजाज सरीफ की षुसी के हाल सें हमेसां षुस करते रहेगे फकत।[26]

उदाहरण—2. साहिब कलां बहादुर की तर्फ़ से खरीता रईस बीकानेर।

बीकानेर के रईस के नाम १३ जुलाय १८६१ ई० असाड़ सुद ६ सम्वत १९१८ अपरंच मुकदमा घडयालह और गिरराजसर की रपोट सदर में भेजी गई थी आज उसका जवाब इस तरह पर आया है कि जनाब नाइबुल सलतनत नवाब गवरनर जनरल बहादुर की दानिस्त में कसूर और जियादती राज बीकानेर की तर्फ से बहुत पाई जाती है क्योंकि ठाकुर घड़यालह इलाकह बीकानेर कमाल बेरहमी और जोरआवरी से पेश आया औ बीकानेर के राज से जो फोज वास्ते

मदद ठाकुर घडयालह के आई यह गलती सरीह है और सन १८१८ ई० के अहदनामह की दफ़अ ५ के खिलाफ जहूर में आया है और उस दफ़अ के मुलाहज से साफ जाहिर है कि किसी छोटे या बड़े मुकदमह में जो दो रियास्तों के आपस में वाक़ै हो किसी तरह हमलह आवरी और कुश्तखून की इज़ाजत किसी रईस को हासिल नहीं और तिसकिये उसका अहलकारान सरकार अंगरेजी की शरफत चाहिये अगरचह इस दफे के मज़मून का इशारा दोस्तदार ने खरीतह साबक़ में मुशफक को किया है मगर फिर दुबारा ब मूजब हुकुम बन्दगान नव्वाब गवरनर जनरल बहादुर आपको लिखा जाता है कि अहदनामह की पांचवी दफै का खूब मुलाहजह में लाकर यह खियाल करें कि सरकार दोलतमदार अंगरेजी खिलाफ अहदनामह के आपको अखतियार हमला और मुजाहमत बेजा करने का नहीं देंगी और इस मुकदमह में साहबाने सदर की बहुत खता और जियादती पाई गई है इस वासते मुनासिब है कि इस मुकदमह संगीन में ताम्मुल व तवक्कुफ दोरह के दिनों तक न हो इन दिनों में इस मुकदमह की तहकीकात के वास्ते यहां तजवीज और हुकुम सादिर होगा और जो कि इस मुकदमह में ठाकुर घडयालह ने बहुत बेजा हरकत की है इसलिए तहकीक व तजवीज के वक्त जिस २ के जिम्मे कसूर साबित होगा उनको बहुत सख्त सजा होगी कि जिससे वह अपने किये का बदला पावें और दूसरों को इबरत हो इति ।[27]

उदाहरण—3. षरीता साहिब अजंट गवरनर जनरल बहादुर राजपूताना की तर्फ़ से बीकानेर के म्हाराजा साहिब के नाम

ता० २३वीं मे सन १८६३

अपरंच षरीता आपका लिषा हुआ मिती जेठ बद ५ सम्वत १९२० हमारे १७वीं अपरेल सन हाल के षरीते के जवाब में प्होंचा समाचार बाँच वाक़िफ हुवा आपने हमारे षरीते के जवाब में मुकदमह किशोरीलाल वा रामलाल आदि जो लिषा है उसके मुलाहज़ह से बहुत ताज्जुब हुवा हमने इस मामले में जो मजमून आपकू लिषा था केवल आपकी रियासत के फायदे और बेहतरी के वासते लिषा था क्योंकि आप हम कू जाय भरोसा समजंकर हमेशा अपनी रियासत की सरसबजी वा बेहतरी हमारी सलाह नेक पर लिषना फ़रमाया करते हैं इसलिये यह सलाह मुनासिब लिषना जरूर हुवा था और आपके षरीते की लिषावट ही से यह पाया जाता है कि शायद आपने यह तहरीर मारफ़त रामलाल वगैरह करवाया होगा आप कब षबी जाहिर हो कि हमकू और सरकार कू हमेशह रईसों का फायदा वा बेहतरी और रियासतों की सरसबज़ी मनजूर है और हर वक्त यही षयाल रहता है कि किसी तरह रईसों की बदनामी या नुकसान और जेरबारी न हो इस वासते दोसताना इस मामले में आप कू लिषा था न्हीं तो हमकू लिषना क्या ज़रूर था ऐसे मामले में आपकी तर्फ़ से इस तरह लिषावट का तूल होना कुछ

जरूर न्हीं था इस वासते अब कि तै कलाम कर २ आपकू लिषने में आता है कि जो वकीलों की बदली कर भाटी हुकमसिंह कू विकालत अजंसी राजपूताना के लिये और म्हता शिवजी सिंह कू विकालत अजंसी जयपूर और वकील मुतईयनह हिसार कू वास्ते विकालत अजंसी जोधपूर तजवीज किया है सो मुनासिब है और इन दिनों यह भी सुना गया कि आपने हरिसिंह वा गुमान सिंह कू जिसका हाल मेल डमी साहिब ने अय्याम ग़दर में लिषा था षिलाफ़अत इनायत कर २ रामलाल की जगह कामदारी रियासत की उसकी बषशी है सो यह भी ना मुनासिब हुवा परंत सिरफ़ इत्तिलाअन आपकू लिषने मे आया सो जानशो तारीष २३वीं मे सन १८६३ ईस्वी ।[28]

उपर्युक्त पत्र में मुकदमे सम्बंधी विवाद की चर्चा के साथ-साथ कूटनीति, राजनीति, राजनय आदि की झलक मिलती है। भाषा तो यथापूर्व अरबी/फ़ारसी के प्रचलित शब्दों से युक्त हिन्दी है। पत्र में तथाकथित ग़दर की, जो 1857 ई० में देश भर में हुआ था, चर्चा भी है। उस दौरान उसका साथ देने वाले को कामदारी देने को भी अनुचित समझा गया, इस पत्र से यह महत्वपूर्ण तथ्य प्रकट होता है। अंग्रेज लोग सब विषयों पर पैनी दृष्टि रखते थे और अपनी प्रसन्नता या अप्रसन्नता प्रकट करने में संकोच करना उचित नहीं समझते थे। ऐसे महत्त्वपूर्ण पत्रों से भारत के इतिहास में हुई घटनाओं के अध्ययन का सुअवसर मिलता है और नए तथ्यों पर प्रकाश पड़ता है।

उदाहरण : 4. ऐक्ट नं २ सन् १९३१ ई०

व्यापारिक झगड़ों का ऐक्ट, रियासत बीकानेर
सन् १९३१ ई०

दफा-३—१. **झगड़ों का बोर्ड के सुपुर्द करना और बोर्डों का संगठन**—जब कोई व्यापार का झगड़ा मालिक या उसके किसी मजदूर के दर्मियान मौजूद हो या उसके होने की संभावना हो तो श्री जी साहब बहादुर की गवर्नमेन्ट को अख्तियार होगा कि तहरीरी हुक्म के जरिये से उस झगड़े को राजीनामा कराने के लिए एक बोर्ड के सुपुर्द करें जिसको श्री जी साहब बहादुर की गवर्नमेन्ट मुक़र्रर करेंगे।

२. ऐसे वार्ड में एक प्रधान या दो या चार दूसरे मेम्बर जैसा कि श्री जी साहब बहादुर की गवर्नमेन्ट मुनासिब खयाल करें होंगे या अगर वे मुनासिब खयाल करें तो एक निरपक्ष मनुष्य होगा।

३. जब बोर्ड में एक से ज्यादा मेम्बर हों तो प्रधान एक निरपक्ष मनुष्य होगा और दूसरे मेम्बर या तो निरपक्ष मनुष्य होंगे या ऐसे शख्स होंगे जो झगड़ा करने वाले दोनों पक्षों के नुमायन्दों के तौर पर बराबर तादाद में मुकर्रर किये गये हों।

तमाम शख्स जो किसी पक्ष के नुमाइन्दे मुकर्रर होंगे वे उस पक्ष की सिफारिश पर मुकर्रर किये जायेंगे।

मगर शर्त यह है कि अगर कोई फरीक मुकर्ररा वक्त के अंदर जरूरी सिफारिश नहीं करेगा तो श्री जी साहब बहादुर की सिफारिश को लाजिम होगा कि उस पक्ष की नुमाइन्दगी के लिए जिस शख्स को मुनासिब समझें चुन ले और मुकर्रर कर दें।[३७] बीकानेर की राजसभा की नियमावली १९४५ ई० के नियम २९ में यह प्रावधान किया गया कि 'राजसभा का सारा काम हिन्दी में किया जायगा।'

राजसभा के नियमों के कुछ अंश यहां प्रस्तुत हैं।

उदाहरण—5. : मुद्रा :

बीकानेर राजसभा की कार्रवाई की नियमावली।

———

बीकानेर राजसभा सम्बन्धी आज्ञापत्र, सन् १९४५ ई०, की दफा २२ की उप-दफाओं (१) और (४) के मुताबिक श्री जी साहब बहादुर की गवर्नमेन्ट ने नीचे लिखे नियम बनाये हैं और ये बीकानेर राजसभा के नियम सन् १९४५ ई०, कहलायेंगे—

परिभाषाए

1. जब तक कि हवाले से दूसरा अर्थ न निकलता हो तब तक इन नियमों में—

(१) 'आज्ञापत्र' से मतलब है बीकानेर राजसभा सम्बन्धी आज्ञापत्र, सन् १९४५ ई०।

(२) 'राजसभा' से मतलब है आज्ञापत्र के मुताबिक बनाई हुई बीकानेर राज्य की और बीकानेर राज्य के लिये राजसभा।

(३) 'सभापति' से मतलब है राजसभा का सभापति और उसमें राजसभा का उप-सभापति तथा कोई अन्य सदस्य भी शामिल है जो राजसभा में सभापति की जगह कार्य करे।

(४) 'सदस्य' से मतलब है राजसभा का सदस्य।

(५) 'बिल' से मतलब है राजसभा में पेश किये गये प्रस्तावित नियम का मसौदा जो राजसभा में पास हो जाने और श्री जी साहब बहादुर द्वारा मन्जूर कर लेने पर ऐक्ट बन जाता है।

(६) 'प्रस्ताव' से मतलब है जनसाधारण के हित के सम्बन्ध में वाद-विवाद करने की गर्ज से रखा हुवा सुझाव या तहरीक।

(७) 'माली साल' से मतलब है वह साल जो ता० १ नवम्बर या ऐसी दूसरी तारीख से शुरू हो जैसी समय २ पर प्रकाशित की जावे।

(८) 'सैक्रेटरी' से मतलब है राजसभा का सेक्रेटरी जो श्री जी साहब बहादुर द्वारा आज्ञापत्र की दफा १०(४) के मुताबिक नियुक्त किया जावे और इसमें वह शख्स भी शामिल है जो किसी समय सैक्रेटरी का काम करने के लिये नियुक्त किया जावे।

(९) 'राजपत्र' से मतलब है बीकानेर राजपत्र।

(१०) 'नोटिफिकेशन' से मतलब है राजपत्र में शाया किया हुवा नोटिफिकेशन।

टिप्पणी—आगे का भाग छोड़ दिया।

दूसरी कारंवाई

राजसभा की भाषा

राजसभा का सारा काम हिन्दी में किया जायगा—मगर शर्त यह है कि सभापति किसी सदस्य को अंग्रेजी में बोलने की इजाजत दे सकते हैं।

टिप्पणी—स्पष्ट है कि इस समय तक हिन्दी का बड़ा निखरा हुआ रूप प्रकट होने लगा था। अंग्रेजी का वर्चस्व रहते हुए भी हिन्दी का स्थान अक्षुण्ण रहा।

औ—प्रतापगढ़—विधि-कार्यों में बीसवीं सदी से पूर्व तथा उपरांत हिन्दी के प्रयोग में यह रियासत पीछे नहीं रही। कुछ उदाहरणों से इस तथ्य का समर्थन किया जा रहा है।

उदाहरण—1. सील

संवत् १९४०

स्टांप

रु. पै. ।।) आठ आने

—वास्ते नथी कीमती

रु. ७ अषसर रु. सात अं जुमला रु.······की

दावा रु. १५० का दायर करने दिया।[30]

टिप्पणी—वे अंश जो पढ़े नहीं जा सके······मानक हिन्दी का वाक्य सन् १८८७ ई० में 'दावा रु. १५० का दायर करने दिया' हिन्दी के निखरे रूप का परिचायक है।

उदाहरण—2. श्री राम जी

हुकमनाम अज महकमे माल राज देवगढ़ प्रतापगढ़

तारीख १० माह ४ सन १९१७

नम्बर मुकदमा सम्वत १९७

उनवान

दोलतराम जी वल्द मोतीराम जी

जोसी सा. प्रताबगढ़

बनाम

काला व चुना पीसरान गंगाराम

माली सा. प्रतावगढ़ महीदून द० हाकिम

मतालबा

२८ ।।।) ।।

बनाम.........

वाज़े होके मुक़दमा उनवान सदर में तारीख पेशी २१ माह ४ सन १९१७ ई० मुकर्रर की जाकर हुक्म दिया जाता है के बरोज मुकर्रर वक्त—बजे इजलास मै सबुत हाजिर हो फक्त ।[31]

श्री राम जी

उदाहरण—3. हुक्मनामा अज महकमे माल राजदेवगढ़ प्रतापगढ़

तारीख ३१ माह १० सन् १९१८

नम्बर मुकदमा मय सन १९१

७५ १९१५

डिकरीदार

दोलतराम वल्द मोतीराम जोतशी

सा : परताबगढ़

मदियून

काला व चुना पीसरान गंगाराम

माली सा. परताबगढ़

मतालवा ह०

२८।।।) ।।

बनाम छगनलाल पटवारी हलका परताबगढ़ वाजे होके मुकदमें सदर में तारीख पेशी १०-११-१८ मुकर्रर की जाकर तुमसे दरियाफ्त किया जाता है कि हालत

मदियून क्या है रीपोर्ट कवल तारीख पेशी पेश करो फक्त[32]

अन्य अनेक मुकदमे भी इसी प्रकार हिन्दी में होते पाए गए हैं। वस्तुतः हिन्दी जनसाधारण की भाषा तो थी ही अपितु राजकाज, विधिकार्य, न्याय-प्रशासन की प्रमुख भाषा के रूप में अबाध रूप से प्रयुक्त होती रही।

उदाहरण 4—रियासत के एक कानून का कुछ अंश प्रस्तुत है।

1. इस कानून का नाम 'नुकता एक्ट' होगा और यह तारीख १ अक्टोबर सन् १९४२ से सारी कांठलकी क्षत्रिय जाति पर लागू होगा

2. किसी को अधिकार न होगा कि मृतक के बारह दिन में कोई जाति—जीमन करे या छः मासी, वर्षी का जीमन करे या किसी दूसरी आड़ में ऐसा जीमन करे। अलबत्ता अगर कोई चाहे तो (बारह दिन में) सिर्फ़ ब्राह्मणों को व अभ्यागतों को ही जिमावे। जिनकी तादाद १०१ से ज्यादह न हो सकेगी।[33]

अं—**बूंदी**—इस रियासत में विधि-कार्यों में हिन्दी-प्रयोग के अनेक उदाहरण उपलब्ध हैं। कुछ उदाहरणों द्वारा विधिकार्यों में हिन्दी के प्रयोग की इस पुष्ट परम्परा को प्रमाणित किया जा रहा है—

उदाहरण 1— बूंदी गज़ट

भाग ११ शनिवार १ जनवरी १९३८संख्या ८

रोबकार अज दफ्तर दीवान साहब राज बून्दी

नं० २८ ता० १४-१२-३७

वेक्सीनेशन ऐक्ट यानी टीका लगाने का कानून रियासत हाजा में रायज होने के बावत चीफ मैडीकल औफीसर साहब की रिपोर्ट मय ड्राफ्ट ऐक्ट पेश होने पर मैंबरान कौंसिल से राय ली गई तो इस कानून के जारी होने निस्बत सबने इत्तिफाक किया जिस पर वास्ते मंजूरी के मालूम में अर्जदाश्त पेश की गई तो ता० ११-१२-३७ को हुक्म हुआ कि माफिक राय मंजूर है। लिहाजा हस्बुल हुक्म तामील होने के लिये मेडीकल डिपार्टमेन्ट को तहरीर किया जावे और इत्तिला इसकी तमाम महकमेजात को दी जावे। वास्ते आगाही हर खास व आम स्टेट गज़ट में शाया हो।[34]

A.W. Robertson
D.F.C.I.P.
Dewan Bundi State

बूंदी रियासत में कानून तथा नियम सामान्यतः दो स्तम्भों में छापे गए हैं। एक स्तम्भ में अंग्रेजी और दूसरे में हिन्दी है।

उदाहरण 2—म्यूनिसिपल बोर्ड बूंदी सिटी के मुताल्लिक नियम जिनको महकमा खास ने ता० १ जनवरी सन् १९४० को पास किया।

1. As soon as a person becomes liable for the payment of a municipal tax or other sum which the M.B. is authorised to collect the secretary shall...convenient speed cause a bill to be presented to a person so liable.

सेक्रेटरी को चाहिये कि सुविधा के साथ जितना शीघ्र हो सकें एक बिल उस शख्स के पास भेजकर पेश करावे जो कोई म्यूनिसिपेलिटी में टेक्स देने का जिम्मेवर हो या अन्य ऐसी रकम देने का जिम्मेवर हो जिसको वसूल करने का म्यूनिसिपिल बोर्ड को अधिकार हो।

Explanation

A person shall be demed to become liable for the payment of every tax and license fee upon the commencement of the peried in ressponse of which such tax or fee is payable.

व्याख्या

कोई शख्स उस अवधि के शुरू होने पर, जिसके विषय में प्रत्येक कर या लाइसेन्स फ़ीस अदा करने की जाने को हो, उक्त कर या लाइसेन्स फीस अदा करने का जिम्मेवर समझा जायगा।[35]

टिप्पणी—स्पष्ट है कि झालवाड़, बीकानेर, जोधपुर आदि की भाँति बूंदी में भी कानून तथा नियमादि हिन्दी में बनते रहे।

बूंदी गजट १६ मार्च १६४५

उदाहरण 3—नोटिस अज महकमा कोर्ट आफ वार्ड्स राज बूंदी नं० १५३६ ता० १-३-४५

हर खास व आम को जरिये हाजा आगाह किया जाता है कि ठिकाना खटावदा जागीरदार गुलाबसिंह जी व वजह कर्जा वा बहामी झगड़ा के जेर इंतजाम कोर्ट है, जिसका नोटिस गजट ता० १६ दिसम्बर सन् ४३ में शाया कराया जा चुका है। अब बाद बफात गुलाबसिंह जी म० माल से हुक्म नं० १६६७ ता० ५-२-४५ को सादिर हुवा जिसमें दर्ज फरमाया है कि खटावदा देह जागीर शेखावत कजोड़सिंह जी के नाम पर बहाल हुआ उस सिलसिले में तहरीर है कि गांव पर इंतजाम कोर्ट ही रक्खा जावे और इनकी पढ़ाई का इंतजाम रक्खा जावे। लिहाजा हस्बुल अमल रहेगा, वास्ते आगाही शाया गजट किया जाता है।[36]

B.N. Mehta
Superintendent Court of Wards.

उदाहरण 4— बूंदी गज़ट

भाग १८ बून्दी गुरुवार १६ अगस्त १९४५ संख्या ३०

Orders and circulars

office of the Dewan Bundi State

No. 4511/M Dated Bundi the
31st July 1945.

English Version—

धारा सभा का अगला जलसा ता० १५ नवंबर १९४५ को दिन के २ बजे महकमा खास में होगा—हिज हाइनेस की महाराव राजा साहब बहादुर शुरू दिन सभा में भाषण देंगे।[37]

Raj Rajeshwar
Secretary
Dhara Sabha (Representative Assembly)

अ : भरतपुर—इस रियासत में महाराजा कृष्णसिंह के काल में सन् १९१९ ई० से राजकाज के हिन्दी में प्रारम्भ होने पर विधायन भी हिन्दी में होने लगा। उन दिनों में बने बालक-तम्बाकू-वर्जन-विधान की भाषा द्रष्टव्य है—

1. 'धारा ९) धारा ४ के अनुसार जो निर्णय किया जावेगा उसकी अपील निगरानी व नज़रसानी न होगी और दूसरे अपराधों की दशा में उन पर राज्य में प्रचलित दण्ड संग्रह के अनुसार कार्यवाही होगी"[38]

उन दिनों महाराजा ने एक तार किसी संस्था को सहानुभूतिसूचक दिया था, वह शुद्ध हिन्दी भाषा में था।[39]

उपर्युक्त तम्बाकू—वर्जन-विधान में दण्ड-संग्रह शब्दों का अर्थ आधुनिक पीनल कोड से होगा।

2. रियासत में अनेक नियम आदि हिन्दी में बनते रहे। सन् १९३२ में सिंचाई आदि के नियमों के अंश को उद्धृत किया जा रहा है।

(मुद्रा)

सरक्यूलर नम्बर १ सन् १९३२ (साविक सरक्यूलर नम्बर २५)

भरतपुर स्टेट

कवायद तरीका आबपाशी व कायमी मतालवा आबयाना

सरक्यूलर नम्बर २५ सन् १९३२ ई० सीगा माल

———

मजरिया आलिया कौन्सिल आफ़

स्टेट भरतपुर

———

कवायद आवयाना व वसायल

आवपाशी

(बाब अव्वल)

दफा १. रियासत हाजा में आवपाशी दो किस्म की है—

(क) वह आराजी जो जरिया तुगयानी नहर व बन्द हाय या दीगर व सायल आव पाशी तामीर करदा रियासत से या आगरा नहर की मुआविनों से आवपाश हुई हो या जो रकबा अन्दर बन्द बारैठा है।

(ख) आवपाशी नहर हाय बंद बारैठा

जो रकबा वसायल आबपाशी मुन्दरजेवाला में से किसी जरिये से आवपाश हो उसको सैरावा कहते हैं

बाब दोयम वसायल आवपाशी मुन्दर्जे दफा १ का

(बंद हाय व दीगर जराये आवपाशी मासिवाय रकबा बारैठा बंद)

दफा १ जराये मुन्दरजे दफा १ क से आवपाश होने की सूरत में आबयाना फी बीघा रकबा पुख्ता पर हस्व जैल तरीके से वसूल किया जावेगा

(क) आराजी जो मुतवातिर तौर पर बजरिया बहाव पानी सराब होती रही हो १) रुपया फी बीघा

(ख) आराजी जोकि सिर्फ एक मरतबा ही बजरिया बहाव पानी आवपा हुई हो ।।) फी बीघा

(ग) रकबेजात चाही सैराबी व ऐसे रकवों पर जहां कि पानी को भोका वग़ैरा दीगर जराए से उचाई पर लेजा कर आवपाशी की गई हो या सैराबी मखलूत पर शरह मुन्दरजे (क) व (ख) का निस्फ आवयाना जावेगा यानी वसूरत मुतवातिर ।।) वसूरत यकवारा ।) फी बीघा

तशरीह—रकबा मुतवातिर की तारीफ़ हस्व जैल है

१. जो आराजी अन्दर बंद हो और एक अर्से तक जेर आब रही हो

२. जो आराजी कि बंद से बाहर हो या नहर या दीगर जरिये से आबपाश हुई हो और जिसमें कि १५ जून व १५ अक्टूबर के दरमियान मुसलसिल २४ घंटे से जायद वक्त तक पानी जारी रहा हो।

३. आराजी जिसमें कि एक दफा से जियादा आवपाशी १५ जून व १५ अक्टूबर के दरमियान हुई हो ख्वाह वह किसी कदर अर्से तक जारी रही हो

४. आराजी जो कि १६ अक्टूबर और १४ जून के दर्मियान सैराब हुई हो

यकवारा—वह रकबा सैरावा है जो मुतवातिर की तारीफ से बाहर है

घ—किसी खेत के कुल रकबे की तैदाद से जियादा रकबे पर आवयाना साल भर में एक मरतवा से जायद वसूल नहीं किया जावेगा। लेकिन अगर फस्ल खरीफ के बाद फस्ल रबी जियादा अच्छी हुई हो यानी बजाय यकवारा सैराबी के

मुतवातिर हो गई हो तो रकबा पुख्ता फस्ल रबी पर आवयाना बशरह तकावत मुतवातिर व यकवारा तमाम अकसाम पर वसूल किया जावेगा

अक---**किशनगढ़**---जैसलमेर के निकट की इस रियासत, में भी हिन्दी का प्रयोग होता रहा। बाल-विवाह-निषेध-सम्बन्धी नियमों का कुछ अंश यहां उद्धृत है :

१. दफा ८ १-४-१९४१

जुर्माने के बजाय कैद---इन कवायद के अनुसार किसी अपराधी को दण्ड देते हुए अदालत को यह हुक्म देने का अधिकार होगा कि जुर्माना न अदा किये जाने पर अपराधी की एक नियत समय के लिए जिसकी हद एक मास तक होगी कैद की सजा भुगताई जावे।[10]

आक---**कोटा**---यह रियासत भी विधि-कार्यों में हिन्दी के प्रयोग में पीछे नहीं रही। कुछ विभिन्न नियमों के अंश यहाँ उद्धृत हैं---

1. नियम ग्राम पंचायत राज कोटा (१९२५) ३७---पंचायत के लिए कोई विशेष विधि-साक्षी लेने की नियत नहीं की जाती है। जिस प्रकार मामले की सत्यता और वास्तविकता मालूम हो सके उसी प्रकार मालूम करके पंचायत मुकद्दमात का फैसला करेगी।[41]

2. कानून सहकारी सभाएं कोटा राज्य सन् १९३९

सदस्यों की सम्मतियां (Commenced) १७-२-४०---१७---१. किसी सभा के अधिवेशन में हर विषय में उसके प्रत्येक सदस्य की केवल एक सम्मति होगी चाहे उसने सभा की पूंजी में कितना ही रुपया जमा किया हो। सम्मतियों के समान होने की दशा में सभापति की सम्मति पर उस विषय का निर्णय निर्भर होगा।

2. कोई सभा जो अपनी पूंजी से किसी दूसरी सभा के हिस्से खरीद ले तो वह उसके विषयों में सम्मति देने के लिए अपने किसी सदस्य या कार्यकर्ता को अपना प्रतिनिधि नियुक्त कर सकती है।[42]

इ क **शाहपुरा**---यह रियासत हिन्दी के प्रयोग में अग्रणी रही। खोज होने पर हिन्दी के प्रयोग के चकित कर देनेवाले तथ्य प्रकाश में आएंगे, ऐसी पूरी संभावना है। यहां पर एक पत्र को, जो राजपूताना रेजिडेन्सी की ओर से सन १८६५ में राजा-शाहपुरा के नाम लिखा गया, देकर विधि-कार्यों में हिन्दी के प्रयोग के इस अध्याय की इतिश्री की जाएगी।

खरीता राजा जी शाहपुरा के नाम ता० १५ सितम्बर सन् १८६५ अपरंच म्हीने मई गुजरे हुऐ में जब में शाहपुरा आया था राजकू बावत राज के इलाके के सलाह दी थी और जिताया था कि राज के दो काम हैं ऐक रियासत का काम

दूसरा सरकार **दौलतमदार अंगरेज बहादुर की फरमांबदारी** अब तो में बावत फरमांबरदारी के कहता हूं कि राजकू मनासिब और लाजिम है कि जब कोई ऐसा मुकदमा संगीन राज के इलाके में होवे कि जिसकी सजा फांसी या जन्म कैद है तो उसकी रपोट राज अजमेर के डिपीटी कमिश्नर साहिब बहादुर कू करें सिवाय इसके ऐसा मालूम होता है कि अजमेर के इलाके के मुजरिम राज के इलाके में पनाहपिजीर होते हैं। यह ना-मुनासिब है बल्कि वाजिब है कि राज अपने ऐहल-कारान और इलाकेदारों को बखूबी फेंहमायश करें कि जो कोई ऐसे मुजरिम राज के में इलाके में आवें उनकू तुरंत पकड़ कर अजमेर के डिपीटी कमिशनर साहिब बहादुर की खिदमत में भेज दिया करें मैं राजकू दोसताना लिखता हूं इसलिए कि राज तुरत अपनी रियासत के काम पर मुतवाज्जेह हों और बमूजिब क़दीम फरमांबदारी सरकार की करते रहें और सलाह डिपीटी कमिश्नर साहिब से लेते रहयेगा और जो कोई जरूरत पड़े तो हम से भी सलाह या मदद लीजियेगा इति।[43]

सन्दर्भ

1. राजस्थान राज्य अभिलेखागार, बीकानेर, अलवर—अपूयालेखीय शाखा नं० 190, बंधांक 26, ग्रंथांक 11, विषय—शिक्षा
2. राजस्थान राज्य, अभिलेखागार, बीकानेर, फाइल सं० अल-23।ज-दि।1
3. राजस्थान राज्य अभिलेखागार, बीकानेर, अलवर फाइल सं० अल 23। ज० दि०।1
4. राजस्थान राज्य अभिलेखागार बीकानेर, फाइल सं० अलवर 23। ज-दि.।1
5. राजस्थान राज्य अभिलेखागार बीकानेर, फाइल सं० अलवर,41। जू-जू। 1
6. राजपूताना रेजिडेन्सी हिन्दी खरीता बुक 1856-60 नं 557 राष्ट्रीय अभिलेखागार, नई दिल्ली
7. राजपूताना रेजिडेंसी नं० 557 वर्नाक्यूलर डिस्पैच, कापीज आफ हिन्दी खरीताज़ एण्ड मिसलेनियस लैटर्स 1863-1864, राष्ट्रीय अभिलेखागार, नई दिल्ली
8. फाइल सं० 36-37।जू-अ.।1, राजस्थान राज्य अभिलेखागार, बीकानेर
9. वही
10. फाइल नं० स 44।ज-जु।1, राजस्थान राज्य अभिलेखागार, बीकानेर।
11. राजपूताना रेज़िडेंसी हिन्दी खरीता बुक भाग-2, 1856-60. वर्नाक्युलर डिस्पैंच रजिस्टर आफ दी कापीज़ आफ हिन्दी खरीताज़ एंड मिसलेनियस लेटर्स। राष्ट्रीय अभिलेखागार, नई दिल्ली

12. राजपूताना रेजिडेन्सी नं० 557, वर्नाक्यूलर डिस्पैच-रजिस्टर आफ दी कापीज़ आफ हिन्दी खरीताज़ एण्ड मिसलेनियस लेटर्स 1863-64, पृ० 75-76 राष्ट्रीय अभिलेखागार, नई दिल्ली
13. फाइल नं० ज-30 । ज-दि । 1
राजस्थान राज्य अभिलेखागार, बीकानेर
14. फाइल सं० ज 46 । ज जू । 1
राजस्थान राज्य अभिलेखागार, बीकानेर
15. राजपूताना रेजिडेन्सी हिन्दी खरीता बुक 1865-67 नं 868
राष्ट्रीय अभिलेखागार, नई दिल्ली
16. राजपूताना रेजिडेन्सी हिन्दी ख़रीता बुक 1865-67, पृ० 71-72
राष्ट्रीय अभिलेखागार, नई दिल्ली नं० 868
17. राजस्थान राज्य अभिलेखागार बीकानेर, फाइल सं० जे 46-49 ।ज-मा। 1
मेजर हैड···गज़ट सब···जैसलमेर स्टेट
18. फाइल संख्या, जे 46-49 । ज-मा । 1
19. राष्ट्रीय अभिलेखागार, नई दिल्ली । वर्नाक्यूलर डिस्पैच, रजिस्टर आफ़ दी कापीज आफ़ हिन्दी ख़रीताज़ एण्ड मिसलेनियस लेटर्स 1861-62 राजपूताना रेज़िडेन्सी नं० 355
20. राजस्थान राज्य अभिलेखागार बीकानेर, फाइल सं० महकमा खास, गवर्नमेण्ट आफ जोधपुर फाइल नं० सी । 5 ।1 वाल्यूम II मेजर हेड: सोशल सब-मेरेज लैजिस्लेशन
21. वही
22. राज० राज्य अभिलेखागार, बीकानेर, फाइल सं० जो 44 । ज जू । 1
23. Rajputana official Gazette (From Ajmer) राजपूताना सर्कारी गजट, जिल्द, 1880 राष्ट्रीय अभिलेखागार, नई दिल्ली
24. राजपूताना सर्कारी गजट—अजमेर, जिल्द 1880, राष्ट्रीय अभिलेखागार, नई दिल्ली
25. वही
26. राजपूताना रेज़िडेन्सी हिन्दी खरीता बुक 1856-60 नं 557, राष्ट्रीय अभिलेखागार, नई दिल्ली
टिप्पणी—इस पत्र के भेजने की तारीख 18 अप्रैल 1860 ई० है। पत्र के मध्य में 27 जुलाई 1860 के आदेश का संदर्भ दिया गया है जो गलत प्रतीत होता है।
27. Vernacular despantch. Register of copies of Hindi Kharitas & misc letters 1861-62.

राष्ट्रीय अभिलेखागार, नई दिल्ली, राजपूताना रेजिडेन्सी नं 533

28. वही, रेज़िडेन्सी नं 557

29. राजपूताना सर्कारी गजट, अजमेर, 1880 राष्ट्रीय अभिलेखागार, नई-दिल्ली

30. प्रतापगढ़ रियासत सन् 1900 ई० से पूर्व का रिकार्ड—महक्मा माल विवरण सीगा, बस्ता नं 6558 से 6559, फोल्डर-तारीष 25 जुलाई स 1887 में से। राजस्थान राज्य अभिलेखागार, बीकानेर

31. प्रतापगढ़ रियासत सन 1907 से 1949 ई० महकमा माल विवरण-सीगा-शरणार्थियों की फाइल, कागज़ात-सलेक्शन, म्युनिसपल कमेटी राजस्थान राज्य अभिलेखागार, बीकानेर

32. वही

33. राजपूताना सर्कारी गजट अजमेर 1880
एक जिल्द—राजदेवगढ़ प्रतापगढ़ सम्बन्धी
राष्ट्रीय अभिलेखागार, नई दिल्ली

34. राजस्थान राज्य अभिलेखागार, बीकानेर
फाइल सं बूं / 38 / जदि / 1

35. राजपूताना सर्कारी गजट, अजमेर 1880
बूंदी रियासत कानून तथा नियम की जिल्द
राष्ट्रीय अभिलेखागार, नई दिल्ली

36. राजस्थान राज्य अभिलेखागार, बीकानेर।
फाइल सं बूं 45 / ज दि / 1

37. वही

38. राजस्थान, श्री गोविन्द हयारण, पुस्तक सं 1908 (श्री नागरी प्रचारिणी सभा, आगरा) अगस्त 1932 पहली बार, पृ० 294

39. वही

40. राष्ट्रीय अभिलेखागार, नई दिल्ली
राजपूताना सर्कारी गजट, अजमेर, 1880, एक जिल्द किशनगढ़ सम्बन्धी
रियासत गज़ट 1-4-41

41. वही, एक जिल्ट कोटा रियासत सम्बन्धी

42. वही, 1919 से प्रारम्भ

43. राजपूताना रेज़िडेन्सी हिन्दी खरीता बुक 1865-67 नं० 868
राष्ट्रीय अभिलेखागार, नई दिल्ली

अध्याय 4

स्वातंत्र्य-पूर्व राजनयिक कार्यों में हिन्दी का प्रयोग

राजनय—एक राज्य अर्थात् देश द्वारा दूसरे राज्य के प्रति आचार-व्यवहार को 'राजनय' कहा जाता है। राजनय के कुछ लक्षण आचार्य चाणक्य द्वारा प्रणीत 'कौटिलीय-अर्थशास्त्रम्' में 'विनयाधिकारिकम्' नामक प्रथम अधिकरण के अध्याय 16 'दूत-प्रणिधि' (राजदूतों की नियुक्ति) में मिल जाते हैं। आचार्य प्रवर ने राजदूत के कर्तव्य इस प्रकार बताए हैं—

प्रेषणं सन्धिपालत्वं प्रतापो मित्रसंग्रहः
उपजापः सुहृद्भेदो गूढदण्डातिसारणम् ॥1॥
बन्धुरत्नापहरणं चारज्ञानं पराक्रमः
समाधिमोक्षो दूतस्य कर्म योगस्य चाश्रयः ॥2॥

अपने स्वामी का संदेश शत्रु के पास पहुँचाना और उसका उत्तर अपने प्रभु के पास भेजना, पूर्वकाल में की हुई सन्धियों का पालन करना, अवसर मिलने पर अपने राजा का प्रताप प्रदर्शित करना, मित्रों का अधिकाधिक संग्रह, जो लोग फूट सकते हों उन्हें फोड़ना, शत्रु के मित्रों में भेद डालना, शत्रु की सेना और गुप्तचरों को अपने राज्य से बाहर करना, शत्रु के बन्धु-बन्धवों तथा रत्नों का अपहरण, गुप्तचरों के संवादों का समुचित संग्रह, शत्रु की कमजोरी देखते ही पराक्रम प्रदर्शित करने की व्यवस्था, सन्धि के अनुसार कैदियों को छुड़ा तथा औपनिषदिक प्रकरणोक्त उपायों से मारण आदि का प्रयोग करना।

राजदूत के इन कर्तव्यों में से अधिकांश को मिलाकर 'राजनय' का प्रादुर्भाव होता है—यथा : एक राजा का दूसरे राजा से सन्देशों का आदान-प्रदान, सन्धियों का पालन और तत्सम्बन्धी पत्राचार, भेंट के अवसरों पर और पत्रों द्वारा दो राज्यों का परस्पर प्रताप-प्रदर्शन, शत्रु राजाओं को मित्र बनाना, शत्रु के मित्रों में भेद डालना, सन्धि के अनुसार बन्दियों को छुड़ाना, एक राजा का दूसरे के प्रति शिष्टाचार और कूटनीतिक व्यवहार आदि।

निम्ननिलिखित पत्र को आधार बनाकर 'राजनय' में हिन्दी के प्रयोग की प्रामाणों से पुष्टि की गई है।

नक्ल षत करनेल सर हिनरी मंटगुमरी लारनस साहब बहादुर अजंट गवरनर जनरल राजस्थान की तरफ से वनांम रावत केसरीसिंघ की सलुंबरवाले के तारीष १६ अक्तुबर सन १८५६ इसवी मिती काती वदि ३ संवत १९१३ का अपरंच षत राज लिषा हुवा मिती आसोज वदि १३ संवत हालका वजबाब षत हमारे लिषे हुवे तारीष ३० अगस्त सन हाल के आया अर जो जो अहवाल के लिषा था मालुम हुवा राज ने नक्ल कागज की के जो गणेसदास लषमीदास के नाम राज के कांमदार ने लिषा भेजी अरये लिषा के इसमें कोंनसा हरफ गुस्ताषी का है सो अगरचे राज साहब पुलटीकल अजंट बहादुर की निसबत गुस्ताषी लिषणे का इनकान करते हे लिकन सॉंपरत इस हमारे नांम के षत मे गुस्ताषी व बेअदबी की बात लिषी हे यानि ये लिषा के साहब अजंट की मरजी फीसाद करावा की

हे सो राज षयाल तो करो के ऐसी लिषावट गुस्ताषी व वेअदबी की नहीं हे तो क्या है अर जो राज लिषते हे के हमने बौहौत महनत से सीरदारां कुं सबर रषवाया हे सो राज कुं जाहर होय के ये बात गलत हे वलके राज ने फिसाद के वासते कोसस कीया अर जो कदास फीसाद के वास्ते कोसस नही कीया तो भी सब कुं वे अदबी करणा सीषलाणे मे तो जरुर कोसस कीया के राज के सीषलाणे से सबने अपणे धणी के सांमने वा हमारे वा साहब अजंट बहादुर के सांमने वे अदबी कीया अर केई बरस से तमांम सिरदारां कुं बहकाय के षराब करते हो और जो अब सिरदार अगर थोड़ी सी ऐसी चाल और ज्यादे रषंगे तो सिरदार विलकुल विगड़ जायेंगे अर वाद विगड़ जाणे के फेर जो अफसोस व पछतावा अपणे कीये हुवे का करंगे तो पीछे कुछ फायदा न होगा और राजने अपणा चलण अेसा अषत्यार कर रषा है के जहां तक राज से होय सका सब सिरदारां के तांई अर अपणे राज के अर षुद अपणे तांई षराब कीया अर फेर ज्यादे षराब कीयां जाते हो अर जो राजने जबती होणे का अर फरीयादु होणे वगेरे का जीकर लिषा सो जबाब ये है के हमने तो इस दोय तीन बरस मे राज कुं समजाणे वा कहणे वा केई वार लिषणो मे कुछ कमी नहीं करी जौ जौ के हक सलाह

देणे व कहणे समजाणे का था सो सब कर चुके अब जो राज का भेजा हुवा राठोड हणवंत सिंघ यहां आया उस्कुं हमने रुबरु वारवार पुछा के कुछ कहणा हे लिकन उसने कोई नई बात नहीं कइ अर जो कुछ कही तो वोही कई के जो पहले हम सुण चुके हे के जीस्का जबाब हम केई दफे आगे दे चुके हे और हम नहीं चाहते हे कि राज के हकमे कुछ बुरा हो या लिकन राज की तरफ से ही हर वात में बेपरवाई होती हे और अगरचे गीगला की चौकी पर कब्जा राजने कीया था ये ल्याहेत बुरा कीया था लिकन अब छोर दीया ये बात अलबते अछा कीया और

षुसी का अहवाल लिषजो तारीष १५ अबतुवर सन १८५६ इस्वी मिती काती वदि ३ संवत १९१३ का ओर वाद इस लिषणे के हमने दुवारे राठोड मजकुर कुं बोलाया अर समझाया के अब फेर वहां के वकील का यहां आणे का कुछ कांम नही अगर जो कुछ कहणा सुणना है तो बेहतर हे के सा:हब पुलटीकल अजंट बहादुर मेवाड से कहो अर अपणे धणी के हुकम की तामील करो फक्त तारीष सदर[2]।

इस पत्र की भाषा में शब्दों के कुछ रूपों को स्पष्ट कर देने की आवश्यकता है। उदाहरणार्थ—

षत=खत ख के स्थान पर ष का अन्यत्र भी प्रयोग हुआ है।

अर=और (बोलचाल में आज भी सहारनपुर, मेरठ आदि के गाँवों तथा कस्बों में 'और' के स्थान पर 'अर' सुनने को मिलता है। पत्र में उसी रूप को लिख दिया है)

हे=हैं, कै=कि

अेसी=ऐसी, बोहोत=बहुत (बोलचार में आज भी 'बोहोत' का प्रयोग मिलता है)

कुं=को, वलके=बल्कि

कोसस=कोशिश

करणा=करना

रषंगे=रखेंगे

जीकर=ज़िक्र (जिकर रूप का प्रयोग आज भी होता है)

समजाणे=समझाने

लिषणे=लिखने

उस्कुं=उसको

न्याहेत=निहायत

फेर=फिर (फेर का प्रचलन अभी भी है)

पत्र के अध्ययन से यह स्पष्ट है कि यह पत्र 'राजनय' के तौरतरीकों से भरपूर है और प्रचलित भाषा में लिखा गया है, किन्तु भाषा के मानक रूप को ही ग्रहण किया गया है।

स्पष्ट है कि सन् 1857 ई० के स्वातंत्र्य समर से पूर्व-वर्ष में विद्रोह के लक्षण थे और सम्भव है कि इस पत्र में जो संकेत मिलते हैं वे ही उस समर का पूर्वाभास हों। राष्ट्रीय इतिहास की दृष्टि से ऐसे पत्र महत्त्वपूर्ण हैं। हिन्दी में हुए पत्र-व्यवहार के इस विशाल भण्डार के ऐतिहासिक दृष्टि से गहन अध्ययन तथा शोध की बड़ी आवश्यकता है। इनके अध्ययन से तत्कालीन इतिहास के नितान्त नए तथ्य प्रकाश में आएँगे—ऐसी मेरी निश्चित धारणा है।

(अ) **अजमेर** : विधि-कार्यों में हिन्दी के प्रयोग की भाँति ही 'राजनय' में भी हिन्दी का प्रयोग सुचारू रूप से होता रहा है। इसकी पुष्टि निम्नलिखित उदाहरण द्वारा की जा रही है :

उदाहरण—1 खत बनाम ठाकुर सावर इलाकै अजमेर सिद्धिश्री सावर शुभ-स्थाने ठाकुरां श्री माधोसिंह जी जोग्य राज श्री करनैल वलयम फ्रीडरक ईडन साहिब बहादुर अजंट गवरनर जनरल राजस्थान के लि० सलाम बांचसी अठारा समाचार भला छै थारां सदा भला चाहिजै अपरंच जोकि पीनस के भोई कहार नग १२ हमारे लारां आया हा सो विना परवानगी—भाग के चले गए ईस वास्ते हुक्म हुवा कि यहां से कादरबख्श चपरासी कू भेजा है सो ताकीद से उसी भोई आगे आया जिसकू इस कागद के देखते परवाणे कर देणा चपड़ासी के साथ जलदी फौरन बाराजणां कू भेज देणा और कामकाज हमेशह कवासी ता० २८ वीं अपरल सन १८६५ ईस्वी मुकाम शाहपूरा[3]

पत्र के प्रारम्भ और अन्त में परम्परागत वाक्यावली का प्रयोग हुआ है किन्तु पत्र मानक हिन्दी में है।

(आ) **अलवर** : इस रियासत में राजनयिक कार्यों में हिन्दी का प्रयोग सतत होता रहा है। आगे दिए गए उदाहरण सं० (1) पर जो रपट प्रस्तुत की गई है वह सन् 1910 ई० की है। उसमें रियासत मैसौर के युवराज की शादी के समय सिरोपाव भेजने के लिए किसी सरदार को सिरोपाव लेकर जाने की चर्चा हुई है। मीर मुंशी ने एक टिप्पणी महाराजा को प्रस्तुत की है। इसी क्रम में उदाहरण सं० (2) में मुसाहब के नाम आदेश महाराजा के द्वारा 'DB के हस्ताक्षरों के अधीन दिया गया। आदेश में अपने सम्मुख खरीता पेश करने को कहा गया। दोनों उदाहरणों की टिप्पणियां सरकारी कामकाज में हिन्दी के उच्चस्तरीय प्रयोग के सुन्दर उदाहरण हैं। दोनों टिप्पणियों में तद्भव, तत्सम शब्दों के साथ अरबी-फ़ारसी के प्रचलित शब्दों का सुन्दर समन्वय हुआ है। सरकारी पत्रावलियों में आजकल टिप्पणियां लिखकर अधिकारियों के आदेश लेने की परम्परा का सुन्दर रूप इन टिप्पणियों में देखने को मिलता है।

उदाहरण—1 बावत जवाब खरीते, आम्दे मैसौर,

....

महकमः आलिये हुजूरी

ब्रांच..........होम नम्बर..........तारीख २४ जौलाई सन् १९१०,

विषय

....

बाबत खरीता आमदह मैसोर

....

संक्षिप्त वृतांत

१. मुंशी खाने की रिपोर्ट है कि रियासत मैसोर को ब तकरीब शादी युवराज एक सिरोपाव व मजिब सिरोपाव जो बन्द गान जाली दामईकबालहुको ब वक्त रवानगी पेशहुआ था मए १०१ मोहर नौते सीगे किसी सर्दार के हमराह भेजा जाना चाहिये, सर्दारान जेल में से किसी सर्दार को सिरोपाव बगैरा खुद लेजाकर पेश करना मुनासिब होगा।

जागीरदारान थाने, बीजवाड़, जावली,

खोहरा, प्राईवेट सक्रटरी, मिलेटरी सक्रटरी मुन्तजिम मुतर्फरिकात, मुन्तजिम दौलतखाना,

२. मुसाहिब की रिपोर्ट है कि ब तामील हुक्म मोहकम मसौदा खरीता वास्ते भेजे जाने रियासत मैसोर को बिनावर मुलाहिजे पेश किया जाता है, रस्म नौते की—हमराह सर्दारान जैल में से किसी का भेजा जाना मुनासिब होगा :

ठाकुर सवाई सिंहजी चिमरावली, ठाकुर माधोसिहं जी, ठाकुर भीमसिहंजी, जिस सर्दार के भेजे जान की मन्जूरी सादिर फर्माई जावेगी उसका ही नाम दर्ज खरीते कर दिया जावेगा, बजट रुखसताने शिशटाचार में ६२० रुपया की गुंजायश है।[4]

Sd. Bhagwat Saran
Mir Munshi

उदाहरण—2 महक्मह आलिये हुजूरी,

ब्रांच..........होम, नम्बर............तारीख ११ अगस्त सन १९१०,

....

विषय

.... कागजात बाबत खरीता आमदह मैसोर,

....

संक्षिप्त वृतांत..........मुलाहिजा हो साबिका मीमो,

१. बजरिये चिट्ठी प्रोईवेट सक्रटरी होम मुसाहिब से दर्याफत फर्माया गया था कि मैसोर को बतकरीब शादी युवराज खरीते के हमराह मामूल भेजने की दर्खवास्त किस असूल पर पेश की गई थी,

२. उसकी तामील मे मुसाहिब ने रिपोर्ट पेश की है कि साल गुजिशते में सवारी मुवारिक मैसोर में रोनक अफरोज हुई थी, और इसी तरह स्नेह खरीता यहाँ आया है, इस स्नेह के बढाने के लिये यहाँ से भी खरीता मए मामूल भेजे जाने के लिए अर्ज किया गया था,

३. कागजात वास्ते सिदूर हुक्म पेश, है इन कागजात क सिलसिले में मुंशी खाने से बजरिये सरिशते मुर्फरिक व होम ब्रांच रिपोर्ट पेश हुई है कि चूंकि सवारी मुबारिक मैसोर रोनकवरश होने वाली है इसलिये इस मौके पर रस्म नोते अदा की जानी मुनासिब होगी,

Sd. Bhagwat Saran
Mir Munshi

नं० २०३, **हुक्म बनाम मुसाहिब**

सवारी खास के मैसोर में रौनकबरश होने के मौके पर जो मामूल वहां से आया था उसको मए उस सामान के कि जो यहां से भेजा जाना तजबीज किया गया है हमराह खरीता पेश किया जावे,[5]

Sd. DB
महाराजा
३०.१०.१०

उदाहरण—3 बाबत मिलने सिरोपाव रुखसता ना ठा० सा० रामसिंहजीवाना ब० ठा० सा० माधव सिंहजी बीजवाड को रियास्त जोधपुर से

नं० मिसल मुहा फिजखानह········७

································

महक्मह आलिये हुजूरी
ब्रान्च होम नम्बर तारीख ८ सितम्बर १९११

विषय

································

कागजात बाबत मिलने सरोपाव रुखसताने रियासत जोधपुर से
ठाकुर रामसिहं जी व ठाकुर माधोसिहंजी को,

································

संक्षिप्त वृतांत : ············१. मुन्तजिम तौशेखाने की रिपोर्ट है कि ठाकुर रामसिहं जी व ठाकुर माधोसिहंजी को जो शिष्टाचार लेकर जोधपुर गये थे वहां से हस्ब जैल सरोपाव दिया गया है :·········

ठाकुर रामसिहं जी थाना·········२४० रुपया
ठाकुर माधोसिहंजी बीजवाड·········२४० रुपया
प्रभूसिहं हमराही ठाकुर
रामसिहं जी········८० रुपया
जवाहरसिहंजी हमराही
ठाकुर माधोसिहंजी········८० रुपया,
मनोहर चौबदार, रामगोपाल,

हरकारा, इबराहीम जमादार.........२१ रुपया

२. तोशेखाने की रिपोर्ट से जाहिर है कि रियासत जोधपुर से यहां के सरदारान को पेश्तर जिस कदर सामान दिया गया था उसी कदर इस मौके पर भी दिया गया है, लेकिन कागजात में कोई ऐसा इन्दराज बरामद नहीं हुवा जिससे जाहिर हो सके कि रियासत हाजा से जोधपुर के महमानान को क्या अता किया गया है।

३. यह सामान बाद इन्दराज कागजात हस्ब अमल साबिक इन सरदारान मुलाजमान को तोशेखाने से वापिस दे दिया गया है।

४. मुसाहिब की रिपोर्ट है कि इस सामान रुखसताने क दिए जाने की मन्जूरी पेशगाह खास से सादिर फर्माई जावे।[6]

ह० Bhagwat Saran
Mir Munshi

सील

हु-द-मु-

दर्खवास्त मुसाह्ब मंजूर है कागजात वापस जावें

D B

ह० महाराजा

नं री

२२२ १०-६-११

मु राजगढ़

उदाहरण—4 ता० २२ मई सन् १६१८ ई०

ऐक्स्ट्रा आर्डिनरी : ....

नम्बर २ अलवर बुधवार २२ मई सन् १६१८ वाल्यूम.........१०,

श्री सवाई महाराजाधिराज राजराजेश्वर वीरेन्द्र शिरोमणि देव ने निम्नलिखित वक्तृता ता २६ अप्रैल सन् १६१८ ई० को देहली वार कान्फैन्स में दी :

यौर ऐक्सीलैन्सी,

इस राज्य की भावी दशा के एक ऐसे गम्भीर और अपूर्व समय में जो कि वर्तमान में उपस्थित है मैं परम भारप्रप्ताधिकृति के साथ कुछ वर्णन करने को कटिबद्ध हुआ हूँ वर्तमान समय में यहाँ एकत्रित होकर हमने इस राज्य की दुंदुभी के स्वर का उत्सुकता से प्रत्युत्तर दिया है न केवल इस कारण से कि यह हमारा कर्तव्य है परन्तु उस विशाल राज्य को जो कि भारतवर्ष की उन्नति चाहता रहा है और १६० वर्ष पर्यन्त इसके प्रारब्ध की रक्षा की है, ऐसी आवश्यकता में सहायता करना हमारा विशेषाधिकार है।

× × × × ×

उस समाचार के साथ जो कि श्रीमान् सम्राट के संदेसे के उत्तर में जा रहा है हम सब मिलकर पुनः इस बात की पुष्टि करते हुए विश्वास दिलाते हैं कि हम श्रीमान् सम्राट के परम भक्त हैं और हमारी यह हार्दिक प्रार्थना है कि श्रीमान की युद्ध में जय हो।[7]

आज्ञानुसार···लेफ्टीनैंट कर्नल रावराजा अमरसिंह मिलिटरी सैक्रैटरी सिद्ध श्रीमान् धर्म रक्षक न्यायपरायण वीराग्रगण्य रघुकुल भूषण नरुवंशावतंस राज राजेश्वर श्री अलवर नरेश

श्री अलवर राजधानी

टिप्पणी······दस्तावेज का × × भाग छोड़ दिया गया है।

उदाहरण—5 ता० २६ नौवेम्बर सन् १९१८ ई०

अलवर स्टेट गजट

ऐक्स्ट्रा ऑर्डीनरी

गजट नं० १२ अलवर शुक्रवार २६ नौवेम्बर सन् १९१८ जिल्द········१०.

श्री सवाई महाराज वीरेन्द्र शिरोमणि देव ने हिज ऐक्सीलैंन्सी दी वाइसराजय को तारीख १५ नौवेम्बर सन् १९१८ ई० को निम्नलिखित तार दिया :

पृथ्वी मात्र के इतिहास में आनन्द के एक ऐसे महान अवसर पर जब कि हमारे अन्तिम शत्रु के साथ सन्धि पत्र पर हस्ताक्षर हो चुके हैं तो उस आनन्द और परमेश्वर के धन्यवाद को जिससे कि हमारे हृदय मंदिर आज परिपूर्ण हैं शब्दों द्वारा प्रगट करना कठिन है।

उपर्युक्त तार का हिज़ ऐक्सीलैंन्सी दी वाइसराय ने तारीख १५ नौवेम्बर सन् १९१८ ई० को निम्नलिखित प्रत्युतर दिया है :

इस अन्तिम विजय के अवसर पर अभिवादन हेतु संप्रेषित आपके तार का मैं हार्दिक धन्यवाद देता हूँ और उन लोगों की सहायता के निमित्त जिन्होंने इस विजय की प्राप्त करने में सहायता दी है आपकी अत्यन्त दयालु भेट को मैं धन्यवाद के साथ स्वीकार करता हूँ।

आज्ञानुसार·········

लैफ्टीनेंट कर्नल राव राजा अमरसिहं मिलिटरी सैक्रेटरी सिद्ध श्रीमानु धर्म रक्षक न्यायपरायण वीराग्रगण्य रघुकूल भूषण नरुवंशावतंस राज राजेश्वर श्री अलवर नरेश

श्री अलवर राजधानी[8]

टिप्पणी : देवनागरी तार प्रणाली सन् १९४८ ई० से प्रारम्भ हुई है। अतः ये

तार या तो अंग्रेजी में या रोमन लिपि में भेजे गए होंगे किन्तु जनता की जानकारी के लिए इन्हें स्टेट गज़ट में हिन्दी में प्रकाशित कराया गया।

उदाहरण—6 अलवर गजट स्टेट

असाधारण अंक

संख्या ६७ अलवर मंगलवार तारीख २३ अक्तूबर सन् १९२३ जिल्द-१५
राजेन्द्र शासन विज्ञप्ति :

मैंने सम्राट के नाम जो तार भेजा था वह नीचे दिया जाता है :

'आज सबसे बड़े भारतीय उत्सव दशहरा के दिन महाराज को भक्ति और अनुराग पूर्वक अभिनन्दन करते हुए मेरी यह अनन्य बांच्छा है कि महाराज के साम्राज्य की दृढ़ता, सहकारियों एवं प्रजा की सुख शान्ति और साम्राज्य के सब अंगों के सुख तथा ऐश्वर्य की उत्तरोत्तर वृद्धि होती जाय'।

'उक्त तार का सम्राट ने कृपा पूर्वक निम्नलिखित उत्तर दिया है :

'इस भारतीय महोत्सव के शुभ अवसर पर श्रीमान ने उदारता पूर्वक जिस राजनिष्ठा का विश्वास दिलाया है, इसके लिये मैं श्रीमान् का हृदय से कृतज्ञ हूं। साम्राज्य की और श्रीमान् के हितेच्छापूर्ण भावों के विनिमय के लिए मैं इस अवसर पर अपनी उत्कट इच्छा प्रकट करता हूं कि श्रीमान् का राज्य चिरकाल तक सुखी और सम्पन्न बना रहे।[9]

'जार्ज आर० आई०'

ह० श्री महाराज

(हाथ से लिखा हुआ हुक्म)

सिरिश्तः हाजा में रहै ता० १/१३ १८/२३ ई०

ह०
हाकिम सिकारखाना

उदाहरण (5) और (6) के तारों के नमूने 'राजनय' में हिन्दी के प्रयोग के सशक्त उदाहरण हैं। रियासत के गजट में प्रकाशित इन तारों में भाषा के प्रवाह और रूप विशेषतः उल्लेखनीय हैं।

उदाहरण—7. ॥आत्मानं सततं विद्धि॥

असाधारण अंक,

अधिकारानुसार प्रकाशित किया गया

....

अलवर शुक्रवार तारीख ८ जनवरी सन् १९३७ ई०

....

होम डिपार्टमेंट गवर्नमेण्ट आफ इण्डिया द्वारा आया हुआ सन्देश आम इत्तिला के लिये शाया किया जाता है—

ऐलान पर हस्ताक्षर होने के फौरन ही बाद सम्राट जार्ज ६ कौंसिल में रौनक अफ़रोज हुए और उन्होंने निम्नलिखित घोषणा की—

यौर रौयल हाईनेसेज, माई लार्ड्स व जैण्टिलमैन मैं आज आपसे ऐसी व्यवस्था में उपस्थित होता हूं जिसकी मिसाल अपने देश के इतिहास में कहीं नहीं मिलती अब चूंकि सम्राट का कार्य मुझको सौंपा गया है मैं आपसे प्रतिज्ञा करता हूं कि मैं कौंस्टीट्यूशनल गवर्नमेण्ट का पूर्ण रूप से अनुरागी रहूंगा और सबसे श्रेष्ठ वही लक्ष्य रहेगा कि ब्रिटिश साम्राज्य के हित के लिये कार्य किया जावे। मेरी धर्मपत्नी मेरे इस अहम कार्य में मेरा साथ देगी। मैं ये भी आशा करता हूं कि समस्त प्रजावर्ग भी मुझे अपनी सहायता देगी। इसके अलावा सम्राट् होने पर मेरा पहिला कार्य ये होगा कि अपने भाई को एक ड्यूक्डम अता की जावे और आयन्दा ये रौयल हाईनेस ड्यूक आफ विण्डसर कहलावेंगे।[10]

सी० जी० प्रायर, प्राइम मिनिस्टर

इन हिज हाईनेसेज गवर्नमेण्ट अलवर,

....

मैनेजर स्टेट प्रेस द्वारा छाप कर प्रकाशित किया गया।

(इ) **उदयपुर**—राजस्थान की इस महत्त्वपूर्ण रियासत से संबंधित राजनयिक कामकाज में हिन्दी-प्रयोग के अनेक उदाहरण उपलब्ध हैं।

उदाहरण 1.—सन् 1857 ई० में रेजिडेन्सी की ओर से मेवाड़ के जागीरदारों को लिखे गए पत्रों की नकल है। पत्र राजनयिक कार्यों में हिन्दी के प्रयोग का एक अत्यंत महत्त्वपूर्ण दस्तावेज है। पत्र की मूल नकल में सारे शब्द एक दूसरे से जुड़े हुए थे और नागरी लिपि की लिखावट को समझने में पर्याप्त परिश्रम करना पड़ा। इस प्रकार की लिखावट के नमूने अन्यत्र भी दिए गए हैं उदाहरण सं० 1 में मानक हिन्दी का प्रवाह और हिन्दी की व्यापकता का दिग्दर्शन होता है। कहने का भाव है कि हिन्दी का प्रयोग मुख्य रियासतों के साथ पत्रव्यवहार में ही सीमित न होकर ठिकाणों तक में प्रचलित था और मानक हिन्दी ही सामान्यतः उपयोग में आती थी।

उदाहरण 1.—नकल षत अज तरफ साहब कलां बहादुर बनामै रावत अमरसिंघ जी भेंसरोड व रावत रणसिंह जी देवगढ व गकुरां परतापसिंघ जी वदनौर इलाके मेवाड़ अेक ही मजमुन लीषा गया। तारीष २८ जनवरी संन १८५७ ईस्वी मिती महासुदि ३, १९१३ का

अपरंच जो पहले वास्ते बंदोवस्त रीयास्त ऊदेपुर के अक कोलनामा तईयार हुवा था और राजने ऊस कोलनामे पर दसक्त कर दीये थे और ये बात याने दसक्त होणा ऊस कोलनामे पर राजकी तरफ से सबब रजाबंधी हमारी का हुवा था पीछे ऊस के ईस सबब से के हमने देषा के ऊस कोलनामे कुं दरबार अर ओर ठाकुर लोग पसंद नही करते है ईस वास्ते हम सदर कुं लीषंगे के वो कोलनामा बीलकुल रद होय अर माफक दसतूरी अगले कै कांम रीयासत ऊदेपुर का जारी रहे इस वास्ते राज कुं लिषा जाता है के राज बमुजब दसतुरां अगले कै हर तरे से अदब अर षीदबत दरबार की मै रहणा और जब तक के राज षीदमत और ताबेदारी दरबार की करते रहोगे अपणी जागीरात और पटेजात मे आरोम से बेठे रहोगे कुछ नुकसाँण राज का न होगा ओर जब तक कै हो सकेगा नाजरी महेरबानी सरकार अंगरेजी की राज पर रहेगी लेकिन राज यहे न समजे के मरजी सिरकार अंगरेजी की यहै कै षीलाफ दस्तुर हमेसे के कोय बात होय वलके ये मरजी सीरकार है कै दरबार और ठाकुर लोग और रईयत सब अपने अपने हक कुं पौचे और राज के मिजाज की षुसी का समाचार लीषोगे मुः नीमच षत तीनों कै नांम न्यारे न्यारे अर मजमुन अेक।[11]

उदाहरण 2.—नकल षत अज तरफ करनेल सर हिनरी मंटगुमरी लारनस साहेब बहादुर वनांमे रावत रणजीतसिंघ जी देवगढ मरकुमे तारीष ३१ जनवरी संन १८५७ ईसवी मिती महासुदि ६ १९१३ का—अपरंच षत राज का लिषा हुवा मिती महासुदि १ संमत १९१३ का ईस मजमुन से आया कै अठे अंसी षवर सुणी कै राज का काम तौ अजंठ साहेब के सुफरद हुवेगा हर राज का पदारणा वीलायत होता है अर हमारे राज की षात्री है जीस सबब से श्री दरबार नाराज है अर बदनांम कर रषा है सौ अहेवाल सब लीषा हुवा मालुम हुवा राज कुं जाहर होय कै बतारीष २८ जनवरी संन् हाल कुं षत राज के नांम वतोर तसलीनामे के लीषा गया है ऊस कै मजमुन के पडने से राज षातर जमा रहै और राज के मिजाज की षुसी का समाचार लीषोगे मुं नीमच[12]

टिप्पणी—उपर्युक्त पत्र में कुछ शब्दों के रूप उल्लेखनीय हैं।

सुफरद = सुपूर्द

पदारणा = पधारना

अर = और

षात्री=खातिरी

पडने=पढ़ने

उदाहरण 3.—नकल षरीता अज तरफ मेजर वलीयम फरीडरक ईडन साहब बहादुर कायम मुकांम अजंट गवरनर जनरल राजपुताना वनांम महारांणे जी ऊदेपुर ता० २१ मई सं० १८६० ईस्वी जेठ सुदी १, १९१७ का अपरंच आपके दरबार सें **वरवषत** नाजुक बलवे वागीयों के अछी तरे से मदत सब तरे की सरदार दोलतमदार अंगरेजी बहादुर की हुई ओर ईस महकमे से ईतला ऊसकी सरकार अबद पायदार मोसुफ कों की गई थी में बहुत षुसी षातर के साथ आपकों लीषता हुं के जनाब नबाब मुस्तताब मवोला अलकाब गवरनर जनरल बहादुर नायब सलतनत हींदुसथांन ने षरीता वास्ते अदा करणे सुकर षेरषुवाहीयों के आपके नांम लीषा है ओर ऊस मे येह दरज फुरमाया हे के षिलत वीस हजार रुपये का आपके वास्ते मेरी मारफत पोचेगा चुनाचें तईयारी ऊस्की होती है ओर ये भी जनाब ममदुह ने लीषा हे के **वाजे** सरदार व नोकर दरबार के याने म्हेता सेरसंघ जी व म्हेता गोपालदास जी व अरजन संघ वकील अजंटी मेवाड़ के ईन लोगों ने विच बंद करने मुहं दुसमनां सरकार दोलतमदार के जो आपकी फोज कों भी वगावत के वास्ते वहकाते थे कोसस सें बहोत की हें ईस लीयं ये भी लायक अदा करने सुकर ओर ईनांम के हे

लेकिन तजबीज ऊस्की आपकी मंजुरी पर है के माफक राय आपके अदा कर सकता हुं ओर वाजे आपके नोकरां व सरदारां के जीनुनं विच ऊन दीनो नाजुक के अछी षेरषुवाही की हे जैसे के राव वषतसंघ जी बेदले वाले व रावत महासंघ जी वेगुंवाले के ऊने के वास्ते साहब आलीसानं सीकटरी गवरमंट हींद ने व मुजब हुकम जनाब नबाब साहब ममदुह के सुकरीया षत लीषा हे ओर ईनका सुकर अदा कीया हे ओर मे भी ईनका सुकर अदा करूंगा ओर रावत महासंघ जी वंगुंवाले ने पेसतर दो हजार रु० बाबत ईस षेरषुवाहीयों के पाये हें अब राव जी वेदले वाले कों व मुजब हुकम नबाब साहब ममदुह के अेक तलवार पीछे सें भेजुंगा ओर आपके षुसी के समाचार लीषावसी[13]

उपर्युक्त अत्यंत महत्त्वपूर्ण पत्र में भाषा की और ध्यान न देकर इस पत्र की ऐतिहासिकता की ओर ध्यान देने की नितान्त आवश्यकता है--

1. बलवे बागियों से रियासत द्वारा अंग्रेजों की मदद करने का अर्थ है कि रियासत के द्वारा सन् 1857 ई० में अंग्रेजों की भरपूर सहायता की गई।

2. उसके आभार प्रदर्शनार्थ गवर्नर जनरल ने शुक्र अदा करने के लिए खरीता लिखा। गवर्नर जनरल के लिए "जनाब नबाब मुस्तताबमवोला अलकाब गवरनर जनरल बहादुर नायब सलतनत हींदुसंथान" शब्दों का प्रयोग किया गया हे।

3. रियासत को बीस हजार रुपये की खिलत फरमाई गई।

4. सरकार दौलतमदार के दुसमनां का मुह बंद करने के लिए की गई कोसस[14] के लिए म्हेता सेरसंघ आदि को ईनाम के लायक समझा गया।

5. अछी[15] षेरषुवाही[16] के लिए राव वषतसंघ जी बेदले वाले आदि के वास्ते सीक्टरी[17] गवरमंट हीद ने हुकम जनाब नवाब साहब के सुकरीया[18] षत लीषा।

6. ईस षेरषुवाहीयों के बाबत दो हजार रु० पाये रावत महासंघ जी ने

7. रावजी बेदले वाले को ममुजव हुकम नवाब साहब ममदुह के अेक[19] तलवार पीछे से भेजने की सूचना दी गई।

हिन्दी में पत्र-व्यवहार के ऐसे दस्तावेज विभिन्न अभिलेखागारों में प्रचुर मात्रा में उपलब्ध हैं। इन्हें प्रकाश में लाना इस युग की, जबकि हिन्दी को भारत संघ की राजभाषा का गौरवपूर्ण स्थान प्राप्त कराने के लिए हिन्दी के पक्षधरों को, अंग्रेजी के ऐसे हिमायतियों से लोहा लेना पड़ रहा है, जो नए-नए तर्क देकर हिन्दी की असमर्थता का वर्णन करते रहकर अंग्रेजी को बनाए रखने की वकालत करते नहीं अघाते, महती ही नहीं अनिवार्य आवश्यकता है।

उदाहरण 4.—षरीता साहिब अजंट गवरनर जनरल बहादुर राजपूताना की तर्फ़ से उदयपूर के म्हाराणा शंभूसिंह जी के नाम, अपरंच आपकी रियासत से आलीहिमती और गुरबापरवरी के षयाल से ८०००) आठ हज़ार रुपये लंकेशेर के मोताजों आफ़तज़दों के लिये षेरात के तौर पर भेजा था आज कमेटी मोसूफह के सिकरेटरी साहिब बहादुर की चिट्ठी से मालूम हुवा कि आपने जो उन गरीब म्होताजों पर रहम फ़रमाया उससे साहिबान कमेटी मोसूफह ने बहुत षुश और आपके शुकुर-गुज़ार होकर इस शुकरगुजारी के जाहिर करने के लिये आपकू लिषने में आया है और जोकि ऐसे गरीबों म्होताजों पर रहम और ऐसे नेक कामों की तर्फ़ तवज्जह करना बहुत मुनासिब है और ऐसे कामों से दोनूं जगह अर्थात दुनया वा आषरत में भला होता है इस वासते दोस्तदार भी आपके ऐसे नेक काम की तर्फ़ तवज्जह और म्होताजों की दस्तगीरी फरमाने का हाल सुनकर बहुत ही षुश और शुकुर गुजार हुवा सो जानसी और आपके मिज़ाज मुबारक के षुशी के स्माचार हमेशह लिषना फरमावशी।

टिप्पणी—इसी प्रकार के षरीते एक ही तारीख में निम्नलिखित को भी लिखे गए बीकानेर के म्हाराजा सरदारसिंह जी के नाम रुपये ५०००) का तथा म्होकरण के ठाकुर भबूतसिंह जी के नाम रुपये १०००) का तारीष २७वीं फ़रवरी सन १८६३ ईस्वी[20]

उदाहरण 5.—खत बनाम पंडित रतनेश्वर मुलाज़िम (राज उदयपूर)

स्वस्ति श्री उदयपुर शुभस्थाने श्री पंडित रतनेश्वर जी जोग्य करनेल वलयम फरीड़रक ईडन साहिब बहादुर लिखावतं सलाम बचंना जी यहाँ के समाचार भले हैं तुम्हारे सदा भले चाहियें अपरंच अरजी तुम्हारी लिखी हुई १०वीं जोलाई सन

१८६५ पौंछी उसके समाचारों को सुन्ने से हमकू बहुत खूशी हुई चाहिये कि इसी तरह अपने चैन चार के समाचारों से हमेशह इतला करते रहो और म्हाराना साहिब जो पाठशाला में आये और विद्यार्थियों से परिक्षा के तौर पर कुछ पढ़वाकर सुना इस बात के मालूम होने से मैं अत्यन्त प्रसन्न हुवा और मैं भरोसा करता हूं कि जो म्हाराना साहिब इसी तरह पाठशाला की तर्फ मुतवज्जह रहेंगे तो पाठशाला के कामों में बहुत वृद्धि होगी और यह भी तुम्हारे लिखने से दरयाफ्त हुवा कि म्हाराना साहिब दोपहर तक रियास्त का काम किया करते हैं और फुरसत के वक्त मनुस्मृति वगैरह पढ़ा भी करते हैं यह भी अच्छी बात है परंत उम्मेद है कि म्हाराना साहिब विद्याभ्यास में भी कमी न फरमावेंगे बल्कि विद्या हासिल करने में खूब कोशिश करते रहें कि विद्या का सीखना बहुत फायदहमंद और उनकी नामवरी और मेरी खुशी खातिर का कारण है और जिस वक्त में यह सुनूंगा कि म्हाराना साहिब के पढ़ने लिखने में कुछ तरकी है उस वक्त मुझे बहुत आनन्द होगा और में भी म्हाराना साहिब कू इस मामले में लिखूंगा तारीख २० जोलाई सन १८६५ ईस्वी[21]

(ई) **जयपुर**—कई दस्तावेज़, खत आदि उपलब्ध होते हैं जिनसे जयपुर राज्य में हिन्दी में पत्र-व्यवहार की पुष्टि होती है। वस्तुतः यहाँ हिन्दी में पत्र-व्यवहार स्वाभाविक रूप से होता रहा। भाषा का रूप भी अन्य रियासतों से भिन्न नहीं रहा। आगे सन १965 ई० के पत्र का उद्धरण दिया गया है। पत्र के प्रारम्भ तथा अन्त में सामान्य राजस्थानी शैली का ही प्रयोग हुआ है। उदाहरण (2) वर्ष 1879 में राजपूताने की रियासतों के साथ पंजाब की रियासतों के सीमा संबंधी विवादों के हल के लिए नियमों को उद्धृत किया जा रहा है। इन नियमों में अंग्रेजों की कूटनीति और राजनय का सुंदर रूप मिलता है। यद्यपि नियमों को विधि-क्षेत्र में भी लिया जा सकता है किन्तु ये नियम—रियासतों के मध्य विवादों के संबंध में होने के कारण इन्हें 'राजनय' में लिया गया है।

उदाहरण 1 : खत बनाम ठाकुर बांराज इलाके जयपुर सिद्धि श्री सर्बोपमा ठाकुरां श्री शिवसिंह जी जोग्य करनेल वलयम फ्रीडरक ईडन साहिब बहादुर अजंट गवरनर जनरल राजस्थान लिखावंतु सलाम बाचं सी अठाका समाचार भलाछै राज का सदा भला चाहीजे अपरंच खत राजका मिती बैसाख बंद ५ सम्वत १९२१ का लिखा हुआ मऐ ठाकुर हुकमसिंह जी वाला २ मुनालाल के बतारे मुबारवादी बाबत मुकर्रर होने हमारे औहदल जलीलह अजंट गवरनर जनरल राजस्थान पर पोंछा और राजने हमारी मुलाकात की आरजू वगैरह समाचार शौकय लिखे सो मालूम हुए और राज के मिजाज की खुशी के समाचार दरयाफ्त होने से हमकू भी खशी हासिल हुई सो जाणसी और हमेशह खुशी का समाचार लिखता रहसी

तारीख २४वीं अपरेल सन १८६५ ईस्वी[22]

उदाहरण 2 : क़ायदे हद्दबस्त के उन झगड़ों के निबटेरे के लिये जो राजपुताने और पंजाब की हिन्दुस्तानी रियासतों में पैदा होते हैं ॥[23]

क़ायदा १ : चाहिये कि एक नायब हर एक रियासत का जिसको झगड़े से लगाव हो झगड़े की हद पर हदबस्त के अफ़सर के पास हाज़िर हो और ज़रूर है कि ऐसे नायब के पास लिखा हुआ इख़्तियार नामा उस रियासत की तरफ़ से सरहद्द के निबटेरा संबंधी कामों में अमल करने के लिये मौजूद रहे उस नायब के सब काम और काररवाई जो सरहद्द के निबटेरे के मध्ये हो उस रियासत के लिये अटल और माननीय होगी जिसका वह नायब हो ॥

वह लिखा हुआ इख्तियार नामा जो ऐसे हर नायब के पास मौजूद हो उस हद्दबस्त के अफ़सर के हवाले होकर उसी अफ़सर के काग़जों में शामिल किया जायगा ॥

क़ायदा २ : हद्दबस्त के अफ़सर को चाहिये कि जिन रियासतों से प्रयोजन हो उन्हें नीचे लिखी हुई बातों की इत्तिला दे यानी वह कौन-कौन से सरहद्द के झगड़े का निबटेरा किया चाहता है और एक-एक झगड़े की तहकीक़ात एक वा कई किन तारीखों के लगभग होगी और इत्तिला के साथ उनको ताक़ीद कर दे कि वे अपने-अपने दाबे का लिखा हुआ बयान और सुबूत के गवाह और सब काग़ज़ पत्र झगड़े की सरहद्द पर उस समय तैयार रक्खें जबकि वह अफ़सर वहां पहुंचे ऐसे तारीखों के ठहराने में यह बात ठीक-ठीक अनुमान के साथ भली भांत देखली जायगी कि मुक़दमे की तैय्यारी और गवाहों के हाज़िर करने में निश्चय कर कितना अरसा लगेगा ॥

टिप्पणी : आगे का भाग छोड़ दिया गया है।

नायब = Representative

हद्दबस्त के अफ़सर = Boundary officer

इख़्तियार = Authority

उदाहरण 3 : जयपुर गजट, तारीख १ जनवरी सन् १९२४, '४'

तरजुमा डाकिट साहब रेजीडेन्ट बहादुर मुक़ीम जयपुर नम्बर ४७८७,

तारीख ६ सितम्बर सन् १९०३ ई०

मजमून फिकराजात नम्बर १ व २ मुन्दरजे रिजोलियुशन नम्बर २८३१-४२ मुवर्रखा ८ दिसम्बर सन् १८९९ ई० राज में भेजकर दरखवास्त हैं कि दरबार जयपुर बराह मेहरबानी इसको रियासत जयपुर में मुश्तहिर करा दें। तरजुमा मजमून फिकरेजात बम्बई १ व २ मुन्दरजे रिजोलियुशन नम्बर २८३१-४२ मुबर्रखा ८ दिसम्बर सन् १८९९ इस्वी।

गवर्नमेन्ट ओफ इण्डिया को यह बतलाया गया कि अक्सर ऐसा होता है कि

हिन्दुस्तान के बाशिन्दगान सानी तुलबा बगेरा पास हसिल करना चाहते हैं। ऐसे दीगर मुमालिक में सफर करे कि जहाँ पास की जरूरत है या होना मुनासिब हैं और इस शहादत के न होने के सबब से कि दरख्वास्त कुनिन्दा रिअयाय अंग्रेजी है और इस बजे से वह पास का मुस्तहिक्र हैं अक्सर दिक़त वाके होती हैं इस बारे में इमदाद के वास्ते भी साहब सेक्रेटरी ऑफ इस्टेट हिन्दुस्तान को मुहताज हिन्दुस्तानियों ने कि जो अपने मुमालिक को वापिस जाना चाहते हैं और उन तुलवाने कि जो बवजह हालत मुहताजी अपनी तालीम को पूरा नहीं कर सकते हैं अक्सर दरख्वास्तें भी की हैं 2—चुनाचे जनाब गवर्नर-जनरल बहादुर ने बइजलास कौन्सिल यह तजबीज फरमाई है कि हिन्दुस्तान के तुलबा और दीगर अशखास कि जो इनगलिस्तान आवें उनको चाहिए कि हिन्दुस्तान से रवाना होने से कबल ऐक मुसतनिद सारटीफिकेट शनाखत कि जिस पर साहब रजिडन्ट बहादुर के तसदीकी दस्तखत हों बमुजिब कवायद मुनसलके हाजा हासिल करें तालिबइल्म के सारटीफिकेट पर उसके आखरी इसकूल या कालिज के अफसर के दस्तखत होने चाहिए और उस सारटीफिकेट पर तसदीकी दस्तखत साहब रजिडन्ट बहादुर के होने चाहिए।

तरजुमा कबायद सारटीफिकट : १ = नाम दरखवासत कुंन्ददा,

२. बलदियत और जात,

३. जाय सिकूनत,

४. उमर दरख्वास्त कुंन्ददा की,

५. कौमियत दरखुवास्त कुनिनंदा की,

६. बिरादिरी में आमदनी की हैसियत उसके वीलिद या सरपरस्त की कैसी हैं,

७. अंदाजन तारीख रवानगी दरखुवास्त कुनंदा की हिन्दुस्तान से,

८. मनशा दरख्वास्त कुनंदा का इंगलिस्तान जाने के अंदर क्या हैं।[24]

(उ) जैसलमेर : इस रियासत से सम्बन्धित चार उदाहरण दिए गए हैं। पहला पत्र सन् 1861 ई० का है। इसमें 'शौक' को 'शोक' लिखा गया है। दूसरे पत्र में खत को 'षत' अर्थात् 'ख' को 'ष' के रूप में लिखा गया है। पत्र के अध्ययन से जैसलमेर की तत्कालीन स्थिति और अंग्रेजों का उसके सम्बन्ध में रवैये का पता चलता है। पत्र में बड़ी बुद्धिमानी से कुंवर बैरीसाल की आयु के विषय में पूछताछ की गई है।

तीसरा पत्र जैसलमेर के ठाकुर के नाम बड़ी कूटनीतिक भाषा में लिखा गया है। पत्र की भाषा कड़ी होते हुए भी राजनय का एक सुन्दर उदाहरण है।

उदाहरण 1 : खत ठाकुर पोहकरन के नाम साहिब कलां बहादुर राजपूताना की तर्फ से १९ नवम्बर १८६१ ई० अपरंच राज का खत मशअरहाल शोक

मुलाकात वगेरह के पहुंचा खुशी हासिल हुई जोकि आना हमारा दारे हसोंसिह बीकानेर मोकूफ रहा यस वासते मुलाकात का शोक दिल में रहा इति[25]

उदाहरण २ : षत बनाम म्हारानी बीकी जी **जयसलमेर वाली**

२४वीं जून १८६४

सिद्धि श्री सर्वोपमा म्हारानी जी श्री बीकी जी जोग्य करनेल इलयट साहिब बहादुर लिषावतुं सलाम वांचजो अठा का समाचार भला छै आपका सदा भला चाहीजे अपरंच आपका षत लिषा हुवा मिती जेठ सुद ११ का पोंछा म्हारावल रणजीतसिंह जी बहादुर के बैकुंट बाश होने की षबर सुन्ने से हमकू भी रंज वा अफसोस हुआ परंत प्रमेश्वर की मरजी सबर करना चाहिये और म्हारावल साहिब बैकुंट बाशी के हकीकी भाई कंवर बैरीसाल जी की उनको जगह गद्दीनशीन होने का हाल लिषा सो जोकि ब मूजिब रबाज मुल्क और म्हारावल साहिब मरहूम की वसीयत के और आपकी मरजी और राज जैसलमेर के सरदारों की सलाह से यह तजवीज़ होना आपने लिषा है बहुत मुनासिब है हमकू भी मसर्रत हासिल हुई और प्रमेश्वर ने चाहा तो हम भी दोरह के वक्त उधर आकर सब हाल देष लेंगे और भरोसा है कि मेजर निकसन साहिब बहादुर पोलिटिकेल अजंट मारवाड हमसे पहिले जैसलमेर की तर्फ़ पौंछेंगे और आपने कुंवर बैरीसाल जी की कुछ उम्र का हाल न्हीं लिषा सो अब लिषासी और म्हेरबानी राषसी ता. २४वीं जून १८६४[26]

उदाहरण 3 : खत बनाम मुख़तार रियासत जयसलमेर १० जोलाई

स्वस्ति श्री सर्वोपमा ठाकुरां राज श्री केसरीसिंह जी जोग्य करनेल वलयम फ्रीड़रक ईडन साहिब बहादुर अंजट गवरनर जनरल बहादुर राजपूताना लिखावतुं सलाम बांच जो अठाका समाचार भला छै राज का सदा भला चाहीजे अपरंच मुजकू अफसोस आता है कि कई भारी और बड़ी शिकायत आपके कारोबार की खर्च बाबत तआहुदकार रियासत जयसलमेर के मेरे पास आई और में दरयाफ्त करना चाहता हूं कि यह सच हैं या नहीं लेकिन हमकू यकीन न्हीं आता जब तक तहकीकात न हो क्योंकि आपने मेजर निकसन साहिब बहादुर साबिक अजंट जोधपूर से साल गुजशतह मास नवम्बर में वाइदा किया था कि अगर कुछकारे रियासत में फर्क होगा तो आप जबाब देंगे क्यों कर है कि मैं ऐसी सखत शिकायत म्हाराणी बीकी जी और दूसरे लोगों से निसबत आपके सुनता हूं यह शिकायत भारी और बड़ी है और ऐसा मालूम होता है कि वे असल न्हीं है इस दरयाफ्त करना मुझकू जरूर है क्योंकि हम पर लाजिम है हक़ म्हारावल बैरीसाल पर लिहाज रखें कि जिसकी रियासत के कारोबार में लोग ऐसा कहते हैं कि आप विल्कुल बेफिकर हैं बल्कि आप उन लोगों के शरीक हैं जो रियासत कू बिगाड़ते हैं यहां तक कि रईयत बसबब जुल्म के अपना घर छोड़कर भागे जाते हैं और

सिपाहियों और मुलाजिमों रियासत कू अब तक तनखाह न्हीं मिली और कुछ आमदनी खजानह में न्हीं आती हासिल कलाम कि रियासत बिलकुल तबाह और बरबाद हुई जाती है।[27]

उदाहरण 4 : ख़त बनाम ठाकुर केसरीसिंह जी मुखतार राज जयसलमेर में २८वीं सितम्बर अपरंच राज का ख़त लिखा हुवा मिती आसोजबद हका पोंछा बहुत खुशी हुई राज् ने जो समाचार राज जयसलमेर के बन्दोबस्त की बाबत गदीनशीनी वगैरह और हमारे जल्द जयसलमेर आने की दरखास्त लिखी सो सब मालूम हुई जो कि हम २७ तारीख इस महीने कू रवानह हो चुके हैं इस वास्ते राजकू इत्तला के तौर पर लिखा जाता है कि अब यकीन है कि १९ या २० रोज में जयसलमेर प्होंच जावेंगे सो जानोगो इति ।।[28]

टिप्पणी : रवानह = रवाना = प्रस्थान

(ऊ) जोधपुर

रियासत के जागीरदारों और महाराज के साथ पत्र-व्यवहार में हिन्दी के प्रयोग के अनेक उदाहरणों में से कुछ उद्धृत किए गए हैं। आगे उद्धृत पहला पत्र जोधपुर रियासत के नीमाज ठिकाणे के ठाकुर को सम्बोधित है।

दूसरा पत्र राजनय का उत्तम उदाहरण है जो अंग्रेजों की ओर से ठाकुर गुलाबसिंह को लिखा गया है। अंग्रेजों का लक्ष्य रियासतों के महाराजाओं को प्रसन्न रखकर नीचे के जागीरदारों को उनके अधीन बने रहने देकर अपना शासन जमाए रखने का था किन्तु आवश्यकता होने पर वे विद्रोह कराने से भी नहीं चूकते थे।

तीसरा पत्र सामान्य शिष्टाचार का प्रतीक है। किन्तु इससे यह पुष्टि अवश्य होती है कि हिन्दी का प्रयोग राजस्थान के भीतरी क्षेत्रों तक भी होता रहा है।

उदाहरण 1 : षत करनेल इलयट साहिब बहादुर की तर्फ से **नीमाज के ठाकुर** गुलाबसिंह के नाम २ मे सन् १८६४ अपरंच राज का षत पोंछा राजने हमारे इस ओहदह अजंटी राजपूताना पर तशरीफ लाने से होना षुशी का और शोक मुलाकात का लिषा सो मालूम हुवा और हमकू भी राज की षुशी के समाचार दरयाफ्त होने से षुशी हुई सो जानसी इति ।[29]

उदाहरण 2 : राजपूताना अजंसी के षरीतों वा षतों वगैरह की नकल की किताब बाबत सन् १८६५ ई०

ठाकुर नीबाज इलाक़ै मारवाड

स्वस्ति श्री सर्वोपमा ठाकुरां श्री गुलाबसिंह जी जोग्य राजश्री करनेल इलयट साहिब बहादुर लिषावतुं मुजरो बांच जो अठा का समाचार भला छै राज का सदा भला चाहीजै अपरंच राज का ख़त लिखा हुवा मिती पोस बद १४ सम्वत १९२१

इस खुलासे से कि राज के गांव और राज के मोतमिद साह रामनाथ का असबाब वा जगां मुसाहबान राज जोधपूर ने जो बेगुनाह ज़ब्त कर लिया था और जिसके वासते राज ने इस महमे में नालिश की थी अब सिवाय गांव नादंण के और चंद गांव बहाल कर दिये परंत माल वा असबाब वा जगा साह मज़कूर की और गांव नादंण राज का वापिस न्हीं दिया सो दिलाया जावे नये मोतमिद मुलाहज़ह से गुज़रा इसलिये राज कू लिखा जाता है कि अब ज़ियादा दस्तअन्दाज़ी न्हीं हो सकती सो जानोगे और षुशी का कागज़ लिषबोकरणा ता. ६ जनवरी सन् १८६५ ई०[30]

उदाहरण 3 : ख़त बनाम ठाकुर आहोर इलाके जोधपूर

स्वस्ति श्री सर्वोपमा ठाकुरां श्री जसवर्तसिंह जी जोगराज श्री करनैल वलयम फ्रीडरक ईड़न साहिब बहादुर लिखावतुं मुजरो बांचजो अठा का समाचार भला छै राज का सदा भला चाहीजै अपरंच राज का ख़त लिखा हुवा मिती जेठ बद ३ सम्वत १९२२ का पोंछा खुशी हुई राजने हमारी मुलाकात का शोक लिखा सो मालूम होकर राज कू लिखा जाता है कि हमकू भी राज से मुलाक़ात कर खुशी हासिल करने की आरजू है परंत होना मुलाकात का वक्त पर मुनहसिर है सो जानसी और खुशी का कागिज लीखबोकरणा तारीख १६ मे सन् १८६५ ई०[31]

(ए) डूंगरपुर

रियासत में राजनय में हिन्दी प्रयोग सम्बन्धी एक पत्र प्रस्तुत है।

श्री ऐकलीग जी

स्विंस्तिं श्री जैपुर की सावणी माहा सुभ सुथांनै सरव ओपमा लायक राजे श्री कपतांन बुरक साहेब बाहादुर जी जोग्य डुगरपुर सुभाहारांणी जी श्री देवडी जी लषतु सलांम वंसावसी अग का समीसार श्री ऐकलीगजी की ऋपा सु आपकी सुब नजर सुकर भला से राजका सदा भला साहीजै अप्रंच अणां दनां में राज का षरीता नहीं सो ऋपा कर कै लष भेजावसी और मारे तो आप घणी बात सो आप सवाय दुजी काइवात नहीं सै फेर आपके मेरा काम जी साहैब सुराय दासै जी ही मुजब मेरै परै परवस्ती रषावगी साहीजै फेर कामकाज हमेसां लषावसी दसकत आगो पासो वै तौ गुनौ माफ करावसी काती वद म्दने कवर षुमांण सिंघ की सलांम वंसावसी।[32]

टिप्पणी : सरब ओपमा = सर्वोपमा, समीसार = समाचार

साहीजै = चाहीजै

ऋपा = कृपा, गुनौ = गुनाह

(ऐ) बांसवाड़ा

इस रियासत सम्बन्धी एक षरीता प्रस्तुत है।

रावजी कुसलगढ़ इलाक़ा बांसवाड़ा के नाम

स्वस्ति श्री रावजी हमीरसिंहजी जोग्य राजश्री जनरल जारज सेंट पेटरिक लारेंस साहिब बहादुर लिषावतं सलाम बांचजो अठा का समाचार भला छै राज का भला चाहीजे अपरंच राजषत प्होंचा शिकायत रावलजी बांसवाड़ा वगेरह जो २ बातें लिषी सो मालूम हुई जो कि पहिले भी राज कू लिषा गया था कि मवाफिक दसतूर क़दीम जैसे राज के बुजरगों ने राज बांसवाड़ा की ताबेदारी की है, करते रहो और सीनाज़ोरी मत करो और जो कुछ वाजबी अरज करना हो यहाँ वाला २ लिषना कुछ ज़रूर न्हीं साहिब अजंट बहादुर मेवाड़ की षिदमत में अर्ज करो परंत मालूम होता है कि राज ने उस हुकुम पर षयाल न किया इसलिये अब फिर लिषा जाता है कि हमारे पहिले हुक्म की तामील करो और ज़ियादती वा सीना-जोरी किसी तरह की मत करो और यहां बार २ वाला २ लिषना कुछ जरूर न्ही जो आयंदा बाला २ लिषोगे तो यहां से जवाब न्हीं भेजा जावेगा सो जानोगे ता० १९वीं जून सन् १८६३ ई०[33]

(ओ) बीकानेर

इस रियासत में राजनय में हिन्दी के प्रयोग की परम्परा पुरातन है। आगे उद्धृत पहला पत्र जो राजपूताना रेज़िडेन्सी की ओर से लिखा गया है, उसमें 'राजनय' का सुन्दर रूप दृष्टिगोचर होता है। रियासतों की ओर से वकीलों के द्वारा अंग्रेज मेमों अर्थात् असिस्टेण्ट एजेण्ट गवर्नर जनरल आदि की पत्नियों को उपहार भेंट करके प्रसन्न करने के यत्नों की बहुत यथार्थ जानकारी इस पहले पत्र से प्रकट होती है। किन्तु अंग्रेज लोग ऐसे मामलों में कितने कठोर थे, यह भी स्पष्ट होता है। यही कारण हैं कि वकील को बदलने के लिए लिखा गया।

दूसरा उदाहरण भी उन दिनों (सन 1863 ई०) में अंग्रेजों द्वारा दो रियासतों के मध्य विवादों के निपटान के लिए यात्रा भत्ता और मार्ग व्यय दोनों रियासतों से वसूल करने की परिपाटी का द्योतक है।

उदाहरण *1* : खरीतह साहिब कलां बहादुर की तर्फ़ से बीकानेर के रईस के नाम २६ जून १८६१ मिती असाड़ बद ४, १९१८ अपरंच वजि साहिब असिस्टेंट अजंट गवरनर जनरल बहादुर ने हमको रपोट की कि आपका वकील साहिब असिस्टेंट बहादुर की मेम को अंगूठी नजर देने लगा—साहिब ने इनकार किया —वकील ने कहा कि इस्में कुछ हर्ज नहीं है सब असिस्टेंटों की मेमों ने ऐसी छोटी किस्म की नज्र ली है और इसी तरह की १ अंगूठी आपके वकील ने डाक्टर साहिब मुतइयनह इस अजंसी को देना चाहा जो कि आपके वकील का यह कहना

कि ऐसी नज्र देने का दसतूर है असिस्टेंटों की मेम साहिबों को सररिशता है बिलकुल गलत और खिलाफ वाकई है बल्कि इस बात में क्तिई हुक्म मुमानअत का सरकार से जारी है इस वास्ते आपकी खिदमत में लिखा जाता है कि अगरचे दोस्तदार आपके वकील से अब तक खुश रहा और अफस्सोस है कि ऐसे दाना और समझदार शखस से ऐसी हरकत नामुलायम जहूर में आवे मगर ब: लिहाज बदनामी और न: रहने ऐतबार उसके लिखा जाता है कि अब वह काबिल रहने इस अजंसी के नहीं उसकी बदले दूसरा कोई आदमी बीकानेर का रहने वाला वकील मुकरर कर जल्द भिजावशो और वकील को भी कहा गया है कि जब तक दूसरा वकील नहीं आवे दरबार वा खानगी मुलाकात को वह हमारे पास न आवे और आपके राज के कामकाज लिखावट से होते रहेंगे इत्तिला अं लिखा गया मिजाज मुबारक की खुशी के स्माचार हमेशे लिखना फरमावशो इति[34]···अस्पष्ट भाग

उदाहरण 2 : ष़रीता बीकानेर के म्हाराजा सरदारसिंहजी के नाम अपरंच सन १८६१ ई० में कपतान जारिज हमिलटन साहिब बहादुर असिसटेंट दोसतदार वासते फैसले तकरार सरहद घड़याले इलाके बीकानेर और गिरराज सर इलाके जयसलमेर के तशरीफ ले गये थे और तहकीकात मुकदमह की कर २ तशरीफ ले आये थे फिर आपकी दरषास्त म्वाफिक सन १८६२ ई० में वासते हद बांधने के सेहदह राज भावलपुर से सेहदह राज जोधपुर तक तशरीफ ले गये थे बांबत सफ़र षर्चं साहिब मम्दूह और तंषाह अमलै दोनू दफा के तीन हज़ार नौ सौ रुपये राज बीकानेर और जयसलमेर के ज़िमह साहिब मोसूफ के भेजे हुये हिसाब की रू से वाजिब चाहिए इसलिए आपकू लिषने में आता है कि १९५०) बाबत आधे हिससह राज बीकानेर इस षरीते के प्होंचते ही दोस्तदार के पास भेजना फरमावें कि साहिब मम्दूह की षिदमत में भेजे जावें ॥ ता० २२ जून सन १८६३ ई०[35]

निम्नलिखित उदाहरण (3) बीकानेर रियासत सम्बन्धी 'राजनय' का अन्यतम उदाहरण है। अंग्रेज लोग 1857 ई० के स्वतन्त्रता संग्राम में उनकी सहायता करने वालों के हितों के प्रति कितने जागरूक थे, इसका यह एक बेजोड़ उदाहरण है। बीकानेर निवासी बनसीलाल अबीरचन्द को मद्रास से बीकानेर जाने पर वहाँ सब आवश्यक आदर तथा शिष्टाचार प्रदान करने को कहा गया है। उसे राय बहादुर की पदवी भी दी गई, इसका भी इसमें उल्लेख है। इस उदाहरण में कुछ शब्द विशेष रूप से ध्यान देने योग्य हैं।

ष़ेरषाह, मोज्ज़ज़, कदरदानी, लिहाज़, षातरी, इज्जत, षिदमत आदि।

उदाहरण 3 : षरीता बनाम महाराजा बीकानेर

ता० ३०वीं जनवरी सन १८६४ ईस्वी

अपरंच बजरये कमसरी जनरल साहिब बहादुर मंदरास दरषास्त बनसीलाल अबीरचंद राय बहादुर वा आनरेरी मजसटरेट साकिल बीकानेर हाल आबाद

नागपुर कायंटी कि जिसने ग़दर के दिनों में सरकार की बहुत ष़ेरषाही की थी सरकार की षि़दमत बजा लाया था और उसकी ऐवज में सरकार अंगरेज बहादुर से राय बहादुर का षि़ताब और इज्ज़त वा हफ़तेबार पाया और जो अब बीकानेर अपने वतन को जाता है गवरनमेंट मंदरास के हजूर में पोंछकर साहिब सेकरटरी बहादुर मंदरास की चिट्ठी लिषी हुई १५ जनवरी सन १८६४ नं १० के साथ इस मुराद से वसूल हुई कि सेठ मज़कूर सरकार अंगरेजी का बड़ा ष़ेरषाह और मोज्जिज़ है महाराजा साहिब बहादुर बीकानेर भी बराह कदरदानी लिहाज रषें कि उसके वतन में उसकी षातरी वा इज्ज़त वाजबी में कमी न हो इसलिये अंगरेजी चिठियात की यानी सेठ मज़कूर की दरषास्त और कमिसरी जनरल साहिब बहादुर वा सेकरटरी साहिब मंदरास की चिट्ठी की नक्लें इस षरीते के साथ आपकी षि़दमत में भेजकर लिषने में आता है कि आप मनशाय चिट्ठियात वा इस ष़रीते पर लिहाज़ रषें[36]

अगला उदाहरण संख्या (4) बीकानेर रियासत के अभिलेखों में वाइसराय के उस शिष्टाचार सम्बन्धी भाषण का हिन्दी अनुवाद है जो उन्होंने महाराजा बीकानेर द्वारा दिए गए भोज के अवसर पर महाराजा के भाषण के उत्तर में दिया। पत्रावली में भाषण का अनुवाद मिला है।

॥ बड़े खाने की स्पीच ॥

उदाहरण 4 : योर हाईनिस लेडीज व जैंटिलमैन—

जिन मुहब्बत के भरे हुवे लफ्जों में हिज हाईनिस ने मेरी सेहत के प्याले पीने की तहरीक की है जिस शानदार मिहमानबाजी से आपने हमारी खातिर की है—और जिस दिलीजोश से आपने लेडी मिन्टो और हमारी लड़कियों का इस्तकवाल किया है—मुझे यह बहुत मुश्किल मालूम होता है कि मैं उन सबका शुकरिया अपनी ख्वाहिश के मुताबिक अदा करूँ आपकी रिआया ने जो खातिर हमारी ब हैसियत बादशाह कैसर हिन्द के कायम मुकाम के की है उसका मेरे दिल पर बड़ा गहिरा असर हुआ है और में यौर हाईनिस को यकीन दिलाता हूं कि अपने हिन्दुस्तान में आने के बाद जो मुझको बीकानेर आने का इस कदरजल्द मौका मिला उससे मुझको बहुत खुशी हुई क्योंकि मैंने रियासत बीकानेर और उसके फरमांरखा के कावलियत के इंतिजाम के बारे में बहुत कुछ तरीफ सुन रक्खी है—ताहम में इस बात को महसूस किये बगैर नहीं रह सकता कि हमारा आना महाराणी साहिबा के स्वर्गवास होने के रंज और दुःख के जमाने के बहुत ही करीब हुवा है, और सिर्फ मैं आपसे यह दरख्वास्त कर सकता हूँ कि आप अपने बेशुमार दोस्तों और रिआया के साथ हमको इस रंज में शारीक होने की इजाजत देंगे—

जो कुछ योर हाईनिस ने अपनी रिआया की आइन्दः बिहतरी के वास्ते

उम्मेदें व फिकरें निहायत उम्दगी के साथ बयान की हैं। उनको मैंने निहायत दिलचस्पी के साथ सुना इन फिक्रों को मैं खूब समझ सकता हूँ—हर लफ्ज जो आप ने कहा है उससे मालूम होता है कि आप आपनी रियासत की जरूरतों से मुफस्सिल तौर पर वाफिक्र वाकिफ हैं, और यह भी ज़ाहिर होता है कि आपको रियासत के वसीलों की तरक्की की बहुत बड़ी ख्वाहिश है—और मैं यह ख्याल किये बगैर नहीं रह सकता कि आप अपनी आने वाली मुश्किलों को निहायत खुशी के साथ इसे पूरे भरोस से देख रहे हैं कि आखिर आप उनको जीतकर रहेंगे।

मैं ख्याल करता हूँ कि योर हाईनेस मेरे इस कहने में नुक्ताचीनी न करेंगे कि आपको बहरहाल अपनी कामयाबी के लिए एक बड़ा फायदा हासिल है यानी नौजवानी आपके साथ है—मैं उम्मेद करता हूँ कि अभी आपके बहुत से ऐसे साल आने वाले हैं कि जिनमें आपको अपनी रिआया की बहबूदी का ख्याल रखना होगा—आपने दुनिया बहुत कुछ देखी है—अपने गैर मुल्कों में सलतनत की खिदमात नेक नामी के साथ अदा की हैं—आपने सलतनन का मरकज राजधानी भी देखी है और वहाँ के बड़े-बड़े आदमी आपको निहायत इज्जत की निगाह से देखते हैं तो भी बावजूद इस बात के कि योरोपियन तरीक और ख्यालात में से आप सिर्फ अच्छी बात को पसन्द करते हैं—आपने अपने मुल्क के रहने सहने के ढंग, मजहब, और कौमी रिवायतों से अपने तईअलहिदा नहीं किया है—मैं इस बात को नहीं बियान कर सकता कि मेरी राय में हिन्दुस्तान की आइन्दा बिहतरी : हिन्दुस्तान के फरमारंवाओं के इंतिजाम पर किस कदरज्यादा मुनहसिर है—योरुप के साथ जल्दी आमदरफु और खत किताबत के वसीले दिन व दिन तरक्की पर हैं—पश्चिमी दुनिया के असर जिनमें से कुछ अच्छे हैं कुछ बुरे हैं पूरबी दुनिया के लोगों की जिन्दगी पर आहिस्ता-आहिस्ता अपना रंग जमाते जा रहे हैं—और जो लोग कि अपने आपको बनाना नहीं चाहते वह पश्चिमी दुनिया के सोशल मनोहर लोभों में ज्यादातर फँसते जाते हैं—

योर हाईनिस आप यह न समझहें कि मेरा आज यह मन्शा है कि कोई फरर्मारवाय मुल्क या हिन्दुस्तानी मुअज्जिज आदमी अपने आपको उन फाइदों से महरूम रक्खे जो कि किसी आदमी को अपने घर की चारदीवारी से बाहर बेरुनी दुनिया के देखने से हासिल होते हैं—जरूर है कि हम जमाने के साथ चलें—और निहायत मुनासिब है कि मौजूदा साइंस ने जो दुनिया की अजीब बातों के देखने के वसीले कदम पहुँचाये उनको काम में लावें—लेकिन जिस कदर हमारे मकबूजात व इकिदार बढ़ते जाते हैं उसी कदर जिम्मेवारी भी बढ़ती जाती है—कोई फरमारंवाय मुल्क अपने आपको उस जिम्मेवरी से अलहिदा न करेगा जिसको वह ख्याल होगा कि परमेश्वर ने जो मुल्क मुझे दे रक्खे हैं उनकी बहबूदी में खराबी न आ जाये—योर हाईनिस मैं आपका सच्चे दिल से शुकरिया अदा करता हूं कि

जो आप अपनी रियासत के लिए कर रहे हैं आपने मुझे उसको अपनी आँखों से देखने का मौका दिया—आपकी आमदनी की तरक्क़ी आपकी रेल की वसयत आपकी मादनिआत का उम्दा मिला, आपकी संचत व हिरफा की तरक्की और बड़े नतीजे पैदा करने वाले बिजिली के कामों का हाल सुनने से निहायत खुशी होती है—जो जो इमारतें उम्दा-उम्दा आपके शहर में हैं उनके देखने और तरीके तालीम से वाकिफियत अदा करने और जिस मुन्तजिमाना काबलियत के साथ आपने अपनी तमाम रियासत के महकमों को नये सिरे से दुरुस्त किया है उसके अन्दाज करने से बहुत से आनन्द होता है—और इस बात के कहने की मुझे कोई जरूरत नहीं है कि परेड के रोज आपकी आलीशान फौज के देखने से मुझको किसी कदर खुशी हुई—वाजिब है कि आप इस फौज का फख्र करें जिसने सल्तनत की कई मुहिम्मों से कामयाबी की और तकलीफों में हिस्सा लिया है—लेकिन योर हाईनिस जो कुछ सामने हिम्मत का बढ़ाने वाला नजारा नजर आता है इसके उसके पीछे कहत का खौफनाक भूत छिपा हुआ है—जो हमेशा उस सर जमीन पर हमला करने को तैयार रहता है जिस पर आप हुकुमरानी करते हैं। अगर इस सर जमीन की सूरत जरा-सी और बदली होती—अगर कुदरत जरा-सी मिहर्बानी को और काम फरमाती, अगर पानी ज्यादातर आजादी के साथ आ सकता, ख्याल तो कीजिए कि आपकी रियासत का आइन्दा जमाना किस कदर उम्मेदों का भरा हुवा होता, मगर नाहम योर हाईनिस मैं उम्मेद करता हूँ कि मेरा यकीन करना ना मुनासिब न होगा कि आवपाशी की आइन्दा मुमकिन सूरतें बीकानेर में भी कामयाबी हासिल करेंगी जिन्होंने हिन्दुस्तान में इस कदर करामात कर दिखायी है—हाँ फरमारवाय बीकानेर की मुसतैदी और उसकी रिआया की जफा कशी की इम्दाद की जरूरत है।

अब लेडीज व जेन्टलमैन आपसे दरख्वास्त करता हूँ कि आप हमारे मेजबान की सेहत के प्याला पीने में शरीक हों—मेजबान भी कौन जिन्होंने हमारी शाहाना तरीके से खातिर की है। और मैं कह सकता हूँ कि जिन्होंने हमको वे नजीर शिकार खिलाया है। आप सब मेरे साथ इस दिली उम्मेद में शरीक होंगे कि जिस सल्तनत पर हमारे मेजबान इस खूबी के साथ हुकुमरानी कर रहे हैं उसकी विहतरी और तरक्की हासिल करने के लिए अभी आपके लिए बहुत-बहुत से साल आवें।[37]

(औ) शाहपुरा

राजनय में हिन्दी प्रयोग की परम्परा का एक उदाहरण उल्लिखित है।

ख़रीता बनाम राजाधिराज शाहपुरा ता० २३ जून सन १८६५ सिद्धि श्री सर्वोपमा राजाधिराज श्री लक्ष्मणसिंहजी जोग्य करनैल वलयम फ्रीडरक ईडन

साहिब बहादुर अजंट गवरनर जनरल बहादुर राजस्थान लिखावतं सलाम बाचं जो अठाका समाचार भला है राज का सदा भला चाहीजे अपरंच खरीता राज का लिखा हुआ मिती बैसाख सुद १४ स० १९२१ तारीख २६ में सन १८६४ को पोंछा और राज ने लिखा कि हम खुद उदयपुर जाते हैं और वास्ते दुरस्ती मामलात दरखास्त तहरीर चिट्ठी बनाम साहिब अजंट बहादुर मेवाड़ वगैरह हाल जो लिखे सो सब बाँच वाकिफ हुवा राजकू मालूम हो कि बहुत दिनों से राज ने दरबार उदयपुर की नौकरी चाकरी न्हीं की है और अब जो नौकरी पर गये हैं जो कुछ राज उनसे कहेंगे साहिब ममदूह उसकी सिमाअत फरमावेंगे सो जाणसो और खुशी का कागज लिखबो इति।[38]

(अं) सिरोही

इस रियासत से सम्बन्धित राजनयिक कार्यों में हिन्दी के प्रयोग के दो उदाहरण दिए गए हैं :

उदाहरण 1 : स्वस्ति श्री सबोपमा रावजी श्री शिवसिंहजी जोग्य जनरल जारज सेंट पेटरिक लारेंस साहिब बहादुर लिषावतुं सलाम वांचज्यो अठा का स्माचार भला है राज का सदा भला चाहीजे अपरंच १ षरीता राज का लिषा हुवा मिती जेठ बद २ स० १९१८ मुताबिक १५ मे सन १८६२ ई० और दूसरा षरीता असाड सुद २ मु० २९ जून स १८६२ ई० पहुँचा समाचार से वाक़िफ हुवा राज ने तरह-तरह की शिकायत अषतियार कम होने और दुष में रहने और हीरानन्द के काम से नाराज़ रहने की लिषी और यह भी लिषा कि हमारी ज़िन्दगी तक हमारे कामें फ़र्क़ न्हीं पड़े इस वास्ते राज को लिषा जाता है कि राज के ज़ईफ़ हो जाने की नज़र से राज को आराम देने के लिए यहाँ से पहिले सरकार में रपोट हुई थी जिसका जवाब श्री लाड़साहिब बहादुर ने अपनी चिट्ठी नं ४९८६ लिषी हुई ३१ अगस्त स० १८६१ ई० और चिट्ठी नं २२५ लि० २८वीं दिसम्बर स० १८६१ ई० में यह फरमाया कि रावजी साहिब की इज्जत और षातरी में किसी तरह का फ़रक़ न होवे और जो कि यह उमरावजी साहिब की आराम के वासते है इसलिये कंवर साहिब रियासत का काम किया करें और राज के दस्त षर्च के वासते जो ६५००) रुपये मुकर्रर है वह दसतूर राज को मिला करेंगे और इस बात की इत्तिला बज़रये चिट्ठी अंगरेजी करनैल हाल साहिब बहादुर को भी की गई थी और सिरोही के मुकामह में भी राज से इन सब बातों का ज़िक्र किया था उस वक्त राज ने कुछ उज्र नहीं किया बल्कि राज ने यह कहा था कि जो इजाजत हम महल छोड़कर किसी गांव में जाकर रहें परंत हमने राज से कहा कि यह मुनासिब न्हीं अलबत्ता उस वक्त सिरफ़ अपने क्वरों के लिए षानपान और शादी के षर्च के लिए राज ने जरूर कहा था इसलिए अब राज को लिषा जाता है

कि राज बहुत षुशी के साथ आराम व तसली से उम्र बसर करें और कंवरजी राज के वली अहद राज की तर्फ से रियासत का काम करेंगे और जो कुछ नेकी बदी रियासत के इन्तजाम के वासते मुनासिब जानेंगे षुद कंवरजी उसका बन्दोबस्त करेंगे या उसकी इत्तिला सरकार में करेंगे और श्री सरकार अंगरेजी की तर्फ से राज की इज्जत वा षातरी में न आज तक फर्क हुवा है न आगे को होगा सो जानसी ता० ११ जौलाई सन १८६२ ईस्वी[39]

उदाहरण 2 : खरीता राव साहिब सिरोही के नाम ६ दिसम्बर १८६५ अपरंच मुजकू बहुत अफसोस है कि ऐक तो परवाना सरकार ने मये साहिबान आलीशान बराह सिरोही उबूर किया और बावजूद कि आपकू ऐक महीना पेशतर वासते बन्दोबस्त जरूरियात के मारफ़त साहिब पोलिटिकेल सुपरिनटेनडेंट बहादुर सिरोही इतला दी गई तो भी किसी जगा आपके इलाके में सामान रसद कम मिला और बाज जगा मुतलक न मिला यह बात खिलाफ़ सरिशतह अखलाक़ से है और इस गफलत के सबब से जो आपकी तरफ़ से वक़ू में आई में निहायत रंजीदा, और नाराजामंद हूं और अब मैं आपकू आगाह करता हूं कि जो राज या राज के अहलकार ऐसा नाफिस काम करेंगे जैसे यह किया जो तरीका दुशमनी का है न तौर दोस्ती का तो अब राज से इसका जवाब लिया जावेगा और राजकू जाज़िम है और यह राज का काम है कि सरकारी कारखानों और साहिबान आलीशान और सरकारी मुलाजमों और सिपाहियों पर निगाह रखें और मैं देखता हूं कि सिवाय इस ग़फ़लत के और भी कई हरकतें राज के ऐहलकारों से हुई कि नतीजा उसका बहुत रंज का होगा इति[40]

'राजनयिक' कार्यों में हिन्दी प्रयोग का सशक्त उदाहरण निम्नलिखित नियमों में मिलता है :

क़ायदे हद्दबस्त के उन झगड़ों के निबटेरे के लिये जो राजपुताने और सेंट्रेल इंडिया (मध्य हिन्दुस्तान) हिन्दुस्तानी रियासतों में पैदा होते हैं ।।

क़ायदा १—चाहिये कि एक नायब हर एक रियासत का जिस को झगड़े से लगाव हो झगड़े की हद्द पर हद्दबस्त के अफ़सर के पास हाज़िर हो और जरूर है कि ऐसे नायब के पास लिखा हुआ इख्तियार नामा उस रियासत की तरफ़ से सरहद्द के निबटेरा संबंधी कामों में अमल करने के लिये मौजूद रहे उस नायब के सब काम और कारवाई जो सरहद्द के निबटेरे के मध्ये हो उस रियासत के लिये अटल और माननीय होगी जिसका वह नायब हो ।।

वह लिखा हुआ इख्तियार नामा जो ऐसे हर नायब के पास मौजूद हो उस

हद्दबस्त के अफ़सर के हवाले होकर उसी अफ़सर के काग़ज़ों में शामिल किया जायगा ॥

क़ायदा २—हद्दबस्त के अफ़सर को चाहिये कि जिन रियासतों से प्रयोजन हो उन्हें नीचे लिखी हुई बातों की इत्तिला दे यानी वह कौन-कौन से सरहद्द के झगड़े का निबटेरा किया चाहता है और एक-एक झगड़े की तहक़ीक़ात एक वा कई किन-किन तारीखों के लग भग होगी और इत्तिला के साथ उनको ताकीद कर दे कि वे अपने अपने दावे का लिखा हुआ बयान और सुबूत के गवाह और सब काग़ज़ पत्र झगड़े की सरहद्द पर उस समय तैय्यार रक्खें जब कि वह अफ़सर वहां पहुंचे ऐसी तारीखों के ठहराने में यह बात ठीक ठीक अनुमान के साथ भली भांत देख ली जायगी कि मुक़द्दमे की तैय्यारी और गवाहों के हाज़िर करने में निश्चय कर कितना अरसा लगेगा ॥

क़ायदा ३—हद्दबस्त के अफ़सर को लाज़िम है कि आम इत्तिला के सिवाय जो क़ायदा २ के अनुसार दी जायगी झगड़े का निबटेरा शुरू करने से दस दिन पहले नायबों को ठीक वह तारीख जता दे जब से तहक़ीक़ात शुरू होगी और जो तारीख बांधी जाय वा उस तारीख के पीछे जितना जल्दी हो सके उस तारीख को हद्दबस्त के अफ़सर को लाज़िम है कि हर रियासत के नायब को हुक्म दे कि वह अपने दावे का लिखा हुआ बयान और उन गवाहों की फ़िहरिस्त जिनका तलब करना उसको मंज़ूर हो और सुबूत के काग़ज़ों का खुलासा दाखिल करे और उसको जता दे कि उसे आगे को उसी झगड़े की बात के मध्ये कोई नया दावा करने का इख़्तियार न होगा और न दावे की जड़ वा उसकी असलियत वा उसके परिमाण के बदलने का अधिकार होगा ॥

क़ायदा ४—जिस समय हद्दबस्त का अफ़सर झगड़े के मक़ाम पर पहुंचे उसको चाहिये कि हर एक नायब को अपना दावा पेश करने का हुक्म दे तो हर एक नायब दूसरी रियासत के नायब के सामने झंडियों से अपने दावे का निशान देगा तब नायबों को दुबारा समझा दिया जायगा कि इसके पीछे कोई नया दावा न हो सकेगा न इस समय के दावे के कारण वा असलियत वा परिमाण में कुछ अदला बदली हो सकेगी और जो दावे ज़ाहिर किये जायं हर एक का नक़शा बनाया जायगा और वह नक़शा हद्दबस्त के अफ़सर के दस्तखत हो जाने पर सरिश्ते के काग़ज़ों में शामिल किया जायगा ॥

क़ायदा ५—अगर उस तारीख को जो हद्दबस्त के अफ़सर ने पहले तजवीज़ की हो सुबूत के गवाह और काग़ज़ न लाये जायं तो उसको इख़्तियार है कि जब ठीक और पूरी वजह पेश की जाय तो मुक़द्दमे को मुल्तवी कर दे ॥

क़ायदा ६—हिन्दुस्तानी रियासतों के अधिकारी नायबों को जो हद्दबस्त के अफ़सर के हुज़ूर हाज़िर होने के लिए तैनात किये जायं यह इख़्तियार न होगा कि

किसी बहाने से उस अफ़सर की आज्ञा लिये बिना उसको छोड़कर चले जायं सो वह आज्ञा जब कि मिल भी जाय निश्चय कर एक बंधी हुई म्याद के लिये होगी और अगर हद्दबस्त के अफ़सर को उचित जान पड़े तो वह अधिकारी है कि ऐसी आज्ञा देने से पहले यह हुकम दे कि एक और नायब जिसके पास इख़्तियार नामा क़ायदा १ में लिखे हुए के मुफ़िअक़ मौजूद हो उस नायब के पलटे हाज़िर रहे ॥

क़ायदा ७—अगर झगड़े की सरहद्द ऐसे ठिकाने पर हो कि उसके एक तरफ एक गांव और दूसरी तरफ़ कई गांव हों वा यह कि उसके दोनों तरफ़ एक से अधिक गांव हों तो हर एक गांव की बाबत् एक जुदी मिस्ल बनाई जायगी ॥

व्याख्या—(क) एक ऐसी सरहद्द की बाबत् झगड़ा है जिसके एक और (क) नामी गांव (द) रियासत का है और दूसरी तरफ (ध) नामी रियासत के (ख) और (ग) और (घ) नामी गांव पड़ते हैं तो सरहद्द के तीनों झगड़ों की बाबत् जो (क) और (ख) और (क) और (ग) और (क) और (घ) के आपस में हो रहे हैं एक जुदी मिस्ल बनाई जायगी ॥

व्याख्या—(ख) एक ऐसी सरहद्द की बाबत् झगड़ा है जो (द) रियासत के गांव (क) और (ध) रियासत के गांव (ख) और (ग) के बीच और (ट) रियासत के गांव (ग) और (ङ) के बीच है इस सूरत में हर चारों झगड़ों के मध्ये जो (क) और (ख) और (क) और (ग) और (घ) और (ग) और (घ) और (ङ) के बीच उठे हैं जुदी मिस्ल बनेगी ॥

क़ायदा ८—झगड़े के निबटेरे के समयान्तर में दोनों पक्ष वालों को हुक्म दिया जायगा कि धरती के उस खंड में जिसके मध्ये झगड़ा हो कोई ऐसा काम न करें जिससे मिल्कयत का स्वार्थ प्रगट होता हो और हद्दबस्त का अफ़सर अधिकारी होगा कि धरती पर वर्तमान माल को रक्षा वा धरती के जुताने बोआने वा पैदावार वा पैदावार की बिक्री के रुपये के रक्षित रखने के लिये उस समय ऐसा प्रबंध कर दे जो उसको उचित जान पड़े ॥

दूसरा खंड—उस निबटेरे के मध्ये जो दोनों पक्षवालों की राजी से हो ॥

क़ायदा ९—उचित है कि दोनों पक्षवालों को सब से पहले एक म्याद ठहरा के जो बहुधा एक वा दो दिन हो परंतु किसी हालत में एक हफ़्ते से ज्यादह न हो इस बात के लिये अवकाश दिया जाय कि वे आपस में सरहद्द की जगह का राज़ीनामा कर लें ॥

क़ायदा १०—जो राज़ीनामा इस प्रकार पर हो जाय तो हद्दबस्त के अफ़सर को लाज़िम है कि उस हाल को लिखले और अमल राज़ीनामे को जिस पर उन

रियासतों के नायबों के दस्तखत होंगे जिनको उनसे लगाव हो और हद्दबस्त के अफ़सर की तसदीक़ होगी अपनी मिस्ल में शामिल करले उसके पीछे वह अफ़सर राज़ीनामे की सरहद्द का नक़्शा बनावेगा और पक्की ढूहियां बनवाके उसकी सीमा नियत कर देगा ।।

क़ायदा ११—हद्दबस्त के अफ़सर को लाज़िम है कि मुकद्दमे में उसने जो जो कारवाई की हों और जिस प्रकार निबटेरा किया गया हो उन सब की ब्यारेवार कैफ़ियत सिल सिलेबंद बयान की भांत लिख कर अपनी मिस्ल में शामिल करे और यह भी लाज़िम है कि जितना जल्दी हो सके उस बयान की एक नक़ल और भी उस नक्शे को नक़ल कराके जो क़ायदा ११ में लिखा है हर नायब के पास भेज दे ।

क़ायदा १२—जब उपर लिखी हुई रीति से दोनों पक्ष की राज़ी से मुक़द्दमे का निबटेरा हो जाय तो उसकी नाराज़ी से अपील न हो सकेगा ।।

तीसरा खंड—निबटेरा पंचायत आदि के अनुसार ।।

क़ायदा १३—जब कि दोनों पक्षवालों में झगड़े का निबटेरा ऊपर लिखी हुई रीति के अनुसार आपस की राज़ी से न हो सके तो हद्दबस्त का अफ़सर उस वृत्तान्त को लिखेगा उसके पीछे दोनों पक्षवालों को एक नियत म्याद जो बहुधा एक वा दो दिन हो परंतु किसी हालत में एक हफ्ते से ज्यादह न हो इसलिये दी जायगी कि वे लोग उस समयान्तर में नीचे लिखी हुई रीति से सरहद्द के निबटेरा होने पर राज़ी हो जायं ।।

(क) ऐसे लोगों से पंचायत कराके जिन पर दोनों पक्षवाले राज़ी हों वा—

(ख) एक ही पंच के द्वारा जिससे दोनों पक्षवाले राज़ी हों वा—

(ग) इस बात के द्वारा कि एक वा कई मनुष्य जिन से सौगंद ली गई हो सरहद्द पर पांव रखते हुए चले जायं वा ।।

(घ) किसी और प्रकार पर जो ज़िले के रिवाज के मुआफ़िक़ हो और जिससे दोनों पक्षवाले राज़ी हों ।।

क़ायदा १४—जिस इक़रारनामे में ऊपर लिखे हुए प्रकारों में से किसी प्रकार पर झगड़े के निबटेरा होने का इक़रार किया जाय वह लिखा जायगा उस पर हद्द-बस्त के अफ़सर और भी रियासत के नायबों के दस्तखत होंगे और जहां तक हो सके उन जिमींदारों के भी दस्तख़त होंगे जो झगड़े से प्रयोजन रखते हों और इससे पहले के झगड़े के निबटेरे का कोई काम इक़रारनामे की शर्तों के मुआफ़िक़ किया जाय उस इक़रारनामे का मिस्त में नत्थी होना जरूर है ।।

क़ायदा १५—जब इक़रारनामा क़ायदा १४ के अनुसार नत्थी हो जाय उसके पीछे जितना जल्द हो सके झगड़े का निबटेरा उस प्रकार पर होगा जिसको दोनों पक्षवालों ने अंगीकार किया हो और हद्दबस्त का अफ़सर एक उचित म्याद मुक़र्रर करेगा जिसके भीतर निबटेरे की काररवाई ख़तम की जायगी और हद्दबस्त का अफ़सर अधिकारी होगा कि किसी उचित कारण के ज़ाहिर किये जाने पर उस म्याद को बढ़ा दे ।।

क़ायदा १६—जब कि झगड़े का निबटेरा क़ायदे १३ में लिखे हुए प्रकारों में से किसी प्रकार पर किया जाय तो किसी और सुबूत का पेश करना वा लिखना ज़रूर न होगा बरन हद्दबस्त का अफ़सर यह हाल लिखेगा कि निबटेरा किस प्रकार पर किया गया और उसके पीछे उस तरह काम करेगा जैसा कि क़ायदा १० और ११ में हुक्म है ।।

क़ायदा १७—किसी ऐसे निबटेरे की नाराजी से जो क़ायदा १३ के मुआफ़िक हो सिवाय इसके अपील न हो सकेगा कि ऐसे एक वा कई मनुष्यों का घूंस लेना वा उनकी कुचाली पाई जाय जिनकी तरफ़ से झगड़े के निबटेरे की काररवाई जरूर थी और किसी निबटेरे के अनुचित ठहराये जाने की दरख़्वास्त उस दिन से दस दिन के भीतर गुजरेगी जिस दिन निबटेरे का होना ठहरा दिया गया हो ।।

चौथा खंड—हद्दबस्त के अफ़सर के द्वारा निबटेरा होने के मध्ये ।।

क़ायदा १८—जब कि दोनों पक्षवाले क़ायदा ९ में लिखी हुई रीति के अनुसार आपस की राज़ी से सरहद्द क़ायम न करें वा क़ायदा १३ में लिखी हुई रीतों में से किसी रीत का बर्ताव आपस में न करें वा अगर किसी ढंग पर राजी होकर झगड़े का निबटेरा उस म्याद के भीतर न करें जो क़ायदा १५ में मुक़र्रर हुई है तो सरहद का अफ़सर उस बात को लिख के आप ही मुक़द्दमे के निबटेरे में लगेगा और उन रियासतों के नायबों को जो प्रयोजन रखती हों हुक्म देगा कि अपने दावे की पुष्टता में जिसका ब्योरेवार वृत्तान्त उस लिखे हुए बयान में दर्ज है जो क़ायदे ३ में कहा गया है जो कुछ सुबूत रखते हों पेश करें तब वह अफ़सर मुक़द्दमे को उसकी रूयदाद पर फ़ैसल करेगा सिवाय उस सूरत के कि दोनों पक्षवाले लिखा हुआ राजीनामा क़ायदा ९ के लिखे अनुसार उस समयान्तर में पेश करें वा उस सूरत में जबकि लिखा हुआ इक़रारनामा क़ायदा १३ की लिखी हुई रीतों में से किसी रीत के अनुसार निबटेरा करने के वादे पर जो उससे पहिले न लिखा गया हो परंतु उस समय ऐसा इक़रारनामा दोनों पक्षवाले पेश कर दें ।।

क़ायदा १९—जब कि उस तारीख़ पर जो क़ायदा २ और ३ की रू से

मुक़र्रर हो वा किसी और दिन जिस दिन तक कि मुक़द्दमा इन क़ायदों की रू से मुल्तवी किया गया हो किसी पक्षवाले का अधिकारी नायब हाज़िर न हो वा जब कि तहक़ीक़ात के समयान्तर में किसी पक्षवाले का नायब हद्दबस्त के अफ़सर की आज्ञा लिये बिना उस मक़ाम से चला जाय तो हद्दबस्त का अफ़सर उस हाल को लिख कर मुक़द्दमे की तहक़ीक़ात और तजबीज एक तरफ़ा करेगा ॥

क़ायदा २०—हद्दबस्त के अफ़सर को चाहिये कि दोनों पक्षवालों के सुबूत की सुनाई करके लिख ले उस को इख़्तियार है कि दोनों पक्षवालों के दाख़िल किये हुए सुबूतों के सिवाय और सुबूत मांगे और ख़ास कर पुराने समय के काग़ज़ वा पहिली मिस्लै जो झगड़े की सरहद्द से लगाव रखती हों मंगा के देखे और उनका लिहाज़ रक्खे ॥

क़ायदा २१—हद्दबस्त के अफ़सर का फ़ैसला चाहिये कि लिखा हुआ हो और अवश्य है कि उस पर उस अफ़सर के दस्तख़त हों लाजिम है कि उस फ़ैसले में मुक़द्दमे की बाबत् उस अफ़सर की काररवाई लगातार वर्णन की भांत उन दलीलों समेत जो हर पक्षवालों ने अपने-अपने दावे की पुष्टता में पेश की हों तज़-वीज के प्रमाणों सहित लिखी जाय और वह फ़ैसला हद्दबस्त के अफ़सर की मार-फत दोनों पक्षवालों के सामने सुनाया और दिया जायगा ॥

क़ायदा २२—हद्दबस्त का अफ़सर अपना फ़ैसला सुनाने के समय उन्हीं रिया-सतों के अधिकारी नायबों से कहेगा कि दे फ़ैसले का अंगीकार होना अपने हाथ से लिख दें और जब वे लिख दें कि हम को अंगीकार है तो हद्दबस्त का अफ़सर उस अंगीकार की हुई फ़र्द पर अपनी तसदीक कर के उस को मिस्ल के काग़ज़ों में शामिल करेगा उस समय वह फ़ैसला अटल होगा और उस की नाराज़ी से अपील न हो सकेगा अगर एक वा दोनों पक्षवाले उस फ़ैसले के अंगीकार करने से इन्कार करें तो हद्दबस्त का अफ़सर उस हाल को लिख लेगा ॥

क़ायदा २३—हद्दबस्त का अफ़सर अपना फ़ैसला सुनाने के समय निबटेरा किये हुए सरहद्द के खत् को सावधानी के साथ नक़्शे में खिंचवावेगा और मिस्ल के काग़ज़ों में एक और नक़्शा शामिल करेगा जिस से एक एक पक्षवाले का दावा और वह खत प्रगट हो जो उस अफ़सर ने खिंचवाया हो ॥

क़ायदा २४—हद्दबस्त के अफ़सर को चाहिए कि जितना जल्दी हो सके अपने फ़ैसले और नक़्शे की एक एक नक़ल और फ़ैसले के अंगीकार करने की फ़र्द की नक़ल जब कि ऐसी फ़र्द दाख़िल होकर मिस्ल में शामिल हुई हो हर रियासत के नायब को दे दे ॥

क़ायदा २५—अगर दोनों पक्ष के नायब लोग हद्दबस्त के अफ़सर के फ़ैसले को मानलें तो वह अफ़सर निबटेरा की हुई सरहद्द की निशाबंदी के लिये पक्की ढूहियां बनवा देगा और अगर दोनों पक्षवाले हद्दबस्त के अफ़सर के फ़ैसले को न

मानें तो पहले काम चलाऊ निशान बनाये जायंगे और जब फ़ैसला बड़े हाकिम के हुज़ूर से बहाल रक्खा जाय तो ढूहियां बनाई जायंगी ।।

क़ायदा २६—मुक़द्दमे की तहकीक़ात के समयान्तर में हद्दबस्त के अफ़सर को इख़्तियार रहेगा कि समय प्रतिसमय जब ज़रूरत हो मुक़द्दमे को मुल्तवी करता रहे ।।

क़ायदा २७—अगर कोई पक्षवाला बिना ज़रूरत निबटेरे में बिलम्ब करे वा किसी तरह जान बूझ कर मुक़द्दमे के किसी समयान्तर उसकी काररवाई में विघ्न डाले तो जो कुछ अधिक ख़र्च उसके कारण पड़े वह हद्दबस्त के अफ़सर की तजवीज़ से उस पक्षवाले के ज़िम्मे पड़ेगा और उससे लिया जायगा जो ऐसे विलम्ब वा विघ्न का कारण हुआ हो ।।

पांचवां खंड—हद्दबस्त के अफ़सर के किये हुए निबटेरे की नाराज़ी से अपील के मध्ये ।।

क़ायदा २८—अगर दोनों रियासतों में से एक का नायब वा दोनों रियासतों के नायब हद्दबस्त के अफ़सर के फ़ैसले से नाराज़ हों तो उसका अपील श्रीमान् गवर्नर जनरल के एजंट बहादुर के हुज़ूर दायर किया जा सक्ता है ।

क़ायदा २९—अगर श्रीमान् गवर्नर जनरल के एजंट बहादुर हद्दबस्त के अफ़सर का फ़ैसला बहाल रक्खें तो वह फ़ैसला अटल होगा और उसकी नाराज़ी से कोई और अपील न हो सकेगा अगर श्रीमान् गवर्नर जनरल के एजंट बहादुर हद्दबस्त अफ़सर के फ़ैसले को शोधें व रद्द करें तो उसका अपील श्रीमान् गवर्नर जनरल बहादुर कोंसिल विराजमान के हुज़ूर हो सक्ता है और उक्त श्रीमान् का फ़ैसला अटल होगा ।।

क़ायदा ३०—श्रीमान् गवर्नर जनरल के एजंट बहादुर के फ़ैसले की तसदीक़ की हुई नक़ल जहां तक जल्द हो सके हर एक पक्षवाले को दी वा भेजी जायगी ।।

क़ायदा ३१—अपील की दरख़्वास्त याद्दाश्त की भांत होगी जिस में फ़ैसले की नाराज़ी से किये हुए अपील के उज़्र कई मद्दों में संक्षेप के साथ बिना दलील और बिना विस्तार वर्णन के लिखे जायंगे और जब कि वह फ़ैसला जिसका अपील किया जाय हद्दबस्त के अफ़सर का हो तो अपील की दरख़्वास्त उस तारीख़ से ६० दिन के भीतर श्रीमान् गवर्नर जनरल के एजंट बहादुर को दी जायगी किस तारीख़ को हद्दबस्त के अफ़सर ने अपने फ़ैसले और नक़्शे की नक़ल रियासत के नायब को दी हो और अगर श्रीमान् गवर्नर जनरल के एजंट बहादुर का किया हुआ फ़ैसला हो तो उस तारीख़ से ६० दिन के भीतर दी जायगी जिस तारीख़ को फ़ैसला सुनाया गया था ।।

छठा खंड—सरहद्द की रक्षा के विषय ।।

क़ायदा ३२—जब पक्की ढूहियां सरहद्द पर बन जायं अगर उनमें से कोई गिर जाय वा किसी को नुक़सान पहुंचै तो उसके हालात की बाबत् तहक़ीक़ात की जायगी और जिस रियासत की प्रजा के ज़िम्मे ऐसा नुक़सान पहुंचाना साबित हो उसको श्रीमान् गवर्नर जनरल के एजंट बहादुर के हुज़ूर से जुर्म के तजवीज़ होने पर कुछ जुर्माना देना पड़ेगा जो १०००) से ज्यादह न हो और जब कि असली मुजरिमों का खोज न लग सक्ता हो तो वह रियासत जिसके मुक़ाबिले में असली फ़ैसला हुआ था उस नुक़सान की जवाब देने वाली समझी जायगी और उसको उचित दंड दिया जायगा ।।

क़ायदा ३३—अगर ढूहियों के बनने की तारीख़ से दस बरस बीत जाने के पीछे ऐसा नुक़सान पहुंचाया जाय तो मुक़द्दमे की तजवीज़ उस प्रकार होगी जिस तरह श्रीमान् गवर्नर जनरल के एजंट बहादुर मुक़द्दमे के हाल को देख कर उस समय उचित समझें ।।

सातवां खंड--प्रथक् २ वार्तायें ।।

क़ायदा ३४—यही क़ायदे बदलने योग्य बातों के बदलने पर उन सूरतों से भी लगाव रक्खेंगे जिन में इस बात का झगड़ा न हो कि दोनों गांव के बीच में ठीक सरहद्द किस जगह है बरन जिन में यह जगड़ा हो कि फलां गांव वा कई गांव चाहे उनके सिवाने की तकरार हो वा न हो इस रियासत में दाख़िल हैं वा उस रियासत में ।।

क़ायदा ३५—इस से ऊपर के क़ायदे में जिन सूरतों का जिक्र हुआ है उन में हक्क के प्रबल होने का बिचार इस मूल पर होगा कि ग्रेट ब्रिटेन के राजा होने अर्थात् मालवा और राजपुताने में सन् १८१८ ई० और बुंदेलखंड में सन् १८०३ ई० के समय किसका क़ब्जा था सिवाय उस सूरत के कि उस बात का निबटेरा उसके बिपरीत अगले समय में किसी अधिकारी हाकिम के हुक्म से हो गया हो वा उस सूरत में कि एक पक्षवाले को झगड़े की वस्तु पर लगातार और बिना रोक टोक क़ब्जा मुखालिफ़ाना का 2५ बरस तक क़ायम रहना साबित किया जाय ।।

क़ायदा ३६—यह क़ायदे बदलने योग्य बातों के बदलने पर उन सूरतों से इलाक़ा रक्खेंगे जिन में ग्रेट ब्रिटन का कोई ओहदेदार ऐसे गांवों के आपस के झगड़ों के निबटाने के लिये नियत हो जो एक ही राज्य की सीमा के भीतर हों ।।

क़ायदा ३७—हद्दबस्त के अफ़सर को लाज़िम है कि हर मुक़द्दमे की अंगरेज़ी रिपोर्ट जो ऊपर लिखे हुए क़ायदों के मुआफिक़ निबटाया गया हो और उस जगह

की बोली में लिखे हुए काग़ज़पत्रों की नक़ल जो उस अफ़सर ने नायबों को दिये हों उस साहब पुलेटी केल एजंट की मारफ़त जिसके इलाक़े में वह काम करता हो श्रीमान् गवर्नर जनरल के एजंट बहादुर के पास भेज दे और जब सरहद्द का अफ़सर ऐसी रियासतों के झगड़ों का निबटेरा करे जो ब्रिटिश इंडिया की जुदी २ गवर्नमेंटों से हेत प्रीत रखती हों तो उस को उचित है कि दो दो नक़लें यानी हर गवर्नमेंट के पास एक एक नक़ल भेज दे ॥

सन्दर्भ

1. कौटिलीयं- अर्थशास्त्रम्, पण्डित पुस्तकालय, काशी। टीकाकार पण्डित रामतेज शास्त्री, 1964 संस्करण, पृ० 53
2. राजपूताना रेजिडेन्सी हिन्दी खरीता बुक 1856-60, राष्ट्रीय अभिलेखागार, नई दिल्ली, नं 557
3. वही, 1865-1867, नं 868
   टिप्पणी—इस खत के सब शब्द मिले हुए थे।
4. राजस्थान राज्य अभिलेखागार, बीकानेर, फाइल संख्या 68 एच/सी ऑफ 1910, बस्ता नं 2, फाइल नं 37
5. वही
6. वही, फाइल नं 41, अलवर रेकार्ड, ब्रांच-होम, सरिश्तह—इन्तजामखा नं मिस 7 बाबत साल 10, 9/11, 1911 ई०
7. वही, फाइल सं अल 18/ज-दि/1
8. वही
9. वही, फाइल सं अल 23/ज-दि/1
10. वही, फाइल सं० अल 37/ज-मा/1
11. राष्ट्रीय अभिलेखागार, नई दिल्ली, राजपूताना रेजिडेन्सी हिन्दी खरीता बुक 1856-60, नं० 557
12. वही
13. वही
14. कोसस=कोशिश
15. अछी=अच्छी
16. षेरषुवाही=खैर रख़्वाही
17. सीक्टरी=सेक्रेटरी
18. सुकरीया=शुक्रिया

19. अेक=एक
20. वर्नाक्युलर डिस्पैंच रजिस्टर आफ़ दी कापीज़ आफ़ हिन्दी खरीताज़ एण्ड मिसलेनियस लेटर्स 1863-64, राजपूताना रेजिडेन्सी नं० 557 राष्ट्रीय अभिलेखागार, नई दिल्ली
21. राजपूताना रेज़िडेन्सी हिन्दी खरीता बुक 1865-67, नं० 868, पृ० 53-54, राष्ट्रीय अभिलेखागार, नई दिल्ली
22. वही, पृ० 19-20
23. जयपुर एजेन्सी रिकार्ड फाइल नं० 1, वर्ष 1879, राष्ट्रीय अभिलेखागार, नई दिल्ली
24. राजस्थान राज्य अभिलेखागार, बीकानेर, फाइल संख्या : ज 24/ज-दि/1
25. वर्नाक्युलर डिस्पैंच रजिस्टर आफ़ दी कापीज आफ़ हिन्दी खरीताज़ एण्ड मिसलेनियस लेटर्स 1861-62, राजपूताना रेज़िडेन्सी नं० 533, पृ० 60, राष्ट्रीय अभिलेखागार, नई दिल्ली
26. वही, नं० 557, पृ० 26-27, लेटर्स 1863-64,
27. वही, बुक 1865-67, पृ० 43-44, नं० 868,
28. वही, पृ० 68, नं० 868
29. वही, बुक 1863-64, फाइल नं० 557, पृ० 18-19
30. राजपूताना रेज़िडेन्सी वर्नाक्युलर डिस्पैंच रजिस्टर आफ़ दी खरीताज़ एण्ड मिसलेनियस लेटर्स फार दी ईयर्स 1865-1867, पृ० 1-2 राष्ट्रीय अभिलेखागर, नई दिल्ली
31. वही, पृ० 30
32. जयपुर एजेंसी फाइल नं० 2, 186-खरीताज़ रिगार्डिंग दी ग्राण्ट आफ जागीर एण्ड खिलत आफ़ दी वैल्यू आफ़ रूपीज़ 10000/- राष्ट्रीय अभिलेखागार, नई दिल्ली
33. राजपूताना रेजिडेन्सी रेकार्ड—हिन्दी ख़रीता बुक 1863-64, फ़ाइल नं० 557, पृष्ठ 50-51, राष्ट्रीय अभि० नई दिल्ली
34. वर्नाक्युलर डिस्पैंच रजिस्टर ऑफ़ दी कापीज़ ऑफ दी हिन्दी खरीताज़ एण्ड मिसलेनियस लेटर्स 1861-72, राजपूताना रेज़िडेन्सी नं० 533, रा० अभि०, नई दिल्ली
35. वही, 1863-64, फाइल नं० 557, पृ० 60-62
36. वही, भाग 2, पृ० 3-5
37. मेहकमा ख़ास, बीकानेर स्टेट बंडल नं० 52, विषय स्तेअर कापीज़ आफ़ स्पीचेज़, फाइल सं० 9-91 आफ़ 1909-10, रा० रा० अभि० बीकानेर
38. राजपूताना रेजिडेन्सी हिन्दी ख़रीता बुक, 1865-67, पृ० 39, 40 रा० अभि० नई दिल्ली, फाइल सं० 868
39. वही भाग II, 1851-62
40. वही, 1865-67

अध्याय नौ

स्वातंत्र्य-पूर्व राजस्व सम्बन्धी कार्यों में हिंदी का प्रयोग

राजस्व : 'राजस्व' का अर्थ राज्य कर, लगान, मालगुजारी और राज्य की वार्षिक आय आदि होता है। यह शब्द अंग्रेजी के 'रिवेन्यु' शब्द का हिन्दी पर्याय है। आधुनिक संदर्भ में 'राजस्व' शब्द का अर्थ बहुत व्यापक हो गया है। राज्य या सरकार के कार्यों के विस्तार के साथ-साथ 'राजस्व' की परिभाषा भी बहुत व्यापक हो गई है। कभी ये 'लगान' या 'मालगुजारी' ही थे किन्तु आज ये शब्द 'राजस्व' की व्यापकता को प्रकट नहीं करते। औद्योगीकरण के फलस्वरूप वित्तीय जटिलताएं बढ़ी हैं और 'राजस्व' का अर्थ राज्य या सरकार की आय से होने लगा है। राज्य द्वारा कोश बढ़ाने के प्रयत्नों का निरूपण आचार्य चाणक्य ने कौटिलीयं —अर्थशास्त्रम् में योगवृत्तम् नामक पांचवें अधिकरण के द्वितीय अध्याय में किया है। उनके द्वारा प्रणीत कुछ प्रयत्नों का उल्लेख किया जा रहा है।

कोशमकोश: प्रत्युत्पन्नार्थकृच्छ्: संगृहणीयात्। जनपदं महान्तमल्पप्रमाणं वा देवमातृकं प्रभूतधान्यं धान्यस्यांशं तृतीयं चतुर्थं वा याचेत। यथासारं मध्यमवरं वा। दुर्गसेतुकर्मवणिक्पथ शून्यनिवेशखनिद्रव्यहस्तिवन कर्मोपकारिणं प्रत्यन्तमल्प-प्रमाणं वा न याचेत। धान्यपशु हिरण्यादि निविशमानाय दधात्। चतुर्थमंशं धान्यानां बीजभवत शुद्धं च हिरण्येन क्रीणीयात्॥—यदि राजा का राज्यकोश स्वल्प हो चले अथवा अतर्कित भाव से सहसा अर्थसंकट आ पड़े तो राजा अर्थसंचय का उपाय करके राज्यकोश बढ़ाए। यदि राज्य का कोई जनपद बड़ा हो, किन्तु उसके पास धन बहुत कम हो अथवा यदि उसकी खेती बरसात पर निर्भर करती हो और उसमें प्रचुर अन्न का उत्पादन होता हो तो राजा उस जनपद के निवासियों से उत्पन्न अन्न का तृतीयांश या चतुर्थांश मांग ले (तात्पर्य यह कि जोर-जबर्दस्ती करके उनसे अन्न न लिया जाय)। किन्तु यदि कोई जनपद मध्यम तथा निम्न श्रेणी का हो तो वहाँ अन्नोत्पादन का परिमाण जाँचकर ग्राह्य अंश निर्धारित करे।

दुर्गकर्म, सेतुकर्म, वणिक्पथ, शून्यनिवेश, खान, द्रव्यवन तथा हस्तिवन से सम्पन्न एवं राजधानी का समीपवर्ती प्रदेश यदि स्वल्प धनवाला हो तो उससे राज्य कोश के लिए धन की माँग न करे। नया जनपद बसाने वाले किसानों को राजा अन्न, पशु तथा नगद धन की सहायता प्रदान करे। उनके श्रम से उस नये प्रदेश में जितना उत्पादन हो वह सब राजा नगद रुपये देकर उन किसानों से खरीद ले। किन्तु ऐसा करते समय यह देख ले कि खरीद से वहाँ के निवासियों को भोजन के लिए अन्न तथा बोने के लिए बीज की कमी तो न पड़ेगी। अतएव इन कामों से अवशिष्ट अन्न ही खरीदे।[1]

राजस्व-कार्य में हिन्दी के प्रयोग के कुछ उदाहरणों का विवेचन निम्नलिखित रूप में किया गया है।

(अ) अलवर

अलवर रियासत हिन्दी के प्रयोग में अग्रणी रही है। विवेचन-विस्तार में न जाकर व्यावहारिक प्रयोग के कुछ उदाहरण प्रस्तुत हैं।

उदाहरण 1 : अलवर स्टेट गजट

गज़ट नं० १ अलवर सोमवार ता० १ जनवरी सन् १६२३ जिल्द १५

श्री राजेन्द्र शासन नौटीफिकेशन

शून्य

कर विभाग

१. सरिश्ते तालीम का परिवर्तन कर विभाग से गृह विभाग में किया गया।

२. निम्नलिखित जागीर के भाग कोर्ट आफ़ वार्ड्स के अधीन किये गये।

(क) कल्यानसिंह मकरोड़े का भाग

(ख) अमरसिंह बाजोली का भाग

३. निम्नलिखित जागीर के भाग कोर्ट आफ़ वार्ड्स की अधीनता से पृथक किये गये।

(क) मूरसिंह मोरोड़ क्लां का भाग

(ख) ठिकाना बुरजा

(ग) ठिकाना बीजवाड़ नरूका

(घ) नौनिधि सिंह दीनार वाले का भाग टीकाई के भाग में मिलाया गया[2]

न्याय विभाग

बर्षा का पाक्षिक चित्र लेख १५ दिसम्बर सन् १६२२ पर्यन्त निम्नलिखित है।

नम्बर	नाम तहसील व सब तहसील	वार्षिक परता इंच	सैराट	पाक्षिक संख्या इंच	सैराट	अब तक की समस्त संख्या इंच	सैराट
१.	अलवर	२५	६५	१	२४	२२	६७
२.	राजगढ़	२५	६	०	६	२५	५४
३.							
४.							
......							
......							
१७.	टपूकड़ा	१७	३८	०	६८	१८	६८

उदाहरण 2 : अलवर राजकीय गजट,

असाधारण अंक

....

नं० २२ अलवर सोमवार ता० २६ अप्रैल सन् १६२६ ई०, जिल्द २१,

....

हुजूरी नोटिफिकेशन।

रजत जयन्ती राज शासन सभा की घोषणायें।

निम्नलिखित आज्ञायें जो ता० १७ जनवरी को राज शासन सभा में घोषित की थीं स्थिर की जाती हैं और ये राजकीय गजट में प्रकाशित होने को हैं। इन आज्ञाओं का ता० १७ जनवरी से कि जिस दिन इनकी घोषणा हुई थी प्रभाव पड़ेगा।

मन्त्रालय

१. राव गिरधारी लाल प्राइम मिनिस्टर को उनकी उत्तम सेवा के उपलक्ष में ५००० रु० की जागीर प्रदान की जाती है।

२. रामप्रसाद नाजिर कोसनद पत्रादि को भली भांती सुरक्षित रखने के कारण १०० रु० पारितोषिक दिया जाता है।

कर विभाग

३. गवर्नमेंट आफ इण्डिया 'भारतीय सरकार' ने पं० नन्दलाल टिक्कू को इस राज्य में की हुई उत्तम सेवा को मानते हुवे 'रायबहादुर' की पदवी प्रदान की है।

४. ला० छज्जेसिंह नाजिम तिजारा को उस निजामत में उत्तम कार्य करने के कारण ३०० रु० पारितोषिक प्रदान किया जाता है।

५. ला० कृष्ण जसराय हाकिम तालीम को शिक्षा विभाग में उत्तम कार्य करने के उपलक्ष में 'विद्यारत्न' की पदवी प्रदान की जाती है।

६. नत्थू राम को जो राजपुरोहितों के कुटुम्ब में से है ५० रु० की छात्रवृत्ति निजी रूप से प्रदान की जाती है।

७. ला० बाबूप्रसाद हाकिम जेल को जेल कार्यालय में उत्तम कार्य करने के कारण ६०० रु० पारितोषिक प्रदान किया जाता है।

८. पी० ऐस० रंगन मेनेजर राज्य छापाखाना को छापाखाने में प्रशंसनीय कार्य करने के कारण ५०० रु० पारितोषिक दिया जाता है।

९. नत्थनखां सारजेंट पुलिस ने आबू की भूमि के लिये जाने के सम्बन्ध में उत्तम कार्य किया उसके कारण उसको १५० रु० पारितोषिक दिया जाता है।

१०. नारायण सहाय सारजेंट पुलिस को उत्तम कार्य करने के कारण १०० रु० पारितोषिक दिया जाता है।

न्याय विभाग

११. पं० राजभद्र ओझा चीफ जस्टिस को उनके चीफ जस्टिस के पद पर स्थाई किया जाता है और उनके उत्तम कार्य करने के कारण उनको निजी ताजीम प्रदान की जाती है।

१२. पं० रामस्नेही मुंसरिम पंचायत बोर्ड को पंचायतों की संख्या बढ़ाने के सम्बन्ध में उत्तम कार्य करने के कारण 'देशोपकारक' की पदवी प्रदान की जाती है।

१३. ठा० हुक्म सिहं हाकिम ड्योढी खास को राज्य में उत्तम कार्य करने के उपलक्ष में निजी ताजीम प्रदान की जाती है।

१४. ठा० भवानी सिहं ने बागात सम्बन्धी और विशेषकर जुबिली में प्रशंसनीय कार्य किया उसके कारण उनके वेतन में ५० रु० की वृद्धि की जाती है।

१५. मि० केनटी ने गेराज में उत्तम कार्य किया उसके कारण उसको ७०० रु० पारितोषिक दिया जाता है।

१६. ला० अमरनाथ हाकिम बिजली को बिजली कार्यालय में प्रशंसनीय कार्य करने के कारण ५०० रु० पारितोषिक प्रदान किया जाता है।

१७. मि० बोमनजी को रोशनी का प्रबन्ध उत्तम करने के सम्बन्ध में २५० रु० पारितोषिक प्रदान किया जाता है।

१८. रामसहाय चित्रकार के वर्तमान वेतन में २५ रु० की वृद्धि स्वीकार की जाती है।[3]

उदाहरण 3 : अलवर राजकीय गजट
असाधारण अंक

....

संख्या ६६ अलवर मंगल वार ता० १७ दिसम्बर सन् १६२६ ई० खंड २६

....

दर्बार घोषणाएं

१. राव राजा अमरसिंह को यूरोप में स्टाफ पर प्रशंसनीय सेवा करने के उपलक्ष्य में ३०० रु० का सिरोपाव और ३०० रु० का पारितोषिक प्रदान किया गया।

२. पं० नारायण विहारी को उनके संतोषप्रद कार्य के लिये ५०० रु० का पारितोषिक प्रदान किया गया और उनके वेतन में १०० रु० की मासिक की वृद्धि की गई जिससे उनका समस्त वेतन ३०० रु० हो गया।

३. मिस्टर केंटी को वलायत में उनकी स्त्री के खर्चे के लिये हवालगी दी गई थी जो कि राज्य नियमों के विरुद्ध था। अब उनकी सेवाएं प्रशंसनीय होने के कारण इस समस्त द्रव्य को निरंकित किये जाने की स्वीकृति प्रदान की गई।

४. मेजर निजामुद्दीन का समग्र ऋण २६२२ रु० का जिसमें वह ऋण भी सम्मिलित है जो उन्होंने जयेन्द्र बैंक से लिया हमारी प्रिवी पर्स से चुका दिया जायेगा।

५. ठाकुर छगनसिंह नायब मुंसरिम तोशेखाना को ३०० रु० का पारितोषिक प्रदान किया गया और उनके वेतन में १० रु० की वृद्धि की गई जिसके अनुसार उनका वेतन ८५ रु० मासिक होगा।

६. हर हाईनेस श्रीमती महारानी देवी की १८,००० रु० की नकद जागीर अब बढ़ाकर २०,००० रु० की कर दी गई।[4]

पूर्वोक्त उदाहरण (1) में हिन्दी के सुन्दर शब्दों का प्रयोग द्रष्टव्य है। उदाहरणार्थ—शून्य, कर, विभाग, परिवर्तन, निम्नलिखित, गृह विभाग, भाग, अधीन, पृथक आदि।

उदाहरण (2) में "रजत जयन्ती शासन सभा की घोषणायें" की भाषा बड़ी ललित है। अनेक अधिकारियों को जागीरें तथा पुरस्कार आदि प्रदान किए गए। इसमें विशेष रूप में कुछ प्रशासनिक शब्दों का प्रयोग उल्लेखनीय है।
उदाहरणार्थ

आज्ञायें, स्थिर, राजकीय, प्रकाशित, उत्तम सेवा, उपलक्ष, प्रदान, पत्रादि, भली भांती, सुरक्षित, कारण, पारितोषिक, पदवी, विद्यारत्न, छात्रवृत्ति, कार्यालय आदि।

वर्तमान राजकीय कार्यों में भी हिन्दी में इन सभी शब्दों का प्रयोग प्रचलित है।

इस नोटिफिकेशन से कई विशिष्ट परम्पराओं की विद्यमानता पर प्रकाश पड़ता है। यथा :

1. कर्मचारियों को उत्तम सेवा के लिए सम्मानित करना, उपाधि प्रदान करना।

2. नकद पारितोषिक देना।

3. स्थायीकरण, निजी ताजीम प्रदान करना आदि।

(आ) उदयपुर

रियासत के कामकाज में हिन्दी के प्रयोग के अनेक उदाहरण हैं। राजपूताना रेजिडेन्सी ने भी रियासत के साथ पत्र-व्यवहार में हिन्दी को अपनाया। पत्र-व्यवहार के कुछ नमूने प्रस्तुत हैं :

उदाहरण 1 : नक्ल षरीते साहब अजंट गवरनर जनरल राजस्थान ईस्मी श्री दरबार वाली राज उदेपूर लिषा हुवा ७ जनवरी सन १८५६ ई०

अपरंच श्री सिरकार श्री महाराणा साहब कु काअेम रषणा चाहाती है लिकन मुसक्ल है कीं बहोत मुदत से कमजोर रहे और अब भी कुछ कुवत नहीं रषते हैं दानाईसे बाहर हे के अेक रईस जी सका कुछ जार न होके वे मदद हमारे कुछ कर सके हर अेक बात पर जो हमारी मरजी की हो ऊपर और इनकार करे बावजुद के वोह षुब जांणे जो हम ऊस के वास्ते करते हे साफ नीअेत ओर विदुन आपने कुछ मतलब ओर ऊसकी वास्ते हे हमकु सफा मन से मालुम होता हे के हम चुके और जांणते हे के छटोद जो पइतीस वरस से लीआ गया है ऊसी माफक लीया वाहीजै अगर श्री महाराणा साहब कबुल करे बहतर है इस कबुलीयत में सीरफ ऊसी मवाफिक होगा जैसा श्री महारांणा साहेब ने आपणी षुसी से वे हमारी सलाह बाद होणे दसक्त कोलनांमे के सरदारो से कबुल कीया इसमें नेकनांमी श्री दरबार का हांगा के कोलनांमे की लिषावट से भी कम लेणे लगे और हम भी आपकी महरंबानी के बहुत मसकुर होगे अगर अे बात मन्जुर हो अेक रुका ईसी मजमुन का हमकुं लिषाये के बावजुद लीषे जाणे कोलनांमे के हम और हमारे बाद जो रीयासत का मालीक होगा ईसी मुजव लेता रहेगा ऊस पर हमारे दसषत होगे अगर श्री दरबार ईस वात कुं कबुल नही करे हम सदर में लीषेंगे हमने षता कीआ और सदर से हुकम मग्गे आ जाअेगा के छटोद जैसा लीआ गया है बदस्तुर ली जावे अेसा करने से श्री महाराणा साहब ओर हमारी ओर साहब पोलटीकल अजंट की सुबकी होगा मगर हम लाचार और ऊदास है लिकन जैसा करणा होगा बाबत और क्लमा श्रीदरबार कुं लाजम है अेसा करे जैसा कबुल कीआ साहब पोलटीकल अजंट के सामने षसुसन बाबत देवगढ और जो ऊन के साथ आअे बात ऊणो के वास्ते अभी जारी

होणी चाहीऐ सब गांव जथे जमीन भुगत भोग वगेरे मवाफक कलम १० दसवीं जो लीआ गया अभी देणा होगा नाव करणे वाला अभी मुकरर करणा वा श्री महारांणा साहब सात आठ आदमी तजबीज करे साहब अजंट वा : सीरदार ऊन में से दो तीन सकस कु छांटकर मुकरर करेगे लेकन श्री महाराणाजी साहब कुंऊन के न्याव के काम मे दषल न होगा वो बीदुन सलाह साहब अजंट के बदली माजुली नहीं कर सकेगा इस न्याव वालो की तनषा अभी मुकरर करणा अर १०) दस रुपीअ सेकडा मुकदमात मैं हारने वाले से लीया जायेगा और तीन हीसे बाटे जावेंगे राज १ अंक न्याव वाले कुं १ अंक पंच लोगो कुं १ श्री महाराणा साहब याद करे बावत जी हाजपुर के जो कई मरतबे लीषा व कहा गया हम चाहाते है कै वोह ईलाषा श्री महारांणा साहब के कबजे में रहे बसरत (बशर्त) मनजुरी ऊस लीषावट के जो पहेली ता० १ मारच सन १८५५ ई० । मैंश्री दरबार से कीआ गआ अगर माफीक हमारी ऊस लिषावट के श्री महारांणा साहब नहीं चलेंगे तो अकीन है वांह इलाषा श्री दरबार के कबजे में न रहैगा क्युंके श्री दरबार से वो इलाषा संभाला नहीं जाता। हम नहीं चाहते हैं ईस लिखावट कुं श्री दरबार लंबा चौडा जवाब देवे अगर श्री महारांणा जी साहब हमसे मदद चाहे आ हमारी सीफारस सदर कुं मांगे हम तन मन से ऊपर की लिषावट माफीक मौजुद है और ईस लिषावट से बीदुन अंक दो के सब सिरदार षुस होंगे और श्री महारांणा साहब का नकस हकुमत जमेगा और आमदनी मुलक से अेसा फायदा होगा कि कभी आगे न मिला होगा अगर श्री दरबार ये लिषावट पसंद नहीं करे और कोलनांमा तोड़णा चाहे तो हम सदर कुंलीषेगे के अै मुकदमा वैसे ही रहे जैसा कोलनामे के होणे से पेसतर चला जाता था लिकनफेर सीरकार से भरोसा मदद भी लेने का न रषे इस मै हम वा: साहब अजंट तीन दफे आये और अबके रोज तक रहे लिकन आपने कुछ नहीं कीया और ना हमकु करने दीया अगर आप लेणा मदद हम से व दिल चाहते है और हमारी सलाह मवाफीक चालण रषेंगे तो साहब पोलटीकल अजंट बहादुर और भी कोइ मुदत तक अछी तरे से आपके मदद देणे वास्ते ईहां रहंगे अब आपकुं बसबब बहौत अदुल हुकमी करने रावत केसरीसिंघ जी के मातमपुरसी वास्तै सलुंबर पधारणा न होगा मगर श्री महारांणा साहब कुं जाणा पडेग जब और कोई रावत जी सलुंवर होगा अगर आप सब सिरदारां के ठीकांणे की जबती बाबत छटोद और नौकरी के करणी चाहते हैं सो हम मौजुद है जो कोलनांमा पर पंदरे (पन्द्रह) रोज बाद ईस लीखावट से दसकत नही करे ऊस का जबती हो जाअेगा और वाद इसके और १५ रोज तक कोलनांमे पर जो दसकत न करे जबती ऊसके नीसफी ठिकांणे की होगी और दीलाआ जावेगा वो नीसफी जो जबत कीआ गया ऊसके नजदीक भाई बंदी मे से आगे आपकुं कै दफे कहा गआ कै हमकुं कुछ मदाषलत करणा आपके मुलक में षाअंस (ख्वाहिश) नही जबतक के श्री सीरकार

अंगरेजी कु मालुम होके आप और आपके कारंदे इनसाफ मैं छोटा अर बड़ा गरीब और दौलतमंद कुं अेक बराबर जाणते हो बलके हम बहोत चाहते हैं कै हमारी कुछ मदाखलत न हो और परसुं हमारा कुच है सो जांणसी १९१५ पोस बदी··· तारीख ७ जनवरी १८५६ ई मुकाम ऊदेपुर सोमवार[5]

उदाहरण 2 : नकल षत अजतरफ साहब कलां बहादुर बनामै रावत अमरसिंघ भेंसरोड वाले के तारीष ९ जुन सऽ १८५६ ईस्वी मुताबक १९१३ जेठ बदी ७

अपरंच षत राज का आया समाचार मालुम हुवा राज नै लिषा कै आपनै हमारे वकील कुं सरहद भेंसरोड व कोटे के बाब मै हुकम काटनै घास लकड़ी व चरानै मवेसी का जमीन मुतनाजे मे दीया सो अब ईलाकै दारान कांटे के मवेसी चरानै सै व घास लकड़ी काटने सै मने करते है सो राज कुं मालुम होय कै हमनै कभी राज कै वकील से वतोर हुकम ये नहीं कहा था कै तुमारै लोक वहां मवेसी चरावौ व घास लकड़ी काटौ मगर बुक्लाय तरफेन सै ये कहा था कै अगर तरफेन आपस मै सलाह व इतफाक करकै जमीन मुतनाजै मै भेंसरोड वाले मवेसी चरावै व घास लकड़ी लावे तौ मुजायका नही ईस वास्ते ईतलायत राज कुं लिषा है फकत[6]

उदाहरण 3 : नक्ल षत करनेल साहब ममदुह वनांमे महेता गोकलचंद जी प्रधान राज ऊदेपुर मरकुमै तारीष २२ अपरैल सन १८५७ ईसवी मिति वैसाष बदी १३ १९१४ कां

अपरंच आज के रोज षत राजा गोवंद सिंघ जी वनेडो वाले का मये हुंडवी रुपीये पांच हजार कि मुंजमले ईकीस हजार कै हमारे पास आया सौ हुंडवी वीजनस राज कै पास ईस षत मै भेजी है राज ऊन कै हीसाब मै श्री दरबार में जमा करके रसीद ईसको हमारे पास लीष भेजीयेगा और राज के मिजाज की षुसी कै समाचार लीषोगे।[7]

उदाहरण 4 : खत अज तरफै साहिब कला बहादुर बनाम रावत जी भेंसरोड गढ़ अप्रंच खरीता राज का प्रोहत रामचन्द्र कै हात आया समाचार वांच वाकिफ हुआ राज ने अपनी खुशी हमारे आने से जाहिर की सो हमकू भी खुशी हुई और छटोद कै जमां कराने वास्ते जो राज ने लिखा सो वह हाल स हमकू अच्छी तरह मालूम हुआ जो कि तजीवीज और वन्दोवस्त इस अमर का हमने मेजर टेलर साहिब अजंट मेवाड़, कू फरमाया है सो राज खातिर जमअ रखये कि साहिब ममदूह अच्छी तरह बन्दोवस्त करा देगा और कामकाज हमेशा और खुशी का लिखावसी २० वी दिसम्बर १८६० ई०[४]

टिप्पणी—प्रोहत = पुरोहित

इस पत्र की भाषा तथा लिपि दोनों के स्तर में पर्याप्त सुधार दृष्टिगोचर हुआ है।

उदाहरण 5 : षत मेवाड के पंच सरदारान के नाम २२वीं जून १८६३ ई० अपरंच साहिब पोलिटिकेल अजंट बहादुर मेवाड की रूबकारी लिषी हुई ६वीं जून सन १८६३ और राज का जवाब लिषा हुवा असाड वद ११ साहिब मोसूफ का भेजा हुवा पहुंचा उसके मुलाहजे और उजरात वा लिषावट आप लोगों की से पाया जाता है कि राज दिल से साहिब अजंट बहादुर मेवाड़ की सलाह और मदद से रियासत का काम करना नहीं चाहते हैं और हिसाब किताब जो साहिब ने मांगा उसके वास्ते भी हीला हवाला लिषा कि जिससे जिमनन मालूम होता है कि पंच सरदार हिसाब देना भी साहिब मोसूफ कू न्हीं जानते हैं जो ऐसा ही है तो इस अम्र मैं पंच सरदारान की भूल और बड़ी गलती मालूम होती है और सिवाय इसके हमारी भी वदूल हुकमी पाई जाती है कारण हमने १ जून वा १०वीं जून सन १८६३ ई० के षतों में जो राज के नाम साहिब अजंट बहादुर मेवाड की मारफ़त भेजे थे उनमें साफ़ लिषा है कि साहिब ममदूह की सलाह बमूजिब रियासत का कारबार अंजाम देवैं और किसी तरह रियासत के काम में हर्ज और नुकसान न होने पावै और राज जो जिया बोज के सबब से रियासत के काम में चुसती और चालाकी न होना लिषते हैं और दर्ज करते हैं कि पंच सरदारा आठ मुकर्रर हुए थे अब सिरफ़ दो रह गये हैं तो इस सूरत में मुनासब था कि राज और ज़ियादा कोशिश फ़रमाते वासते हसल मदद और सलाह साहिब अजंट बहादुर मेवाड के जिससे राज का बोज कम हो जाता और साहिब मोसूफ की मदद से काम में जियादा असलूबी और दुरस्ती ज़हूर में आती आप सरदारों ने वादा किया था कि हम षर्च में बहुत किफ़ायत और रियासत की बेहतरी के वासतह कोशिश बषुबी करेंगे हमारी दानिस्त में जो राज ऐसा ही करते तो हिसाब देने में राज कू षुशी होती और साहिब अजंट बहादुर कू बार २ हिसाब देषने की कुछ मुमानअत न्हीं है उन अषतियार हासिल है कि बार २ देषें यह राज का लिषना कि साहिब मोसूफ ऐक बार देष चुके निहायत नादुरस्त है राज देषियां कि जो हिसाब सम्बत १९१८ का सरकार में गया था उस कोशिश करने में सरकार कूं किस कदर षुशी हासिल हुई हमारी दानिस्त में राज ने अपने २१वीं अपरेल के षत पर षयाल नहीं किया जिसमें हमारे नाम लिषा था कि हमारी नज़र आपकी तरफ है और जो आप मुनासिव समझें और फरमावें उस पर हम अमल करते हैं तो जो राज हमारे कहने पर अमल रषते तो साहिब अजंट बहादुर के कहने और सलाह से बाहिर न होते अब बनजर मुनासिब राज कू हिदायत और इत्तिला दी जाती है कि राज कारोबार रियासत में साहिब अजंट बहादुर मेवाड के हुकम और सलाह मवाफिक सरगंमी और चुसती वा चालाकी अमल में लावें और कोई काम ऐसा जहूर में न लावें कि

रियासत के कामकाज में नुकसान वा हर्ज आने का सबब हो और षूब षयाल रषें कि जो किसी तरह का नुक़सान या हर्ज होगा तो श्री सरकार आप सरदारों से बाजपुर्स करेगी और यह सब हालात सरकार में इतिला के वासते भेजे जाते हैं सो जानसी ता० २२वीं जून सन १८६३ ई०[9]

(इ) जोधपुर

इस रियासत सम्बन्धी पत्र-व्यवहार के नमूने प्रस्तुत हैं :

उदाहरण 1: षत बनाम ठाकुर प्होकरण इलाकह मारबाड अपरंच षत राज का मारफत लाला छोगालाल मुतसदी हाज़िर बाह म्हकमह हाज़ा दर बाब गोद लेने कंवर गुमानसिंह जी के और इस षुशी में भेजेने हुंडवी आठ सौ रुपयों की वासते षिलाने शीरीनी और षाने के मदरसा अजमेर वा आबू के विद्यार्थियों कू प्होंछ कर बहुत षुशी हासिल हुई जो कि इतना रुपया वासते षुराक सिफ़लान के षर्च करना ज़ियादा मालूम होता है मेरी दानिस्त में जो राज की तर्फ़ से इस रुपये कू विचषाने और भी मदरसों के दूसरे ज़रूरीइषराजात में षर्च करने के लिये इजाज़त हासिल हो तो मुस्तह सा है इसलिये विलफेलता आने इजाज़त राज कै वह दूनूं हुंडवियां अमानत रषी गई हैं जबकि इज़ाजत राज की तर्फ से आवेगी मदरसों के लड़कों के मसारिफ़ ज़रूरी और षाने वा शीरीनी में षर्च करने के वासते राज के नाम से दिये जावेंगे सो जानसी तारीष १९वीं जून सन १८६३ ई०[10]

टिप्पणी—इस सन १८६३ ई० के पत्र की भाषा में स्वाभाविक प्रवाह दिखाई नहीं देता, अपितु अरबी-फ़ारसी की शैली की प्रधानता है। शब्दावली भी अरबी-फ़ारसी के शब्दों से बोझिल है।

उदाहरण 2 : **मुस्बिदा कानून आबकारी राज मारवाड़ सन् १९१५**

जो कि जाब्ता आबकारी मुव्विंजे मारवाड़ वास्ते इन्तजाम तयारी, फरोख्त, व कब्जा व पँसार शराब व खंमीर लाई हुई शराब व मुस्करात व अफियून व निज वसूली आमदनी जो उनसे आवे तरमीम करना जरूरी हैं। लिहाज़ा हस्ब जैल क़वायद सादिर किये जाते हैं।

बाब पहिला,

नाम हदूद व १. (क) यह कानून जाब्ता आबकारी मुल्क मारवाड़ सन १९१५ के नाम से मोसूम होगा।

निफाज य आ (ख) यह कुल रियासत मारवाड़ में नाफ़िज होगा।

गाज़ अमलदरामद—इसका अमलदरामद फोरन होगा।

तरमीम, २. (क) जो क्वानांन ज़मीमा सुनसलिका में दर्ज हैं वोह उस हद्द

तक तर्मीम किये जाते हैं जिनका कि ज़िक्र उसके तीसरे खाने में किया गया है।

(ख) लेकिन कुछ क़वायद जो इससे पहिले जारी हुवें अख्तियारात जो अता हुवे लाइसेन्स और ठेके जो दिए गए—जैर क्वानोन मनसूख शुदा और जो इस कानून के तारीख निफोज से जारी हों उनकी निस्वत यह समझा जायेगा कि वे ज़ैर एक्ट हाजा जारी हुवे अता हुवे, या दिये गए।

तारीफात, 3. इस कानून में (क) 'आला ओफिसर माल से रेवेन्यू मैम्बर या दीगर ओफिसर जो श्री दरबार से इस ओहदे पर मुकार्रर हों मुराद है।

(ख) 'हाकिम' से मुराद वोह ओफिसर माल है जो किसी परगने का खुद मुख्तियार हो या कोई दूसरा ओफिसर है जिसको श्री दरबार ने किसी खास हद्द के लिए हाकिम का काम करने का ज़ैर एक्ट हाजा मुर्कारर फर्माया हो।

(ग) 'मजिस्ट्रेट' से वोह मजिस्ट्रेट मुराद हों जिसको दोयम दर्जे से कम का अख्तियार न हो।

(घ) 'पैसार' से मुराद मारवाड़ में खुश्की या रेल रास्ते से लाने का है।

(ङ) 'ताड़ी' से मुराद किसी किस्म के खिजूर के दरख्त के रस से है।

(च) 'खमीर लाई हुई शराब' से मुराद माल्ट शराब जो वाईन-पछवाई खमीर लाई हुई ताड़ी या किसी दूसरी किस्म की शराब जिसको वक्तन फवक्तन श्री दरबार हिदायत फर्मावें कि खमीर लाई हुई शराब में शामिल की जावे।

(छ) 'स्पिरिट' से मुराद वोह शराब हैं जिसमें एल्कोहल हो और भबके से खीची हुई हो।

(ज) विदेशी स्पिरिट व विदेशी खमीर लाई हुई शराब से मुराद :

(क) स्पिरिट या खमीर लाई हुई शराब जो हिन्दुस्तान के बाहिर बनी हो।

(ख) और वोह शराब भी इसमें शामिल है जो हिन्दुस्तान में यूरोप के तरीके पर बनी हो या उस तौर पर रंगी हुई हो, या तेज की गई हो, या जायकेदार की गई हो या दीगर तौर पर दवायों से बनी हो कि वोह मिस्ल उस स्पिरिट या खमीर लाई हुई शराब के मालूम हों जो हिन्दुस्तान बाहिर बनी हो।

(झ) 'देशी शराब और देशी खमीर लाई हुई शराब' से मुराद हिन्दुस्तान में बनी हुई शराब और खमीर लाई हुई शराब से है जो विदेशी तरीके, पर नहीं रंगी गई हो और न दीगर तौर पर दवायों से बनाई गई हो।

(ञ) 'तौल' से मुराद वोह वजन हैं जो १८० ग्रेन ट्रीय का हो।

(ट) 'सैर' से मुराद ८० तोले का वज़न हैं।

(ठ) 'अशय्या मुनश्शी' से मुराद, भंग, गांजा, चरस और हर उस चीज से है जो इनमें से किसी चीज से तय्यार की जावे।

(ड) 'हैम्प' से मुराद किसी किस्म का हैम्प का पौधा है जिससे अशव्या मुनश्शी पैदा की जा सकती है।

(ढ) 'अफियून' में तिजारे के डोडे व दीगर चीजें जो अफियून या दूसरी नशा लाने वाली चीजों से मिलाकर तिजारे से बनाई जावे शामिल हैं।

(ण) जो अशय्या जैल में दर्ज हैं वोह बमुजिब इस कानून के बतौर खुर्दा फरोशी बिक्री हुई कहलावेगी जबकि उनकी मिकदार, मिकदार मुन्दर्जे जैल से ज्यादा न होगी।

१. विदेशी शराब या खमीर लाई हुई शराब दो शाही गैलन या बारह बोतल भरी हुई।

२. देशी शराब एक सैर सिवाय उन मुकामात के जहां श्री दरबार इस तादाद को खास तौर से जियादा फर्मावें।

३. अफियून रु० ५ से कम कीमत की।

४. मुस्करात हस्ब ज़ैल।

(क) भंग............................एक सेर

(ख) गांजा............................पांच तोला

(ग) चरस............................पांच तोला

(घ) माजून............................एक पाव

(ङ) यारकन्द............................पांच तोला

(च) गुलकन्द............................एक पाव

अगर इनसे जियादा फरोखत किया जावे तो वोह थोक फरोशी समझा जावे।[11]

टिप्पणी—कुल आठ बाब हैं। आगे का भाग छोड़ दिया गया है।

इस कानून की भाषा कभी अस्वाभाविकता से भरपूर है। नागरी लिपि में लिषी हिन्दी होने पर भी अरबी-फ़ारसी की शैली तथा शब्दावली से भरी है।

Registered No. N-114

उदाहरण 3 : The Jodhpur Govt. Gazette

जिल्द ७६ जोधपुर शनिश्चर वार मार्च ११, १९४४ नंम्बर ३७

Part I

Darbar orders, Notifications and Circulars

Government of Jodhpur

ORDER

Dated Jodhpur the 6th March 1944

No. 3421/C.B English Version

हुकम

हिज हाइनेस दी महाराजा साहिब बहादुर ने, खुश होकर कुंवर बदनसिंहजी वल्द राव बहादुर राजा जयसिंहजी उम्मेद नगरवालों को परगना पाली के गांव बीठू और चोटलाओं में बतौर महंरबानी इनायत फरमाया है।

फकत ता० ६-३-४४[12]

DHARAM NARAIN
Dy. Chief Minister
Government of Jodhpur

उदाहरण 4 : The Jodhpur Govt. Gazette

Emb.

जिल्द ८१ जोधपुर शनिश्चरवार अक्टूबर १३, १९४५, नम्बर ५

इश्तहार अज इजलास साहब

एसिस्टेन्ट कमिश्नर लैंड रेवेन्यू

तथा मौजा बीजवा प० देसूरी में हस्व जैल पाड़ोसियान बीचला मकान का पट्टा कराने की दरख्वास्त मु० पुकराज वगैरा हिसरान गुलाबचन्द महाजन ने ता० २०-२-४१ को महकमा हाजा में पेश की मगर बाद में उसने पैरोकारी नहीं की लिहाजा हर खास व आम को बजरिये इश्तहार हाजा इत्तिला दी जाती है कि इस मकान पर किसी का उजर हो तो अन्दर मयाद एक माह तारीख शाया से महकमा हाजा में पैरोपकारी करो वरना थाला खालसा किया जाकर नीलाम कर दिया जावेगा।

उत्तर में चुन्नीलाल सेरा का मकान
दक्षिण में राजपथ मार्ग
पूर्व में चुन्नी लाल सेरा महाजन, रास्ता व गुजर
पश्चिम में गणेशमल अना महाजन
खिड़की पूरब में है।[13]
फकत ता० २९-९-४५

MANOHAR NATH
Assistant Commissioner
Land Revenue Circle, Pali
Marwar Junction

(ई) झालावाड़

झालावाड़ स्टेट गज़ट
मुद्रा
मजरिये व हुक्म झालावाड़ गवर्नमेंट

....

जिल्द १) मुक़ाम झालरापाटन, शुक्रवार तारीख़ १ माह जुलाई सन १९३२ ई० नं० ३

बैंक हाज़ा के क़वाइद तारीख २० मई सन १९३२ की इजलास ख़ास से मन्ज़ूर हो चुके हैं यह क्वाइद जल्द तबा कराए जाकर शाया होंगे ज़रूरी बातें महक्में जात व पब्लिक की इत्तला के लिये ज़ल में दर्ज की जाती हैं :

दफ़ा ३ : हिज़ हाइनेस श्री महाराज राणा साहिब बहादुर इस बैंक के सरपरस्त होंगे और हिज़ हाइनेस गवर्नमेन्ट का ज़िम्मा होगा कि वह उस मतालबे को जो बैंक के ज़िम्मे वाजिबुल अदा हो फ़ौरन अदा कर दे।

दफा ७ : तमाम हिसाबात सीगे राज में रखे जावेंगे और बजुज़ उन अशख़ास के जो उनके देखने के मजाज़ हैं किसी और को उनके देखने की इजाज़त नहीं दी जावेगी।

दफ़ा ८ : वह रुपया जिसको कोई शख़्स या इन्सटीट्यूशन बैंक हाज़ा में जमा करेंगी बतौर अमानत रहेगा और उसकी अदायगी के लिये बैंक पर मुकदमा दायर किया जा सकेगा।

दफ़ा १६ : अफ़सर पर्गने से हालात दर्याफ्त करने और उसकी सिफ़ारिश के बगैर मुफ़स्सलात के रहने वालों को कर्जा नहीं दिया जावेगा और अफसर पर्गने का फ़र्ज होगा कि वह सिफ़ारिश से पहले इस बात का कामिल इतमिनान कर ले कि शै मरहूना या ज़मानत इस काबिल है कि अगर कर्ज ख्वाह से रुपया वसूल न होगा तो उनसे रुपया वसूल हो जावेगा और बार सुबूत इस अम्र का कि अफ़सर मज़कूर ने सिफ़ारिश नेकदिली से और काफ़ी एहतियात के बाद की थी उसके जिम्मे होगा। अफ़सर पर्गना मुताल्लिका अशयाए रहन की क़ीमत और मिक़दार के बाबत जिसका उसने यक़ीन दिलाया है शख्सी तौर पर ज़िम्मेवर होगा।

दफ़ा १७ : अफ़सर पर्गना मुताल्लिक़ा अपने पर्गने के मक़रुज़ अशखास से बैंक वाजिबुल अदा रुपये की वसूली में इमदाद देंगे।

गोरधन लाल शर्मा
मैनेजर स्टेट बैंक

(उ) प्रतापगढ़

राजस्व संबंधी मुकदमे की पत्रावली में से कुछ कागजों की नकलें यहां प्रस्तुत हैं। इनसे रियासत में हिन्दी के प्रयोग की स्थिति की स्पष्ट जानकारी मिल जाती है।

उदाहरण 1 : सन १९०७ से १९४९

महकमा माल

॥ श्री राम जी ॥

फहरिस्त मिसल मुकदमा मुतदायरा महकमा अेक्साईज

राज देवगढ़ प्रतापगढ़

सीगायामद	नंबर रजिस्टर व संवत	अनवान	रुजु	फैसल	किता
मुतफरकात	१२/१९९०	कागजात दरबारे वसुली रुपै ठेकेदार अबकारी के मुस्मी भगला गमेती सा. जौलर के मुतालीक कीमत शराब के वसुली नामीन मैताबसिंहजी राजपुत सा० अबलपुर जामीन भगला की वगैराह	२१-६-३४	१९-११-४३	९९

सील[14]

ह० D. Singh

उदाहरण 2 : प्रतापगढ़ रियासत

सन् १९०७ से १९४९

महकमा माल

कागज़ नं० ३

नम्बर ६८/१

राजेश्री सुप्रीन्टेन्डेन्ट साहाब महेकमे एकसाईज राज़ देवगढ़ प्रताबगढ़ जोग ठकेदार आबकारी लीषता जेदुवार का नाथरी वंचेसी अप्रच, कारखाने हाजा से तहेरीरी नम्बर २—३-१०-३३ मारफत ईन्सपेक्टर साब गोदाम आबकारी बाबत रुपै ६४॥-) सराब बीकरी के जीमगी दुकानदार भगला वल्द देवला गडा माल व व्रेला वल्द भत्सला गमे ती माल सकनाये जो सर से वसुल कराकर भी जाने वगैरा के नीस्बत मैं भगला कैं राज के यहां पेस की गई है जीसको अरसा हुवा है—तहेरीर मज़कुरा में दुकान जोसर पर तारीख ३-१०-३३ को सराब रासी गैलन १६—० कीमती रुपै ३६) का मोजूद होना दरज कीया है। वो भी ये लोग बेचकर रुपै खा गये। और अभी तक ईनकी तरफ से एक पैसा जमा नहीं हुवा है। जुमला रुपै

१००॥-) ईनकी तरफ लेना नीकलते है। ईसलीये बसीलसीले तहेरीर साबीका फीर राजकों तक्लीफ हो जाती है। ये लोग पक्के बदमाश है। इन्के साथ काफी सख्ती जहा तक न की जायगी हरगीज रुपै दाखील नही करेंगे। और सुना गया है कै कुछ रुपै—०—मजकुर से राज के यहाँ वसुल होकर अमानत जमा हुवे है जो सक × × × रुपै वसुल हुवे हो वो तो बराय महेरबानी कारखाने हाजा में भीजा देवें और बाकी रुपै की वसुलात की काररवाई जल्द करावै क०[15] ना० २०-६-३४

ह० अंग्रेजी में
अपठनीय

—०— अस्पष्ट भाग
× × × फटा भाग

टिप्पणी : इस मिसल में सभी कागजात हिंदी में पाए गए जिनकी संख्या 50 है।

उदाहरण 3 : प्रतापगढ़ रियासत

सन् १९०७ से १९४९

महक्मा माल

नम्बर ६/१ सामील कागजात

मुनालीका होकर

पेस हो ता० १७-१०-४०

ह० अपठनीय

मीन जानिब ई. प. खुर्द बमगरा मोजा बमोरी पहोचकर देखा गया तो यहां सीर्फ मैजाबसिहं-ऊंकारसिहं ० सीह के मशनात है और चन्द मीलान नादार है बलावे अजीमोजा अबलपुर में भी बबजे रसूक मेताबसीग के खीलाफ बोली जगाने वाला दस्तीयाब नही हुवा ईसलीये गाड़ा बषेल मारफत नाकेदार सा० सालमगढ़ गाड़ा बहाल तनब फरमाया जाकर नीलामी की कार्रवाई फरमाई जावे।
तारीख[16] १७-१०-४०

ह०—उर्दू में

उदाहरण 4 : प्रतापगढ़ रियासत

सन् १९२० से १९४८

वस्ता नं० महक्मा माल

सीगा दर्ज दीवानी इब्तदार

फौजदारी, दायर फैसल नजूल,

जमीन रजिस्ट्री

....

नंबर रजिस्टर व संवत्

इ० फौजदारी ९५/१९९८

॥ श्री राम जी ॥

फहरिस्त मिसल मुकदमा मुतदायरा महक्मा दर्जे २

राज देवगढ़ प्रतागढ़

सीमयामद	नंबर रजिस्टर व संवत	तब्युन दावा	तारीख	किता
ई० फो०	९६/१९९८	जुर्म जैर दफा १८८ ता० ही	रुज २९/४२	फैसल ९ २५

श्री सरकार जरीये मकनाथल्ह नगाड़ायी नम्बरदार साकीन लुपड़ी

मेरा वल्द लालाडांगी नं १
कालु वल्द नाथी मील
सासरी नं २ सा० लुंपडी
भगला बल्द देवा भील
नवामा सा० जेठीया
खेड़ी नं ३

मोहर

नंबर	नाम कागज	किता	नंबर	नाम कागज	किता
१.	को हाजा	१			
२.	कागजात पुलीस	१४			
३.	बयान —०—	२			
४.	इस्ति प्रसाद	४			
५.	तजवीज	२			
६.	रसीद	२			
		— २५			

उदाहरण 5 : प्रतापगढ़ रियासत

सन् १९२० से १९४८

बस्ता नं महक्मा माल

सीगा दर्ज दीवानी इब्तदाह

फौजदारी, दायर फैसल नजूल

जमीन रजिस्ट्री

नंबर रजिस्टर व संवत

इ० फौजदारी ९५/१९९८

फर्द जरायरा नं

१०२ अदालत द० दोयम

इब्तिदा बाबत दख्लंदाजी जुर्म जो बमुजिब दफा १५४ जाबिता फ़ौजदारी के लिखी जाती है नोट : यह फर्यादी ठीक उन अल्फाजों में लिखना चाहिए जैसे इत्तिला करने वाला या फरियादी बोले और इत्तिला करने वालों या फर्यादी के दस्तखत या अंगुठे का निशान होना चाहिये और जो अकसर फर्यादी लिखें उनको भी दस्तख्त करना चाहिये।

नाम : श्री सरकार जरीये मकना नंबर दारमोजा लुंपडी

जात : डांगी सर्किल लुंपडी

पेशा नबरदारी मांजा उमर—६० साल

स्टेशन हाउस से फासला—२ माईल

मुक़ाम—लुपड़ी तारीष् १३। ९। ४२। से १५ रोज़। वक्त-दीन

यहां लिखो—ऊटीया वा। गागा चौकीदार मोज़ा बडवास खुर्द हाजीर आया और कीया रीपोट मकाना नबरदार लुंपडी हस्ब जेल मजमुन पेश की।

मज़मुन रीपोट

टिप्पणी : यह ब्यौरा एक छपे हुए फार्म पर दिया गया है।

(ऊ) बांसवाड़ा

इस रियासत से सम्बन्धित कागज एक इश्तिहार का नमूना है जो गजट में प्रकाशित किया गया। इसमें गेहूं तथा चने पर महसूल लगाए जाने का विवरण है।

गजट सरकार राज्य बांसवाडा

तारीख २२ मई सन् १९२६ ई० मिती वैशाख शुक्ल १४

बुधवार संवत् १९८५

इश्तहार अज महक्में कस्टम्स् रियासत बांसवाडा नं ९५१८

हर खास व आम की आगाही के लिये प्रकाशित किया जाता है कि हस्ब मंजूरी हुक्म राजमान राजश्री महकमा खास नं ८२६७ ता. ८-५-२९ के मुजिब गेहूं

पर महसूल फी मन रु० १) व चना पर महसूल फी मन रु० १।) अलावा चुंगी कांटा के कायम किया जाकर उसकी निकासी जारी की गई है।[17]

ता० ११-५-२६ Gulab Singh
सुप्रिन्टेन्डेन्ट कस्टम्स्

(ए) बीकानेर

यह रियासत तो बहुत पहले से हिन्दी के प्रयोग में अग्रणी रही है। इसकी पुष्टि राजस्व सम्बन्धी अनेक दस्तावेजों से की गई है। कुछ दस्तावेजों की नकलें आगे दी गई हैं।

उदाहरण 1 : नक्ल षरीता अज तरफ साहब कलां बहादुर बनांम रईस बीकानेर तारीष २४ अक्तुबर सं १८५९ ईस्वी मिती काती बदी १३/१९१६ रा अपरंच षरीता आपका लीषा हुवा मिती आसोज बदी १३ संमत हालका दर थाब जारी करणे नये सीके के मये नक्शे सांके मजकुर वास्ते पसंद करणे दोस्तदार के आया हाल सब लीषा हुवा मालुम हुवा फक्त आपकों मालुम होय के नकसा सांके जदीदका वास्ते जायसी के कदीम के ले जासो दोस्तदार के पसंद हुवा अषतीयार हे के ईस्कों आप रीयासत अपणो में जारी कीजीये ओर आपके मिजाज सरीफ की षुसी के हाल सें दोस्तदार कों हमेसां षुस फरमाते रहोगे।[18]

टिप्पणी : पत्र में निम्नलिखित शब्दों पर ध्यान देने की आवश्यकता है :

आपका, नकसे, पसंद, दोस्तदार, हाल मालुम हुवा, वास्ते, जारी कीजीये, फरमाते रहोगे।

पत्र की भाषा प्रौढ़ तथा शब्दाबली बड़ी परिचित है।

उदाहरण 2 : श्री लक्ष्मी नारायण जी
उर्दू···में

स्वस्ति श्री सरब ओपमा मेजर श्री चयारलस ज्यांन बुर्क साहब बाहाद्रू जोग्य माहाराजाधिराज राज राजेश्वर नरिंद्र सिरोमणि श्री सिरदार सिंह जी लिषावतं जै श्री जीरी बाचजो अठा रा समाचार श्री जी री कृपा सूं भला छै राजरा सदा भला चाहीजै अप्रंच षरीता राज का षूसी रो भरा हुवा लिषा तारीष २४ मई संन हाल का वषुलासैं इसै मज्मूंके के ईक्तालीस गांव वा षिल्त आपकूं सरकार दोलतमदार अंगरेजी सेंव्वअेवज षैरख्वाहीयां के मिले जिसमें हम कूं बोहत षुसी हुई पोंहच्या जिस्कै हाल का राज के मिजाज की षुसी का हाल मालुम होणै सें नीहायत षुसी हासल हुई चुकै राज ईस रियास्त कूं दिल सें चाहते हो जितनी षुसी होवै सो बजा है और जहूर ईस षुसी का म्हैज सहीबा कोसिस जरनेल ज्यार्ज

जारनरा साहब बाहाद्र अजंट राजपू—(फटा भाग) से ओर म्हैरबांनी नवाब मुस्तताब मोला अल्काब गवरनर जनरल बाहाद्र···सो सब दोस्तां कूं मुबारक हो और जरनेल साहब बाहाद्र बाद वरसात्के···गांवां मज्कूर की वा फंर्मांन मलेके मोजिम्हैं लेकर ईहां आवेंगे और राज की मुलाकात का निहायत ईस्तीयाक है राज भी जरूर आवें अर अपणी मुलाकात सें षुस करैं जिस्में म्हांरी अेंन षुसी है और राज कैं मिजाज री षुसी कै हाल में षुसक···रहोगे संबत १९१९ मिती जेठ सुदि ११ मुकाम श्री बीकानेर कोट दाषल।[19]

टिप्पणी : ···अस्पष्ट अंश

उदाहरण 3 : सितम्बर सन १८६२ ई०

सिद्धि श्री सर्वोपमा बिराजमान म्हाराजाधिराज राजराजेश्वर शिरोमणि श्री सरदारसिंह जी बहादुर जोग्य जनरल जारज सेंट पेटरिक लारेंस साहिब बहादुर लिषतं सलाम बांचशो अठा का समाचार भला छ आपका सदा भला चाहीजे अपरंच चिट्ठी साहिब अजंट बहादुर जयपूर से वाज़ह हुवा कि हर गोविन्द राय गुलाबराय रामप्रशाद हर प्रशाद शिवजी राम हरदयाल सेठान सकनायसाबिक सेषावाटी इलाकह जैपूर कलकत्ते से अजराहद गाबाजी दिवाला निकालकर बहुत सा मुबालिग सरकारी व रआयाय सरकार दबा के फरार हो यलाकह जयपूर में आये और यहां से फ़रार होकर इलाकह बीकानेर में रहना अषतियार किबा है और साहिब अजंट बहादुर जयपूर के लिषने से अगरचह वकील सज़ बीकानेर मुतईयनह अजंटी जयपूर ने मुदईइलहम को हाजिर किया इल्ला उसकी हिमायत से वह मुद्दाइलेहम किसी तरह का तसफिया नहीं करते हैं और सरकारी रुपये के अदा करने की सूरत मालूम नहीं होती है इस वासते राज साहिब मम्दूह को लिषने के म्वाफ़िक़ लिषने में आता है कि आप इस षरीते का मुलाहजह फरमा कर बराह म्हेरबानी वकील राज मुतईयन्ह अजंटी जयपूर को हुक्म फरमावें कि वह तुरत आसामी को सपुर्द साहिब अजंट जयपूर के कर दें क्रि साहिब तज़बीज़ कर सरकारी उससे वसूल करें और आपको मालुम हो कि आयंदह को ऐसे सरकारी मुजरम को पनाह आपके इलाके में न दी जाया करे क्योंकि इससे आपके वास्ते अच्छा नहीं है और आपके मिजाज मुबारक की षुशी के समाचार हमेशह लिषना फरमावशो :

ता. १ सिप्टेम्बर सन् १८६२ ईसवी मिती

भादूं सुद ७ सम्बत १९१९

तथा

रईस बीकानेर

अपरंच जो कुछ काडं और कुशह षून वगेरह कि पहिले राज बीकानेर और जयसलमेर की सरहदों बाबत हुये हैं और आज तक उनका तकरार दोनों रियासतों के आपस में रहा है आपको मालूम है दोस्तदार ने उन दोयमी झगड़ों के दूर करने के लिये गये साल कपतान जार्ज हमिलटन साहिब बहादुर···असिसटेंट को भेजा और साहिब मोसूफ ने वहां तशरीफ़ ले जाकर घडयालह और गिरराजसर की सरहद के मुकदमों का शुरू किया और साहिब बहादुर ने कायदह सरकारी और दस्तूर व रिवाज राजस्थान व जगीदारान के मुवाफिक पनचायत की रूप से फ़ैसला कराना चाह्या उसमें आप की कम तबजहो से ऐसी बात पेश आई और साहिब बहादुर को दिकतें···हुई ।[20]

······अस्पष्ट भाग

टिप्पणी : आगे का सब खराब हो गया है ।

उदाहरण 4 : ॥ श्री ॥

राजपूताना अजंसी की हिन्दी षरीतों आदि की नक्ल की किताब सन् १८६३ ई० षरीता जनरल जार्ज सेंट पेट लारेंस साहिब बहादुर अजंट गवरनर जनरल राजपूताना की तर्फ़ से बीकानेर के महाराजा सरदारसिंह जी के नाम ता० २४वीं जनवरी सन् १८६३ ईसवीं मु० आगरा अपरंच जब से ४२ गांव इलाक़ह सरसह की आपकू सरकार दोलतमदार अंगरेज़ी से आता हुये हैं तिलवाडह कलां वग़ैरह गांवों मज़कूर के माफ़ीदारों ने अकसर इस्तग़ासा अपनी माफ़ी की ज़मीनों की ज़बती का आपकी रियास्त के कारदारों पर हिसार के साहिब कमिशनर बहादुर की षिदमत में पेश किया और मुतवातिर साहिब मम्दूहकीतहरीरात वासते दादरसी माफ़ीदारा यहां आई और आपकी रियासत के वक़ील कू इस हाल से इत्तला की गई और कुछ दुरस्ती उनकी अमल में न आई थी कि कई माफ़ीदार हमारे पास आये और अपनी-अपनी ज़मीनों की माफ़ी की दरषास्त की और हिसार के साहिव कमिशनर बहादुर ने भी हमकू फ़िर लिषा इस पर २६वीं नवम्बर सन् १८६२ ई० हमने कितई हुक्म वास्ते बहाली ।

सुष नम्बरों की माफ़ी की ज़मीनों के आपके वकील कू दिया और हिसार के कमिशनर साहिब बहादुर भी इस हाल से इत्तिला दी गई अब सुष लम्बरों की मुतवातिर अरज़ियों आने से ज़ाहिर हुआ कि बषिलाफ़ दादरसानी उनके तकलीफ़ों ईजारसानी उनकी बसबब इस्तग़ासा करने उनके सरकार अंगरेजी में रियासत के कार पर दाओं की तर्फ़ से अमल में आती है और यहां के हुक्म की कुछ तामील न हुई ज़रूर इस अम्र का निहायत ताज्जुब अर अफ़सोस का बाइस है जो कि यह

लोग क़दीम माफ़ीदार अद अमलदारी सरकार अंगरेजी के हैं और बड़ा नाजुक मामला है कि सरकार ने हस्ब तहरीर हमारे यह गांव आपकू दिये हैं फिर इस तरह यह **रियायाय** सरकारी षराबो बरबाद होती फिरती है और सूरतह

करसी उनकी नहीं होती और सुष नम्बरों का इस्तग़ासा हमारे पास तक प्होंचे और यह यकीन नही है कि आपकी जानिब से ऐसा ज़हूर में आया हो जाहिरा ऐसा मालूम होता है कि यह ज़ियादती व तकलीफ दिही माफीदारों की कार परदा जान रियासत की तर्फ़ से होती है इस वासते आप कू तकलीफ देता हूं कि बराह् म्हेरबानी हुक्म मोकिद अपने कारदारान रियासत पर सादिर फ़रमा-कर दादरसी माफ़ी-दारान फ़रमावें कि वह लोग अपनी दाद कू पोंच कर तक्लीफ से बचे और आयंदह उनके दसतर मुकर्ररह में अहलकारों की तर्फ़ से हर्ज व **तवक्कुफ** न हो और आप होशयार वा अमूर रियासत की तर्फ़ मुतवज्जह होकर बहुत षयाल वालिहाजरषें कि जिसमें बदइन्तजामी इस तरह की न होवे क्योंकि हम कू मालूम होंता है कि इन दिनों आपके राज में कारबारयों कू जियादा अषति-यार है और आपके मिजाज मुबारक की षुषी के समाचार हमेशह लिषना फ़रमावशी[21]

२४वीं जनवरी सन् १८६३ ई०

उदाहरण 5 : ष़रीता बनाम रईस बीकनेर ता० २५ मार्च सन् १८६४ ईस्वी अपरंच सेठ लिषमी चन्द राव बहादुर के ष़त और उनके गुमाशते शाम सुष की अर्जी से मालूम हुवा कि आप ने सम्बत १९०२ में उनकी दूकान और दादसितद राज बीकानेर में जारी करवाई और लिषावट भी इस बाबत आपके और उनके आपस में हो गई थी सो दूकान और दादसितद सं १९०२ से सं १९०३ तक जारी रही और ८६९५४।) जो आपने वा रानी जी साहिबा ने सेठ जी की दूकान से लिये वापिस राज बीकानेर से नहीं दिये गये और वे रुपये अब तक मये सूद बाकी हैं और सिवाय लेत लाल कुछ सूरत बेबाकी रुपयों की अहलकारान राज नहीं करते हैं और सेठ मोसूफ ने वास्ते दुरस्ती इस मामलह के आपकी लिषावटें और हिसाब भी दाषिल किये दोस्तदार कू इस मुकदमह के हालात के दरयाफत होने से बहुत ताज्जुब हुआ कि आप जैस दाना होशयार और आजमूदाकार की तर्फ से अहलकार ऐसी हक़तलफ़ी और षिलाफ़ **कोल करार** अमल में लावें कि पहिले सेठ मोसूफ़ की वषूबी षातरी कर-कर दूकान जारी करवाई और फिर जब रुपया लिया गया तो लिषावटों के बमूजिब उसके जमा कराने की कुछ सूरत न हुई और बावजूद आपकी लिषावट षास रुका स. १९१७ के कि उससे ज़ाहिर है कि आपकू उसकी षातरी और देने रुपयों में कुछ उज्र नहीं अब तक सेठ साहिब का रुपया मये सूद बाक़ी है और आपकू जाहिर हो कि दोस्तदार कू अगरचह इस मामले में दषल देना नहीं

चाहिये था परंत रईसों की तर्फ से जाहिर होना ऐसी बातों का मुनासिब नहीं है और सबब बड़ी बदनामी का तमाम जहान में है और जो कि दोस्तदार बहरहाल षाहान नेकनामी रईसान राजपूताना है इसलिये सलाह मुनासिब के तौर पर लिषने में आया है और हिसाब वा दस्तावेज़ वगेरह कागजों की नक्ल भी इस षरीते के साथ आपकी षिदमत में भेजी जाती है उम्मेद है कि अब आप जल्द तजवीज मुनासिब वासते अदाम मुबालिग फरमाकर दोस्तदार कू इत्तला फ़रमावेंगे और आपकू चाहिये कि आयंदह उस तजवीज पर कायम रहें इति[22]

उदाहरण 6 : खरीता बनाम् रईस बीकानेर ता. २९ मे सन् १८६५ ई. अपरंच कल फ़र्द हिसाब मुबालिग ज़िमगी राज बीकानेर बाबत मुकदमात मुनाफिसलह म्हकमह पनचायत अजंसी जयपूर गुजरानीदह गुमाशतह खज़ानची म्हकमह मौसूफ़ा तारीख १७ अक्टूबर सन् १८६५ साहिब पौलिटिकेल अजंट बहादुर जयपूर की रूबकारी के जरिये वसूल होकर नक्ल उसकी आपके वकील कू वास्ते जल्द दाखिल करने रुपयों मज़कूर के दी गई थी और उसका जवाब न आने के सबब फिर २ दिसम्बर सन् १८६४ कू परचे ताकीदी आपके वकील के नाम वासते अदा करने मुबालिगान खजानची मजकूर जारी हुवा था परंत अब तक न रुपया अदा किया गया न जवाब दाखिल हुवा और अब फिर रूबकारी साहिब अजंट बहादुर जयपूर लिखी हुई २९ अपरेल सन् १८६५ मय फर्द हिसाब व गर्ज वसूलनेर करजह मुलाहजह से गुजरी इस लिये हिसाब की नक्ल इस खरीतह के साथ भेजकर लिखने में आता है कि करजह खजानची अजंसी जयपूर का बेबाक करना जरूर है सो आप राज के कार परदाजों को हुकम फरमावें कि बबाकी करजह की जल्द हो जावे और तजबीज अदाय करजह मजकूर से दोस्तदार कू इत्तला फरमावें इति[23]

उदाहरण 7 : खरीता बनाम रईस बीकानेर

और उदयपूर ७ अगस्त १८६५

अपरंच इन दिनों दोस्तदार कू मालूम हुवा है कि कई वकील राजस्थान हाजिरबाश इस म्हकमह कू कई महीने हुऐ कि उनके राज से खर्च नहीं मिला है कि अपने-अपने कामदारों कू बखूबी फ़हमायश फरमावें कि जो कुछ उनकी रियासत के वकील का मुकर्रर है वह वक्त पर उनके पास पोंछा दिया करें ढील न किया करें क्योंकि रियासत के वकील का कर्जदार मशहूर होना नामुनासिब कदर और मज़ंलत रईस के है और बल्कि इस म्हकमह की ऐसी बातों से हलकाई होती है और जो ऐसी हालत में कभी **यकायक** हमारा कूच हो तो वह वकील मकरूजह हमारे साथ नहीं जा सकता इसलिये हम कू उम्मेद है कि सब रईस इस मुकदमा में हुकम ताकीदी अपने-अपने राज के अहलकारों पर सादिर फ़रमावें

क्योंकि राजस्थान के रईसों की तर्फ़ से इस म्हकमह में वकील इसी वास्ते तईनात रहते हैं कि वह बइतमीनान जो काम उन के सुपुर्द और ताल्लुक है इनसराम करें परंत जिस हालत में कि उनकी बेइज़्ज़ती हुई फ़िर उनसे काम का अनजाम होना ग़ैर मुमकिन है इति ।[24]

उदाहरण 8 : खरीता बनाम म्हाराजा साहिब बीकानेर ता. ११ जनवरी १८६६ मु. शाहपुरा अपरंच नकल फर्द हिसाब मुबालिग जिमगी राज बीकानेर बाक्त मुक्दमात मुनफ़िसलह म्हकमह पंचायत अजंसी जयपूर गुजरानी दह गुमाशतह खज़ानची म्हकमह मोसूफ ता० १७ अक्तूबर सन् १८६४ साहिब पोलिटिकेल अजंट बहादुर जयपूर की रूबकार के ज़रये वसूल होकर नक्ल उसकी आपके वकील कू वास्ते जल्द दाखिल करने रुपयों के दी गई थी और बबाइस न आने जवाब उसके २ दिसम्बर सन् १८६४ कू परचा ताकीदी आपक वकील के नाम वास्ते अदा करने मुबालिगान खज़ानची मज़कूर जारी हुआ फिर रुबकार २६अपरैल सन् १८६५ साहिब अजंट बहादुर जयपूर वसूल होकर खरीता २६ में सन् १८६५ आपके नाम तहरीर हुवा अब रूबकार लिखी हुई १२ दिसम्बर सन् सदर अजंसी जयपूर से वाजह है कि जिम्मह राज २१०२६।।-) बाकी है जो कि अब तक न मुबलिग़ान मज़कूर अदा हुये और न जवाब खरैतै २६ में सनइलै बाबजूद गुजरने अरसह सात महीने के आया इसलिये लिखने में आता है कि अदाम जर करज़ह निसबती राज ज़रूरी लाजिम है राज बहुत जल्द जब तक दोस्तदार मुकीन अजमेर है मुबलिगान मज़कूर अदा करें और दोस्तदार कू भी इतला फरमावें और नक्ल फर्दहिसाब मुरसिल है । इति[25]

(ऐ) बूंदी

इस रियासत सम्बन्धी निम्नलिखित दस्तावेज इससे अधिक पुराने दस्तावेजों की परम्परानुसार ही हैं।

बूंदी गज़ट

उदाहरण 1 :

भाग ११ बूंदी शुक्रवार १ अप्रैल १६३८ संख्या १४

Orders and Circulars

रोबकार अज़ दफ्तर दीवान साहब बून्दी स्टेट

नम्बर ५० ता. १०-३-३८

यह जरूरी है कि महक्मा कस्टम्स के महसूल की शरह में या दीगर महक्मों की ऐसी शरहों में जो कमीबेशी वक्तन फ़वक्तन की जावै वह गजट में शाया होवे

लिहाजा तमाम आॅफ़ीसरान महक्मेज़ात को मुत्तला किया जाता है कि जब कभी ऐसी शरह में कमी बेशी की जावै तो वह रिआया की आगाही के लिये गजट में शाया कराई जावे वास्ते तामील इत्तला इसकी सबको दी जावै ।[26]

Deoki Nandan Chaturvedi
B.A. LL. B
Judicial Member
For Dewan Bundi State

(ओ) भरतपुर

इस रियासत के निम्नलिखित नोटिफिकेशन से यह प्रकट होता है कि अंग्रेजी शासन के होते हुए भी हिन्दी का प्रयोग रुक न सका और स्वतंत्रता मिलने तक होता ही रहा ।

Registered No. N-133
रजिस्टर्ड नं एन. 133

उदाहरण 1 : Bharatpur Emb. Rajpatra

श्री गोकुलेन्द्र जयति

Publi shed by Authority

Fortnightly

Vol. XXXIX Bharatpur Ist January 1948 No. 6
भाग ३६ भरतपुर १ जनवरी सन् १९४८ अंक ६

Part II

नोटीफिकेशन

सम्बन्धित व्यक्तियों की सूचना के लिये यह प्रकाशित किया जाता है कि इनकम टैक्स ऐक्ट के तहत इनकम जांच व कायमी इनकम टैक्स का अधिकार इनकम टैक्स औफीसर को प्राप्त है ।

अगर कोई शख्स उस रकम इनकम टैक्स से जो उस पर इनकम टैक्स औफीसर ने कायम की है राजी नहीं है तो उसी सिलसिले में अपना मामला इनकम टैक्स औफीसर सा० की अदालत में (जो कि दीगर फौजदारी अदालत के मानिन्द होगी) दफे २३ जियन १ इनकम टैक्स ऐक्ट सन् १९४६ स्टेट भरतपुर के तहत दायर करेगा और यह अदालत उस मुकदमा की सुनवाई करेगी। अगर अदालत

इनकम टैक्स ऑफीसर के फैसले से भी अपीलाण्ट को इतफाक नहीं है तो उसको अधिकार है कि उसकी अपील मिनिस्टर इन्चार्ज की अदालत में जेर दफे २५ इनकम टैक्स ऐक्ट के तहत कर सकेगा।

मिनिस्टर इंचार्ज की अदालत का फैसला नातिक होगा।[27]

आदित्येन्द्र
मिनिस्टर फौर पब्लिक वकर्स
स्टेट कौंसिल, भरतपुर

टिप्पणी : इसी फाइल में

Supplement to the Bharatpur Raj Patra
Dated 15-2-48
भरतपुर राज्य इनकम टैक्स नियम सन् १९४७

(भरतपुर राज्य Income tax विधान १९४६ के धारा ३६ में दिये हुए अधिकारों के मुताबिक)

केवल हिन्दी में बनाया गया है तथा प्रकाशित किया गया है।

(औ) शाहपुरा

इस रियासत सम्बन्धी निम्नलिखित दस्तावेज हिन्दी के प्रयोग की समृद्ध परम्परा का द्योतक है :

खरीता राजाधिराज शाहपुरा के नाम।

१४ दिसम्बर १८६५

अपरंच राज का खत लिखा हुवा मिती मंगसर सुद ११ पहुंचा राज ने दरखास्त मआफ़ी तरवा़र बंधाई वमूजिब सरदारान वा सफाई हिसाब चठूंढ वगेरह लिखी सो सब मालूम हुई जो कि अब म्हाराना साहिब उदयपुर अपने मुलक के खुद अख़तियार हैं इसलिये राजकू लिखा जाता है कि जो कुछ कहना हो अपने रईस से अर्ज करें इति[28]

सन्दर्भ

1. कौटिलीयं अर्थशास्त्रम्—टीकाकार पं० रामतेज शास्त्री—(1964) पंडित पुस्तकालय वाराणसी अथ द्वितीयो अध्याय : 90 प्रकरणे-कोशाभिसंहरणम् योगवृत्तम् पृ० 420-421
2. फाइल सं० अल 23/ज०दि०/1, राज० राज्य अभि० बीकानेर
3. वही, अल 29/ज-दि/1
4. वही
5. राजपूताना रेज़िडन्सी, हिन्दी खरीता बुक १८५६-६०, राष्ट्रीय अभिलेखागार, नई दिल्ली
6. वही,
7. वही, वर्नाक्युलर डिस्पैच नं० 557
8. वही
9. वही
10. वही, पृष्ठ 52-53
11. दी मारवाड़ गजट अक्तूबर 23, 1915, फाइल संख्या जो/1915-16/1 राजस्थान राज्य अभिलेखागार, बीकानेर
12. राजस्थान राज्य अभिलेखागार, बीकानेर, फाइल सं० जो 44/ज-जू/1
13. फाइल सं० सी / 3/ 8 / A-Vol I, राजस्थान राज्य अभिलेखागार, बीकानेर
14. राजस्थान राज्य अभिलेखागार, बीकानेर, फाइल सं० 12/1990, सन् 1907 से 1949, प्रतापगढ़ रियासत बस्ता महक्मा माल
15. वही
16. वही
17. वही, फाइल सं बां 28-29
18. राजपूताना रेजिडेन्सी हिन्दी खरीता बुक 1856-60, वर्नाक्युलर डिस्पैच रजिस्टर ऑफ़ दी कॉपीज़ ऑफ़ हिन्दी खरीताज़ एण्ड मिसलेनियस लेटर्स नं 557, राष्ट्रीय अभिलेखागार, नई दिल्ली
19. जयपुर एजेन्सी फाइल नं 2, 1861—kharita regarding the grant of Jagirs & Khilat of the value of Rs. 10000/- राष्ट्रीय अभिलेखागार, नई दिल्ली
20. राजपूताना रेजिडेन्सी नं० 533
21. वही, नं० 557, Ver. despatch Register of the copies of Hindi

Kharitas & letters, 1863-64, राष्ट्रीय अभिलेखागार, नई दिल्ली

22. राजपूताना रेजिडेन्सी नं० 557, भाग 2
23. राजपूताना रेजिडेन्सी हिन्दी खरीता बुक 1865-67, राष्ट्रीय अभिलेखागार, नई दिल्ली, फाइल नं० 868, पृ० 36-38
24. वही, पृ० 61-63
25. वही, भाग II, पृ० 2-3
26. राजस्थान राज्य अभिलेखागार, बीकानेर फाइल सं० बूं० 38/ज० दि० 1,
27. वही, सं० भ० 48/ज० मा०/1
28. राजपूताना रेजिडेन्सी हिन्दी खरीता बुक 1865-67, भाग-2, राष्ट्रीय अभिलेखागार, नई दिल्ली, फाइल नं 868, पृ० 82-83

अध्याय दस

स्वातंत्र्य-पूर्व मूल्य-नियंत्रण आदेशों में हिन्दी का प्रयोग

मूल्य नियंत्रण : आधुनिक युग में मूल्य नियंत्रण का महत्त्व बहुत अधिक बढ़ गया है। किन्तु १०० वर्ष पहले भी मूल्य नियंत्रण के उपाय होते रहे। जनता को आवश्यक जिन्सों के भावों की जानकारी गजट आदि के द्वारा कराई जाती थी। जोधपुर रियासत में प्राइस कन्ट्रोल कमेटी बनाई गई थी। विभिन्न रियासतों में मूल्य नियंत्रण-कार्य में हिन्दी के प्रयोग के नमूने आगे प्रस्तुत किए जा रहे हैं। अजमेर से निकले सन् १८८० के गजट का नमूना विशेष रूप से पठनीय है।

बांसवाड़ा में सन् १९२८ ई० में ब्रिटिश इण्डिया में प्रचलित बाटों को ही रियासत में सोना चांदी की तोल के लिए लागू किया गया। सन् १९२८ में नोट के रंग रूप के विषय में गजट में सूचना प्रकाशित कराई गई। सन् १९२९ ई० में गजट में एक नई प्रकार के १० रुपये के नोट के विषय में सूचना प्रकाशित हुई।

भरतपुर राज्यपत्र में सन् १९२२ ई० में ब्रह्मा से आने वाले चावल पर से रोक हटाने की सूचना प्रकाशित हुई।

(अ) अजमेर

१. नीरखनामा, वास्ते १५ रोज़ा अखीर ३० जून, १८८०

नाम शहर	गेहूं	जव	चावल	बाजरा	जुआर	चना	मक्की	नमक
ऐरनपुर	१६	२३	६	१७	१७	१८।।।	२०॥	११
पहाड़ी मेवाड़	२०	२७	११	—	—	२३	१)८	१०
सिरोही	१५।	२४	६।।।	२१	१८	१७	२०	११
जोधपुर	१४॥	२१।	६।	१६।।।=	१८।।।	१६।	०	१५
बूंदी	१६।।।	२७	७॥	०	२८	२५।।।	२५	९
टोंक	१७।।।	२५।।।	८॥—	२७=	२७।।।	२१।≡	२८॥	११।≡

शाहपुरा	१५।	२१	१०।	२१	२१	२३॥	—	११
भर्तपुर	१९॥	२७	७॥	२८॥	३१॥	२१	—	११॥
बांसवाड़ा	२०	०	१२।	०	०	२८।।।	१)७॥	९।·
जयपुर	१५॥	२३।।।	८।	२१।	२५	२०	०	११
कृश्नगढ	१६	२४।	९	२८।	२१ =	२४॥	०	१२॥
अल्वर	१८	२४।।।-	११॥	२६-	२९।।। ≡	2१।।। ≡	०	११॥
कोटा	१७	२४	७।।।	१५	2८	22॥	०	९॥
बीकानेर	९॥ =	०	५।।।	१४	०	१३	०	११
उदयपुर	१२।।।	१९।	७	०	•	१६। =	२३	८। =
झालावार	१५ ≡	१९।	८।।।—	१५ ≡	२२।।। =	१९	२८। =	८।।।-

अजमेर मेयो प्रेस में ऐडीटर साहब के हुक्म और दीवान बूटासिह साहब के प्रबंध से छपा।[1]

(आ) अलवर

No. 49. **स्टेट अलवर गजट** (Monday 11th December 1944)

Vol. XXXVII

Part I

Government orders, Rules & Appointments oct. Home Branch

English Version 16th Nov. 1944

उदाहरण 1 : नं० ८२, फूडग्रेन्स फ्लोर (यूस इन सोप-मेकिंग), (प्रोहिबिशन) आर्डर, १९४४ (खाद्य अनाज का आटा जिसका साबुन बनाने में प्रयोग होता है संबंधी वर्जनीय आर्डर, १९४४) की धारा ४ के अनुसार हिजहाइनेसेज गवर्नमेंट ने निम्नलिखित अफसरान को नीचे वर्णित स्थानों में उपर्युक्त धारा ४ के अधिकार काम में लाने की आज्ञा प्रदान की है :

१. प्राइस कण्ट्रोल अलवर······अलवर नगर में।

२. सिविल···सप्लाई कण्ट्रोलर, अलवर······डिस्ट्रक्ट अलवर में।

३. सिविल सप्लाई कण्ट्रोलर, राजगढ़······डिस्ट्रिक्ट राजगढ़ में।

....

इंगलिश रूप

नं० ८३, अलवर स्टेट फूड ग्रेन्स फ्लोर (यूज इन सोप मेकिंग), (प्रोहिबिशन) आर्डर, १९४४

अलवर राज्य में लागू डिफेंस आफ इण्डिया रूल्स की धारा ८१ की उपधारा (२) से प्रदान हुए अधिकरानुसार, हिज हाइनेसेज गवर्नमेंट ने एक आर्डर स्वीकार किया है, अर्थात :

१. (१) यह आर्डर अलवर स्टेर फूड ग्रेन्स फ्लोर (यूस इन सोप-मेकिंग) व (प्रोहिविशन) आर्डर १९४४ (अलवर स्टेट खाद्य अनाज का आटा जिसका साबुन बनाने में प्रयोग होता है, सम्बन्धी वर्जनीय आर्डर, १९४४) के नाम से प्रचलित होगा।

२. यह समस्त अलवर राज्य में लागू होगा।

३. इसका अमल दरामद तुरन्त होगा।

2. इस आर्डर में (फूड ग्रेन्स फ्लोर) (खाद्य अनाज का आटा) से अभिप्राय गेहूं, चावल, मक्का, ज्वार, बाजरा, चना, या जौ के आटे (फ्लोर) से है। इसमें मैंदा भी सम्मिलित है

३. कोई व्यक्ति किसी खाद्य अनाज के आटे को साबुन बनाने के काम में न ला सकेगा।

४. कोई अफ़सर जिसको हिज हाइनेसेज गवर्नमेंट ने इस सम्बन्ध में अधिकार प्रदान किये हों वह इस आर्डर का पालन कराने के उद्देश से किसी ऐसे स्थान पर जहाँ साबुन बनाया जाता है, दाखिल हो सकता है और वहाँ की तलाशी ले सकता है या वह किसी व्यक्ति को उपरोक्त स्थान में दाखिल होने व वहां की तलाशी लेने का अधिकार दे सकता है।[3]

Raghubir Singh
Home Minister

....

Alwar State Gazette

No. 49 11th Dec. 1944 Vol. XXXVII

Part III

Public & Miscellaneous notices

Home branch

21st November 1944

उदाहरण 2 : इंगलिश रूप

गेहूं की बनी हुई वस्तुओं की सबसे बड़ी दर

नं० २५९,

अलवर स्टेट खाद्य अनाज कण्ट्रोल आर्डर, १९४३ की धारा १० में प्रदान हुए अधिकारानुसार, अलवर रियासत में गेहूँ की बनी हुई वस्तुओं (सूजी व मैंदा) की थोक बन्द व फटकर बिक्री की निम्नलिखित दर नियत की जाती है :

अलवर नगर में

थोक बिक्री की दर·········१८ रुपया २ आ० प्रति मन

फुटकर बिक्री की दर·········२ सेर २ छटांक प्रति रुपया।

राज्यान्तर्गत मण्डियों के लिये

फुटकर बिक्री की दर·········२ सेर प्रति रुपया

नोट :

१. 'थोक बिक्री' से अभिप्राय यह है कि एक ही समय में १ बोरी या उससे अधिक की बिक्री।

२. 'राज्यान्तर्गत मण्डियों' का अभिप्राय उन मण्डियों से है जो अलवर नगर के अतिरिक्त रियासत में अन्य जगहों पर स्थापित हैं।[3]

Sd—C. S. Gupta

प्राइस कण्ट्रोलर ऑफिसर, अलवर

(इ) उदयपुर

261 Supplementary to the Mewar Govt. Gazette

Dated the 22nd May

English Version

सप्लाई डिपार्टमेन्ट

नोटिफिकेशन

नं० ६८२५ मवर्खा उदयपुर, १६ मई सन् १६४४ ई०

होर्डिंग एन्ड प्रोफीटीयरिंग प्रीवेन्शन आर्डिनेन्स सन् १६४४ जो मेवाड़ गजट में बतारीख ३१ जनवरी सन् १६४४ शाया हुवा उसके रूल ११ के जेर तहत जो इख्तियारात मुझे हासिट हैं उनको काम में लाते हुए मैं निम्न विस्तुओं के व्योपारियान थोक और खुर्दा फरोश को आगाह करता हूं कि उनकी दूकान पर आम नजर में आने वाली जगह पर एक फहरिस्त मुन्दर्जा जेल पाबन्दियों के साथ जो गवर्नमेन्ट से जरिये नम्बर ६४५२ मवर्खा १२-५-४४ मंजूर फरमाई गई है खुर्दा फरोशी की कीमत की लगावे :

१. **कीमतें हिन्दी या** जिले की आम भाषा में खुश-खत लिखी होना चाहिये[4]

२. ······आगे का भाग छोड़ दिया गया

के० एस० राणावत

सेक्रेटरी एन्ड डाइरेक्टर

सप्लाई डिपार्टमेन्ट

मेवाड़ गवर्नमेन्ट उदयपुर

(ई) जयपुर

The Jaipur Gazette

उदाहरण 1 : Vol. XLIX 16th June 1930 No. 4495

(३५)

निर्खनामा अशयाय खुरदनी शहर जयपुर ई० तारीष १६ मई ला० ३१ मई सन् १९३० बदौरान दो हफता जिन्स तौल पक्का रुपया झाडशाही से औसत पदरवाडी की

नम्बर शुमार	नाम जिन्स	निर्ख फ़ी रुपया दरजा १ मण	सेर	छटांक	दरजा २ मण	सेर	छटांक
१.	गेहूं देसी	—	८	६	...	८	१४
२.	जौ देशी	—	११	२	—	११	१०
३.	चणा	—	९	०	—	९	८
४.	× × ×						
५.	× × ×						
—							
२०.	नमक सांभर	—	१९	०	—	२०	०

B. G. Bhattacharyya
Superintendent, customs[5]

उदाहरण 2 : दी जयपुर गजट जनवरी १५, १९४६

ऑफिस ऑफ दी टेक्सटाइल कमिश्नर, जयपुर स्टेट, जयपुर।

आवश्यक सूचना

जयपुर राज्य में नीचे लिखा हुआ कपड़ा ता० १८ फरवरी १९४६ तक बिना किसी परमिट या राशन कार्ड के एक बार में केवल रवानगी काम के लिए २० गज तक मिल सकेगा—

१. हर प्रकार की छींट, २. हर प्रकार का कटपीस का कपड़ा, ३. स्टेण्डर्ड धोती जोड़े (जिसकी खुदरा कीमत ५ रुपये से ज्यादा न हो), ४. स्टेण्डर्ड साड़ी (जिसकी खुदरा कीमत ३ रुपया से ज्यादा न हो), ५. दरियाँ, ६. दुस्से,

७. सुजनियाँ, ८. सूती कम्बल, ९. रंगीन कपड़ा (जिसकी खुदरा कीमत ।।।), गज से ज्यादा न हो,

नोट : इसमें किसी भी किस्म या कीमत की मलमल, बायल, खाकी कपड़ा शामिल नहीं है । नीचे लिखा हुआ कपड़ा जयपुर राज्य में बिना किसी रोक-टोक के बिक सकेगा ।

१. हाथ का छपा हुआ कपड़ा, २. किसी भी प्रकार का कपड़ा जो टेक्सटाइल कमिश्नर, बम्बई के नोटीफिकेशन नं० ३४५ टैक्स-ए (१५) २/४३, ता० ३१ दिसम्बर १९४३ की किसी भी शिड्यूल में टपेस्ट्री (Tapestry) क्लाथ बताया गया हो । ३. निवार, ४. फीता (Tape), ५. बेंडेज का कपड़ा (Bandage), ६. लिन्ट (Lint), ७. रूमाल, ८. मछरदरनी का कपड़ा, ९. गाज, (Gauge), १०. केनवास (Canvas) ।

जयपुर,
दिसम्बर २७, १९४५ ई०

माधोप्रसाद गुप्ता[6]
टैक्सटाइल कमिश्नर

(ङ) जोधपुर

उदाहरण 1 : दी Extraordinary जोधपुर गवर्नमेन्ट गजट, सितम्बर २७ १९३९ ता० २६ सितम्बर, १९३९

सूचना

नं० ८५२/एस

जोधपुर गवर्नमेन्ट गजट के असाधारण संस्करण ता० १४ सितम्बर, १९३९ के पृष्ठ १८१२ पर छपी हुई सूचना नं० ५५८ तारीख १३ सितम्बर, १९३९ के सिलसिले में और उसको थोड़ी-सी तरमीम करते हुए श्रीमान मानवीय महाराजा साहिब बहादुर ने खुश होकर हुक्म फरमाया है कि :

१. इस वक्त यह सूचना सिर्फ जरूरतों, जैसे खाद्य सामग्री, (जिसमें घी और खाने के काम आने वाले तेल भी शामिल हैं) नमक, दवाइयां, मिट्टी का तेल, पेट्रोल, दियासलाई और सूती कपड़ा की सस्ती किस्मों पर लागू होगी, और इनके सिवाय पेसार की हुई चीजों पर यह हुक्म बिना सरकार की पहिले से ली हुई मन्जूरी के लागू नहीं होगा ।

२. यह हुक्म कीमतों पर नीचे लिखी हुई में से हरएक अवस्था में लागू होगा, चीज के पैदा करने वाले या पेसार करने वाले व्यापारी द्वारा बिक्री पर, थोक बन्द— बिक्री की हरेक अवस्था पर और फुटकर बिक्री पर ।

३. ऊपर लिखी हुई अवस्थाओं में इस हुक्म के माफिक जो कीमतें कम की जावेंगी वे १ सितम्बर, १९३९ की उसी अवस्था में प्रचलित कीमतों के दसफी सैंकड़ा से कम नहीं होगी।

श्रीमान मानवीय महाराजा साहिब बहादुर ने खुश होकर यह और हुक्म फरमाया है कि :

(अ) इन सरकारी सूचनाओं के तावे कीमतों पर रोक लगाने की जो तजवीजें पेश होंगी उनके बारे में सब सवालों पर कार्यवाही मिनिस्टर फार जस्टिस और रिफार्म्स करेंगे।

(ब) गवर्नमेन्ट की मन्जूरी से ११ शख्सों की कमेटी मुकर्रर की जावेगी, जो इस बारे में ब्यौरे सम्बन्धी सब सवालों पर कार्यवाही करेगी और मिनिस्टर-इन-चार्ज के पास हुक्म के लिए रखेगी। कमेटी का एक काम यह भी होगा कि वह बीजक आदि की जांच करके विभिन्न चीजों की कीमत मुकर्रर करेगी। कमेटी की तजवीजें मिनिस्टर आफ जस्टिस एण्ड रिफार्म्स की मंजूरी के लिए पेश होगी।

कमेटी के सदस्यों के नाम जल्दी ही बतला दिए जायेंगे[7]

डी० एम० फील्ड, चीफ मिनिस्टर,
गवर्नमेन्ट आफ जोधपुर

उदाहरण 2 : The Jodhpur Govt. Gazette

Emblem

Extraordinary

Published by Authority

जिल्द ७७ जोधपुर, बृहस्पतिवार मई २८, १९४२ नम्बर ४९

English portion

प्राइस कन्ट्रोल कमेटी

नोटिफिकेशन

नं० ८८ तारीख २८-५-४२

प्राइस कन्ट्रोल कमेटी को ऐसा मालूम हुआ है कि कुछ धान के व्यापौरी व दूसरे लोग लाभ उठाने की आशा में गवर्नमेन्ट की मुकर्रंरा निरख से भी महंगा भाव से धान खरीद कर इकट्ठा कर रहे हैं।

हर खास व आमको जरिये हाजा आगाह किया जाता है कि जनाब श्री चीफ मिनिस्टर साहिब के हुक्म नं० १४४१६ मवर्खा ६-५-४२ से साफ जाहिर है कि कुल इकट्ठा किया हुआ धान गवर्नमेन्ट की मुकर्रंरा निरख से बेचने के लिये

मजबूरन निकलवाया जा सकता है और जो आदमी मुकर्ररा निरख से महंगा भाव में खरीद रहे हैं वे ऐसा अपनी जोखिम पर कर रहे हैं[8]

DHARAM NARAIN
Dy. Chief Minister
Government of Jodhpur

(ऊ) बांसवाड़ा

उदाहरण 1 : गजट सरकार राज्य बांसवाड़ा

इश्तहार मजरिये महक्में साल रियासत बांसवाड़ा।

तारीख ७-५-१९२८

चूंके रियासत हाजा में सोना चांदी तोलने के बाट बम्बई व दीगर जगह के सोना चांदी तोलने के बाटों से जुदा हैं चूंके बम्बई बगैरा से सोना चांदी खरीदा जाकर यहां आता है और बम्बई बगैरा में तोला एक रुपया कल्दार या उसके करीब वजन का होता है। और यहां पर कल्दार रुपया के सिवाय चार रत्ती मिलाकर उसकी कीमत जोड़कर सराफान व सुनारान बेचते हैं। जिससे अनपढ़ व भीलान को हिसाब समझने में दिक्कत बाके होती है और इसमें कई तरह की गड़बड़ होती है। इसलिए बनजर सहुलियत बेपार मुनासिब मालुम होता है कि जो बाट सोना चांदी तोलने के ब्रिटिश इन्डिया में जारी हैं बोह रियासत हाजा में भी स्टेन्डर्ड वेट जारी किये जावे और इसका अमल ता० १-१०-१९२८ ई० से असरपिजीर होगा। लिहाजा हर खास व आम को इत्तला दी जाती है के जुमुला सराफानव सुनारान बगैरा को चाहिए के नये बाट जो बाहर से मंगवाये गये हैं। वे बजदाये कीमत महक्में हाजा से हांसिल करके तारीख मुकरर्रा से अमल किया जावे। बसूरत अदम तामील कानूनी सजा का मुस्तोजिब होगा[9]

रामजीदास, कालानी
ओफिसिटिंग—चीफ रेवन्यू आफिसर
बांसवाड़ा स्टेट

विभाग ३—म्यूनिसिपल कमेटी व व्योपारियान की सूचनाएं।

Nil

उदाहरण 2 : गजट सरकार राज्य बांसवाड़ा

तारीख १ जून सन् १९२८ मिती ज्येष्ठ शुक्ल, १३
शुक्रवार संवत् १९८४

'पीछे का हिस्सा'

नोट के पीछे का हिस्सा हल्के नीले रंग का होगा। और आंक ह्स्ब मामूल देशी भाषाआं और अंग्रेजी में सफेदहरफों में किनारे बांधकर लिखा रहेगा। सिरे के बांई ओर लफ्ज G. R. I. एक सफेद फूल के अन्दर बने हुवे ताज के नीचे रहेंगे और बांई ओर स्टार ऑफ इन्डिया का नक्शा वैसे ही फूल के अन्दर रहेगा पीछे का तमाम डिजाइन गहरे रंग की खूबसूरत लकिरों से दुबारा छपा रहेगा और इसी रंग में १० का अंक हरफा में सिरे के दाहिने ओर नीचे के बाये ओर के कोनों में छपा रहेगा।

वाटर मार्क 'कागज का अन्दरूनी निशान'

पुराना वाटर मार्क बदल दिया गया है मौजूदा स्टार आफ इन्डिया की बजाय सम्राट की तस्वीर नोट के बांई ओर खाली खाके के अन्दर रखी गई है नोट के नीचे आधे हिस्से से लफ्ज 'गवर्नमेन्ट आफ इन्डिया' खुली तौर पर और ऊपर के हिस्से में लफ्ज G. R. I. मिलाकर वाटर मार्क किये गये हैं[10]

Zalim Singh Kothari B. A.
दीवान बांसवाड़ा

उदाहरण 3 : गजट सरकार राज्य बांसवाड़ा

तारीख ४ फरवरी सन् १९२९ ई० मिती पौष कृष्ण १० सोमवार संवत् १९८५

....

प्रथम विभाग—एहकामात राज्यश्री महक्मा खास श्री दरबार राज्य बांसवाड़ा

....

राज्य श्री महक्मा खास श्री दरबार राज्य बांसवाड़ा १,

नोटिफिकेशन नंबर २८ ता० ३१-१-१९२९ ई०

हर खास व आम की इत्तला के लिए प्रकाशित किया जाता है कि बतवस्सुत साहब पोलिटिकल एजन्ट रियासत हाय जनूबी राजपूताना इत्तला आई है कि गवर्नमेन्ट आ लिये हिंद अनकरीब एक नई किस्म का दस रुपये का नोट जारी करेगा, जिसकी नकल बनाने का बहुत कम अन्देशा रहेगा। १० रुपये वाले पुराने नोट भी बदस्तूर जारी रहेंगे।

नये नोटों की 'शक्ल' सूरत बतफसील जैल होगी।

लम्बाई-चोड़ाई,

नये नोट की लम्बाई मौजूदा १० रुपये के नोट के बराबर होगी और कागज भी पुराने नोटों के मानिंद होगा।

(आगे का हिस्सा) बनावट···

गो नये नोटों की छपाई में पुराने नोटों की छपाई से बहुत कुछ फर्क होगा अगर मौजूदा तरीका जिसमें श्रीमान शहनशह के सर की तस्वीर आगे के हिस्से के दाहिने बाजू रहती है बरकरार रहेगी। सामने की छपाई खास कर नीले रंग की होगी इसमें श्रीमान सम्राट के सर की तस्वीर तमाम मामूली लिखावट, किनारों के अंक कंट्रोलर आफ करेन्सी के दस्तखत वगैरा होंगे और इनके चारों तरफ एक मिश्रित बनावट का सफेद रंग का किनारा रहेगा। नोट के नीचे आधे हिस्से में 'गवर्नमेन्ट आफ इन्डिया' दूसरी छपाई की खुबसूरत लकीरों में कई बार लिखा रहेगा। और १० का आंक शब्दों और अंकों में बारीकी छपाई के साथ लिखा रहेगा। दूसरी या ऊपर की छपाई का रंग सिरे पर व नीचे गहरे हरे रंग का होगा और बीच में जाकर बैंजनी हो जायगा। नोटों के नम्बर काले रंग के होंगे, नम्बरों के पीछे का खाका गहरे हरे रंग का होगा और सिरे की दाहिनी ओर नीचे की बांई ओर रहेगा[11]

(ए) भरतपुर

भरतपुर राज्य-पत्र

चिह्न

ऐडीटर—पं० गोकुल चन्द्र दीक्षित

१५ मार्च सन् १९२२ ई० अंक १०

प्रेस कम्यूनिक

भारत-सरकार—माल महक्मा जरायत

(खाद्य पदार्थ)

अज इजलास जनाब पोलिटिकल एजेन्ट साहब

बहादुर ई० आर० ए०···

चावल की अच्छी फसल होने की रिपोर्ट को देखते हुए भारत सरकार ने निर्णय किया है कि बरमा से बाहर आने वाले चावल पर बहुत जल्दी तमाम रोकें हटा लीं जावेंगी[12]

सन्दर्भ

1. राष्ट्रीय अभिलेखागार, नई दिल्ली, राजपूताना आफिशियल गजट 1880, पृ० 177, आह्वानांक 083.544 आर-137
2. राजस्थान राज्य अभिलेखागार, बीकानेर, फाइल सं० अल 44/ज दि/1
3. वही
4. वही, फाइल सं० स/अ जु/1
5. वही, फाइल सं० ज 30/ज-दि/1
6. वही, फाइल सं० ज-46/ज जू/1
7. वही, फाइल सं० जो/34-46/ई एक्स
8. वही, फाइल सं० 8/3/8
9. वही, फाइल सं० बा 28-29/जू जू/1
10. वही
11. वही
12. वही, फाइल सं० भ 19-22/1

अध्याय ग्यारह

स्वातंत्र्य-पूर्व स्थापना सम्बधी कार्यों में हिन्दी का प्रयोग

स्थापना : स्थापना कार्य का सम्बन्ध सरकारी कर्मचारियों के स्थानांतरणों, पदोन्नतियों, पदावनतियों, यात्रा भत्तों, तैनातियों, अवकाश स्वीकृतियों और तत्सम्बंधी आदेशों आदि से है। इस कार्य में अधिकारियों को उनके कार्यों और कर्तव्यों से सम्बंधित आदेश भी सम्मिलित होते हैं। अजमेर में सन् 1859 का एक हुक्मनामा जो सब तहसीलदारों, थानेदारों, जमींदारों और चौकीदारों को भेजा गया, स्थापना कार्य का एक सुंदर उदाहरण है। अजमेर में ही उदाहरण (2) सन 1880 का है, एक डाक्टर को छुट्टी की इजाजत का प्रसिद्ध पत्र है। अजमेर के कई सुंदर उदाहरण आगे दिए गए हैं।

अलवर का उदाहरण (1) सन् 1918 ई० में स्थानांतरणों, अवकाश स्वीकृति आदि के सुंदर रूप प्रस्तुत करता है। उदाहरण (2) किसी सरकारी अधिकारी द्वारा अन्यत्र मुलाजमत स्वीकार करने के लिए जवाबतलबी का आदेश है। अलवर का उदाहरण (3) सन् 1923 में गृह मंत्री को नौकरी से पृथक करने की सूचना है। इस आदेश की शब्दावली आज के सुंदर हिन्दी शब्दों का पूर्वाभ्यास कहा जा सकता है। अलवर के ही उदाहरण (7) में रिक्रूटिंग अफसर के दौरे के कार्यक्रम को हिन्दी में निकालने का सुंदर रूप है।

उदयपुर रियासत और सिरोही आदि के राजाओं को एजेण्ट गवर्नर जनरल ने विलायत जाते समय सन् 1864 ई० में पत्र लिखा और उसमें नए एजेण्ट को पूरा सहयोग देने का अनुरोध किया। पत्र राजनय तथा उच्चतम स्तरीय स्थापना कार्य का एक अत्यंत महत्त्वपूर्ण दस्तावेज है। सन् 1864 ई० में प्रभार लेते ही नए एजेण्ट ने उदयपुर, सिरोही आदि के राजाओं को अपने द्वारा प्रभार लेने सम्बंधी पत्र भेजा। आजकल भी ऐसा होता है कि जब कोई नया अधिकारी प्रभार लेता है, तब सूचना सब सम्बंधितों को भेजी जाती है।

जयपुर में क्लर्कों की भर्ती के लिए हिन्दी के ज्ञान की अनिवार्यता करने सम्बंधी दस्तावेज इस दृष्टि से महत्त्वपूर्ण हैं कि यह कार्य स्वातंत्र्यपूर्व हुआ था, यद्यपि यह दस्तावेज हिन्दी में नहीं हैं।

जोधपुर में सन् 1906 के दस्तावेज (गजट) से हिन्दी के सुंदर रूप के दर्शन होते हैं। बीकानेर में महाराजा के सन् 1904 के भाषण से यह स्पष्ट होता है कि पटवारी के कागजात को हिन्दी में तैयार करने का हुक्म दिया गया था।

(अ) अजमेर

उदाहरण 1 : नकल हुकमनामा वनांम तहसीलदारान व थानेदारांन व जमीदारान व चौकीदारांन और सब हीफाजत करने वाली मुलक सरकार दोलत-मदार अंगरेज बहादुर व राजपुताने कै जांनौगें अपरंच वागी आदमी ३० तीस व माफक हुकम ईस्तहार मलकै मौजमँ कै हाजर हुवा और छावणी नीमच में अजमेर आये अब ये लोग अपणे घर कों जाते है कै रसते में ईन कों कीसी तरे की वेजा मुजाहमत नही करना और रसद वगेरे नीरष के माफक दांम लेके देणा ता. १२ मारच सं (१८५६ ईस्वी मिती फागण सुदी ८ऽ१६१५ रा.[1]

उदाहरण 2 : राजपूताना सर्कारी गजट अज्मेर

राज्पूताने के एजंट गवर्नर जनरल साहब बहादुर की आज्ञा से छपा भाग १० दिन शनी लिखा २४ जुलाई सन १८८० नं० ३०

प्रसिद्ध पत्र

पहाड़ आबू १३ जोलाई सन् १८८०

नंवर ८६३ जी. वह. वाले प्रसिद्ध पत्र दफ्तर हाजा नंवरी ७५६ जी. लिखा १८ जून सन १८८० ईसवी के सर्जन ए. आडमस साहब जो चार्ज डाक्टरी कोटे, झालावाड़, और हाड़ोती और टोंक की ऐजंटी हाथ में हैं उन्को एक रोज की छुटी जायद रियासती दी गई।

सर्जन आडमस साहब अपनी नौकरी पर १२ जून सन् १८८० की सुबह को पीछे आये नंवर ८६६ जी मेजर बी. ई. ला. साहब पोलिटिकल एजंट अलवर उस छुट्टी रियायती से पीछे आये जो उन्को बजरिये प्रसिद्ध पत्र दफ्तर हाजा नेवरी ६१४ जी. लिखा ८ मई सन् १८८० के दी गई थी और उन्होंने चार्ज अपनी नौकरी का सर्जन मेजर टी. फ्रेंचमिलन साहब से ५ जोलाई सन ८० की सुबह को हासिल किया[2]

उदाहरण 3 : सीगे इमारत सर्कारी

प्रसिद्ध पत्र

शिमला २० जौलाई सन् ८०

नम्बर २४५ बहवाले प्रसिद्ध पत्र सीगे तामी रात सर्कारी नम्वरी २३२ लिखा १२ जौलाई सन् ८० के अफसर मुंदर्जे जेल मुतँन सिरोही डिविजन पश्चमी राज्पूताना सर्कारी रेल्वे कि जा नौकर मातहत डाईरेक्टर जनरल रेल्वे हाय के हैं तहत में हुक्म गवर्नमेंट बंबई के वास्ते खिदमत सीगे रेल्वे के किये गये।

मिस्टर ऐफ़ वी. वाकर ऐगजेक्टिव इंजीनियर दर्जे १ मिस्टर डवल्यू. ए. लेमंड ऐग्जेक्टिव इंजीनियर दर्जे ४ ओहदे चंदरोजा मिस्टर जे. ई. गेवेट असिस्टेंट इंजीनियर दर्जे २ मिस्टर सी. ऐफ गेबर्ट असिस्टेंट इंजीनियर दर्जे २ मिस्टर जे. डबल्यू. पारी असिस्टेंट इंजीनियर दर्जे[3]

आर. ई.

ऐलगजंडर फ्रेजर मेजर जनरल

सेक्रेटरी गवर्नमेंट हिंद

उदाहरण 4 : नीमच नसीराबाद सर्कारी रेल्वे

दक्षणी **सेक्षन**

प्रसिद्ध पत्र

नीमच ८ जुलाई सन् १८८०

नंवर २३ बहवाले प्रसिद्ध पत्र गवर्नमेंट हिंद सीगे इमारत नंवरी १५६ व १५७ लिखा १५ मई सन् १८०० के मिस्टर ऐच. बेल साहब सुपरइनटेंडिंग इंजीनियर दर्जे २ (ओहदे चंद रोजा) उस छुट्टी फर्लो के मुस्तफीद हुये जो उन्को दी गई थी और मिस्टर डबल्यू. वी. कार्टर साहब ऐग्जेक्टिव इंजीनियर दर्जे १ ने चार्ज इंजीनियर-इन चीफ जनूबी सेक्षन नीमच नसीरावाद सर्कारी रेल्वे हायका ५ ता. माह हाल की सुबह को लिया।

६ जुलाई सन् ८०

नवर २४ मिस्टर जे डबल्यू. बायर्स ऐग्जेक्टिव इंजीनियर दर्जे १ उस छुट्टी रियायती २ माह और २३ दिन से जो उन को बजरिये प्रसिद्ध पत्र नंवरी ७ लिखा २४ मार्च सन् १८८० को दी गई थी पीछे आये और चार्ज अव्वल डिवीजन नीमच नसीरावाद सर्कारी रेल्वे का मिस्टर डबल्यू. वी. कार्टर साहब ऐग्जेक्टिव इंजीनियर दर्जे १ से ७ जुलाई सन् ८० की सुबह को हासिल किया उस कदर हिस्सा

उन्की छुट्टी काया ने ४ दिन जो काम में नहीं उस तहरीर की रु० से मँसूख किया गया[4]

विलियम. वी. कार्टर
इंजीनियर इन चीफ़

उदाहरण 5 : आज्ञानुसार

ए. सी. टिल्वट

प्रथम असिस्टेंट एजंट गवर्नर जनरल

आज्ञा श्रीयुत एजंट गवर्नर जनरल व चीफ़ कमिश्नर साहब बहादुर सीगे इमारत सर्कारी राज्पूताना।

प्रसिद्ध पत्र

पहाड़ आबू १५ जोलाई सन् १८८०

नंवर १६०७ ऐस. वहवाले फिक़रे पांच रेजोल्यूशन लोक्ल गवर्नमेंट राज्पूताना नंवर २६१ व २८४ सी. ऐस. लिखा ३१ जन्वरी सन् १८८० के मिस्टर भगतसिंह असिस्टेंट इंजीनियर अपनी नौकरी मैंयो कालेज डिविजन से ६ जुलाई सन् १८८० की शाम को फारिग हुए ताकि वह इरिगेशन डिविजन अज्मेर में बदल दिये जावें मिस्टर भगतसिंह असिस्टेंट इंजीनियर ६ जुलाई सन ८० की शाम को जो डिविज़न में हाजिर हुये।

जे. पी. स्टील मेजर आर. ई.

सेक्रेटरी एजंट गवर्नर जनरल व चीफ़ कमिश्नर राज्पूताना सीगे तामीरात सर्कारी[5]

टिप्पणी : उपर्युक्त दस्तावेज में 'आज्ञानुसार, प्रथम, आज्ञा,' आदि द्रष्टव्य हैं। इसमें रेजोल्यूशन, लोकल, गवर्नमेंट, असिस्टेंट, इंजीनियर, डिविजन, इरिगेशन, सेक्रेटरी, एजंट, गवर्नर जनरल, आदि अनेक अंग्रेजी के शब्द भी हैं।

उदाहरण 6 : खुलासा गजट हिन्द लिखा १७ जोलाई सन् १८८०

सीगे इमारत सर्कारी

प्रसिद्ध पत्र

शिमला १२ जोलाई सन् १८८०

नंवर २३२ बहवाले प्रसिद्ध पत्र सीगे तामीरात सर्कारी

नम्बरी—लिखा ३ मई सन् ८० के सिरोहि डिविज़न

पृ० १७५

पश्चमी राज्पूताना रेल्वे का तहत में डाईरेक्टर जनरल रेल्वे हाय के किया गया और जो जेर हुकुमत गवर्नमेंट हिंद के रखा गया[6]

ऐलगजंडर फ्रेजर मेजर
जनरल आर. ई.
सेक्रेटरी गवर्नमेंट हिंद

(आ) अलवर

उदाहरण । : ता० १ जनवरी सन् १९१८ ई०

अलवर स्टेट गजट

गजट नं० १ अलवर मंगलवार १-१-१९१८ वाल्यूम-१०

श्री राजशासन नोटीफिकेशन

शून्य

कर विभाग

१५. योम मुखतिमा तारीख १५ दिसम्बर सन् १९१७ ई० तक सरिश्त मालसदर में हस्व जैल तकर्रुरी व तबादले हुये :

१. लाला कुन्दनलाल सदर कानूगो व पं० भौंरालाल ओफिस.कानूगो तहसील अलवर और नायब तहसीलदारी के उम्मीदवारों को वास्ते तसदीक़ इन्तिकालात ४ माह के लिये बमशारह ३५ रु० + १५ रु० अलाउन्स के ऐक्स्ट्रा नायब तहसीलदार मुर्करिर किया गया है।

२. लाला घूमीलाल कानूगो को कुन्दनलाल की जगह पर ४ माह के वास्ते बमशारह ३० रु० × ७ रु० सवारी खर्च सदर कानूगो मुर्करिर किया गया है और कन्हैयालाल आफिस कानूगो राजगढ़ को आर्जी तौर पर धूमीलाल की जगह रक्खा गया है।

न्याय विभाग—शून्य

सेना विभाग

१. कर्नल भूरसिंहजी को एक माह की रिआयती रुखसत दी गई इब्तदाय १७-१२-१७ और उनकी बजाय लैफ्टीनैंट कर्नल सार्दूल सिंहजी काम करेंगे।

२. रिसालदार ट्रांसपोर्ट जयपलटन को ५ रुपये माहवार इजाफा दिया गया।

३. ३० नवम्बर सन् हाल को कांकवाड़ी में आग लगी और करीबन २० बीघा रकबा जल गया[7]

आज्ञानुसार—लैफ्टीनैंट कर्नल रावराज अमरसिंह
मिलिटरी सैक्रेटरी, श्रीमान् महाराजाधिराज रघुकुलमणि
नरुकुल कमलदिवाकर, श्री राजराजेन्द्र रविकुलोद्भव श्री अलवर
नरेश,

श्री अलवर राजधानी

उदाहरण 2 :

महारानी जी — Seal

H. H. Govt's Offices

महाराज जाडेचीजी — Alwar State

खा २१०७ ना ना ४२३

कैफ़ियत प्रधान कार्यालय — प्रधान कार्यालय

गृह विभाग राज्य अलवर — बनाम सरिश्तः कारखाने जात

ता. १७ माह ७ सन् १९१८ ई०

जो कि मालूम हुआ कि छगन लाल मुनसद्दी बग्गीखाना अलावे तन्खा सीगे के १५ रु० माहवार सर्कार श्री जी से बिनावर करने काम मुतसदगरी पाता है लिहाजा जरये कैंफियत हाज़ा आम को तहरीर है कि उससे तहरीरी जवाब तलब करें कि इस शख्स ने किस तरह दूसरी जगह की मुलाजमत इख्तयार की उसी वकत में जब कि वह अलवर गवर्नमेंट का मुलाज़िम है फकत[8]

Sd.

उदाहरण 3 : अलवर स्टेट गजट

(असाधारण अंक)

संख्या ३५ मंगलवार तारीख ५ जून सन् १९२३ जिल्द १५

भूतपूर्व स्थानापन्न गृह मंत्री मिस्टर सी. स्केलटन जो कि तारीख ३ मार्च सन् १९२२ को भाग गये थे बिना आज्ञा नौकरी छोड़ने के अपराध में पृथक् कर दिये गये[9]

श्री प्रभू आदेशानुसार

हुक्मसिंह गृह मंत्री

हिज हाईनेसेज़ गवर्नमेंट, अलवर

टिप्पणी : उपर्यक्त आदेश / सूचना, सरकारी कामकाज में हिन्दी के प्रयोग का बहुत सुन्दर उदाहरण है। इसमें भूतपूर्व, स्थानापन्न (Officiating), अपराध, पृथक् आदि सुन्दर शब्दों के प्रयोग से इसकी भाषा बहुत प्रांजल हो गई है।

उदाहरण 4 : अलवर स्टेट गजट

ऐक्स्ट्राआर्डिनरी, गजट नं० २३ अलवर इतवार ता० २२ अप्रैल सन् १९२३, जिल्द १५

हमने हमारी आगामी योरोपीय अनुपस्थिति में हमारी गवर्नमेंट के विविध मंत्रीगणों के सम्बन्ध में निम्नलिखित प्रबन्ध को प्रयोग में लाना निश्चय किया है,

प्रधान मंत्री—लाला गिरधारीलाल

कर विभाग—लाला सर्दारसिंह

न्याय विभाग—पंडित काशी प्रसाद

गृह विभाग—ठाकुर हुक्मसिंह

सेना विभाग—धावाई गणेशीलाल

मंत्री—बाबू श्याम सुन्दरलाल

बन्दोबस्त और मालसदर का न्याय विभाग से कर विभाग में पूर्ववत् संक्रमण परिवर्तन किया जावे।

धाबाई गणेशीलाल शिकारखाने में कार्य करते रहेंगे और ठाकुर हुक्मसिंह उनके स्थान पर कार्य करेंगे।

ठाकुर हुक्मसिंह अपने गृह और सेना विभागों के कार्य के अतिरिक्त असिस्टेंट मिलिटरी सैक्रेटरी के कर्तव्यों का भी पालन करते रहेंगे। इस पद पर मुख्यतः हमारी अनुपस्थितियों में इनको अधिक कार्य नहीं करना पड़ेगा, परन्तु इनको उचित है कि समय-समय पर दफ्तर की देख-रेख इस अभिप्राय से करते रहें कि वे आदेश जो हम इंगलैंड से प्रदान करें, यथोचित प्रकार से पालन किये जा रहे हैं।

प्रधान मंत्री शीघ्र ही पुलिस के इंसपेक्टर जनरल का विज्ञापन निकालें और इस पद पर नियुक्त करें, क्योंकि मंत्री के कार्य के साथ इस कार्य का संमिश्रित करना अनुचित है, हमने लाला सरदारसिंह का कर विभाग में इस हेतु परिवर्तन किया है कि वह हमारे प्रत्यागमन से पूर्व प्रधान मंत्री के साथ-साथ राजकीय फाईनेन्शल स्टेटमैण्ट्स निर्माण कर सकें और इस नियम के कारण भी कि एक अफसर को दोनों पुलिस के इन्सपेक्टर जनरल व न्याय मंत्री के पदों पर कार्य करने देना अनुचित है।

हम साप्ताहिक डायरियों के सम्बंध में आज्ञा प्रदान कर ही चुके परन्तु प्रत्येक मंत्री अत्यावश्यकीय विषय पर सीधा हमको गुप्त डायरी सम्प्रेषित करने को अधिकारी है हमको आशा है कि वह हमारे आगामी अवकाश में इसका विचार रक्खेंगे कि इस विधि पर कोई अनावश्यक लेख हमारे समक्ष न सम्प्रेषित किया जावे[10]

श्री प्रभूजी महाराज

टिप्पणी : उपर्यक्त दस्तावेज भी हिन्दी के अभिव्यक्ति के सामर्थ्य का सुन्दर उदाहरण प्रस्तुत करता है।

उदाहरण 5 : अलवर स्टेट गजट

संख्या ७६ अलवर गुरुवर तारीख १५ नवम्बर सन् १९२३ ई० जि०-१५

श्री राजेन्द्रशासन विज्ञप्ति

शून्य

कर विभाग :

१. ला० हरदयाल खोसला प्रसेडेण्ट म्यूनीसिपल कमेटी नियुक्त किये हुये स्थान पर अयोग्य होने के कारण राजकीय सेवा से पृथक किये गये और लाला परमेश्वरी दास असिस्टेण्ट बिल्डिग इन्जीनियर अपने कार्य के अतिरिक्त ५० रु० मासिक उपवेतन पर कमेटी का कार्य करने के लिए नियत किये गये।

२. (क) निम्नलिखित जागीर के भाग कोर्ट आफ वार्ड्स की अधीनता से मुक्त किये गये :

१. भंवरसिहं नैथला का भाग।

२. सुलतान सिहं मानावास का भाग

(ख) निम्नलिखित जागीर के भाग टीकाई जागीरदार के भाग में सम्मिलित किये गये।

१. पदमसिहं सालोली का भाग।

२. उग्रसिहं घिवरी का भाग।

३. शिवनाथ सिहं बादर का भाग।

न्याय विभाग

१. मोहन लाल डिप्टी इन्सपैक्टर बहरोड़ को २ दिसम्बर १९२३ से इन्सपेक्टरी के पद पर वृद्धि की गई।

२. बालाबख्श इन्सपैक्टर को १ सितम्बर १९२३ से डिप्टी इन्सपैक्टरी के पद पर अवनत किया गया।

३. रघुवरदयाल डिप्टी इन्सपैक्टर प्रतापगढ़ के पद पर दूसरे दर्जे की सार्जण्टी पर ९-१०-२३ से अवनत किया गया।

४. पृथ्वी सिंह डिप्टी इन्सपैक्टर कठूमर को अव्वल दर्जे की सारजण्टी पर १०-१०-२३ से अवनत किया गया।

५. शरफुद्दीन २३-१०-२३ से ६ महीने के लिये परीक्षार्थ अव्वल दर्जे का डिप्टी इन्सपैक्टर नियत किया गया।

६. रघुवरदयाल हैड क्लर्क स्टेटगैराज को ४ माह के लिये २५ मई सन् १९२३ को परीक्षार्थ डिप्पी इन्सपैक्टर नियत किया गया उसकी अवधि में ६ माह की वृद्धि की गई[11]

गृह विभाग शून्य, सेना विभाग शून्य

श्री प्रभू आदेशानुसार

हुक्मसिहं गृह मंत्री

हिज हाइनेसेज गवर्नमेण्ट

हुक्म : बाद मुलाहिज : हुक्म है कि सि० हाजा में रहे

तारीख १०-१-२४ ई०

ह०

हाकिम शिकारखाना

... ...

टिप्पणी : उपर्युक्त विज्ञप्ति में प्रशासन में हिन्दी-प्रयोग के प्रौढ रूप के दर्शन होते हैं। यह विज्ञप्ति—उपवेतन, अधीनता, पद पर वृद्धि, अवनत, नियत, अवधि जैसे आधुनिकतम शब्दों से सुसज्जित है।

उदाहरण 6 : Army Branch

H. H. Govt Offices

Alwar

From 25-1-27 To 5-7-30

Subject

भीमू का ठाकुर भवानीसिहं महोदय के करज के विषय में

पेज ३१

इस पृष्ठ पर Prime Minister के English नोट का हिन्दी अनुवाद दिया है जो ऐसे है—

आवश्यक : अनुवाद आज्ञा सुमन्त महोदय

विशेष अधिकारानुसार

प्रेसी ऑफिस के नोट के अनुसार मंत्री को अपना आवेदन श्री प्रभुदेव के समस्त प्रश्नों का उत्तर देकर अशेषतः समाप्त करना चाहिये। प्रेसी आफिस तब इस अभियोग का सम्पूर्ण मीमो समक्ष करे[12]

ता. २३-९-२७

Sd. Shyam Sunder Lal

Precis Asstt to the Private Secretary

टिप्पणी : उपर्युक्त दस्तावेज में 'प्रश्नों' शब्द queries के लिए और 'अभियोग' शब्द Case के लिए प्रयुक्त हुए हैं।

उदाहरण 7 : अलवर राजकीय गजट

चिह्न

आत्मानंसततंविद्धि

............अधिकारानुसार प्रकाशित किया गया

....

संख्या : ६, अलवर सोमवार तारीख १० फरवरी सन् १९४१ ई० खण्ड ३४

....

पार्ट : १ गवर्नमेण्ट आर्डर्स, रूल्स, अपाइण्टमेण्ट्स आदि

....

रैवेन्यु ब्रान्च तारीख ३ फरवरी १९४१, उपार्जित अवकाश, नं० १०, लाला प्रेमनाम नायब नाजिम राजगढ़ को तारीख १-२-४१ से १५ दिन की रियायती छुट्टी मन्जूर की गयी। कं० गिरवरदानसिहं उनकी जगह काम करेंगे।

तारीख ४ फरवरी १९४१,

नं० ११, मिस्टर हजारी चन्द नायब नाजिम मुडावर को ६ रोज की रियायती रुखसत तीरीख १०-२-४१ से १५-२-४१ बमय इजाजत तातील इतवार तारीख ९ व १६ फरवरी मन्जूर की गई।

रामलाल आनन्द—रेवेन्यु मिनिस्टर

पार्ट : ३, पब्लिक व मुतफर्रिक नोटिसेज,

आर्मी ब्रांच तारीख ४ फरवरी १९४१,

कस्टम के नाके की बन्दी

नं० २२, हिज हाइनेसेज गवर्नमेण्ट की आज्ञा हुई है कि कस्टम्स नाका मुकाम कुटिना, निजामत बहरोड़ २२-१-४१ से बन्द कर दिया जावे।

....

तारीख ५ फरवरी १९४१, भर्ती रिकरुटान रियासत अलवर,

नं० २३ रिकरुटिंग अफसर अजमेर मय मेडीकल अफसर के माह मार्च सन् १९४१ में रियासत हाजा मे माफिक प्रोग्राम जैल मुलाहिजा करेंगे :

तारीख	जगह	समय	रिकरुटमेण्ट
६-३-४१	थानागाजी	१२ बजे दिन	राजपूत, जाट और राजपूताना व मध्य भारत के मुसलमान
७-३-४१	अलवर रैस्टहाउस,	६ बजे दिन	
८-३-४१	तिजारा हाउस	११ बजे दिन	
६-३-४१	रामगढ़	१० " "	
१३-३-४१	अलवर रैस्टहाउस	६ " "	
१४-३-४१	किशनगढ़ रैस्टहाउस	१० "	
१५-३-४१	बहादुरपुर	६॥ " "	
१६-३-४१	अलवर रैस्टहाउस	८ " "	
२३-३-४१	अलवर रैस्टहाउस	६ " "	
२४-३-४१	खैरथल, रेलवेस्टेशन	६ " "	
२५-३-४१	हरसोली " "	६ " "	

बाबत इमरजेंसी कमीशन

नं० २४, रियासत अलवर में इमरजेंसी कमीशण्ड औफीसरान की आसामी के लिए उम्मेदवारान से दरख्वास्तें तलब की जाती हैं। उम्र १६ व ३० साल के दरमियान होनी चाहिये और जो लोग रियासत में सिविल या मिलिट्री आसामियों पर मामूर हैं वे भी इन्तखाब में आ सकते हैं।

उम्मेदवारान की तालीम अंग्रेजी मैट्रीक्यूलेशन तक जरूरी होनी चाहिये। मुनखिब शुदा उम्मेददारान महो या दीगर जगह पर तालीम को भेजे जावेंगे। यह तालीम ६ माह तक होगी और सब खर्चा रियासत की जानिब से अदा होगा।

इमरजेंसी कमीशन दौरान लड़ाई तक रहेगा मगर माकूल उम्मेदवारान के लिए मौका होगा कि वे रियासत में रेग्यूलर कैडर में लड़ाई के बाद लिये जा सकेंगे।

अगर कोई मुलाजिम रियासत इमरजेंसी कमीशन के लिये चुना जावेगा तो उसके लिये हिज हाइनेसेज गवर्नमेण्ट यह मौका देगी कि वह अगर चाहे तो अपनी मुलाजमत साबिका पर लड़ाई के बाद बापिस आ सके।

दरख्वास्तें आर्मी मिनिस्टर के पास २६ फरवरी तक आ जानी चाहिये। उम्मेदवारान चीफ मिनिस्टर महोदय के दफ्तर में सोमवार तारीख ३ मार्च को

बवक्त ३ बजे दिन हाजिर होंगे। और जब उनका इन्तखाब एक बोर्ड के रोबरु होगा[13]

अब्दुलरहमान
आर्मी मिनिस्टर

टिप्पणी : उपर्युक्त दस्तावेज में अधिकारियों के दौरे के कार्यक्रम को हिन्दी में अच्छे ढंग से निकाला गया है।

उदाहरण 8 : चित्त

अलवर राजकीय गजट

अधिकारानुसार प्रकाशित किया गया

....

संख्या १० अलवर सोमवार तारीख १० मार्च सन् १९४१ ई० खण्ड ३४

....

पार्ट : १

गवर्नमेण्ट आर्डर्स, रूल्स, अपाइण्टमेण्ट्स आदि

गृह विभाग, तारीख ५ मार्च १९४१

अध्यापकों की उन्नति तथा भरती के नियम

नं० २६, अध्यापकगण के केडर में भरती किये जाने तथा उन्नति प्रदान करने के सम्बन्ध में हिज हाइनेसेज गवर्नमेण्ट ने निम्नलिखित नियम प्रचलित किये हैं :

१. साधारणतया नीचे ग्रेड से ऊंचे ग्रेड में उन्नति नीचे ग्रेड की सीनियोरिटी के अनुसार की जावेगी, लेकिन विशेष दशा में हिज हाइनेसेज गवर्नमेण्ट को अधिकार होगा कि जब किसी व्यक्ति की दक्षता श्रेण्योचित न हो उन्नति अवरुद्ध कर सकेगी तथा विशेष दशाओं में ग्रेड के किसी स्थान से उत्तरोत्तर वृद्धि प्रदान कर सकेगी।

२. भरती अनवरत प्रत्येक डिवीजन के नीचे दरजे के आखिर में होगी।

३. डिवीजन १ ग्रेड २ में साधारणतया केवल ग्रेज्युएट तथा आचार्यगण भरती हो सकेंगे किन्तु ग्रेज्युएट तथा आचार्यगण के अभाव में यदि आवश्यकता अति आवश्यक प्रतीत हो तो इण्टरमीजियेट, शास्त्री तथा तीर्थ भी लिये जा सकेंगे। जब ग्रेज्युएट तथा आचार्य उपलब्ध हो सकेंगे तो तत्पश्चात् होनेवाले रिक्त स्थानों की पूर्ति केवल उन व्यक्तियों से की जावे कि जो उक्त डिग्री प्राप्त कर चुके हों।

४. यदि कोई सेकिण्ड डिवीजन का व्यक्ति डिग्री व आचार्य्य की परीक्षा पास करके अपने डिवीजन १ ग्रेड २ के योग्य प्रमाणित कर सके तो उसके उक्त ग्रेड में

भरती किये जाने वाले ग्रेज्युएट तथा आचार्य्य प्रत्याशियों पर तरजीह दी जावेगी। और इण्टरमीजियेट व शास्त्री व तीर्थ जो ग्रेज्युएट तथा आचार्य के अभाव में भरती किये जाने हों उनकी अपेक्षा इण्टरमीजियेट व शास्त्री व तीर्थों को जो पहिले ही राज्य सेवा में हों अन्य उम्मेदवार इण्टरमीजियेट व शास्त्री व तीर्थों पर तरजीह दी जावेगी।[14]

५. वे व्यक्ति कि जिनको सेकिण्ड डिवीजन से उन्नत किया जावेगा। उन्हें फर्स्ट डिवीजन में अन्तिम स्थान मिलेगा। उनकी विगत सेवाएं पैन्शन इत्यादि के लिए शुमार होगी किन्तु डिवीजन फर्स्ट की सीनियोरिटी के लिए नहीं।

६. डिवीजन सेकिण्ड ग्रैड सेकिण्ड में कोई भरती न किया जा सकेगा। मासिवा :

(क) इण्टरमीजियेट्स तथा मैट्रीक्यूलेट्स

(ख) जिन्होंने वर्नाक्यूलर फाइनल परीक्षा पास की हो।

(ग) जिन्होंने अंग्रेजी मिडिल परीक्षा पास की हो।

(घ) जो ऐडवांस्ड हिन्दी या उर्दू योग्यता प्राप्त हों।

७. जब कोई स्थान रिक्त हो तो उम्मेदवारों की दरख्वास्त स्टेट गजट द्वारा आमन्त्रित की जावेगी। (यह उचित होगा कि भरती शिक्षा वर्ष पर्यन्त नियम तारीखों पर की जाया करे)

८. केवल राज्य निवासी ही भरती किये जाने के अधिकारी होंगे[15]

सुलतान सिहं
मन्त्रपाल

(ङ) उदयपुर

उदाहरण 1 : षरीता अजतरफ जनरल जारज सेंट पेटरिक लारेंस साहिब बहादुर अजंट गवरनर राजपूताना बनाम रईस उदयपूर बीकानेर सिरोही ता० १५वीं अपरेल सन १८६४ ई० अपरंच यह दोस्तदार रुषसत लेकर विलायत इगंलिस्तान को जाता है और सरकार दोलतमदार अंगरेजी के हुक्म मवाफ़िक़ साहिब जलीलुल कद्र अजीमुशान करनेल इलयट साहिब बहादुर इस ओहदह अजंट गवरनर जनरल बहादुर राजपूताना पर मुकर्रर हुये हैं १५वीं अपरैल सन १८६४ से ओहदह मोसूफह का काम करेंगे इसलिये लिषने में आता है कि जिस तरह पर आपकी रियासत का कामकाज दोस्तदार के वक्त में होता रहा है उसी तरह पर साहिब मम्दूह के रूबरू होता रहे और उसी तौर पर म्हौबत वा इतहाद और दोस्ती का इषलास सरकार दौलतमदार अंगरेजी के साथ बना रषने में कोशिश फरमाते रहैं कि सरसबजी वा फ़ायदह रियासत का इसमें मुतसविर है। इति[16]

उदाहरण 2 : ष्रीता अज तर्फ़ करनैल इलयट साहिब बहादुर क़ायम मुकाम अजटं गवरनर जनरल राजपूताना बनाम रईस उदयपूर, वा बीकानेर वा सिरोही ता० १५वीं अपरैल सन १८६४ ईस्वी ॥

अपरंच साहिब वाला मुनाकिब जनरल जारज सेंट पेटरिक लारेंस साहिब बहादुर की जगै ओहदह जलीलह अजटं गवरनर जनरल बहादुर राजपूताना पर यह दोस्तदार सरकार दौलतमदार अंगरेजी की आज्ञानुसार नियत होकर इस बात से आपकू इतला देता है कि जो कुछ आपकी रियासत का कामकाज हो ह्स्बदस्तूर साबिक़ दोस्तमदार कू इरकाम फरमाते रहें और दोसती का इतहाद और म्होबत का इषलास के बना रषने और बडाहने में तवज्जह और कोशिश फ़रमाते रहेंगे ।[17]

टिप्पणी : उपर्युक्त प्रलेख सन् 1864 ई० में स्थापना कार्यों में हिन्दी के प्रौढ़ और व्यापक प्रयोग का एक बहुमूल्य नमूना प्रस्तुत करता है। इसमें अजंट को अजटं लिखा गया है ।

(३) नवीन राजस्थान—२२ जनवरी १९२२

मेवाड़ के एक आदेश की प्रति

उदाहरण 3 : श्री एक लिंग जी श्रीराम जी

नं० १४५५४

सिर्द्धि श्री पण्डित हरप्रसाद जी जोग, राजे श्री महक्माखास लिखावतां अपरंच उमाशंकर जी पालीवाल थानेदार राजनगर ने मंजूरी न होने के सबब छः माह की तनख्वाह नहीं मिली, जिससे बहुत जेरबार और नादार व तंगदस्त हो जाने की रिपोर्ट पेश की । वो असल ही जरीए रिपोर्ट थां नम्बर नदारद वाकै भादवा बदी ३० सं० हाल बमुराद मंजूरी पेश होकर जवाब न लिखी जावें हैं कि ऐसे नादार शख्स को नोकर रखने की जरूरत नहीं है सम्वत १९७८ का आसोज बदी ३० ता० १ अक्टोबर सन् १९२१ ईस्वी[18]

द० नत्थामल

(मुहर महक्मा खास)

टिप्पणी : 1. श्री नत्थामल—मेवाड़ के दीवान थे ।

2. श्री उमाशंकर जी—राजनगर हकूमत के थानेदार पद पर थे ।

उदाहरण 4 : सज्जन कीर्ति सुधाकर

श्रावण कृष्णा १० सोमवार सम्वत् १९९३

ता० १३ जुलाई सन् १९३६ ई०

अज इन्सपेक्टर जनरल पुलिस

वाकै आषाढ़ शुक्ला १२ ता० १-७-६ ई० सं० ९३

नं० २६५५१

रिपोर्ट सुपरिनटेन्डेन्ट साहब सिटी पुलिस नं० ३१७५१ वाकै २०-६-३६ ई० पेश हुई के थाना खेमली के बजाय डबाके व खेमली चौकी कायम फरमाई गई सो असाड सुद ७ थाना डबोक चला जावेगा[19]

लक्ष्मण सिंह

टिप्पणी : उपर्युक्त प्रलेख में ता० में १-७ के पश्चात् ३६ न छपकर केवल ६ छप गया है।

उदाहरण 5 : सज्जन कीर्ति सुधाकर

अज महक्मह फौज ता० ६ जुलाई सन् १९३६ ई०

बाके आषाढ़ शुक्ला १ ता० २०-६-३६ ईस्वी स० ९२

नं० १४६, ३

महक्मह फौज का जाब्ता : अजलाय मेवाड़ व देवस्थान नाथद्वारा तअल्लुक वास्ते नौकरी मामूर है, वे चन्द अगवे चौकीदार है जिनको तनख्वाह जनरल पुलिस तअल्लुक चित्तौड़, भीलवाडा अगरा राजनगर डीविजनों तअल्लुक चुकारे के लिए कब्जुलवसूल भेजे जाते हैं वो बावजूद काफी अरसा गुजरने पर भी वापस चुकारा होकर वक्त पर नहीं आते हैं। बलके सं० ९२ के नक्शे शुरू से बोहत जगे से अब तक नहीं आये आना चाहिये हर दो माह नक्शे वक्त पर नहीं आने से चुकारे कामिलान में देरी होकर आंकड़ा वक्त पर तैयार नहीं हो सकता जिससे यहां के अमले की तनख्वाह रुकती है इसलिए जुमले हाकिम साहबान देवस्थान मुनर्ममात नाथद्वारा जनरल पुलिस की बजरिये हाजा तवज्जो दिलाई जाती है के सं०९२ के नक्शे अपरैल तक के जिस कदर भेजना बाकी है वो फौरन भेज देवे व मई जून के नक्शे यहां से भेजे जायेंगे वो भी बाद चुकारा अखीर अगस्त सं० ९३ पहले २ महक्मह हाजा में भेजा देवे वर्ना बाद मिआद नक्शे दाखिल नहीं होने की हालत में मुतअल्लकीन अहलकारों की तनख्वाह रुकाने व अदम तवज्जे के बारे में मुनासिब कार्रवाई अमल में लाई जावेगा फक्त,[20]

लक्ष्मणसिहं

उदाहरण 6 : सज्जन कीर्ति सुधाकर—ता० १४ दिसम्बर सन् १९३६ ई०

अज म्यूनिसिपल बोर्ड

वाके मार्गशीर्ष कृ० ४ ता० २-१२-३६ ई० सं० ९३

नं० ५८९६

'बनाम'

जुमला मालिक मोटरान टेक्सीज व सरविसेज

सरकारी मुलाजिम जो सरकारी जरूरत पर टैक्सी या सरविस की मोटर में सफर करे उनके लिये खासतौर पर टिकट त्यार कराये जाकर मालकान मोटर से

इसका अमल जारी कराने बाबत हस्ब वसूल होने तहरीर महक्मे हिसाब नं० ७२३४ वैशाख सुद ४ सं० गुजिश्ता टिकट तय्यार कराए जाकर जुमला मालकान मोटर के पास भेजे जा चुके हैं। मगर आयन्दा भी इसी पेशानी मुआफिक टिकट छपवाये जाकर इसका मुस्तकिल तोर पर अमल जारी रहेना जरूरी है लिहाजा जरिये इश्तिहार हाजाजुमला मालकान मोटर टैक्सीज व सरविसेज को इत्तला दी जाती है कै जबही उनके पास से यहां की दी हुई टिकट बुकें खतम होने को आवे इनही टिकटों को पेशानी मुआफिक अपने तोर पर दूसरे टिकट छपवाकर काम में लावें और यही अमल मुस्तकिल तोर पर जारी रखा जावे बमजीद अहतियात नमूना टिकट फिर हमराह हाजा शाया कराया जाता है।

....

॥ श्री एकलिंगजी, ॥ श्रीरामजी,

टिकट सरकारी मुलाजिम जो मोटर में सफर करे

नम्बर शुमार

नाम मुकाम से तक ता० माह सन

....

सवारी	लगेज	तस्दीक वसूली रकम मुलाजिम सरविस या ठेकेदार	नाम मय,	मुलाजिम ओहदा	कैफियत

....

	वजन	रेट	रु०		
तादाद		रेट	रु०	—	—

....

नाम सरविस या नंबर मोटर टैक्सी, दस्तखत वसूल कुनिन्दा सं० १९९ का

अज म्यूनिसिपल बोर्ड

वाकै मार्गशीर्ष कृ० ४ ता० २-१२-३६ ई० सं० ९३

....

॥ श्री एक लिंगजी, ॥ श्रीरामजी,

टिकट सरकारी मुलाजिम जो मोटर में सफर करे

नम्बरशुमार

नाम मुमान से..............तक का ता..............माह..............सन्

....

सवारी, लगेज, तस्दीक वसूली रकम मुलाजिम सरविस या, कैफियत,

..................ठेकेदार, नाम मुलाजिम मय ओहदा,..............................

तादाद रेट रु०, वजन रेट रु०,

....

....

नाम सरविस या नंबर मोटर टैक्सी, दस्खत वसूल कुनिन्दा सं० १९९ का[21]

उदाहरण 7 : श्री एकलिंगो विजयते

चिह्न

जो द्रढ़ राखे धर्म को तिंही राखे करतार

The Sajjankirti Sudhakar Udaipur

Incorporated with Mewar Gazette

सज्जन कीर्ति सुधाकर

जिसमें मेवाड़ गजट भी संयुक्त है।

यह राज्य चिह्न सूर्यवंशी महाराणा मेदपाटेश्वर का है।

श्री सूर्य से महाराणाजी का सूर्यवंश चला है और दांई बांई तरफ क्षत्रिय और भील के जो दो चित्र हैं राज्य सेवा में विद्यमान रहते हैं,

कला ६५ मयूख ४७ वैशाख कृष्णा ९ सोमवार संवत २०००

(ता० १७ अप्रैल सन् १९४४ ई०)

Part I

Government orders, circulars & Notification English.

नोटिफिकेशन

मवर्खा ६ अप्रैल सन् १९४४ ई०

नं० ६१५६

गवर्नमेन्ट नोटिफिकेशन नं ६७३ मवर्खा १९ मार्च

१९४२ मन्सूख किया गया है

टी० विजयराघवाचार्य

प्राइम मिनिस्टर

मेवाड़ गवर्नमेन्ट

....

English version

आर्डर

नं० ७११८ मवर्खा ९ अप्रैल सन १९४४ ई०

यकुम अप्रैल सन् १९४४ से हैड कोन्सटेबल्स व कोन्सटेबल जो शहर उदयपुर में ड्यूटी पर हैं उनको फी इस्म २) दो रुपैया (हैड कोन्सटेबल्स) व १) एक रुपैया

(कोन्सटेबल्स) को शहर का लोकल अलाउन्स दिया जावेगा यह अलाउन्स उनको नहीं मिलेगा जो उदयपुर से बाहिर एक महीना या उससे ऊपर रहेंगे।

टी० विजयराघवाचार्य
प्राइम मिनिस्टर
मेवाड़ गवर्नमेन्ट

फाइल सं-स ४४ / अ-जु / १

उदाहरण 8 : सज्जन कीर्ति सुधाकर

282 : Supplementary to the Mewar Government Gazette dated the 17th April 1944.

मेवाड़ गवर्नमेन्ट
रेवेन्यु डिपार्टमेन्ट
नोटिफिकेशन
वाके ७ अप्रैल सन् १९४४ ई०

नं० १४२१५

डिप्टी कलेक्टर राजसमुद्र पृथ्वीसिंहजी राठौड़ की ता० १ मई सन् १९४४ से २० यौम की हस्तहकाकिया रुख्सत मंजूर की गई है। तावापसी इनके सबडिस्ट्रिक्ट राजसमुद्र का कुल काम एडिशनल डिप्टी कलक्टर लक्ष्मीनारायण जी माथुर करेंगे[23]

मोहनसिंह महता
रेवेन्यु मिनिस्टर
मेवाड़ गवर्नमेन्ट

(ई) जयपुर

The Jaipur Gazette
Pub. by Auth.

No. LXIV Ist January 1946 No. 5507
Page 68

No. 1332/P.S.C.—Applications are invited from bonafide Jaipurians for the following

1. Agriculture Deptt.
2. Veterinary Deptt.
3. Jaipur State Railway.
4. High Court.

These clerks pay Rs. 30-1½-45.

Qualifications—II class High School with knowledge of Hindi and some Urdu.

Neat hand-writing essential. Typing additional qualification.

5. Education Deptt.

(a) One Teacher Pay Rs. 25-1-30.
Qualification—P.T.C. with Hindi

(b) Two Teachers—Pay Rs. 30/- fixed for one post Rs. 24-2-40 for other.
Qualifications—High School with Hindi.[23]

S.S. SHARMA
Secretary
Public Service Commission

(उ) जैसलमेर

उदाहरण 1 : नक्ल हुकमनामा अज तरफ साहब कलां बहादुर बनांम लाले छोगालाल मुतसदी ठाकर पोकरण ता० १८ मारच सं० ऽ १८५६ ईस्वी मिती फागण सुदी १५ ऽ १६१५ का

अपरंच अरजी तुमारी व दरषास्त रुषसद दो महीने की वास्ते करणे सादी लड़के अपणे के हमारे मुलाहजे में गुजरी अहवाल लीषा हुवा मालुम हुवा तुम कों लीषा जाता है के रुषसद माफक दरषास्त तुमारी कै मंजुर और वाद फराकत पाणे सादी कै हाजर हजुर होना फक्त[24]

उदाहरण 2 : नक्ल हुकमनांमा अज तरफ साहब क्लां बहादुर वनांम चपरासी मनुंषां तारीष मिति संत संमत अंजन।

अरजी तुमारी आई अहवाल मुलाहजे गुजरा अब तुम कौ हुकम लीषा जाता है रहणा तुमारा वहां कुछ जरुर नही पोचने हुकम कै हाजर हजुर हो फक्त।[24]

(ऊ) जोधपुर

उदाहरण 1 : Marwar The Emblem Gazette

जोधपुर

MARWAR

Published by Authority on every Sunday

Vol IXL Jodhpur—Sunday October 7 1906 नम्बर 1

जिल्द ४१ No. 1

Local

English Version

श्रीमान महाराजा साहिब बहादुर तारीख २ की सुबह को शिमले से वापिस पधारे।

मिस्टर डबल्यु होम सी० आई० ई० जो जोधपुर बीकानेर रेलवे के एक लायक म्यनेजर और श्री दरबार साहबां के विश्वास पात्र पुराने मुलाजिम थे रिटायर होकर जोधपुर से तारीख 4 को इंगलैण्ड के लिये रवाना हो गये।

मिस्टर आर० टाड ने रेलवे के काम का चारज तारीख ५ अक्टुबर से संभाल लिया। पबलिक वर्क्स डिपार्टमेन्ट का काम तारीख ३ अक्टुबर से मिस्टर जी० ओवरीन साहिब ऐक्सीक्यूटिव इनजिनियर के अधिकार में सुपुर्द किया गया।[25]

उदाहरण 2 : Extra ordinary

The Jodhpur Government Gazette

Emblem

Published by Authority

जिल्द ७२ जोधपुर बुधवार, मई ता० २६ सन् १९३७ नम्बर ४४

आफिस ओर्डर

मलिक मोअज्ज़म शहनशाहे हिन्द की सालगिरह के उपलक्ष में बुधवार तारीख ९ जून सन् १९३७, को आम तातील मनाई जावेगी और उसी दिन मारवाड़ की तमाम अदालतें और दफ्तर (मय रेलवे) और स्कूलें बन्द रहेंगे।[26]

MADHO SINGH
Actg. chief Minister
Government of Jodhpur

टिप्पणी 1. इस नोटिफिकेशन के ऊपर इसका अंग्रेजी रूप है जिसके साथ No. 9695 F.P./care 1/1 दिया गया है।

2. शहनशाहे हिन्द के साथ मलिक मोअज्ज़म शब्दों का प्रयोग और जन्म दिन की छुट्टी करना उल्लेखनीय हैं।

उदाहरण 3 : **Sub—Gazette From Jan 1944 to June 1944**

जी 44 / ज-जू

जिल्द ७६ जोधपुर शनिश्चरवार, जनवरी १५, १६४४ नवम्बर २२

English Version

ओफिस आर्डर

नं० 739 ता० 5 जनवरी 1944

पंच नाराणा खत्री के अस्तीफा देने पर उसकी जगह हजारीमल वल्द मगना महाजन को ग्राम पंचायत सिन्दरी परगना बाड़मेर का पंच मुकरंर किया जाता है।[27]

CHAIN SINGH
President
Representative Advisory Assembly Jodhpur

उदाहरण 4 : English Version

ओफिस ऑर्डर

नं० ७६२ ता० ११ जनवरी १६४४

परगना जालौर की ग्राम पंचायत रायपल में पंच भूरसिंह (जो गांव छोड़कर चला गया है) की जगह तारीख ४ दिसम्बर १६४३ से मेंहूताबरवां वल्द जवानखां को पंच मुकरंर किया गया है[27]

CHAIN SINGH
President
Representative Advisory Assembly

उदाहरण 5 : The Jodhpur Govt. Gazette

Emblem

Pub. by Authority

जिल्द ७६ जोधपुर शनिश्चरवार मार्च १८, १६४४ नम्बर ३८

Part I

Darbar orders, Notifications

and

Circulars

नोटिस

नं० ६३२८ ता० २६ फरवरी १६४४

हर खास वो आम को इत्तला दी जाती है कि एसिस्टेन्ट सरजन डाक्टर

आर० पी० ओझा ने अपने निजी कामों की पैरोकारी के लिये एडवोकेट रंगरूपमल वो बोहरा छोटमल को अपने वकील मुकर्रर किये हैं।[28]

DHARAM NARAIN
Dy. chief Minister
Government of Jodhpur

उदाहरण 6 : Jodhpur Government Electrical Department

Notice

Dated Jodhpur, the 15th March 1944

No. 7316.

English Version

नोटिस

टेलीफोन नं ३८४ सेन्ट्रल मि० डी० जी० सोंधी स्टेशन सुप्रिन्टेन्डेन्ट इन्डियन नेशनल एअरवेज लिमिटेड के मकान पर नये सरेसे ता० १२-३-४४ को लगाया गया है।

C. H. WILSON
Electrical Engineer
Government of Jodhpur

उदाहरण 7 : The Jodhpur Govt. Gazette

Emb.

Pub. by Authority

जिल्द ७९ जोधपुर शनिश्चरवार मार्च २५, १९४४ नम्बर ४०

Part II

CHIEF COURT

OFFICE ORDER

Dated Jodhpur the 14th March 1944

English Version

ओफिस ओर्डर

मि० जगदीशमल सिंघवी एडवोकेट की अदालत हाजा में रिपोर्ट पेश हुई है कि उसने जोधपुर गवर्नमेन्ट की नौकरी कर ली है लिहाजा वह जैरबाव १ कायदा ११ कवायद मुरतिबा जेर दफा ६ (ए) लीगल प्रैक्टिशनर्स एक्ट १९३३, ताहुकमसानी वकालत करने से जरिये हाजा मौत्तिल किया गया है।[29]

ता० १४-३-१९४४

नवल किशोर
चीफ जज

उदाहरण 8 : Part III

Departmental Notices, orders etc.

OFFICE ORDER

Dated the 11th March 1944

No. 36 English Version

ओफिस ओर्डर

तथा ताहुक्मसानी ता० १०-४-४४ से हकूमत व कचेड़ी का वक्त नोचे मुजब मुकर्रर किया गया है :

१. कचेड़ी का वक्त	8 A.M. से 1 P.M.
२. खजाना का लेनदेन	8 A.M. से 11 A.M.
३. स्टाम्प व अफीम	8 A.M. से 10-1/2 A.M.

CHANDER SINGH

(हाकिम) Hakim Jetaran

(ए) झालावाड़

झालावाड़ स्टेट गज़ट

जिल्द १, मुक़ाम झालरापाटन बुधवार, तारीख़ १ माह जून १९३२ ई० नम्बर १

हिस्सा '1'

तकर्रुरियात रुखसत तबादुला बगैरा

आर्डर महकमा खास २१ मई ३२

बाबू अटलबिहारी लाल बी०ऐ० प्राईवेट सेक्रेट्री ने बैंक कायम करने में खिदमात जो अन्जाम दी है झालावाड़ गवर्नमेंट उनकी कदर करती है। वह अब अपने मुस्तकिल ओहदे पर बदस्तूर काम करेंगे लेकिन फिलहाल उनको पंचायत बोर्ड कायम करने की स्पेशल ड्यूटी सुपुर्द की जाती है वह जुडिशल मिनिस्टर साहब से मिलकर इस काम को अंजाम देंगे और इस अर्से में वह स्टेट पंचायत आफिसर कहलावेंगे।

पंडित गोर्धन लाल मैनेजर स्टेट बैंक बाबू अटल बिहारी लाल की जगह मुस्ताक़िल तौर पर काम करेंगे।

बाबू कन्हैया लाल बी० एस० सी० एल० एल० बी० सेशन जज व रजिस्ट्रार हाई कोर्ट की ता० २३ मई से १५ रोज की रिआयेती रुखसत मंजूर की गई।

राज्य रत्न मुंशी कृष्ण कुमार जी मीर मुंशी श्री महाराज राना बहादुर बाबू कन्हैया लाल के रुखसत के ज़माने में सैशन जज व रजिस्ट्रार हाईकोर्ट का काम करेंगे।

राज्य रत्न बाबू जगमोहन लाल जी स्टेट इन्जिनियर की ता० २८ मई से १५ रोज की रिआयेती रुखसत मंजूर की गई।

अपनी ड्यूटीज के अलावा राज्य रत्न बाबू मिट्ठन लाल जी होम मिनिस्टर बाबू जगमोहन लालजी के रुखसत के जमाने में स्टेट इन्जिनियर का काम अन्जाम देंगे।

हिस्सा-२

कवानीन व हिदायात व अहकाम दिल चस्पे अवाम

हस्बूल हुक्म श्री महाराज बहादुर दाम इकबालहुम मुन्सफी पचपहाड़ व चोमहला को १००० रुपया तक के रजिस्ट्री करने के अख्तियारात दिये गये यह अख्तियारात अभी तक निजामत पचपहाड़ व निजामत गंगाधर को थे निजामत डग व तहसील आवर के रजिस्ट्री करने के अख्तियारात बदस्तूर कायम रहेंगे।[30]

हाईकोर्ट१ १-५-३२

शादी लाल
जूडिशियल मिनिसटर

(ऐ) बांसवाड़ा

गजट सरकार राज्य बांसवाड़ा, १ जून सन् १९२८ ई०

राज्यश्री महकमें खास श्री दरबार राज बांसवाड़ा ता० ३०-५-१९२८ ई०

नोटिफिकेशन

नम्बर, १९३३

मुन्शी रामचरनलालजी चीफ रेवेन्यू ऑफिसर को रुखसत रियायती तेरा योम जजरिये हुक्म नम्बर ७०२२ मवर्खा २६-४-२८ तारीख ३०-४-२८ से मन्जूर की जाकर उनकी जगह का काम करने को बाबू रामजीदासजी स्टेट एकाउन्टेट को हुक्म दिया गया था मुन्शी रामचरनलालजी का फिर तार पेश होने पर उनकी रुखसत में पन्दरा योम का इजाफा बमुजिब हुक्म नम्वर ७६४७ मवर्खा १६-५-२८ मन्जूर किया गया है।

Zalim Singh Kothari B.A.
दीवान बांसवाड़ा

....

हुक्म राजेश्री जुडीशियल कौन्सिल

नम्बर, १६३४

फौजदारी मुकदमानकी समाअत के लिए जुडीशियल कौन्सिल की बैठक तारीख १ जून से फिर शुरू होगी।

तारीख २८-५-१९२८

Zalim Singh Kothari B.A.
प्रेसिडेन्ट जुडिशियल कौन्सिल
बांसवाड़ा स्टेट

इश्तहार राजेश्री महकमें खास श्रीदरबार राज्य बांसवाड़ा,

नम्बर १६३५,

इस साल हिज मजेस्टी जार्ज पंचम किंग एम्परर आफ इन्डिया की सालगिरेह तारीख ४ जून सन् १९२८ को मनाई जावेगी।[31]

तारीख [illegible]-५-१९२८,

Zalim Singh Kothari B.A.
दीवान बांसवाड़ा

(औ) बीकानेर

उदाहरण 1 : नक्ल षरीता अज तरफ करनेल सर हिनरी मंटगमरी लारनस साहेब बहादुर अजंट गवरनर जनरल राजस्थान बनांमें महाराजे सीरदार सिंघजी रईस बीकानेर।

ता० ३१ जनवरी सं० १८५७ ईस्वी

मिती महासुदि ६ ऽ १९१३ का मुं॥ नीमच

अपरंच षरीता आपका लीषा हुवा मिती महावदि १३ समत हाल का व मजमुन खांनगी मुषलस तरफ वीलायत कै ओर दुसरे की तनैक मरातब दोस्ताने सौ कीया व महेरबांनी कै आया ऊस्कै पड़ नै सै हम कु कमाल षुसी हासल हुई सब अहेवाल लीषा हुवा मालुम हुवा आप कु रौस न होय कै अलबतै ईरादा दोस्तदार का रुषसत लेकर वीलायत कु जाणे का था लेकिन अब माफक हुकम नबाव मवांला ईलकाज नवाब गवरनर जनरल बहादुर कै जाना नषलेऊ कुंठेरा है अर साहब वालासांन करनेल जारज लारनस साहेब बहादुर भाई साहब हमारे कांम अजंटी राजपुताना का करेंगे चुनाचे वास्ते ईतला ईस हाल कै षरीता तारीष २७ जनवरी सन १८५७ ईस्वी कु आप कु लिषा गया है। हरचंद कै आपकी जुदाई का हम कु अफसोस है लिकन ऊमेद है कै आयदे दरियाफत होणे षेराफीयत मीजाज

आप कै ओर जाहर होणे अेहैबाल नेक अंतजाम व सरसबजी रीयास्त आपकै षुस होता रहुंगा औेर आपकै मीजाज मुवारक की षुसी का अहवाल सै हमेसां षुस फुरमाते रहोगे तारीष ३१ जनवरी सन १८५७ ईसवी मिती महासुदि ६ S १९१३।[32]

उदाहरण 2 : तरजुमा स्पीच श्री १०८ श्री हुजूर साहब बहादुर दाम इक्वालहू के० सी० एस०आई० के०सी० आई० ई० ए०डी० सी० जो २४वें सालगिरह के बड़े पांतिये याने स्टेट डिनर पर व तारीख २३ अक्टूबर सन् १९०४ ई० श्री गंगानिवास दरबार महल में व हाजिरी कौंसिल व ताजामी सरदारान रियासत दी गई।

....

मैम्बरान कौंसिल सरदारान व हाजिरीन जलसा।

आप लोगों ने इस मौके पर जो हमारी व श्री महाराजकुमार की तनदुरुस्ती का प्याला स्वामिभक्तिता यानी वफादारी के साथ पीया, उसका धन्यवाद हम अपने अंतःकरण से देते हैं।

राज संबंधी बड़े २ विषयों पर, जल्दी ही जो दरबारहसी जगह होगा, उसमें हम कुछ कहेंगे, परंतु यह देखकर कि इस समय जो लोग मौजूद है वह करीब २ कुल सरदारान रियासत हैं, हम समझते हैं कि यह बहुत मुनासिब मौका है कि उन बातों के लिये जिनका संबंध रियासत व सरदारान रियासत से है, हम कुछ कहें।

पिछले थोड़े से बरसों में हमको कई खास मौके आप लोगों से यहां पर हमारी सालगिरह अर्थात बरस गांठ पर मिलने के हुये और फिर दौरे के वक्त आप सरदारान में से बहुतों से मिलने व उनके गांव वगैरः देखने का मौका मिला, खासकर के पिछले जाड़े के दौरों में।

सरदारों की तरफ से जो स्वामिभक्तिता यानी वफादारी दिखलाई गई और जिस रीति से वे अपने मालिक अर्थात् धनी व रियासत की ताबेदारी करते हैं और अपने फरायज अपने मालिक व रियासत के साथ अदा करते हैं, उस पर हम अपनी खुशी जाहिर करते हैं।

परंतु, सरदारान, हमको बहुत बड़ा अफसोस इस बात के देखने से है कि यह ताल्लुकात को जाहिर में ठीक मालूम होते हैं, कहीं २ मैलापन लिये हुये हैं, बरस गांठ जैसे खुशी के मौके पर हम नहीं चाहते थे कि ऐसे मामले का जिक्र छेड़ें मगर हमारी समझ में ऐसे मामले पर ध्यान न देना जो तीन चार बरस से चल रहा है, मुनासिब व मसलहत नहीं है, और अब वक्त आ गया है कि इस मामले की निस्वत कुछ साफ-साफ कहा जावे।

हमने देखा है कि हर साल जबकि सरदारान हमारी सालगिरह पर अपने पट्टों से यहां आते हैं, तब उनमें से बाज-बाज जिनका नाम लेने की जरूरत नहीं है, और

बहुत से सर्दारों को बहकाकर रियासत से मुखालिफत कराने की बहुत कोशिश करते हैं, हमको बहुत खुशी है कि इस किस्म की कोशिशें अब तक पूरी नहीं हुई हैं, मगर यह जरूर हैं कि इस मौके पर उन सरदारों को आगाह या चैतन्य करने के लिये इसका जिक्र कर दें, ताकि वे अपनी भूल से उनकी बुरी सलाह में पड़कर उनके साथी न हो जायें, और ऐसा करके अपने भाईयों की शानखोरी में जो पीढ़ियों से चली आती है धप्पा न लगावें, क्योंकि इसमें उनका कुछ फायदा नहीं, आप सरदारों में से जो यहां मौजूद हैं क्या कोई इस बात को साबित कर सकता है, कि जिसे आप सब लोग मान लेंवे, कि कोई भी रियासत से विमुख होकर अंत में फायदा उठा सकता है।

इसके सिवाय सरदारों के लिये यह बहुत अच्छी बात होगी अगर वह उन लोगों की शिकायतों को जो उनको बहकाना चाहते हैं, अच्छी तरह देखें क्योंकि तब उनको यह साबित हो जावेगा कि दरअसल उनकी शिकायतें बेबुनियाद हैं, और जो-जो कुछ वे करते हैं वह यह समझना चाहिये कि रियासत की तरफ से उनके दिल में कुछ मैल है, उसका नतीजा है।

सरदारों को रियासत व अपने धनी यानी मालिक के साथ कैसी शामखोरी करनी चाहिये और रियासत व अपने पट्टों व उन लोगों के साथ जो उनके पट्टों में रहते हैं, कैसा बरताव करना चाहिये इसका जिक्र हमकों इस मौके पर करने की जरूरत नहीं है, क्योंकि सरदारान इसे अच्छी तरह समझते हैं और उनसे ज्यादा दूसरा इस बात को नहीं समझा सकता, कौंसिल ने अपनी उस उमदा व मुख्तसर स्पीच में जो अभी दी है स्वामिभक्ति धर्म का बहुत अच्छी तरह जिक्र किया है।

साथ ही इसके यह भी जरूरी है कि रियासत अपने सरदारों के साथ वाजिब व मुनासिब सलूक करे, रियासत को सरदारान व उस रिआया की भलाई का जो उनकी जागीर में आबाद हैं बहुत बड़ा ख्याल व फिक्र है।।

मगर यह जरूर है कि न तो रियासत इस बात को देख सकती है और न मंजूर कर सकती है कि कोई हुकूक रियासत गैर वाजिब तौर पर दबाये जावे और न रियासत किसी हालत में यह चाहती है कि जो बातें वाजिब तौर पर रियासत की तरफ से किसी वक्त सरदारों को दी गई हैं उनमें से किसी को छीने, जब तक कि सरदारान रियासत के शामखोर रहें, और जिन शरायत पर वह उनको दी गई हैं उनकी पूरे तौर से और वफादारी के साथ पाबंदी करें और तावक्ते किसी खास वजह से सरदारान को रियासत की जरूरत के लिये या रिफाह आम के कामों के लिये या और इसी किस्म की जरूरत के लिये, उनका छोड़ना लाजमी न हो।।

थोड़े ही दिन हुए कि रियासत ने रीझ बख्शीश के मामले में सरदारान को कुछ और रिआयत बख्शी है यानी जिनको शादी व औसर पर रहले परवरिश नहीं मिलती थी अब देना मंजूर किया है, और जिसको रीजेंसी कौंसिल ने रीझ बख्शीस

का सवाल तै करते वक्त मंजूर नहीं किया था।

रियासत ने सरदारों के लड़कों उमदा तालीम दिलाने का पूरा इन्तिजाम कर रक्खा है, और इस तरह पर जो सरदारान के लड़के पढ़कर तैयार हो उनको बहुत अच्छा मौका आइन्दा रियासत के इन्तिजाम में शरीक होने का दे रक्खा है। जो हमारी दिली चाहना है और महकमा कोर्ट आफ वार्ड्स नाबालिग सरदारान की जागीर का या ऐसे सरदारान की जागीर का जो अपनी जागीरों का इन्तजाम करने के नाकाबिल हैं इन्तिजाम करती है, और उनके भारी कर्जों के अदायगी का ऐसा बन्दोबस्त करती है कि जो दूसरे जरियों से नहीं हो सकता, और कर्जा अदा हो जाने पर या कर्ज का बहुत-सा बोझ उतर जाने पर, उनकी जागीर को सुपुर्द करती है ॥

यह खूब याद रखना चाहिये कि रियासत की जिम्मेवारी गवर्नमेंट हिंद के लिये कुल रियासत के वास्ते है, जिसमें देहात खालसा व ज़ागीर सब ही शामिल हैं, न सिर्फ देहात खालसा के लिये, इसलिये रियासत का फर्ज है कि अगर किसी जागीर में रैयत पर किसी किस्म की सखती या कोई ऐसी काररवाई हो जिससे जागीर को नुकसान पहुंच सके, तो उसको देखे और उसका इन्तिजाम पूरा करे, और रियासत के लिये उसी तरह जागीरदार हर तरह जवाबदेह हैं, अगर कोई सरदार या सरदारान यह समझें कि उनकी कोई शिकायत है तो मुनासिब है कि अपनी शिकायतों को बा जाबता रियासत में पेश करें, और उनको यतमीनान रखना चाहिये कि वो शिकायतें उनकी बहुत हमदर्दी के साथ सुनी जावेंगे, मगर यह जरूर है कि कोई काररवाई ऐसी नहीं होना चाहिये कि शामखोरी के खिलाफ हो, या उपद्रव पैदा करने वाली हो, या दूसरे के बहकाने से की गई हो, या किसी पेच, फरेब या दगाबाजी के साथ हो, क्योंकि सरादारों की हैसियत व रियासत की शान के खिलाफ कोई काररवाई नहीं होनी चाहिये ॥

जहां तक हमारा खयाल है, सरदारों की शिकायतें मुख्य यह मालूम होती हैं,

१ : वसूली रकम न्यौता शादी, और,

२ : सवाल बाबत खदान पत्थर,

हम हर्गिज इस बात को कबूल नहीं कर सकते कि पहला उज्र किसी तरह वाजिब है, रकम न्यौता गैर मामूली नहीं है, क्योंकि यह कदीम से लिया जाता है, बल्कि हम को यह खयाल था कि सरदारान रियासत के शुक्रगुजार होंगे कि इस मामले में खास रियायत उनके साथ की गई है, क्योंकि यह न्यौता नाबालिगी में रीजेंसी कौंसिल ने माह नवम्बर 1898 में कायम किया था और सिर्फ थोड़े अरसे के लिए उसकी वसूली खराब होने की वजह से मुतलवी रक्खी, मगर हमने रियासत का पराइन्तिजाम माह दिसम्बर 1898 हाथ में लेने के बाद पिछले साल इसकी वसूली मुलतवी रक्खी, जिसका सबब यह था कि जमाने खराब हुये अगर कोई रकम

वा जिब सात बरस तक रियासत ने वसूल नहीं की है और अब वसूल की जाती है तो मालूम नहीं हो सकता कि कौन सी वजह ऐसी रियासत की शिकायत करने के लिए पैदा हो सकती है कि रियासत की तरफ से सख्ती की गई ॥

रहा सवाल दूसरा बाबत खदान हाय पत्थर जो रियासत में मौजूद हैं, यह जेरगौर है और हम इस मामले को बहुत अच्छी तरह देख रहे हैं और उम्मेद करते हैं कि इसका फैसला अब थोड़े अर्से में दे दिया जावेगा ॥

हमने चंद बातें भी सुनी हैं, मगर उनके बाबत कुछ कहना किसी तरह ठीक है, और न वह बातें शिकायत की तारफ में आ सकती हैं, क्योंकि मामलात तै शुदा है, और तै हुए अर्सा २० साल या जियादा गुजर चुका ॥

आखीर में हम चाहते हैं कि सरदारान को याद दिलावें कि रियासत ने प्रजा की भलाई व बेहतरी के लिए हाल में बहुत सी रकम बकाया व सूद माफ की है, हम उम्मेद करते हैं कि सरदारान भी अपनी २ जागीर में ऐसा ही करेंगे जिससे उनको व रिआया दोनों को फायदा पहुंचेगा ॥[33]

उदाहरण 3 : तरजुमा उस स्पीच का जो श्री हुजूर साहब बहादुर दाम इकबालहू ने बमौके दरबार मुकाम श्री लालगढ़ बतारीख २९ सितम्बर सन १९१० ई० उन बड़ी बड़ी तबदीलियों को जाहिर करने के लिये श्री मुख से फरमाया जो नये साल के शुरू यानी १ अक्टूबर सन् १९१० ई० से अमल में आवेंगी।

मेम्बरान कौंसिल, सरदारान, व हाजरीन जलसा,

यह बात सब लोगों को याद होगी कि हमने बतारीख १ अगस्त सन १९१० के कौंसल चेम्बर में अपनी स्पीच में उन चंद बड़ी २ तबदीलियों का जिक्र मुख्तिसिर तौर पर किया था कि जो इस साल के खतम होने पर अमल में आनेवाली थीं हमने यह भी कहा था कि हमारी यह मन्शा है कि इस साल के आखीर पर एक बड़ा दरबार करें, और उसमें उन बड़े २ सुधारों और तजवीजों को जाहिर करें, पर अब आप लोग समझ गये होंगे कि आप किस गरज से इस दरबार में बुलाये गये हैं, साहबान ढाई महीने वाद हम को कारोबार रियासत अपने हाथ में लिये और इंतिजाम राज का करते हुए पूरे बारह वर्ष होंगे और १७ अक्टूबर आइन्दा को मौजूदा तरीका इंतिजाम को चलते हुये १८ दिन कम पूरे आठ वर्ष होवेंगे, उस बड़े दरबार में जो १७ अक्टूबर सन १९०२ ई० को बमुकाम श्री गंगाकचहरी बगरज जारी करने मौजूदा तरीका इंतिजाम किया गया था हमने अपनी स्पीच में कहा था कि वोह दिन हमारे जमाने हुकूमत में बहुत ही बड़ी खुशी का था— साहबान हम यकीन के साथ कह सकते हैं कि हमको जराभी कोई वजह अफसोस की उस काररवाई के अमल में लाने से कि जिसको हमने उस रोज ज़ाहिर किया था कभी पैदा नहीं हुई और कोई बड़े से बड़ा बदख्वाह राज श्री बीकानेर का दलील

के साथ यह नहीं दिखा सकता है, दावे के साथ कहना तो दरकिनार रहा कि उस तरीके से जो उस वक्त जारी किया गया था सिवाय पूरी कामयाबी के किसी किस्म की खराबी पाई गई या यह कि उस तजवीज से कि जिसको हमने जारी किया था बहुत ही उम्दा और मुनासिब नतीजे जो राज व उस रिआया के लिये जिस पर परमेश्वर ने हमको हुक्मरां बनाया है मुफीद हो साबित नहीं हुवे अगरचे हम बगरज इजहार उन कवायद के जो हमारी तजवीज से हासिल मुर्झेस्सिल हर एक अमर का जिक्र कर सकते हैं लेकिन बवजह वक्त तंग होने के मजबूरी है और हम उस तरीके इन्तजाम की जाहिरी खराबियों को जो हमारे बालिग होने तक रियासत में मौजूद थीं खोल करवयान नहीं कर सकते यानी उस तरीके इंतिजाम की जो कायमी कोन्सल रेजेन्सी सन १८८७ ई० से पली जाती थी और न इतना वक्त है कि उन फायदों को जिन्हें सब ने मान लिया है शुमार में ला सकें कि जो उस नये इंतिजाम से कि जिस की मंजूरी आठ वर्ष हुवे हमने दी थी हासिल हुवे हैं ॥

टिप्पणी : इसके बाद का भाग छोड़ दिया गया है। अंत में निम्नलिखित अंश और हैं :

महकमा माल

कागजात पटवारी के हिंदी में तैयार होने का हुक्म इस वजह से दिया गया है कि लोग इन्दराजात को समझ सकें और चालाक लोगों के धोखा और फरेब से बचें।[34]

(ओ) शाहपुरा

षरीता बनाम राजाधिराज शाहपूरा ३१ अक्तूबर सन १८६४

सिद्धि श्री सर्वोपमा राजाधिराज श्री लक्ष्मणसिंह जी जोग्य करनेल इलयट साहिब बहादुर लिषावतं सलाम बांच जो अठारा समाचार भला छै राज रा सदा भला चाहीजे अपरंच षरीता राज का लिषा हुवा मिती कातिक बद १० सम्वत १९२१ मये हालात अनि अजमेर के और रहने वमूजिद हुक्म साहिब डिप्टी कमिशनर बहादुर साडे तीन म्हीने और होजा नाजिर बार जियादा और न होना कोई काम बल्कि फ़रमाना ममदूह ने वास्ते ले जाने १ आदमी मुलाजिम सरकारी के शाहपुर के वादीगर मरातिब पोंछा सब हालात बांच वाकिफ हुवा राज कू लिखा जाता है कि हमारा ड़ेरा दसवीं तारीख नोम्बर तक बमुकाम अजमेर पोंछेगा उस वक्त साहिब डिप्टी कमिशनर बहादुर अजमेर से सब हाल दरयाफ्त कर जवाब मुफस्सिल राज कू लिषा जावेगा सो जान जो और पुशी का कागज लिषजो।[35]

सन्दर्भ

1. राजपूताना रेजिडेन्सी हिन्दी खरीता बुक, 1856-60, राष्ट्रीय अभिलेखागार, नई दिल्ली नं० 557
2. राजपूताना आफिशियल गजट-1880, भाग-10, No. 2, राष्ट्रीय अभिलेखागार, नई दिल्ली, आह्वानांक 083.544 R-137
3. राजपूताना सरकारी गजट अजमेर, भाग 10, शनी लिखा, 31 जुलाई, सन्, 1880, नम्बर 31, राष्ट्रीय अभिलेखागार, नई दिल्ली, पृष्ठ 183-184
4. Rajputana Official Gazette-1880, राष्ट्रीय अभिलेखागार, नई दिल्ली, आह्वानांक-083. 544, पृ० 175
5. राजपूताना सर्कारी गजट अजमेर : राज्पूताने के एजंट गवर्नर जनरल साहब बहादुर की आज्ञा से छपा भाग 10, दिन शनी लिखा 24 जुलाई सन् 1880 नं० 30, पृ० 174, राष्ट्रीय अभिलेखागार, नई दिल्ली
6. राजपूताना सरकारी गजट अज्मेर, भाग 10, पृ० 174, 1880, राष्ट्रीय अभिलेखागार, नई दिल्ली
7. राजस्थान राज्य अभिलेखागार, बीकानेर, फाइल सं० अल 18/ज-दि/1
8. वही, H. H. Govt Offices Alwar, Branch Home Vernacular file No. 91, बस्ता नं० 5

   Sub : Rules regarding State Employees taking up private Services or engaging in private trade or Business, Record No. 5871
9. राजस्थान राज्य अभिलेखागार, बीकानेर, फाइल सं० अल 23/ज दि/1
10. वही
11. वही
12. वही, बस्ता नं० 1, फाइल नं० 246, Heading—जागीर, आर्मी ब्रांच
13. वही, फाइल सं अल 41/ज जू/1 अलवर राजकीय गजट
14. वही
15. वही
16. राजपूताना रेजिडेन्सी हिन्दी खरीता बुक नं 557, भाग 2, वर्नाक्युलर डिस्पैच रजिस्टर आफ दी कापीज आफ हिन्दी खरीताज एण्ड मिसलेनियस लैटर्स, 1863-64, पृष्ठ 14-16 राष्ट्रीय अभिलेखागार, नई दिल्ली।
17. वही, पृ० 16-17
18. राजस्थान राज्य अभिलेखागार, बीकानेर, बस्ता नं० 3, पृ० 475 से 710, नवीन राजस्थान सन् 1922, 5 फरवरी से 14 मई तक

19. वही, फाइल सं० स 36-37/जु अ/1
20. वही
21. वही
22. वही, फाइल सं० स 44/अ जु/1
23. वही, फाइल नं० ज-46/ज जू/1
24. राजपूताना रेज़िडेन्सी हिन्दी खरीता बुक, 1856-60, नं 557, राष्ट्रीय अभिलेखागार, नई दिल्ली
25. राजस्थान राज्य अभिलेखागार बीकानेर, फाइल सं० जो, 06,07,08/
26. वही, फाइल सं० c/3/8-A Vol. I
27. वही, फाइल सं० 52/GB Vol 78 H (council office) MEHKMA KHAS जो 44/ज-जू
28. वही, फाइल नं० 52/GB Vol. 78 H
29. वही
30. वही, फाइल संख्या झ 32, जू सि/1
31. वही, फाइल सं० बा/28-29/जू-जू/1
32. राष्ट्रीय अभिलेखागार, नई दिल्ली नं० 557
33. राजस्थान राज्य अभिलेखागार, बीकानेर, फाइल सं बाई 91 आफ 1906-10 Mehkma khas Bikaner state, bundle no. 52, Part III, Sub—Spare copls of Speeches etc.
34. वही
35. राजपूताना रेज़िडेन्सी हिन्दी खरीता बुक नं 557, भाग 2, वर्नाक्युलर डिस्पैच रजिस्टर आफ़ दी कापीज आफ हिन्दी खरीताज़ एण्ड मिसलेनियस लैटर्स—1863-64 राष्ट्रीय अभिलेखागार, नई निल्ली

अध्याय बारह

स्वातंत्र्य-पूर्व सुरक्षा कार्यों में हिंदी का प्रयोग

सुरक्षा : सुरक्षा संबंधी प्रशासनिक कार्यों में हिन्दी का व्यापक प्रयोग कुछ उदाहरणों द्वारा सिद्ध किया गया है।

सन् 1923 ई० की 'अलवर राज्यकीय शस्त्र नियमावली' में सबसे ऊपर ।। श्री राम जी ।। का प्रयोग हुआ है। भाषा लालित्य और नियम 8 में सदाचारी पुरुष को नियमावली की क्रिया से मुक्त किया जाना उल्लेखनीय है।

सन 1856 ई० का राजपूताने के एजेण्ट की ओर से गोगुदे वाले राणा लाल सिंह को लिखा गया पत्र एक ऐतिहासिक दस्तावेज है। सन् 1857 ई० का एजेण्ट की ओर से जीहाजपुर के हाकिम को लिखा गया पत्र स्वतंत्रता संग्राम की स्थितियों पर प्रकाश डालता है, इसलिए अत्यंत महत्त्वपूर्ण है। जोधपुर में सन् 1939 में सुरक्षा की दृष्टि से कई समाचार पत्रों के प्रवेश पर प्रतिबंध लगाया गया जो उन दिनों सामान्यत: होता रहता था।

सन् 1863 ई० में महाराजा, बीकानेर से गवर्नर जनरल की ओर से रियासत की सेना के विषय में जानकारी मांगी गई।

सन् 1857 ई० में सिरोही के पोलिटिकल सुपरिण्टेण्डेण्ट की ओर से सिरोही के गुरां रतनचन्द को लिखा गया जिसमें शिकायत की गई कि कुछ लोगों ने उनके बंगले पर गोलियां चलाईं और बदले में उनकी ओर से भी गोलियां चलाई गईं। पत्र में कहा गया है कि राज की तरफ से कुछ मदत (मदद) नहीं हुई। पत्र ऐतिहासिक है और रियासतों में अंग्रेजों के विरुद्ध विद्रोह का द्योतक है।

(अ) अजमेर

राजपूताना सर्कारी गजट अजमेर

उदाहरण 1 : भाग १० दिन शनी लिखा ३१ जुलाई सन् १८८० नम्बर ३१

आज्ञा श्रीयुत् एजंट गवर्नर जनरल चीफ़ कमिश्नर साहब बहादुर सीगे तामीरात सर्कारी राजपूताना।

प्रसिद्ध पत्र

पहाड़ आबू १५ जोलाई सन ८०

नम्बर १९०४ ए. ऐस. च्यूंकि जमीन जिले अजमेर में बकार सर्कार वास्ते चांदमारी वालंटियर हाय अजमेर के मतलूब है लिहाजा यह प्रसिद्ध पत्र हस्ब मंशा दफ़ै ६ ऐक्ट १० सन् १८७० के जारी किया जाता है।[1]

जिले	परगने	मौजे	रकबे मतलूबे वास्ते लेने । हमेशा	चंद रोज	मीजान	वास्ते किस काम के दर्कार	कैफियत्
अजमेर	अजमेर	अजमेर	६.३	. .	६.३	परेट चांदमारी वालंटियर	नकशा जमीन का दफ्तर साहब कमिशनर में देखा जा सकता है

उदाहरण २ : भाग १० दिन शनी लिखा ३१ जुलाई सन् १८८० नम्बर ३१ खुलासा गजट हिंद लिखा २४ जोलाई सन् १८८० ई०

सीगे गेरे

प्रसिद्ध पत्र फौज

शिमला २२ जौलाई सन् १८८० ई०

नम्बर ७४ जी. ऐम तरक्कियें मुंदर्जे जेल सीगे फौज पयागान ऐरनपरा दरेंग्यलर पलटन में १ मई सन् १८८० से की गई।

जेमेदार पीयां सूबेदार वजाय डाल्या पेंशनयाफ्ता के मुकर्रर हुआ जमैदार बकशा सूबेदार बजाय गोमलापेंशन याफ्ता के मुकर्रर हुआ हवलदार गिरधारी जमेदार वजाय पीयां के कि जिसको तरक्की ओहदे सूबेदारी पर हुई मुकर्रर हुआ।

और हवालदार नाथा जमेदार वजाय बखशा कि जिसको तरक्की ओहदे सूबेदारी की हुई मुकर्रर हुआ हवालदार हिंदुड़ा जमेदार बजाय नान्या कि जिसके पिंशन दी गई मुकर्रर हुआ।

और हवालदार वल्या जमेदार वजाय सालमसिंह के कि जिसको पेंशन दी गई है मुकर्रर हुआ[2]

उदाहरण 3 : आज्ञा श्रीयुत् एजंट गवर्नर जनरल साहब बहादुर राज्पूताना
प्रसिद्ध पत्र

मुकाम पहाड़ आबू लिखा २१ जौलाई सन ८० नम्बर २२१ ऐम. जमेदार रतिराम देवली इर्रेग्यूलर पलटन को हिंदुस्थानी अजीटन पलटन का ५ जौलाई सन १८८० से बजाय देवा तरक्की याफ्ता के मुकर्रर किआ गया।

२४ जौलाई सन् १८८०

नम्बर १५६ जी. कर्नेल डबल्यू. ऐच. वेनन पोलिटिकल एजंट रियासत हाय पूर्वी राज्पूताने को २ माह और ५ दिन की छुट्टी रियायती ४ अगस्त सन् ८० से या उस तारीख से कि जिस रोज वो मुस्तफीद उस छुट्टी के हों दी गई[3]

आज्ञानुसार
ए. सी. टिलवर
प्रथम असिस्टेंट एजंट गवर्नर जनरल

(आ) अलवर

ता. १५ फरवरी सन १९१८ ई०
अलवर स्टेट गज़ट
गज़ट नं ४ अलवर शुक्रवार १५-२-१९१८ वाल्यूम १०
श्री राजशासन नोटीफ़िकेशन
शून्य
कर विभाग
शून्य
न्याय विभाग
शून्य
गृह विभाग

उदाहरण 1 : रियासत अलवर में तारीख २० जनवरी से २ फरवरी सन् १९१८ ई० तक के प्लेग के वक्कूज व मौतों की तशरीह हस्ब ज़ैल है।

नाम	प्लेग ज़दाह मुक़ामात		वकूये	मौतें
१.	ठेकड़ी		४	४
२.	हरसाना		२	२
३.	खुडयाना		४	३
४.	×	×		
५.	×	×		
४०	शहर अलवर		१०६	५३
		कुल मीज़ान	१०३८	८०५

टिप्पणी : ४ से ३९ तक का विवरण छोड़ा गया है।

सेना विभाग

मुन्दरजै ज़ैल जागीरदारान लावल्द फ़ौत हो जाने की वजह से ठिकानों पर इन्तज़ाम कोर्ट किया गया।

१. ठुकरानी भूरसिंह मौरेड़ कलां

२. ठिकाने मानपुरा

३. ठिकाने सालपुरी हिस्से भोम सिंह

अज्ञानुसार............

कप्तान रामनाथ सिंह ऐक्टिग मिलिटरी
सैक्रेटरी श्रीमान् महाराजाऽधिराज रघुकुलमणि
नरुकुल कमल दिवाकर श्री राजराजेन्द्र
रविकुलोद्भव श्री अलवर नरेश
श्री अलवर राजधानी[4]

टिप्पणी : इस फाइल में अधिकतर गजट हिन्दी में हैं। कुछ गजटों के कुछ भाग अंग्रेज़ी में भी पाए गए।

उदाहरण 2 : अलवर राज्यकीय शस्त्र नियमावली सन् १९२३ ई०

॥ श्री रामजी ॥

अलवर——राज्यकीय

शस्त्र——नियमावली

उपोद्घात—यह उचित प्रतीत होता है कि किसी नियत स्थान के लिये विशेष अवसर पर असाधारण आज्ञा होने पर किसी नियत अवधि के लिये ऐसे नियम की रचना की जाय कि जिससे रजिस्टर में लिखने और निरीक्षण करने के द्वारा हथियारों की रोकथाम की जा सके। इस कारण निम्नलिखित नियम प्रचलित किये जाते हैं।

१. यह नियम अलवर राजकीय शस्त्र नियमावली सन् १९२३ कहलावेगी और आवश्यकता होने पर असाधारण आज्ञा द्वारा किसी नियत स्थान में जारी होगी।

२. यह नियमावली केवल उसी स्थान में जारी की जाएगी जहाँ कि मनुष्य जान-बूझकर राज्य के नियमों का उल्लंघन करें या उपद्रव के चिह्न प्रकाशित करें अथवा जब राज्य के लाभ में इस नियमावली का प्रचार करना आवश्यक प्रतीत हो।

३. जिस समय किसी ग्राम में इस नियमावली का प्रचार कर दिया जाएगा तो वहाँ के निवासियों के लिए आवश्यक होगा कि उनके अधिकार में जितने

हथियार हैं उन सबको प्रगट करेंगे और एक निश्चित दिन में अथवा ऐसे कई दिनों में उन हथियारों को रजिस्टर में लिखावेंगे और रजिस्टर के इस लेख की प्रतिलिपि (नकल) जिसमें हथियारों का पूरा वर्णन होगा मालिक को दी जाएगी।

४. उन स्थानों पर जहाँ इस नियमावली का प्रचार हो चुका है प्रचलित होने की तिथि के अनन्तर उक्त स्थानों के निवासी प्रान्तीय तहसीलदार की अनुमति के बिना न तो कोई हथियार प्राप्त कर सकते हैं और न लिखित हथियारों को बदल सकते हैं न दे सकते हैं।

५. आवश्यकता प्रतीत होने की दशा में अल्पकाल अथवा सदा के लिए राजकीय अधिकारियों को हथियार सौंप दिए जाने की आज्ञा दी जा सकती है।

६. कोई मनुष्य जो इस नियमावली की धारा ३, ४ और ५ का उल्लंघन करेगा तो उसको कारावास का दण्ड दिया जाएगा जिसकी अवधि एक वर्ष तक हो सकती है या ५00 रु० तक धन दण्ड अथवा दोनों प्रकार के दण्ड दिए जा सकते हैं और हथियार अपहरण (ज़ब्त) कर लिए जावेंगे।

इस धारा के अधीन अपराध प्रांतिभाव्य और पुलिस के हस्तक्षेप योग्य होंगे।

७. यदि किसी को यह सूचना मिले कि किसी मनुष्य ने ऐसा अपराध किया है कि उसको इस नियमानुसार दण्ड मिलना उचित है तो उसका कर्तव्य होगा कि वह इस विषय की सूचना समीप के पुलिस अफसर अथवा मजिस्ट्रेट को दे दे यदि वह ऐसा न करेगा तो भारतीय दण्ड विधि की २०२ धारा के अनुसार दण्डनीय होगा ऐसी सूचना न देने का यदि कोई यथार्थ कारण है तो उसके प्रमाणित करने का भार भी उसी पर होगा।

८. सदाचारी और कुलीन पुरुष हिज़ हाईनेसेज़ गवर्नमेण्ट की स्वीकृति से इस नियमावली की क्रिया से मुक्त किया जा सकता है।

(इ) उदयपुर

उदाहरण 1 : नकल षत अजतरफ करनेल सर हिनरी मंटगमरी लारनस साहेब बहादुर अजंट राजपुताने बनामै राणा लाल सिंघ जी गोगुदेवाले के तारीष १२ अगस्त सन १८५६ ईस्वी मिती सावण सुदि ११ संमत १९१३ का।

अपरंच षत राज का लिषा हुवा मिती सावण वदि २ सां १९१३ का आया जिसमें राज ने ऊषलात के मौमिया के हाथ से गोगुदे के तालुके मे वारदातां व नुकसांण होणे का विगत बार अहवाल लिषाकर वंदोवस्त मोमीया षुमा का व तदारुक वारदातां मजकुर का हमसे चाहा तो अहवाल मुफसल मालुम हुवा लिकन वझे (वजह) ताजुब व ईचरज की बात है के राज अपणे धणी श्री महारांणा साहब से तो फीर रहे हो अर हमारे रामजाणे व हुकम कुं बिलकुल षयाल व अमल मे

नहीं लातो हो अर फेर हमसे ही इस तरे की वारदातां का बंदोबसत व तदारुक चाहते हो राज ईस बात कुं तो याद करो के हमने मिगसर के महीने राज कुं वहोत कहा व समजाया था के राज अपणे मालक श्री दरबांर ऊदेपुर से रजु होयकर ताबेदारी करो व हुकम ऊगबो लिकन राज ने आज तक हमारे कहणे मुजब नहीं मांना तो अब ये ही बात समजो के जव राज हमारे कहणे मुजव अपणे राज से रजु होय जावोगे अर अपणे घणी का हुकम ऊगय लेवोगे तो वाद ऊस के मुजब मुरसते सुणवाई ऐसी वारदातां की राज की होय जायेगी और षुसी का संमाचार लिषोगे[5]

उदाहरण 2 : नकल षरीता अज तरफ करनेल जारज सेंट पात्रक लारनस साहेब बहादुर अंनचारज अेजंसी राजपुताना वनांमे श्री महारांणा साहब बहादुर रईस ऊदेपुर तारीष २८ फरवरी संन १८५७ ईस्वी मिती फागुण सुदी ४ संमत १९१३ का मुं भीलवाड़ा।

अपरंच षरीता आपका लिषा हुवा मिती महासुदि ५ समत १९१३ का वमजमुन खांना करने महेता फुलचंद के वास्ते सरंआम रसद कै ईलाकै राज ऊदेपुर मे महैता मजकुर कै हाथ वसुल हुवा था आज कै लसकर हमारा ईलाकै राज ऊदेपुर कै हद पर पोंचा महेता मजकुर कुं रुषसद दी गई अगरचै महेता मजकुर ने सरंआम रसद का अछी तरे कीया मगर होसयारी और बंदोवस्त हीफाजत मे अलबता गफलत हुई केई वारदात लसकर मे हुई और हमने ये भी सुना के महेता मजकुर ने मुकांम कुवारीये मे चौकीदार अपणे पास ईकठे कीये थे लेकिन हमारे यहां हीफाजत के वास्ते नही भेजे मालुम नही के ऊन चौकीदारां कुं अपणे पास रषाया किसी वकील के पास भेजा अेसी बेपरवाई अर गफलत से लसकर मे इतनी वारदातें हुई कै दोय ऊंठ लसकर से चोरी गये अर तीन चार महाजनां न लसकर का माल चोरी गया अर पोहोकरलाल मुतसदी राज जैंसलमेर के डेरे मे भी चोरी हुई अब ईतला के तौर आपकुं लीषा जाता है कै जो नुकसांन कै ईन वारदातां मैं हुवा है ऊस कै अेबज का अदा करणा अमे राज ऊदेपुर कै होगा फक्त और आपकै मिजाज मुबारक की षुसी समाचार लिषावसी[6]

टिप्पणी : उपर्युक्त प्रलेख सन 1857 ई० में हिन्दी के गहन प्रयोग की ओर इंगित करता है। इतने बड़े-बड़े महत्त्वपूर्ण पत्रादि का धारा प्रवाह हिन्दी में लिखा जाना विशेष रूप से द्रष्टव्य है। प्रलेख में कुछ शब्दों का लिखित रूप उल्लेखनीय है, जैसे :

संमत (सम्वत्)
पोंचा (पहुंचा)
ईकठे (इकट्ठे)
कीये (किए)

अर (और)

अेवज (एवज)

उदाहरण 3 : नकल कैफीयत अज तरफ साहेब क्लां बहादुर वनांमे म्हेता जीलमल हाकम जीहाजपुर ई० ऊदेपुर तारीष १ जौलाई सं १८५७ ईस्वी असाड सुदी १० सं १९१४

अपरंच अरजी रुघवीर सिंघ सुभेदार कंपनी दुसरी कोटे कंटेजंट की छावणी देवली से वमअमुंन सीकायत मर दुमे देहात गीरदन वाह छावणी कै दरबाब लुट लेणै असबाब छावणी और फीसाद कै और नही मदत होणा तुमारी तरफ सै बंदोवस्त मै और तकलीफ होणै षरच की आई ईस वासते लीषा जाता है के तुंम पांच सो रुपये सीके कलदार बहोत जाबते से अपने आदमीयों कै साथ पास सुभेदार मौसुफ के छावणी देवली मै भेज देवो ये रुपया जरे मांमले सीरकार दौलतमदार जंमगी राज मेवाड़ मे गुजरा और मेसुह होगा और वरवषत आवणै फौज वागीयों के जो सुभेदार की मदत तुमारी तरफ सै नही हुई ये बात अछी नही हुई ईस गफलत सो जो कुछ नुकसांण छावणी मजकुरका हुवा है बदला ऊस नुकसांण का तुम सै संमजा जायगा मु: नवे नगर सैलीषी मई

उदाहरण 4 : नकल षत अज तरफ साहब क्लां वन्हांमे ठाकुर प्रताप सिंघ जी बदनौर तारीष मती अेजन अपरंच पहले ईस सै षत राज का मुसर हाजीर और मुसतैद होणै अपने कै वासते मदतकार सिरकार दौलतमदार कै चौधरी कसनदास के हाथ वसुल हुवा था और पंनरे स्वार भी राज के भेजे हुवे आये वाकी अहैवाल ऊपर कै षत मुजब लीषा गया मुं अजमेर सै[7]

उदाहरण 5 : नकल कैफीयत अज तरफ साहब अजंट गबरनर जनरल राजसथांन वनांम कामदार जीहाजपुर तारीष १३ जौलाई संन १८५७ ईसवी मिती सावण वदी ७ / १९१४ का अपरंच लीषतो कपतांन फरबीस साहब बहादुर के से जाहर हुवा कै तुंम ने वावजुद जारी होणै कैफीयत तारीष १ जौलाई कै अज तक पाँच सो रुपया रुघवीर सिंघ सुभेदार कै पास नही भेजे सो ये बात बहोत नामुनासब है अब चाहीये के माफीक कैफीयत पहेली कै रुपया सुभेदार को भेज दैवो और आयंदे हुकम की तामील मै देर नही करणा अगर फेर अेसी हरकत करोगे तो देषो कै तुम्हारे हक मै क्या होगा फकत[8]

उदाहरण 6 : नकल कैफीयत अज तरफ जरनैल साहब बहादुर बनांमै किलेदार चित्तौड़गढ़ ईलाकै ऊदेपुर ता० ११ नवंबर १८५७ ईसवी मिती मिघसर वदी १० / १९१४

अपरंच ईन दिनों में दोय साहब मये चंद सीपाही गोरे और असबाब मेघजीन के छावणी नसीरावाद में छावणी नीमच को जाते हैं ईस्वासते लीषा जाता है कै अगर मरजी साहवान मौसुफ की चितौड़ के किले में रहणे की होय तो तुम

साहबांन ममदुह को मना न करो किले में आणे दो और रहणे दो जब तक मरजी साहबान मौसुफ की होय तुम किले में ऊनको हिफाजत सें रषो थोड़े लीषे को बहोत जांनोगे फकत[9]

यह लीफाफा श्री हजुर ने लीया

टिप्पणी : उपर्युक्त प्रलेख में 'मेघजीन' शब्द अंग्रेजी के magazine शब्द के लिए प्रयुक्त है जिसका अर्थ 'बारूदखाना' है।

उदाहरण 7 : नकल षत अज तरफ साहब क्लां बहादुर बनांम रावत जी भेंसरोड-तारीष १५ फरवरी सन १८५८ ईस्वी फागण सुदी २ / १९१४

अपरंच षत राज का राज कै भले आदमी के साथ आया ऊस्कै पढ़ने सें अहेवाल सब मालुम हुवा फकत राज को लीषणे में आता है के जो कुछ कहणा होय साहब पुलटीकल अजंट बहादुर मेवाड़ सें कहो हम सें परवारामनब हो और ये भी लीषा जाता है के जीस बषत फौज हमारी सिरकार की मुफसदांन फौज कोटे कै तांई सजा तेने को जावै ऊस वषत राज भी अपणी फौज कों तयार रषो अर जीस तरे सें वागीयांन मजकुर कों सजा दे सको मुसतैद होकै दो अर अपणे ईलाके सें नीकलणे मत दो और ऊनकों बहोत हैरांन व तंग करो ईस बात में राज कीसी तरे सें कौताई मत करना और राज के मिजाज की षुसी का समाचार लीषोगे[10]

षत मील गया ता० १७ को

(ई) जयपुर

॥ श्री रान जी ॥

सीघ श्री सरब वोपमां ज्योग्य मेजरजी श्री जानबूरक साहब बहादर जी जोग्य लीषंत हमीर स्यंघ कैन मुजरा बंचजो अठा का स्मांचार भला छै राज का सदा भला चाहजै अप्रंच षैरीता राज का मसअर हाल षेरयत मा जाजवा वासतै लानै जनि मीम साहब कै त्रफ कलकतै क हीस मै आसादीम ही नुकासाण होगा हाथ हमार स्यंघ भलै आदमी हमारै क आया······उस कै सैना हापत षूसी षात्र हमारौं की हुई सौ अब राज साथ मैरुपत के मैम साहवां कु ले कर तसरीफ लायें होंगे सो हमार स्यंघ कु भेजा है दरयाफत हाल जूबानी मसारैन आल हे क राज कुं होगा और हमेसा षरीतै पैरयत मीजा जाम पै कारबार ला पुर्कै ईस ठीकरनै याद और पृस करतै रहोगे मीती चेत सूदी ७ समत १९१८[11]

टिप्पणी : ···का अर्थ अस्पष्ट भाग से है।

(उ) जोधपुर

Extraordinary

The Jodhpur Government Gazette—Published by Authority

उदाहरण 1 : जिल्द ७४ जोधपुर बृहस्पतिवार जून ता. १५ सन् १९३० नम्बर ४२ पृष्ठ १२८२

नोटिफिकेशन

जो कि श्रीजी साहिबों के गवर्नमेण्ट के नोटिस में आया है कि हस्ब जैल अखबार कुछ अर्से से झूठी खबर फैला रहे हैं जिससे श्री जी साहिबों के रयुयत के मुख्तलिफ कौमों में दुश्मनी और नफरत के खयाल पैदा होते हैं। लिहाजा बजरिये हाजा हर खास वो आम के इत्तिला के लिये शाया किया जाता है कि इन अखबारों का जोधपुर रियास्त के हुदूद में जोधपुर गवर्नमेण्ट गजट में यह नोटिफिकेशन शाया होने के दिन से लाने की मनाई की जाती है और हस्ब दफा ९९ ए मारवाड़ जाब्ता फौजदारी एक साल के लिए बन्द (Prescribe) किए जाते हैं :

१. 'हिन्दू' दैनिक हिन्दी अखबार देहली

२. 'कौमी गजट' दैनिकर उर्दू अखबार देहली

३. 'अल अमान' अर्द्ध साप्ताहिक (bi-weekly) उर्दू अखबार देहली।

अगर जोधपुर रियास्त के अन्दर ऊपर लिखे हुये अखबार किसी शख्स के पास मिलेंगे तो उसको कानून के मुताबिक सज़ा दी जावेगी अगर वह उन अखबारों को उसके पास पहुंचने के ४८ घंटों के अन्दर २ इन्सपेक्टर जनरल पुलिस जोधपुर के पास पेश नहीं कर दे[12]

माधोसिंह,
एक्टिंग चीफ मिनिस्टर

उदाहरण 2 : Extraordinary

The Jodhpur Govt. Gazette

जिल्द ७४, जोधपुर बृहस्पतिवार सितम्बर २१, सन १९३९ नम्बर ९९

Notification

Date Jodhpur the 18th September 1939

No. 606 : The following gracious Message. date the 11th September 1939 from His Imperial Majesty the king Emperor received through His Excellency the Vice Roy of India is hereby published for general information.

D. M. Field
LT. COL.
Chief Minister
Government of Jodhpur

English Version

सम्राट का संदेश

इन दिनों में जबकि सम्पूर्ण सभ्यता को खतरा है मुझे यह जानकर अत्यन्त सन्तोष हुआ है कि भारत का पूर्ण सहयोग उस कार्य में हमारे साथ है जिसके लिए हमने हथियार उठाए हैं। मेरे लिए उन अनेक और उदार सहायताओं की भेंट का भी बहुत ज्यादा महत्व है जो कि भारतीय जनता और भारतीय नरेशों की ओर से मुझे प्राप्त हुई हैं। मुझे विश्वास है कि जिस युद्ध में मुझे और मेरी प्रजा को शामिल होना पड़ा है उसमें इस सार्वजनिक खतरे के अवसर पर भारतीय महाद्वीप के प्रत्येक भाग की सहानुभूति तथा सहायता हमारे साथ होगी। ब्रिटेन किसी निजी स्वार्थ के लिए युद्ध नहीं कर रहा है बल्कि उस सिद्धांत को कायम रखने के लिए जो समस्त मानव जाति के भविष्य के लिए बहुत जरूरी है। वह सिद्धान्त यह है कि सभ्य राज्यों का आपस का सम्बन्ध बल द्वारा निर्धारित न होकर तर्क और न्याय द्वारा निर्धारित होवे जिससे सब मनुष्य युद्ध के डर से मुक्त होकर सुख और आनन्द को प्राप्त कर सकें और इनकी प्राप्ति ही मनुष्यमात्र के लिए जन्म-सिद्ध होना चाहिए[13]

उदाहरण 3 : The Jodhpur Government Gazette

Emblem

रणबंका राठौर

Extraordinary

Published by Authority

जिल्द ७५, जोधपुर, मंगलवार, अप्रैल ६, १६४० नम्बर ३८

नं १४७८.........अंग्रेजी में है

ओर्डर

'वेकसों की आवाज' नाम की किताब जो गणेशलाल ब्यास ने लिखी और सर्राफ भंवरलाल ने प्रकाश की, बजरिये हाजा प्रौसक्राइब की जाती है और जोधपुर गवर्नमेन्ट में जब्त की जाती है। कोई शख्स जिसके पास यह किताब पाई जावेगी उसके खिलाफ हस्ब कानून मुकदमा चलाया जावेगा अगर वह इस किताब को इस हुक्म के जोधपुर गवर्नमेन्ट गजट में शाया होने के ४८ घंटों के अन्दर इन्सपेक्टरजनरल पुलिस जोधपुर के सुपुर्द नहीं कर देगा[14]

D. M. FIELD
LT. COL.
Chief Minister
Government of Jodhpur

उदाहरण 4 : जिल्द ७५ जोधपुर रविवार मई २६, १९४० नम्बर ४७

नोटिफिकेशन

नं २०७३ तारीख २५ मई १९४०

वसिलसिले नोटिफिकेशन मेहकमे हाजा नं ५१२/एस, मवर्खा २९ मार्च, १९४०, हर खास ब आम को यह सूचना दी जाती है कि जोधपुर शहर में और उसकी चार दीवारी से पांच मील के दायरे में, सिवाय चीफ मिनिस्टर जोधपुर के पहले से ली हुई इजाजत के तमाम सार्वजनिक (Public) मीटिंगें दफा १४४ मारवाड़ जाब्ता फौजदारी के ताबे दो महीने के लिये फिर से बन्द की जाती हैं[14]

DHARAM NARAIN
for chief Minister
Government of Jodhpur

(ऊ) बीकानेर

1. षरीता बनाम रईस बीकानेर तारीष २८वीं अपरैल १८६३

अपरंच जनाब नव्वाब मोल्ला अलकाब नव्वाब गवरनर जनरल बहादुर हिन्द की आज्ञानुसार आपकी फौज का हाल दरयाफ्त करना कि कितने रिसाले औ पैदल और तोपषाना और पुलिस वाले बन्दी वगैरह की नमी अत आपके पास रहती है जरू है इसलिये लिषने में आता है कि म्हेरबानी की राह से इसकी फ़र्द ब्योरेवार जलदी तैयार करवा कर भेजना फरमाबें । इति[15]

(ए) शाहपुरा

षरीता शाहपुरा के राजा साहिब के नाम १३ जनवरी १८६६ मु० दैवलयाह अजमेर अपरंच कैफ़ियत मुनशी चूनीलाल वकील राज जोधपुर इस खुलासह से मुलाहज़ से गुजरी कि ११ जनवरी सन् हालकू शाहपुरा के मुकान वक्त १ बजे रात के डेरह वकील मौसूफ से मालोअस बाब तक़द और जेबर फर्द अलाहदा के मुताबिक कीमती ७५६।।-) चोरी गया और ४ मीत मिदान राज शाहपुराने मौका वारदात से जो चोरों के खोज रवां किये तो चन्द कदम पर १ बस्ता कागज और १ शतरंजी मालम सरूकै से दसतियाब हुई अब उमेदवार हूं कि बजिंस माल मसरका या कीमत उसकी दिलाना फरमावे इस वास्ते मालम सरूकै की फर्द की नक्ल इस खत के साथ भेज कर राज कू लिखा जाता है कि अहलकारान राजकू वास्ते तलाश करने और पता लगाने मालम सरूका के हुकम फरमावें इति[16]

(ऐ) सिरोही

उदाहरण 1 : २१ अगस्त सन् १८५७ ई० मी० भादवा सुद २ सं १९१४ रा० मु० आबु से षत अज तरफ कपतांन ज्यांन हाल साहेब बहादुर पुलेटीकल सुपरंटडंट बाहादुर राज सीरोही बनांम मुरां रतनचंद कांमदार राज सीरोही के लीषा

अप्रंच हमारी छावंणी जोधपुर लेजीयेन का सीपाही जो के कुंपनी १ जीरावल भेजणे के वास्ते मंगाई थी सो नीचे हंणादरा में मुमाम था और कुछ सीपाही छावंणी हमारी का गारद आबु ऊपर भी था सो बदमास लोक हंरांमषोरी पर षीयाल कर नीचा सुं ऊपर आय नीचली तथा ऊपर के सीपाई सब सेयल होया आज ता० २१ अगस्त सन् १८५७ ई० सुरजनीकल ठोके पेसतर सारा चढकर हमारा बंगला ऊपर स्यासीषडा साहेब बाहादुर बंगला ऊपर आय गोलीयां चलांणी सुरु कीबी ओर हंम लांगांरी तरफ सें भी अछी तरे सैं मुकाबला की आ जीस में कुछ सीपाही बदमास बदले हूबे मे का मारा गआ और जष्मी भी हुवा और सब अछा है

फकत श्री बडा साहेब बाहादुर के बेटा रे साथल में गोली लगी सो अेक घड़ी बाद कहा पीछे सब बदमास लोग नीचे उतर हणांदरे कुं गअे हें : मगर राज की तरफ सें कुछ मदत नं हुई : ईस्वासते तुंम कुं लिषा जाता हे के यहे सब अेहवाल तुरंत श्री दरबार साहेब की षीदमत में मालुंम कर देसी के आपकी तरफ से अगर आबु के···नाकारा बंदोबस्त हो सके तो जमीयतरा आदमी भरोसा वा लामीणां मील रजपुत वगेरे जंमा कर जलदी सुं भेज देणा मुंनासब है : ओर ईस बात की षबर हंमारी छावंणी में तथा अजमेर में श्री बडा साहेब बाहादुर के पास तुरंत सीरोही सें कोई कासीद : तथा सवार बहोत जलदी सुं भेजवा कबी कर दी जो फकत[17]

टिप्पणी : इस पत्र में लिखे गए अक्षरों के रूप अग्रलिखित हैं।

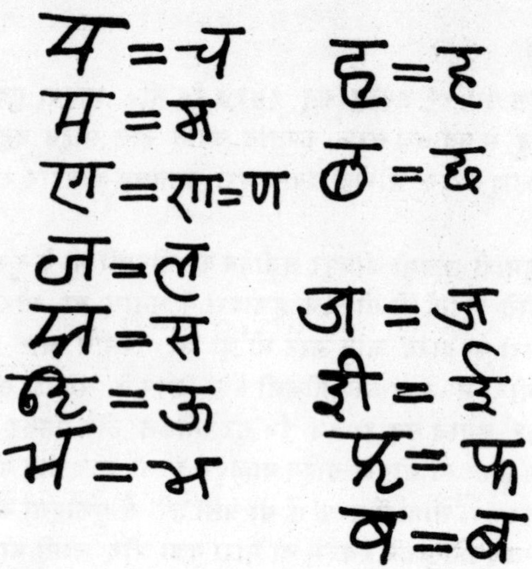

इस पत्र में सारे शब्द एक दूसरे से जोड़कर लिखे गए जिन्हें अलग-अलग करके इस रूप में प्रस्तुत किया गया है।

उदाहरण 2 : श्री सारणेश्वर जी स्त्य छै।

हुकम हुवा के द्र जुवाब ईस्कै षरीता
बनांम महाराज साहेब बाहादुर रईस
सीरोही के लिषा जावै फकता तारीष
१ सीतंबर सन् १८५७ ई मीती

हं० अंग्रेजी

11 स्वस्ति श्री आबु जी सुथांने सरब ओपमा लायक राजे श्री कपतांन ज्यांन हाल साहब बाहादुर ऐतांन श्री सीरोही नगर माहाराव जी श्री सीवसिंघ जी लीषावतां जुहार बांचसी अठारा समाचार श्री सारणेश्वर जीरा परताप सूंकर भला हे राजरा सदा भला चाहीजे सद हित ऐक साल रषि ज्यु ही राषसी। अपरंच सीपाहयां आबु जी ऊार आय बदमासी कीवी और बड़ा साहब बेटा अलगजंदर लारनस साहब बहादुर के गोली लगाइ तथा राजरा बंगला ऊपर गौलीयां चलाइ : जीणरी अठे सुंसा बासुं बड़ी चींता फीकर हुंइ और भादवा सुद ३ दीन ये हर चढतां रे आसरे कंपणी तथा असवार बदमास सीरोही से⋯अलग होयनै आगे छांवणी अेरणपुर निरवांना हुंवा जद अठे सेहर मेजाबतो आछी नहीं थौ अुके पेंहलां सुबबर नेहीं थी ओर असवार बाडगाम अजीटणा साहब ने लेया वास्तै मेल्या

हे अजेस जाब आया नंही जाब आयां सुलेष मे लसां और राजरी षेर आफीयतरी षरीतो देगोदीरा वसी षरीतो आया सुं षुसी होसी और अग लायक कांमकाज होय सो लीषावंसी।[18]

....

संवत १९१४ रा० भादवा सुद ४ ता० २३ अगसत

टिप्पणी : कागज पर जगह-जगह सोने के पानी के ठप्पे से थे।

उदाहरण 3 : ऐद्र जुवाब

नंबर ३०८ का आया ।। श्री सारणेश्वर जी स्त्य छै

हुक्म हुआ कै षरीताहा जादा षलद फतरके है तारीष १४ सितम्बर सने १८५७ ईसवी मीती आसोज बद ११ समत १९१४ रा० मुं०ऽ आबु

स्वस्ति श्री आबु जी सुथानैं सरब

ओपमा लायक राजै श्री कपतांन ज्यांन हाल साहब बाहादुर ऐतान श्री सीरोही नगर माहाराव जी श्री सीवसिंघ जी लीषावतां जुहार बांच सी अठारा संमाचार श्री सारणेश्वर जीरा परताप सुं कर भला है राजरा सदा भला चाहीजे सदा हेत अेकला सराषे ज्युं ही राषसी अपरंच षरीता राजरा भादवा सुद १२ तारीष १ सीतम्बर री लीष्यो अठरा जाब मे आयो जीणमे राज लीषा के हमने भी आपके दोस्ती और मकदुर भर मदत देणे का म्हेवाल अजंट गवरनर जनरल राजपुताना को और लारड गवरनर जंनराल कीलकता वो मुंबोइी के षीदमत मै लीष कर ईतला करवाय दीया है के श्री माहाराव साहब बाहादुर अजरा म्हेरबांनी अर कोसी के मदद दीया अर दैते है फक्त सो राजरी दोसती सु सारी तरां भरौसो है और सीरकार दौलतमदार कंपनी अंगरेज बाहादुर री मदत और म्हेरबांनी ईण ठीकांणा ऊपर नहीं है फेर ऊमैद राषां हां अगरी तरफ सुंघणी षुसी राषसी अठा लायक कामकाज होय सो लीषसी मांरीम कदुर माफक कांम काज मे हाजर रां सोजांणसी सं १९१४ रा आसोज बद ९ संनीसरवार।[19]

टिप्पणी : 1 इस प्रलेख के कागज पर जगह-जगह सोने के पानी के <> प्रकार के ठप्पे थे।

2. प्रलेख में कीलकता (कलकत्ता, जिसका शुद्ध रूप कलिकाता है), मुंबोइी (बम्बई, जिसका शुद्ध रूप मुंबई है), ईतला (इत्तिला), ईणा (इन) आदि ध्यान देने योग्य हैं।

उदाहरण 4 : षरीता बनाम राव जी सिरोही के ता० १८वीं नवम्बर सं० १८६३ ई० अपरंच ड़ीसा की छावनी से सिपाही गौरह आबू कू आते हैं और चार दिन में यहां आ पौछेंगे परंत जो कि यहां केवल ५० मजदूर हैं इसलिये राज कू लिषा जाता है कि तषमीनने १२० मज़दूरों का बन्दोबस्त बहुत जल्द करके मजदूरों को भेज दिरावसी कि हर्ज वा तक्लीफ न होवे इति ।[20]

उदाहरण 5 : षरीता बनाम रईस सिरोही ता० २ दिसम्बर सन १९६३ ई० अपरंच राज का षरीता कातिका सुद ११ सम्बत हाल का लिषा हुवा हमारे १८ नोम्बर के षरीते के जवाब में पोंछा राज ने करना बन्दोबस्त मजदूरान का लिषा पर मालूम हो कि यहां सिरफ़ ८० मज़दूर आये थे सो ऐक बार बोझा उतार कर भाग गये और राज के सवारों वा सिपाहियों ने उनका कुछ ज़ाबता न रषा और अब कूच जलदी होने वाला है और मज़दूरों की बहुत ज़रूरत है क्योंकि बोझ उतारना बहुत बाकी रहा है इसलिये राज कू लिषने में आता है कि क़रीब डेढ़ सो मज़दूरों का बन्दोबस्त करके बहुत जल्द अनादरह को भेज देवें और ऐसा बन्दोबस्त कर देवें कि सापाही या सवार जो उन पर राज की तरफ़ से तईनात हों पहाड़ से नीचे अनादरह को जाते और अनादरह से पहाड़ पर आते हिफ़ाज़त वा चौकसी रषें कि पहले मज़दूरों की तरह उनकी गफ़लत से भाग न जावें और इस काम को राज बहुत ज़रूरी समझें इस वक्त राज की तर्फ का आबू पर या अनादरह में १ मज़दूर भी न्हीं है इससे राज के अहलकारों की साफ़ बेपरवाई पाई जाती है और यह भी मालूम होता है कि राज भी रियासत के कामों के बन्दोबस्त में कुछ तवज्जह नहीं फरमाते हैं बदानिस्त दोस्तदार ऐसी बेपरवाई रषना और रियासत के कामों की तर्फ तवज्जह न करना राज के हक़ में अच्छा न्हीं है और इसी बाबत हमारे हुकम मवाफ़िक मेजर बिलाक साहिब बहादुर मी राज कू लिषेंगे सो जानसी इति ।[21]

सन्दर्भ

1. राजपूताना सर्कारी गजट अजमेर, पृ० 182, राष्ट्रीय अभिलेखागार, नई दिल्ली आह्वानांक 083.544 R-137 Ace No. 996704
2. वही, पृ० 182-183
3. वही, भाग 10, सन् 1880, नम्बर 31
4. राजस्थान राज्य अभिलेखागार, बीकानेर, फाइल सं अल 18/ज दि/1

5. राजपूताना रेज़िडेन्सी हिन्दी खरीता बुक 1856-60, वर्नाक्युलर डिस्पैच रजिस्टर आफ दी कापीज़ आफ हिन्दी खरीताज़ एण्ड मिसलेनियस लेटर्स, नं 557, राष्ट्रीय अभिलेखागार, नई दिल्ली
6. वही
7. वही
8. वही
9. वही
10. वही
11. राष्ट्रीय अभिलेखागार, नई दिल्ली, जयपुर एजेंसी फाइल नं. 2 1861—Kharitas regarding the grant of Jagir & khilat of the value of Rs. 10000/-
12. राजस्थान राज्य अभिलेखागार, बीकानेर, फाइल नं. c/3/8 -- A Vol. I Major Head—Gazette, Sub : Jodhpur Govt. E. O. जी 34-46 Ex.
13. फाइल नं. c/3/8—A Vol. I, राजस्थान राज्य अभिलेखागार, बीकानेर
14. वही
15. राजपूताना रेजिडेन्सी हिन्दी खरीता बुक 1863-64, नं 557
16. वही, बुक 1865-67, नं 868/no.2
17. Western Rajputana States Agency No. I-1857, राष्ट्रीय अभिलेखागार, नई दिल्ली
18. वही
19. वही
20. राजपूताना रेजिडेन्सी हिन्दी खरीता बुक नं 557, राष्ट्रीय अभिलेखागार, नई दिल्ली
21. वही

अध्याय तेरह

स्वातंत्र्य-पूर्व विविध कार्यों में हिंदी का प्रयोग

विविध : विभिन्न रियासतों में सभी प्रकार के सरकारी कामकाज में हिन्दी का प्रयोग बहुलता से मिलता है। कुछ विशिष्ट विभागों में हुए प्रयोग को प्रदर्शित करने के उपरान्त कुछ विविध उदाहरणों को यहां दिया गया है।

(अ) अजमेर

राजपूताना सर्कारी गजट अजमेर

राजपूताने के एजंट गवर्नर जनरल साहब बहादुर की आज्ञा से छपा भाग १० दिन शनी लिखा ७ अगस्त १८८० नं० ३२

उदाहरण 1 : प्रसिद्ध पत्र डाक

फरिसिंदा देसी **मनिआर्डर** को इख्तियार होगा कि नक्शे दर्खास्त के हमराह एक पोस्ट कार्ड मुन्सल कर दे और वो या बंदेजर को हमराह मनिआर्डर के दिया जायगा फरिसिंदे जर को लाजम होगा कि **पोस्टकार्ड** के उस तरफ को कि जिस तरफ लिखना वाजिब है नाम और पते या वंदे जर का लिख दे और उसके पुश्त पर उसको इख्तियार होगा कि जो कुछ हिदायत या इतला अपनी मर्जी के मुताबिक लिखे जो कि उसके या बंदे को खबर पहुंचानी दरकार है।

ई० आर० डगलस

शिमला — कायम मुकाम डिप्टी डाईरेक्टर जनरल

२६ जुलाई सन् ८० — डाकखाने जात हिंद

उदाहरण 2 : भाग १० दिन शनी लिखा २८ सितंबर सन् १८८० नम्बर ३८

प्रसिद्ध पत्र डाक

वतादले मनिआरडरां का दर्मियान हिंद व लंका के १ अक्टोबर सन् १८८० से बंदोवस्त किया गया।

दोयम—शरायत जो मुताल्लिक हिंद की मुल्की मनिआर्डरों की है वो लंका के मनिआर्डरों से मुताल्लिक होंगी।

३. लेकिन फरिंसिदा बजाय पाने एक ऐसी रसीद के कि जिस पर दस्तखत दयाबंदे के हों जैसा कि मुल्की मनीआर्डरों के लिये होता है एक रसीद दस्तखत पोस्ट मास्टर मदरास के पावेगा।

१. मालियत मनिआर्डर की १५०) से जियादा न होगी और न उसमें हिस्से आने का शामिल होगा।

२. वो ही फरिंसिदा एक ही रोज में मनिआर्डर ६००) से जियादा पूरे वसूल करने नहीं पायगा उस दफ्तर के लिये या उसी आदमी के लेने के लिये कि जिसके नाम में मनिआर्डर भेजा गया हो।

३. कमिशन वास्ते मिलने मनिआर्डर के हस्व जेल होगी।

वास्ते उस तैदाद के जो मुवलिग १०) से जियादा न हो=)

वास्ते उस तैदाद के जो १०) से जियादा लेकिन २५) से जियादा न हो।) और वास्ते हरेक जादी मुवलिग २५) या वास्ते हिस्से उसके कि जिसकी तैदाद १५०) से न बढ़े।)

शिमला २ सितम्बर सन् १८८०

फ्रेडरिक आर० हाक
कायम मुकाम डाईरेक्टर जनरल
डाकखाने जात हिंद

(आ) अलवर

(1) Sub : Honours, Titles & Rewards—Rules for the Grant of.

Vernacular

श्री रामो जयति

१. राज्य सेवा सम्बन्धी

(क) १. राजा, २. सामन्त,

(ख) १. राजकुलतिलक
२. राजकुलभूषण

२. समाज सेवा सम्बन्धी

(क) १. लोक रत्न, २. लोक भूषण

(ख) १. प्रजारत्न २. प्रजा भूषण,

(ग) १. राज्य रत्न, २. राज्य भूषण, (ग) १. देश भूषण, २. देशोपकारक
(घ) १. न्याय रत्न, २. न्याय भूषण, (घ) १.सभा रत्न, १. सभा भूषण,
(ङ) १. रणकेसरी, २. रणवीर, (ङ) १. कर्मवीर, २. कर्मशील,

३. विद्या सम्बन्धी ४. धर्म सम्बन्धी,

(क) १. विद्या रत्न, २. विद्या भूषण, (क) १. धर्मदिवाकर, २. धर्मवीर,
(ख) १. पण्डितराज, २. स्मृति भूषण, (ख) १. भक्त शिरोमणि, २. भक्त भूषण,
(ग) १. वैद्यराज, २. पीयूष पाणि, (ग) १. शील रत्नाकर, २. शील भूषण,
(घ) १. कवराज, २. कवि रत्न, (घ) १. दान कल्पद्रुम, २. दानवीर,
(ङ) १. कला रत्न, २. कला कुशल (ङ) १. दयार्णव, २. दयावीर,

उल्लिखित उपाधि वा पदवी के, राज्य सेवा, समाज सेवा, विद्या और धर्म के सम्बन्ध से ४ प्रकार रक्खे गये हैं और उनके विभागों की 'क' आदि अक्षरांकित दो-दो श्रेणी नियत की हैं।

उपाधि प्राप्त का— १. सामान्य नियम—

वह व्यक्ति उपाधि पाने का अधिकारी होगा जो राजभक्ति करने में विख्यात हो, इस गुण का होना अति आवश्यक है, और विद्या, बुद्धि, विवेक, विचार, पराक्रम तथा धर्म आदि गुण जिसमें यथासम्भव हों कि जिनके तारतम्य के अनुसार योग्य व्यक्ति का चुनाव होकर उपाधि प्रदान के अर्थ प्रार्थना की जावे।

2. विशेष नियम

1. राज्य सेवा सम्बन्ध में :...............

(क) जो भूभागाधिपति मन, वचन और कर्म द्वारा राज्य के हिताहितचिन्तक होते हुवे सब प्रकार राजसेवा में तत्पर हों और अधिकार सम्पत्ति विशिष्ट हों।

(ख) जो राज कुटुम्ब के हों और जिनकी योग्यता गुण विशेष आदि से विख्यात हों।

(ग) जिन्होंने राज्य कार्य में विशेष भाग लिया हो और जिनकी सेवा से राज्य को लाभ प्राप्त हुआ हो।

(घ) जो न्यायालय सम्बन्धी व्यवहारों का निर्णय धर्म 'ईमानदारी' के साथ करते रहे हों।

(ङ) जिन्होंने युद्ध सम्बन्ध में कोई वीरता का काम किया हो।

2. समाज सेवा सम्बन्ध में :...............

(क) जिसके सद्‌गुणों तथा सत्कर्मों की ख्याति देश देशान्तर में विस्तृत हो और जिसका जनसमूह आदर करता हो।

(ख) जो प्रजा के कार्यों में सहायता करता हो और जिसके सद्व्यवहार से प्रजा सन्तुष्ट हो।

(ग) जो देश के सुधार के अर्थ सदा सन्नद्ध रहता हो और जिसके उद्योग से देश का उपकार हो।

(घ) जो सभा सम्बन्धी कार्यों में संलग्न रहता हो और जिसके कथन का सर्व साधारण पर अच्छा प्रभाव हो।

(ङ) जो पूर्ण उत्साह के साथ सत्कार्य में तत्पर रहता हो और आरम्भ किये कर्म को समाप्त किये बिना विश्राम न ले।

3. विद्या सम्बन्ध में :.....................

(क) जो विविध विद्याओं में निष्णात तथा व्युत्पन्न हो।

(ख) जो व्याकरण आदि शास्त्रों का ज्ञाता हो और वक्ता हो,

(ग) जो आयुर्वेद शास्त्रज्ञ चिकित्सा और क्रिया में कुशल हो।

(घ) जो साहित्य शास्त्र विज्ञ और काव्य रचना प्रवीण हो।

(ङ) गीत, वाद्य, लेख आदि कलाओं में कुशल हो।

4 धर्म सम्बन्ध में :..................

(क) जो धर्म के मर्म का ज्ञाता और धर्म्य कर्म का अनुष्ठाता हो,

(ख) जो प्रेमपूर्वक स्वामी की सेवा में तत्पर हो।

(ग) जिसका स्वभाव और चरित्र आदर्श रूप तथा निर्मल हो,

(घ) जिसके आगे से याचक विमुख न जाये और जो यथाशक्ति अर्थ वितरण से विख्यात हो।

(ङ) जिसका हृदय पर दुःख पर द्रवीभूत हो जावे और उस दुःख के निवारणार्थ प्रस्तुत हो[1]

८
चन्द्रदत्त : १०—
१८

ह० पृथ्वीसिंह
जोशी आनन्दी लाल शर्मा

(ड) उदयपुर

नकल षरीता अज तरफ साहब कलां बहादुर बनांम रईस ऊदेपुर ता० १३ जोलाई सं १८६० ईस्वी मिती—संमत १९१७ रा०

अपरंच षरीता आपका आया और दरीयाफत सीदत बीमारी में बहोत अफसोस हुवा आपने जो बाबत डाकदर पुरथ साहब बहादुर के लीपा मुजकों बहोत षुसी हुई के ऊनो ने दील सें आपका मालजा करने कों कहा लेकिन वोह छावणी षंरवाडै में वास्तै ईलाज साहबांन आलीसान के मुकरर है ज्यादा गैरहाजरी ऊनकी नहीं हो सकती लेकिन अगर आपकों रपना डाकदर साहब बहादुर का मंजुर है तो

मैं सदर को लीष सकता हुं के बजाय डाकदर पुरथ साहब बहादुर के कोई दुसरे डाकदर साहब छावनी षेरवाड़े में आ जावें और डाकदर पुरथ साहब अरसे तक के तबीयत आप दुरस्त होय आपकी षीदमत में रहेंगे ईस्के जवाब सैं ईतला जलद फुरमावें और आपके मिजाज की षुसी लीषावसी[2]

(ई) जयपुर

Registered No. N 98

The Jaipur Gazette
EXTRA ORDINARY
Pub. by Auth.
Vol. XLIX 8th August 1930 No. 4501

इश्तिहार

महक्मे सायरात राज सवाई जयपुर मजरये ता० ४ अगस्त सन् १९३० चूंकि ठेका म्हसूल राहदारी परगना कोट क़ासिम बाबत सम्बत् १९८७ दिया जावेगा इसलिये हर ख़ास व आम को इत्तला दी जाती है कि जिस किसी को ठेका मज़कूर लेना मन्जूर हो अपना-अपना टेन्डर लीफ़ाफे में म्होर बन्द करके ता० २० अगस्त सन् १९३० तक म्हकमे सायरात राज सवाई जययुर में पेश करे[3]

बी० जी० भट्टाचर्य्या
सुपरिन्टेन्डेन्ट सायरात जयपुर

(उ) जोधपुर

उदाहरण 1 : The Marwar Gazette June 23, 1907, Page 309

अज मेहकमें इनसपेकर जनरल पुलीस राज मारवाड़ वाके ता० ३-६-०७

सरकुलर नम्बर २५८

देखा गया है के जब वरदी पेहनी जाती है उसके नीचे खानगी कुरता वगेरा बीलकुल नहीं पेहना जाता जीससे वरदी जलदी खराब हो जाती है : लीहाजा जुमले मुलाजेमान पुलीस को बजरीये मारवाड़ गजट ईतला दी जावे कै जब कोई मुलाजीम अपनी वरदी पेहने उस वक्त वरदी के कोट या कुरते के नीचे अपना खानगी छोटा-सा कुरता जरूर पेहना करे : ताके वरदी का कुरता या कोट जल्दी खराब न हो जावे[4]

फार ईनसपेक्टर जनरल
पुलीस

टिप्पणी : उपर्युक्त सरकुलर केवल हिन्दी में ही प्रकाशित हुआ।

काबिल जमानत मगर नाकाबिल राजीनामा होंगे और तरीका तलाशी गिरफ्तारी तफतीश वगैरा जाब्ता फौजदारी के मुवाफिक होगा—और सिर्फ मजिस्ट्रेट दर्जा अव्वल ही इस सरक्यूलर के मुकद्दमात समाअत करने का मजाज होगा—अपील माफिक जाब्ता फौजदारी होगा और हर एक गांव के चौकीदार पटेल या आराजी के मालिक या दखील या मालिक दखील के कारिंदे या हर एक मुलाजिम राजा का फर्ज होगा कि जरयम सरक्यूलर हाराकी इत्तला फौरन पास के थाने पुलिस या निजामत में पहुंचाएं।

नोट : मजहब से मुराद फिरका नहीं है मसलन अगर कोई सनातनधर्मी आर्य्यसमाजी बनना चाहे या कोई आर्य्यसमाजी सनातनधर्मी बनना चाहे या कोई शिया सुन्नी वगैरा एक फिर्के वाला अपनी कौम के किसी दूसरे फिर्के में शामिल होना चाहे तो उस पर यह सरक्यूलर हावी न होगा।

दफा-८ : इस सरक्यूर की खिलाफ दर्जी करने वाला ३ साल तक कैद सख्त और १००० रुपया तक जुर्माने की सजा का मुस्तोजिन होगा[5]

ता० ८ मई, सन् १९२५ द०—महाराव उमेदसिंह कोटाधिपति

(ऊ) झालावाड़

झालावाड़ स्टेट गजट

चिह्न

मजरिये बहुक्म झालावाड़ गवर्नमेंट

जिल्द १ मुकाम झालरापाटन बुधवार तारीख १ माह

जून सन् १९३२ ई० (नम्बर १)

His Highness Gracious message

English Version

श्री महाराज बहादुर दाम ईक़बाल हुम व मुल्कहुम का परिवरिशाना पैगाम।

हुजूर ईजानिब को अपनी ख़्वाहिश के पूरा होने से निहायत खुशी है कि झालावाड़ स्टेट गजट की पहिली कापी छप गई रियासती गजट मामूली अखबार से बहुत ज्यादा वक़्त के क़ाबिल है क्योंकि यह उन जराये में से एक है जो रियाया के तरक्की पहुंचाने के वसीले होते हैं हुजूर इंजानिब उम्मीद करते हैं और साथ-साथ दुवा मांगते हैं कि रियासत हाजा का गजट हमेशा तरक्की करे। और झालावाड़ के बनाने में तामीरी हिस्सा ले सके जिसके बनाने के लिए हम सबने ठान ली है ताकि हुजूर इंजानिब की प्यारी रिआया की तरक्की व बहबूदी हो सके[6]

राजेन्द्र सिंह

(ए) प्रतापगढ़

आक्टूबर सन १८६२ ईस्वी

स्वस्ति श्री पण्डित आपा जी जोग्य

जनरल जार्ज सेंट पेटरिक श्री लारेंस	राज प्रतापगढ़
साहिब बहादुर लिषतं सलाभ बंचसी	के
अपरंच जो सुनार अंगरेजी असबाब	अहलकार

बनाता है उसके पास इन दिनों में दा बीज़ का
नमूना यहां से भेजा गया है बज़रये इस षत के तुम्हारे पास
प्होंचेगा सो श्री राजा साहिब से कहवाकर जल्द उससे बनवाकर
भिजासी और कामकाज लिषावसी
तारीष १० अक्टूबर १८६२ ई०[7]

(ऐ) बांसवाड़ा

उदाहरण 1 : गजट सरकार राज्य बांसवाड़ा

तारीख़ २५ अक्टोबर सन् १९२८ ई० मिती आश्विन शुक्ल २ सोमवार संवत् १९८५

प्रथम विभाग—एहकामात राज्य श्री महकमा खास श्री दरबार राज्य बांसवाड़ा

राज्यश्री महकमा खास श्रीदरबार राज्य बांसवाड़ा

नोटिफिकेशन नं० ४ ता० १०-१०-१९२८ ई०

बमुजिब हुक्म श्रीमान् श्रीजी हुजूर दाम इकबालहू नं० २ ता० ९-१०-१९२८ ई० बाबू अजीत कुमार बेनरजी ता० ८-१०-१९२८ ई० से बओहदे हेडमास्टर किंग जार्ज दी फिफ्थ स्कूल रियासत बांसवाड़ा मुकर्रर किये गये हैं।

Nand Lal Banerji
फोर—दीवान बांसवाड़ा

उदाहरण 2 : राज्ये श्री महकमा खास श्री दरबार राज्य बांसवाड़ा

नोटिफिकेशन नं० ६ ता० १३-१०-१९२८ ई०

हर खास व आम को इत्तला के लिये प्रकाशित किया जाता है कि हल्का दानपुर की पंचायत के चुनाव के लिये वोट लेने की ता० १६-१०-२८ मुकर्रर की गई है और वोट लेने के लिये मुन्शी रामचरनलालजी चीफ रेवेन्यू आफिसर व पंडित कमलाशंकर जी इंचार्ज सुप्रिन्टेन्डन्ट कोर्ट आफ वार्डज मुकर्रर किये गये हैं। फकत[8]

....

Nand Lal Banerji
फोर—दीवान बांसवाड़ा

(ओ) बीकानेर

उदाहरण 1 : ख़रीता बनाम महाराज बीकानेर

अपरंच वासते बनाने रेल अर्थात लोहे की सड़क के बीच राजपूताना और सेंटरल इंड्या के चन्द मुद्दत से चरचा हो रहा है ओर इसलिऐ नवाब गवरनर जनरल साहिब बहादुर कुमर्जी रईसों राजस्थान की बाबत नीचे लिखे हुऐ शरतों के दरयाफ्त किया चाहते हैं—जो फायदह रेल के जारी करने से हासिल होता है अब हिन्दुस्तान भर में मशहूर है कि जिससे पैदायश ऐक रियासत वहां भेजी जाती है जहां वह गिरा है और बऐवज़ उसके व हमाल आता है जो उस दरियास्त में अरज़ां मिले ताकि दोनूं तर्फ का फ़ायदा मुतसविर हो यह सब बातें आपकू ज़ाहिर होंगी इस वासते तफ़सील की कुछ हाजित न्हीं अब हमारी सरकार सब रईसों पर रोशन करते हैं कि जिस रईस कूं जो शरतें, नीचे लिखी हुई मनजूर न्हीं तो भरोसा न्हीं है कि उस रियासत में रेलगाड़ी जावे—अगरचह शायद बाज़े इलाके कू महसूल राहदारी छोड़ने से फिलहाल नुक़सान होगा लेकिन थोड़े अरसह में इतनी ज़ियादा आजादी होगी कि उस नुकसान से ज़ियादा वसूल हो जायगा—अगर आप तशरीह हासिल सायर की लिखेंगे कि किस-किस चौकी पर क्या-२ वसूल होता है और किस-२ रस्तह पर ज़ियादह तिज़ारत होती है तो वास्ते मुकर्रर करने सिमत रेल के बहुत मदद होगी—

१. ज़मीन २०० फुट चौड़ी वासते रेल के बेकीमत रियासत से मिले और जो कुछ नुकसान मालिक ज़मीन वा घर वा और बागीचों वग़रह कू आवद होगा उसकी तजवीज़ रियासत के जिम्मह हैं जिसे सरकार ने अपनी रईयत का नुकसान अपने ज़िम्मह लिया है

२. यह ज़मीन २०० फुट चौड़ी बिलकुल सरकार को सौंप दी जायगी लेकिन रईस उसका हक़दार रहेगा।

३. जो कुछ असबाब रेल में रसतह पर से जावेगा उसका महसूल न लगेगा लेकिन जो रेल से किसी इलाके में उतरेगा या चढ़ेगा उसका महसूल मवाफ़िक़ सरिशतह के लेना बअखतियार रईस होगा या बमूजिब किसी शरह के जो पीछे से तेजवीज़ हो सकती है।[9]

टिप्पणी : यह ख़रीता इस दृष्टि से अत्यंत महत्त्वपूर्ण है कि 'रेल' को इसमें 'लोहे की सड़क' अर्थात् 'लोह पथ' कहा गया है। 'रेलवे ट्रेन' का हिन्दी पर्याय 'लोहपथ गामिनी' नामक किसी शब्द का उल्लेख करके कुछ व्यक्ति समय-असमय हिन्दी का उपहास करने का यत्न करते रहे हैं। किन्तु ऐसा लगता हैं कि यह शब्द अच्छा ही रहता।

उदाहरण 2 : ख़रीता बनाम महाराजा बीकानेर ता० २६ मे १८६६

अपरंच प्रगट हो कि वास्ते इकट्ठा करने अद्भूत और अनोखी वस्तु सनसार के और भांति-२ की अपूर्व चीजों देश प्रदेश की ओर वासते प्रगट करने कारीगरी बड़े-२ बुद्धिमानों कारीगरों के फ्रांस देश की राजधानी पेरिस नगर में १ तमाशागाह तरतीब दिया गया है और प्रयोजन यह है कि देश प्रदेश के कारीगरों और हुनरमन्दों की कारीगरी और योग्यता प्रसिद्धि हो और हर ऐक काम में वृद्धि होवे इसलिये महाप्रतापी सरकार दौलत मदार अंगरेजी से वासते आगाही और इत्तला खासो अवाम के इस मतलब से कि सब जगह की अद्भुत और अपूर्व अनोखी-२ वस्तुवें वहां भेजी जावें सब जगह लिखावट हुई है जोकि इस हाल से आपकू भी इत्तला करना वाजिब है इसलिये लिखने में आता है कि आपकी ।रयासत जो कुछ अजायबात और बस्तरा हथ्यार और ओजार वगैरह की क़िस्म से और दूसरी अजीज और अनोखी चीजों जो रियासत के कारीगरों और बुद्धिमानों ने जाहिर की हो वासते भेजने पूर्वोक्त नुमायशमाह के भेजना फरमावे कि हुनरमन्दो वा कारीगरों की नाम आवरी आपकी रियासत की कारीगरी और हुनरमन्दी की वृद्धि का कारण हैं इति[10]

टिप्पणी : सन् 1866 ई० के इस खरीते में भाषा का बहुत प्रांजल तथा सुन्दर रूप दृष्टिगोचर होता है। यह पत्र अंतर्राष्ट्रीय मेले के सम्बन्ध में है। इसलिए बहुत ही महत्त्वपूर्ण दस्तावेज है।

(औ) सिरोही

नकल षरीता जब तरफ साहब कलां बहादुर बनाम रईस सीरोही ता० १९ सीतंबर सं० १८६० ईस्वंबी मिती—आसोज सुद ५-१९१७ का

अपरंच ईन दीनो में के षबर बहसत की भरी हुई कुंवर जी के देवलोक होणे की माफक लीषणे मेंजर हाल साहेब बहादुर सुपरंडंट सीरोही के मालुम हुवा ईस से नीहायत अफसोस हुवा के अभी ऊन का बषत षुसी और अेस का था और जवानी में येह हादसा नागुजीर हुवा जो के ईस बात में कीसी का अषतीआर नहीं और सीवाये सबर के ईस दरद का कोई ईलाज न्ही हो सकता येकीन है के राज दाना हैं सबर फरमावेंगे ईस अमर में भी जी का अषतीआर है फकत[11]

टिप्पणी : खरीते का हस्तलेख बड़ा ही खराब था। इसे पढ़ने में अत्यंत कठिनाई हुई।

अेस=ऐश, बषत=वक़्त

(अं) भरतपुर

कैफियत मर्दुम शुमारी
भरतपुर

सेवा में चार्ज सुपरिन्टन्डेन्ट साहब

हस्ब वरूद चिट्ठी अंगरेजी प्राविंश्यल सुप० सा० नम्बरी ५६३-५८७
ऐफ ४८

ता० २४-१-१९२१ आपको इत्तला दी जाती है कि जांगीदा कौम के लोग जो अपने आपको जांगीदा बतलावे तो उनकी कामकाज मर्दुम शुमारी में जात जागीदा ही लिषी जावे[12]

Sd. Census Superintendent 28.1.21

सन्दर्भ

1. फ़ाइल सं 5885 फ़ाम, 1919, बस्ता नं 5, फाइल नं 39 वर्नाक्युलर ब्रांच-फाइनेन्स-एच० एच० गवर्नमेण्ट आफिसेज अलवर, राजस्थान राज्य अभिलेखागार, बीकानेर
2. Rajputana Residency Hindi Kharita book 1856-60, No. 557, राष्ट्रीय अभिलेखागार, नई दिल्ली
3. राजस्थान राज्य अभिलेखागार, बीकानेर, फाइल सं ज-30 / ज-दि / 1
4. वही, फाइल सं० जो--06, 07, 08/1
5. वही, फाइल सं० सी / 5 / 3, जिल्द 1
6. झालावाड़ स्टेट गजट फाइल, सन् 1932 राजस्थान राज्य अभिलेखागार, बीकानेर
7. वर्नाक्युलर डिस्पैंच रजिस्टर आफ दी कापीज़ आफ दी हिन्दी खरीताज़ एण्ड मिसलेनियस लेटर्स 1862-63, राजपूताना रेजिडेन्सी नं० 533, पृ० 51, राष्ट्रीय अभिलेखागार, नई दिल्ली
8. फाइल सं० बां 28-29 / जू-जू / 1, राजस्थान राज्य अभिलेखागार, बीकानेर

9. राजपूताना रेजिडेन्सी हिन्दी खरीता बुक 1865-67 नं० 868, प० 55-57, राष्ट्रीय अभिलेखागार, नई दिल्ली
10. वही, भाग 2, पृ० 32-33
11. वही, बुक—1856-60
12. Census office Bharatpur, English record File no. 2598 Sub : Determination of Castes. Jangida & Dhusar & Co. Comumncing 1.6.1921, पृ० नं० 18, राजस्थान राज्य अभिलेखागार, बीकानेर

अध्याय चौदह

स्वातंत्र्य से संविधान तक (सन् 1947-50)
प्रशासन में हिन्दी

15 अगस्त, सन् 1947 ई० के प्रथम स्वतंत्रता दिवस के उपरान्त 26 जनवरी, 1950 ई० से भारत का संविधान लागू हो गया।

इस अध्याय में तिथि क्रम एवं कालक्रम में शासन में हिन्दी के प्रयोग उदाहरण दिए गए हैं :

उदाहरण 1 : श्री जैसलमेर राजपत्र

गैर मामूली

जैसलमेर गुरुवार ता० १४ अगस्त सन् १९४७

रोबकार महकमा आलिया श्री खास श्री दरबार

जैसलमेर वाके १४ अगस्त सन् १९४७ ईस्वी

खा० ३२०१

भारतीय डोमिनियन के स्थापित होने पर श्री जी हुजूर साहब बहादुर दाम इकबालहू ने कृपा फरमाकर हुकम फरमाया है कि तारीख १५ व १६ अगस्त सन् १९४७ ईस्वी को रियासत भर में आम छुट्टियें मनाई जावे, और इस खुशी के अवसर को मुनासिब तौर पर मनाया जावे[1]

B. N. ZUTSHI

दीवान रियासत जैसलमेर

उदाहरण 2 : मेवाड़ धारा सभा निर्वाचन विभाग

मेवाड़ की प्रजा से निर्वाचन कार्याध्यक्ष की अपील

श्री प्रमेश्वरांजी महाराज की कृपा से श्रीमान जी महाराणा साहब ने इस वर्ष प्रताप जयन्ती के ऐतिहासिक अवसर पर जो महत्वपूर्ण घोषणा फरमाई उससे आप पूर्ण परिचित हो गये हैं उसके अनुसार मेवाड़ के लिये नया शासन विधान

बनाया गया है जिससे राज्य शासन में प्रजा को सच्चा सहयोग प्राप्त हो सके और उसके द्वारा भविष्य में प्रजा को अधिक उत्तरदायित्व पूर्ण अधिकार मिलें।

इस घोषणा के अनुसार प्रजा के चुने हुवे मेम्बरों की एक धारा सभा बनाई जायगी जो मेवाड़ के लिये कानून बनाने का काम करेगी। इस धारा सभा के सदस्य चुनने के लिए आम चुनाव होंगे और प्रत्येक मेवाड़ के २१ वर्ष या उससे ऊपर उमर के नागरिक को मत देने का अधिकार होगा।

चुनाव के काम के लिये मेवाड़ गवर्नमेन्ट द्वारा निर्वाचन विभाग 'इलेक्शन डिपार्टमेन्ट' कायम किया गया है जो इस काम को दो भागों में बांट कर करेगा।

१. निर्वाचकों की अर्थात जिन लोगों को मत देने का अधिकार है उनकी सूची तैयार की जायगी। इस काम के लिये मेवाड़ की आबादी के भौगोलिक आधार पर मंडल निर्वाचन क्षेत्र, उप-निर्वाचन क्षेत्र बनाये गये हैं और प्रत्येक पर अधिकारी नियुक्त किये गये हैं। सब एरिया आफिसर यानि उप क्षेत्र अधिकारी घर २ गांव २ जाकर हाउस रजिस्टर की खानापुरी करेंगे वे साथ ही निर्वाचकों (वोटर) की सूची भी तैयार करेंगे। यह प्रारंभिक काम सही व थोड़े समय में करना है और इसका काम जारी है। उप क्षेत्र के अधिकारी अपने उप क्षेत्र में पहुंच चुके हैं और हाउस रजिस्टर भरना भी आरंभ कर दिया है। किन्तु यह काम केवल उपक्षेत्र के अधिकारी का ही नहीं है बल्कि मेवाड़ के नागरिक होने के नाते आपका हमारा भी यह कर्तव्य है कि इस काम में पूरा २ सहयोग देवें। आपके सहायोग पर इस काम की सफलता निर्भर है बहुत से अधिकारी अपने उपक्षेत्र के गांवों से परिचित नहीं हैं जिससे संभव है उनकी काम करने में कठिनता हो किन्तु मुझे आशा ही नहीं पूर्ण विश्वास है कि आप अपनी जानकारी का लाभ उस अधिकारी वर्ग को देने की कृपा करेंगे। जिससे निर्वाचकों की सूची में कोई भूल न रहे।

इस जगह यह उचित होगा कि वोट देने का अधिकार किस को है यह स्पष्ट कर दिया जाया। वोट देने का अधिकार उस व्यक्ति (पुरुष या स्त्री) को है जो

(क) २१ वर्ष या उससे ऊपर की आयु का है।

(ख) श्री जी की रिआया है।

(ग) इस साल में कम से कम कुल मिलाकर १८० दिन से उस मंडल का निवासी है।

ऊपर लिखी हुई बातें होने पर भी नीचे लिखी सूरतों में वोट देने का अधिकार नहीं रहता।

(अ) पागल होने पर।

(आ) दिवालिया होने पर जिसने कर्जदारों का तस्फिया कर डिस्चार्ज प्राप्त नहीं किया हो।

(इ) चुनाव के सिलसिले में अपराध करने पर।

(ई) पांच साल के अन्दर २ छः माह से ज्यादा ऐसे अपराध में सजा पाने पर जिससे नैतिक पतन हो।

२. निर्वाचकों की सूची तैयार हो जाने बाद दूसरा काम वोट लेने का है। आप लोगों को जिनको वोट देने का अधिकार है यह समझ लेना चाहिए कि आपके वोट से धारा सभा के सदस्यों का चुनाव होगा और इन सदस्यों में से कुछ मन्त्री पद ग्रहण कर शासन की बागडोर अपने हाथ में लेंगे इससे आप पर यह बड़ी भारी जिम्मेवारी है कि आप अपने अधिकार का सदुपयोग करें। यदि आप बुद्धिमान, योग्य, त्यागी, और सेवा-भावी व्यक्ति को नहीं चुनेंगे तो इसका दोष आप पर ही रहेगा। प्रत्यक्ष सार्वजनिक चुनाव का मेवाड़ में ही नहीं वरन् राजपूताना में भी यह नवीन अनुभव है। इसलिए आपको पूरा अहतियात वर्तना तथा बुद्धिमता से काम लेना चाहिए आपका एक २ वोट काफी मूल्यवान है, उस पर मेवाड़ का भविष्य निर्भर है। इसलिए आपको अपनी कामना के अनुसार यह निश्चय कर वोट देना चाहिए कि आपके चुने हुवे व्यक्ति में सेवा करने की अटूट लगन, शक्ति और योग्यता है। इसमें त्रुटि न हो क्योंकि इस त्रुटि का प्रभाव आप पर ही नहीं सारे वर्तमान मेवाड़ व उसकी भावी सन्तान पर पड़ेगा।

अन्त में मैं आपसे यह निवेदन करूंगा कि आपका कर्तव्य निर्वाचन की प्रारंभिक कारंवाई में सहयोग देने व अपने मत देने में विवेक से काम लेने का है[2]

ता० २०-११-४७ निवेदक···············

राव साहब यमुनालाल दशोरा

निर्वाचन कार्याध्यक्ष, मेवाड़ धारा सभा।

उदाहरण 3 : सज्जन कीर्ति सुधाकर

कला ६६ मयूख १७ पौष कृष्णा ६-१० सोमवार संवत् २००४ ता. ५ जनवरी सन् १६४८ ई०

अज रजिस्ट्रार ग्राम पंचायत रूरल एवं डेवलेपमेन्ट आफिसर

नं० २२४०

तारीख २१-१२-४७ ई०

इस वर्ष रूरल एण्ड सरक्यूलेटिंग लाइब्रेरीज विभाग द्वारा सार्वजनिक (पब्लिक) पुस्तकालयों को इमदाद दी जावेगी जिसके लिये खालसे की सार्वजनिक पुस्तकालय जो सहायता लेना चाहे इस विज्ञप्ति द्वारा सूचना दी जाती है कि वे ३१ जनवरी सन् १६४८ ई० तक अपने प्रार्थना-पत्र दफ्तर हाजा में पेश कर देवें। प्रार्थना-पत्रों में निम्न हालात दर्ज होना अनिवार्य है।

(१) पुस्तकालय रजिस्टर्ड है या नहीं (२) पुस्तकालय कब से चल रहा है

(३) माहवारी औसत हाजरी वाचनालय में कितना है (४) माहवारी पुस्तक वितरण की औसत कितनी है, (५) सालाना आय व खर्च क्या हैं।

नोट : २५०) ढाई सौ रुपया सालाना से कम आयवाली पुस्तकालयों के प्रार्थना-पत्रों पर विचार नहीं किया जावेगा इसलिये उन्हें प्रार्थना-पत्र पेश नहीं करने चाहिये[3]

हरिसिंह जाट
रजिस्ट्रार ग्राम पंचामत एवं
रूरल डेवलेपमेंट आफिसर

सज्जन कीर्ति सुधाकर

श्रीमान महाराजाधिराज श्री महाराणा जी धीर वीर की आज्ञानुसार बाबू धर्मेन्द्र शिवहरे बी. ए. एल. एल. वी. साहित्य महोपाध्याय के प्रबन्ध से श्री सज्जन मन्त्रालय उदयपुर में मुद्रित हुआ।

....

उदाहरण 4 : सज्जन कीर्ति सुधाकर

कला ६९ मयूख १७ — ५ जनवरी सन् १९४८ ई०

Department of Agriculture Mewar Government
Udaipur

Weather and Crop reports (Mewar State)
Weekly Report from 22-12-47 to 28-12-47)
English Version

मौसिम प्राय: साफ रहा सिर्फ अन्तिम दो दिनों में कुछ बादल हुए और ठण्डी हवा भी चली। ता० २४ को सबसे कम ताप-क्रम ३८^0 डिगरी रहा। गये सप्ताह में पाले से कपास की फसल को काफ़ी नुकसान पहुंचा। देशी कपास की सिर्फ एक चुनाई हो चुकी थी लेकिन अमेरिकन कपास में कुछ देर में तड़कने के कारण ज्यादा नुकसान हुआ। चनों में फूल आने शुरू हो गये हैं और किसान लोग कपास की चुनाई व पाणत में मशगूल हैं[4]

S. C. Talesara
Agriculture Officer
Mewar Govt.

....

Supplementary to the Mewar Gazette
deted the 5 th January 1947.

उदाहरण 5 : प्रतापगढ़ स्टेट गेझेट

वार्षिक मूल्य । ॥ संवत् २००४ ॥ इस अंक का मूल्य
३ रुपया, १ रुपया चार आना
....

वर्ष १४ दिसम्बर सन् १९४७ अंक ८
Vol. 14 Partabgarh (Rajputana)
December, 1947 No. 8

आज्ञा रा० महकमे खास ता० २-१२-४७ ई०,
नं० १५५५,

मि० चांदमलजी बगेरिया एम० ए० की नियुक्ती इन्सपेक्टर आफ स्कूलस् व विलेज अपलिफ्ट आफिसर के स्थान पर की जाती है । इनको मासिक वेतन के रुपया ७० भत्ते के रुपया १५ तथा सवारी एलाउन्स के रुपया १५ एवम् कुल रुपया १०० रुपया मासिक मिलते रहेंगे इनका हेडक्वार्टर चूपना में रहेगा और एक मास में न्यूनतम बीस दिवस इन्हें अपने हेडक्वार्टर तथा सर्कल में निवास करनां आवश्यक है । इनके अधीन एक चपरासी भी रहेगा । उपरोक्त कथित काल के परियंत यह यदि अपने सर्कल में न रहेंगे तो भत्ते की रकम में बजात की जायगी । एग्रिकलचरल, ग्राम पंचायत व रूरल अपलिफ्ट आदि कार्यों के हेतु माली कार्यालय तथा पाठशाला विषयक कार्य के लिये ये विद्या विभाग के अधीन रहेंगे और इनके मासिक वेतन का बिल माल विभाग द्वारा हिसाबी कार्यालय में प्रेषित किया जाएगा । रूरल अपलिफ्ट के कार्य के अतिरिक्त इनका यह भी आवश्यक कर्तव्य होगा कि यह जंगलात, पुलिस, माल कस्टम्स और एक्साइज आदि २ विषयक ग्रामिणों की जो २ असुविधाएं और कठिनाइयां होंगी उन्हें निशेष करवाने में वकील के सामान उनकी सहायता करना तथा उनके हित स्वयम् संबंधित अधिकारियों के समक्ष उपस्थित हो उनका निकाल किं बहुना निर्णय करवाना होगा और यदि उचित जान पड़े तो रा० महकमे खास में तत्संबंधी आवेदन-निवेदन भी कर सकेंगे[5]

Manaklal
Offg. Dewan

माहे दिसम्बर, आज्ञा रा० महकमे खास ता० २६-१२-४७,

उदाहरण 6 : सज्जन कीर्ति सुधाकर

जिसमें मेवाड़ गजट भी संयुक्त है

कला ६९ मयूख 17 पौष कृष्णा ९-१० सोमवार
Vol. LXIX No. १७ संवत् २००४ ता० ५ जनवरी सन् १९४८ ई०

Part III

अज महकमह माल

नं० ६३५३ ता० २७-१२-४७ ई०

डिप्टी कलेक्टर साहब खमनोर लक्ष्मीनारायण जी की ता० ६-१-४८ से पन्द्रह योम की रुखसत इस्तहकाकिया व ता० ५-१-४८ की तातील अवेल करने और पिछला काम सीनियर क्लर्क से लेने की मंजूरी दी गई है[6]

मदनलाल राठी
रैवेन्यू कमिश्नर

अवेल = avail

उदाहरण 7 : नोटिस :.........हुक्म नं० २३२७ राजेश्री महकमे खास, ता० ७-१-४८,

....

हर खास व आम को मुत्तिला किया जाता है कि किसी किस्म का टेक्स चराई ठिकानेदारान और जागीरदारान को वसूल करने का कोई हक्क हासिल नहीं है। सिर्फ सरकार को ही इस टैक्स के वसूल करने का हक्क है।[7]

ता० १२-१-४८,

Salekhu Ram
Forest Officer

उदाहरण ८ : सज्जन कीर्ति सुधाकर

Extra Ordinary

कला ६६ मयूख २१ माघ कृष्णा ६ शनिवार संवत् २००४ ता० ३१ जनवरी सन् १६४८ ई०

Government of Mewar

Notification

No. 29 Cr of 1948 Dated Udaipur the 31 th January 48

English Version

॥ विज्ञप्ति ॥

श्रीमान श्री जी हुजूर तथा उनकी सरकार महात्मा गान्धी की कायरतापूर्ण हत्या पर हार्दिक शोक प्रकट करती है। महात्माजी भारत ही के बड़े नेता नहीं थे अपितु इस युग के संसार के सर्वश्रेष्ठ पुरुष थे। उनकी मृत्यु से भारत का एक ऐसा नेता उठ गया जिसकी वर्तमान संकटमय समय में हमको परमावश्यकता थी। उनके निधन ने हमारी ऐसी हानि की है जिसकी पूर्ति नहीं हो सकती।

उनकी मृत्यु के उपलक्ष में शोककाल में झण्डे अर्द्ध निम्न रखे जायेंगे और अखिल मेवाड़ में आज ३१ जनवरी को सब कार्यालय और संस्थाएं बन्द रहेंगी[8]

एस. वी. राममूर्ति
प्राइम मिनिस्टर
मेवाड़ गवर्नमेन्ट

टिप्पणी : उपर्युक्त विज्ञप्ति को काले हाशिए में निकाला गया।

उदाहरण 9 : सज्जन कीर्ति सुधाकर

जिसमें मेवाड़ गजट भी संयुक्त है।

Emb.

Extraordinary

कला ६९ मयूख ३२ए फाल्गुन शुक्ला ४ रविवार संवत् २००४ ता. १४ मार्च सन् १९४८ ई०

English Version

श्रीमान श्री जी हजूर दाम इकबालहू की
ता० १४ मार्च सन् १९४८ ई० की

घोषणा

हमने अपने जन्मोत्सव के अवसर पर यह घोषणा की थी कि जून में धारा सभा का चुनाव समाप्त होने पर उत्तरदायी मिनिस्टरों की कौंसिल स्थापित होने के पूर्व ही कौंसिल फिर से व्यवस्थित की जायगी। हमने प्रजा के भिन्न २ वर्गों से परामर्श किया और हम कौंसिल को इस प्रकार फिर से व्यवस्थित करने को प्रस्तुत हैं कि छः मन्त्रियों में से तीन मन्त्री प्रजा मण्डल की अनुमति से लिये जांय। दीवान कौंसिल का सभापति हो, और कार्य्यवाही संचालन के नियम इस प्रकार परिवर्तित किये जांय कि जिससे मंत्रियों के उत्तरदायित्व की वृद्धि हो। प्रजा मण्डल ने अभी तक कौंमिल में उनकी प्रस्तावित संख्या स्वीकार नहीं की है और प्रजा मण्डल को प्रस्तावित संख्या में और वृद्धि करने का प्रजा के अन्य वर्ग घोर विरोध करते हैं।

हमें विश्वास है कि सुमति से कार्य लिया जायगा और शीघ्र ही सर्वमान्य व्यवस्था सम्भव हो सकेगी[9]

उदाहरण 10 : कला १ मयूख २ ता० ३० अप्रैल सन् १९४८ ई०

संयुक्त राजस्थान राज्य-पत्रिका

सूचना उदयपुर तारीख २८ अप्रैल सन् १९४८ ई०

....

संख्या ३ : चूंकि संयुक्त राज्य राजस्थान के कतिपय राज्यों के नरेशों ने एक कोवेनेन्ट (जिसका कि आगे चलकर कोवेनेन्ट के नाम से उल्लेख किया गया है) जिससे कोवेनेन्ट करने वाले राज्यों ने संयुक्त राजस्थान के नाम से एक राज्य में अपने प्रदेश सम्मिलित करना स्वीकार किया है, और

चूंकि कोवेनेन्ट की कलम (आर्टिकल ६ के पेरेग्राफ (१) के अनुसार झालावाड़ राज्य के नरेश ने अप्रैल सन् १६४८ के २८वें दिन को अपने राज्य का शासन संयुक्त राजस्थान के राज प्रमुख के सिपुर्द कर दिया है……

इसलिए अब संयुक्त राजस्थान के शासन सम्बन्धी आर्डिनेन्स (सन् १६४८ का आर्डिनेन्स नम्बर (१) की धारा २ की उपधारा (१) के अनुसार इसके द्वारा उक्त झालावाड़ राज्य के अफसर, अधिकारियों और प्रजाजन की ओर अन्य सब संबंधित व्यक्तियों की जानकारी के लिये यह सूचित किया जाता है कि :

१. उक्त झालावाड़ राज्य नरेश ने सन् १६४८ के अप्रैल महीने के २८वें रोज अपने राज्य का शासन संयुक्त राजस्थान के राज प्रमुख के सिपुर्द कर दिया है।

२. कोवेनेन्ट की कलम (आर्टिकल) नम्बर ६ के पेरेग्राफ (१) के खंड (ए), (बी), और (सी) में जो लिखा है।

उसके माफिक—(क) उक्त राज्य के नरेश के सब हक, अधिकार और इख्तियारात जो उक्त राज्य के शासन से संबंधित या आनुषंगिक हैं संयुक्त राजस्थान की सरकार में निहित हो चुके हैं और अब से वे उसी तरह प्रयोग में लाने के योग्य होंगे कि कोवेनेन्ट में या उसके अनुसार निर्माण किये जाने वाले विधान में प्रबंध किया जाय,

(ख) उक्त राज्य के शासन से संबंधित या आनुषंगिक उक्त राज्य के नरेश के सर्व कर्तव्य तथा फरायज संयुक्त राजस्थान को प्राप्त हुए हैं और उसके द्वारा अदा किये जायेंगे, और

(ग) उक्त राज्य की तमाम पूंजी 'सम्पत्ति' और जिम्मेदारी संयुक्त राजस्थान की हो चुकी है।

३. कोवेनेन्ट की कलम (आर्टिकल) ७ के अनुसार उस राज्य के फौजी दल संयुक्त राज्य के फौजी दल हो चुके हैं[10]

बहुक्म—बी० महता स्पेशल आफिसर
संयुक्त राजस्थान।

उदाहरण 11 : संयुक्त राजस्थान राज-पत्र

United State of Rajasthan Gazette

कला १ मयूख ११ ज्येष्ठ कृष्णा २ सोमवार संवत् २००४ ता. २४ मई सन् १६४८ ई.

भाग १

राज आज्ञायें, सूचनायें आदि

ऑर्डर

उदयपुर ता. ११ मई सन् १६४८ ई.

संख्या ५४६

संयुक्त राजस्थान के सब ही महकमों को आदेश दिया जाता है कि प्रत्येक व्यक्ति के नाम के आगे 'श्री' लगाया जावे और शब्द 'आप' प्रयोग में लाया जावे[11]

एल. एन. रावत

फोर चीफ सेक्रेटरी

टिप्पणी : 1. यह केवल हिन्दी में प्रकाशित हुआ।

2. इसी राजपत्र में सूचना प्रकाशित हुई कि सज्जन कीर्ति सुधाकर 1 मई संयुक्त राजस्थान राज-पत्र में सम्मिलित हो गया।

उदाहरण 12 : श्री जैसलमेर राजपत्र

गैर मामूली

जैसलमेर, रविवार ता. ११ जुलाई सन् १६४८

ऑफीस आर्डर

सेक्रेटरी रिजीनल कमिश्नर राजपूताना आबू ने अपनी चिट्ठी नं० ८८-पी / ४८ तारीख २८-६-४८ में लिखा है कि शरणार्थी जो अपना असबाब पाकिस्तान में छोड़कर आये हैं उनको क्लैम फार्म भरने की असुविधावों को मिटाने के लिये यह तय हुआ है कि वह लोग अपने फार्म भर कर डाकखाने के जरिये भेज सकते हैं। इसलिये इत्तिला दी जाती है कि :

१. शरणार्थी जो असबाब पाकिस्तान में छोड़ कर आये हैं उनका फार्म भर कर डाक के जरिये फॉरिन आफीस जैसलमेर में भेजें। ये फार्म अर्जी देने पर पोस्ट द्वारा भी मिल सकते हैं।

२. अब यह जरूरी नहीं है कि क्लैम फार्म किसी ओहदेदार आफीसर से तसदीक किया हुवा हो। सिर्फ उसके दूसरे सफे पर दो गवाहों के दस्तखत होना काफ़ी है। तारीष ११-७-१६४८ ई०[12]

ONKAR SINGH

दीवान, जैसलमेर स्टेट

टिप्पणी : उपर्युक्त प्रलेखों का सामान्य दृष्टि से अध्ययन भी हिन्दी भाषा के परिमार्जित प्रयोग की स्पष्ट प्रगति प्रदर्शित करता है।

सन्दर्भ

1. राजस्थान राज्य अभिलेखागार, बीकानेर फाइल सं० जे 46-49 /ज-मा/ 1
2. वही, फाइल सं. 48 / ज-मा / 1
3. वही
4. वही
5. राजस्थान राज्य अभिलेखागार, बीकानेर प्रतापगढ़ रियासत 1907 से महक्मा-माल, शर्णार्थि की फाइल, 1949,2004,
6. वही, फाइल सं. स 48 / ज-मा / 1
7. वही, फाइल सं. शर्णार्थि की फाइल 2004, प्रतापगढ़ रियासत 1907 से 1949 महक्मा-माल
8. वही, फाइल सं. 48 / ज-मा / 1
9. वही
10. वही, बूं 48 / जू-जू / 1
11. वही
12. वही, फाइल सं. जे 48-49 / ज-मा / 1

अध्याय पन्द्रह

संविधानोपरांत प्रशासन में हिन्दी

26 जनवरी 1950 से स्वतंत्र भारत सर्वप्रभुता सम्पन्न गणतंत्र बना और इसका संविधान लागू हो गया। 14 फरवरी 1950 को संख्या एफ 3 (11)/50 से राजप्रमुख ने राजस्थान के उच्च न्यायालय की कार्यवाही में संविधान के अनुच्छेद 348 की धारा (2) के अंतर्गत हिंदी के प्रयोग का प्रावधान किया[1]

सन् 1952 ई० में अजमेर आफिशियल लैंग्वेज ऐक्ट 1952 (अधिनियम संख्या 4, सन् 1952 ई०) पारित किया गया।[2] इसके द्वारा हिन्दी को राजभाषा के रूप में अपनाने की व्यवस्था की गई। दूसरी ओर राजस्थान में भी 1952 ई० में ही राजस्थान आफिशियल लैंग्वेज ऐक्ट, 1952 (अधिनियम संख्या 27 सन् 1952 ई०) पारित किया गया। इसके द्वारा हिन्दी को विधायन की भाषा घोषित किया गया।[3] यह अधिनियम तुरन्त प्रचलित न होकर उस दिनांक से प्रचलित होना था जो राज्य सरकार द्वारा विज्ञापि हो। तदनुसार राजस्थान सरकार के सामान्य प्रशासन विभाग की दिनांक 27 जनवरी सन् 1954 की विज्ञप्ति संख्या एफ 2(151) जी ए/51 द्वारा यह अधिनियम 26 जनवरी सन् 1954 ई० से ही प्रचलित कर दिया गया। इस प्रकार राजस्थान में विधायन की भाषा हिन्दी हो गई।[4] राजस्थान राजभाषा (संशोधन) अध्यादेश 1954 ई० (अध्यादेश संख्या 2 सन् 1954 ई०) द्वारा केवल उन विधेयकों के अंग्रेजी में होने की छूट ले ली गई जो उक्त अधिनियम के प्रचलित होने के पश्चात् प्रथम सत्र में पुरः स्थापित हुए हों।[5]

सन् 1956 ई० में राजस्थान ऑफिशियल लैंग्वेज ऐक्ट, 1956 (अधिनियम संख्या 42 सन् 1956 ई०) पारित किया गया जो 31 दिसम्बर सन् 1956 ई० से प्रचलित हुआ। इसके द्वारा अजमेर तथा राजस्थान दोनों के सन् 1952 ई० के भाषा संबंधी अधिनियमों को निरस्त करके नई व्यवस्था की गई।[6]

राजस्थान राजभाषा अधिनियम (संख्या 27 सन् 1952 ई०) के अधीन हिन्दी के प्रयोग का एक आदेश दिया गया जिसमें जनता के नाम प्रचलित होने

वाले पत्रादि को हिन्दी भाषा तथा देवनागरी लिपि में लिखने का आदेश दिया गया।[7] तदुपरांत सन् 1956 के राजस्थान राज्य भाषा विधेयक (विधेयक सन् 1957, क्रमांक 47) के अधीन अनेक आदेश प्रसारित किए जाने लगे। कुछ आदेशों की प्रतियां दी गई हैं जिनसे हिन्दी के क्रमिक प्रयोग का और हिन्दीकरण की विधि की जानकारी मिलती है।

उदाहरण 1 : सामान्य प्रशासन (ख) विभाग

आज्ञा

जयपुर, दिनांक 13 अक्टूबर, 1959

विषय : राष्ट्रभाषा हिन्दी को देवनागरी लिपि में समस्त राजकीय कार्यालयों में यथाशीघ्र प्रयोग में लाने के संबंध में।

क्रमांक नं० क० (8) सा० प्र० (ख) / 58 : राज्य का संपूर्ण काम-काज राष्ट्रभाषा हिन्दी में यथाशीघ्र चालू करने में जो कठिनाइयां हों, उनका परीक्षण कर निराकरण करने एवं अन्य उपयोगी सुझाव देने के लिये राज्य शासन ने जो हिन्दी समिति बनाई थी उसकी सिफारिशों को स्वीकार कर राज्य शासन निम्न-लिखित आदेश प्रदान करता है तथा समस्त अधिकारीगणों से अनुरोध करता है कि वे इन आदेशों को अपने अधीन समस्त विभागों में कार्यान्वित एवं अनुपालन किए जाने की व्यवस्था करें :

1. अफसरों एवं कर्मचारियों को हिन्दी का व्यावहारिक ज्ञान कराने के लिये जिलों में कुछ समय के लिए प्रशिक्षण कक्षाएं चालू किए जाने के अनुक्रम में समस्त आयु की एक ऐसी तालिका उन समस्त कर्मचारियों की जिन्हें हिन्दी का व्यावहारिक ज्ञान कराने के लिए प्रशिक्षित किया जाना है तैयार कर सामान्य प्रशासन (ख) विभाग को 25 अक्टूबर, 1959 तक भिजवाये जाने की व्यवस्था करें। इस तालिका में निम्न प्रकार के कर्मचारियों को सम्मिलित नहीं किया जाना है :

1. ऐसे कर्मचारी जो इस समय हिन्दी में काम कर रहे हैं चाहे उन्हें हिन्दी का ज्ञान मैट्रिक स्तर का न हो।

इसके अतिरिक्त एक ऐसी तालिका भी तैयार कर अलग से भेजेंगे जिसमें निम्न प्रकार के कर्मचारियों की जानकारी दी जाए :

1. ऐसे कर्मचारियों जिनकी आयु 50 वर्ष से अधिक है और जिन्हें हिन्दी का सम्यक् ज्ञान है।

2. ऐसे कर्मचारी जिनकी आयु 50 वर्ष से अधिक है और जिन्हें हिन्दी का सम्यक् ज्ञान नहीं है।

2. (क) अहिन्दी भाषी कर्मचारी एवं अफसर दिनांक 31-12-60 तक मैट्रिक कक्षा के स्तर की हिन्दी परीक्षा पास करेंगे और ऐसा कर लेने पर उन्हें एक वेतन-वृद्धि (एडवान्स इन्क्रीमेंट) दी जायेगी और ऐसा न करने पर उनकी आयन्दा तरक्की (नारमल ग्रेड इन्क्रीमेंट) परीक्षा पास करने तक रुकी रहेगी।

दिनांक 31-12-60 को प्रत्येक राजपत्रित (गजेटेड) एवं अराजपत्रित (नान गजेटेड) कर्मचारी अपने-अपने विभागीय अध्यक्षों से प्रमाणित करवा कर एक ऐसा प्रमाण-पत्र प्रस्तुत करेंगे कि उनको मैट्रिक कक्षा के स्तर का हिन्दी का ज्ञान है। असाधारण कारणों से कुछ गैर हिन्दी भाषा-भाषी अफसर एवं कर्मचारी यदि दिनांक 31-12-60 तक हिन्दी न सीख पाएंगे तो उनकी तरक्की (नारमल इन्क्रीमेंट) न रोकने की आज्ञा सरकार दे सकती है।

2. (ख) सरकारी नियुक्तियों में हिन्दी की मान्य परीक्षाओं को भी (मैट्रिक व बी० ए० जैसी योग्यताओं के समान) नियुक्ति के लिये मान्य माना जायगा।

समस्त नवीन कर्मचारियों के लिये चतुर्थ श्रेणी कर्मचारियों को छोड़कर हिन्दी का ज्ञान होना जरूरी होगा। नियुक्ति के बाद परिविधि काल (प्रोबेशन पीरियड) के भीतर हिन्दी में मैट्रिक कक्षा के स्तर की परीक्षा प्रत्येक कर्मचारी को पास करना अनिवार्य होगा ऐसा न करने पर उसे नौकरी से अलग किया जा सकता है।

यह आदेश डैपुटेशन पर आये हुए अफसरों व कर्मचारियों पर तथा आई० ए० एस०, आई० पी० एस० कैडर के अफसरों पर उनकी सेवाओं की शर्तें भिन्न होने के कारण लागू नहीं होंगे। किन्तु डैपुटेशन पर आये हुए आई० ए० एस० व आई० पी० एस० के अफसरों को छोड़कर इन सेवाओं के अफसर जो राजस्थान कैडर पर हैं उन्हें विभागीय परीक्षा के साथ-साथ हिन्दी की जानकारी के लिए हिन्दी में एक प्रश्न पत्र में उत्तीर्ण होना अनिवार्य होगा।

3. नए व पुराने कर्मचारीगण जिन्होंने यदि मैट्रिक स्टैन्डर्ड की परीक्षा के समकक्ष कोई हिन्दी परीक्षा अब भी पास कर रखी हो तो उनके पद एवं वेतन-वृद्धियां नहीं रोकी जायें।

4. (क) 31-12-60 तक अहिन्दी भाषी प्रान्तों के अंग्रेजी शीघ्र लेखकों को हिन्दी शीघ्र लेखन एवं मुद्रण में परीक्षा पास कर लेने पर दो अग्रिम वेतन वृद्धियां दी जायं।

(ख) 31-12-60 तक अहिन्दी भाषी प्रान्तों के मुद्रलेखकों को हिन्दी मुद्रलेखन की परीक्षा पास कर लेने पर एक वेतन वृद्धि दी जाय।

(ग) 31-12-60 तक हिन्दी भाषी प्रान्तों के शीघ्रलेखकों को हिन्दी शीघ्रलेखन एवं मुद्रलेखन की एवं मुद्रलेखकों को हिन्दी मुद्रलेखन की परीक्षा पास करने पर एक अग्रिम वेतन वृद्धि (एडवान्स इन्क्रीमेंट) दी जाय।

(हिन्दी भाषी प्रान्तरा जस्थान, उत्तर प्रदेश, मध्य प्रदेश, बिहार तथा हिमाचल प्रदेश माने गए हैं।)

5. भविष्य में जितने अंग्रेजी शीघ्रलेखक नियुक्त किए जायं उन्हें हिन्दी शीघ्रलेखन एवं मुद्रलेखन तथा जितने अंग्रेजी मुद्रलेखक नियुक्त किये जायें उन्हें हिन्दी मुद्रलेखन जानना जरूरी होगा।

6. सभी विभागों में आवश्यकतानुसार हिन्दी मुद्रण यंत्र उपलब्ध किए जाने की व्यवस्था सामान्य प्रशासन (ख) विभाग द्वारा शीघ्रातिशीघ्र कर दी जायगी।

7. भारत सरकार एवं उत्तर प्रदेश सरकार द्वारा तैयारी की गई प्रशासन शब्दावलियां तथा उत्तर प्रदेश में प्रचलित मार्गदर्शिका प्रचुर संख्या में प्राप्त कर सामान्य प्रशासन (ख) विभाग द्वारा सभी विभागों में उनकी आवश्यकतानुसार उपलब्ध कर दी जायेंगी। सभी विभाग अपनी-अपनी आवश्यकता सामान्य प्रशासन (ख) विभाग को तत्काल भेज दें। सामान्य प्रशासन (ख) विभाग उत्तर प्रदेश में प्रचलित मार्गदर्शिका की अनुपूर्ति के लिए एक और अनुपूरक मार्गदर्शिका तैयार करवाने की कार्यवाही कर रहा है।

8. (क) भविष्य में सचिवालय तथा विभागीय अध्यक्षों के स्तर से परिपत्र, विज्ञप्तियां, आज्ञा, विज्ञापन, संशोधन एवं शुद्धि-पत्र यथा संभव हिन्दी में ही प्रसारित किया जाय। यदि कोई पत्र भारत सरकार व अन्य राज्यों से अंग्रेजी में हा प्राप्त हो तो उसकी प्रतियां बिना अनुवाद किए अर्थात अंग्रेजी में ही भेज दी जायें किन्तु उनका उत्तर यथासंभव हिन्दी में ही आना चाहिए। कार्य के लिए अलग से अनुवाद कर्त्ताओं की नियुक्ति की आवश्यकता है।

(ख) समस्त विभागों में फाइलों में टिप्पणी (नोटिंग) हिन्दी में ही लिखी जाय।

9. भविष्य में राज्य, कोई विभाग किसी गैर सरकारी (व्यक्ति) को इस राज्य में अंग्रेजी में पत्र नहीं लिखेगा। अंग्रेजी का पत्र केवल उसी दशा में लिखा जायेगा जबकि कोई पत्र कानूनी ढंग का होना आवश्यक होगा।

10. जिस आदेश का पालन ब्लाक स्तर के नीचे के अफसरों व कर्मचारियों द्वारा करना होगा वे सब आदेश ब्लाक स्तर के नीचे हिन्दी में ही जायेंगे।

11. अन्य राज्यों से, जहां तक हो सके, पत्र व्यवहार हिन्दी में करने के लिए ठहराव की व्यवस्था सामान्य प्रशासन (ख) विभाग द्वारा शीघ्रातिशीघ्र की जानी है।

12. सचिवालय में योजना विभाग, अर्थ विभाग जिसका संबंध भारत सरकार व महालेखापाल से अधिक रहता है एवं इसी प्रकार विभाग की अनुसंधान संबंधी शाखाओं में व उन शाखाओं में जहां प्राविधिक प्रकार (टैक्नीकल नेचर) का काम होता है उस समय तक अंग्रेज़ी में ही काम करना पड़ेगा जब तक कि

उनमें हिन्दी का प्रयोग आरंभ न हो जाय।

13. हाईकोर्ट के फैसले अंग्रेजी में लिखे जाने को छोड़कर राजस्व मण्डल के फैसले एवं हाईकोर्ट तथा राजस्व मण्डल के नीचे के न्यायालयों में हिन्दी में फैसले लिखे जायें।

14. राज्य के समस्त विभागों में 1960 के वित्तीय वर्ष के आरंभ से (दिनांक 1-4-60 से) संपूर्ण कामकाज हिन्दी में किया जाय।

ह० बी० मेहता
मुख्य सचिव

उदाहरण 2 : विधि एवं न्याय (ख) विभाग

विज्ञप्ति

जयपुर, दिनांक 11 जुलाई, 1960

संख्या डी० 840 / एफ० 21-ई (9) / एल० जे० बी० / 58 : कोड आफ सिविल प्रोसीजर, 1908 (5 सन् 1908) की धारा 137 की उप-धारायें (1) तथा (2) द्वारा प्रदत्त शक्तियों का प्रयोग करते हुए राज्य सरकार एतद् द्वारा घोषणा करती है कि :

(क) हाईकोर्ट के अधीनस्थ समस्त न्यायालयों की भाषा हिन्दी होगी, तथा

(ख) उक्त समस्त न्यायालयों में कार्यवाही तथा उनके समक्ष प्रस्तुत किये जाने वाले आवेदन-पत्र जिस लिपि में लिखे जायें वह देवनागरी लिपि होगी।

राज्यपाल की आज्ञा से
दीवानचंद्र शर्मा
शासन सचिव

....

उदाहरण 3 : न्याय विभाग

विज्ञप्ति

जयपुर, दिनांक 5 सितम्बर, 1961

संख्या एफ० 21-ई (9) एल० जे० बी० / 58 : इस विषय की इसी संख्या, दिनांक 11 जुलाई, 1960 की विज्ञप्ति के आंशिक रूपान्तरण में तथा क्रिमिनल प्रोसीजर कोड, 1898 (संख्या 5, सन् 1898) की धारा 558 द्वारा प्रदत्त शक्तियों के प्रयोग में, राज्य सरकार एतद्द्वारा निर्देश देती है कि उक्त कोड के प्रयोजनों के लिये, उच्चन्यायालय के सिवाय, राज्य सरकार द्वारा प्रशासित क्षेत्रों के भीतर स्थित समस्त न्यायालयों की भाषा देवनागरी लिपि में लिखित हिन्दी होगी।

परन्तु सैशन्स जज, एडिशनल सैशन्स जज और एसिस्टेंट सैशन्स जज अंग्रेजी में निर्णय लिख सकेंगे।

राज्यपाल की आज्ञा से
ह० डी० सी० शर्मा
शासन सचिव

....

उदाहरण 4 : न्याय विभाग

विज्ञप्ति

जयपुर, दिनांक 5 सितम्बर, 1961

संख्या एफ० 21-ई (9) एल० जे० बी०/58 : इस विभाग की इसी संख्या, दिनांक 11 जुलाई 1960 की विज्ञप्ति के आंशिक रूपान्तरण में तथा कोड आफ दि सिविल प्रोसीजर, 1908 (संख्या 5, सन् 1908) की धारा 137 की उप-धारा (1) और (2) द्वारा प्रदत्त शक्तियों के प्रयोग में, राज्य सरकार एतद् द्वारा घोषित करती है कि :

(क) उच्च न्यायालय के सभी अधीनस्थ न्यायालयों की भाषा हिन्दी होगी, और

(ख) ऐसे सभी न्यायालयों को प्रस्तुत किये जाने वाले आवेदन-पत्र और उक्त न्यायालयों में की जाने वाली कार्यवाही देवनागरी लिपि में लिखी जायेगी।

परन्तु डिस्ट्रिक्ट जज एवं सिविल जज अंग्रेजी में निर्णय लिख सकेंगे।

राज्यपाल की आज्ञा से
डी० सी० शर्मा
शासन सचिव

उदाहरण 5 : **मंत्रि-मण्डल का आदेश क्रमांक 37 / 65**

गणतंत्र दिवस 1965 से राजस्थान का राजकाज हिन्दी में करने के विषय में मुख्यमंत्री की आज्ञा से मंत्रिमण्डल में विचार हुआ और निर्णय हुआ कि 26 जनवरी 1965 से राजकाज अधिकाधिक रूप से हिन्दी में किया जाय और तीन वर्ष के अन्दर अंग्रेजी से हिन्दी का प्रत्यावर्तन संपूर्ण कर लिया जावे।

ह० बी० मेहता,
25-1-65

....

उदाहरण 6 : राजस्थान शासन

सामान्य प्रशासन (ख) विभाग

परिपत्र

क्रमांक नं० 7 (क-8) (ख) / 63 जयपुर, दिनांक 23 जनवरी, 1965

विषय : 26 जनवरी, 1965 से राजस्थान विधान मण्डल एवं उसकी समितियों को प्रस्तुत किये जाने वाले सभी मामलों में राष्ट्रभाषा हिन्दी का प्रयोग—

भारत के संविधान की धारा 210 के अन्तर्गत राजस्थान राज्य शासन द्वारा यह निर्णय लिया गया है कि राजस्थान विधान मण्डल एवं उसकी समस्त समितियों को प्रस्तुत किए जाने वाले सभी मामलों में, दिनांक 26 जनवरी, 1965 से राष्ट्र-भाषा हिन्दी का ही प्रयोग किया जावेगा। अत: समस्त विभागाध्यक्ष एवं अन्य अधिकारीगण द्वारा राजस्थान विधान मण्डल एवं उसकी समितियों को प्रस्तुत किये जाने वाले सभी मामले देवनागरी लिपि में लिखित हिन्दी भाषा में प्रस्तुत किये जायेंगे और इसके लिए शासन द्वारा सचिवालय में स्थित विधि विभाग के अन्तर्गत एक अलग से अनुवाद शाखा स्थापित की जा चुकी है जहां राजस्थान विधान मण्डल एवं उसकी समितियों को प्रस्तुत किये जाने वाले सभी विषयों का हिन्दी अनुवाद कराये जाने की सुविधा प्रदान कर दी गई है।

ह० आनन्दी लाल रूंगटा
उप शासन सचिव

उदाहरण 7 : राजस्थान सरकार

हिन्दी विभाग

क्रमांक 1 (12) हि० वि० / 65 जयपुर, दिनांक 20 फरवरी 65

आज्ञा

राज-काज में हिन्दी के प्रयोग को बढ़ाने की दृष्टि से शासन का आदेश है कि भविष्य में :

1. हर प्रकार के वेतन और भत्ता बिल तथा उनके संबंध में होनेवाले पत्र व्यवहार और टिप्पणी,

2. सब प्रकार के अवकाश के आवेदन-पत्र और उनके संबंध में होनेवाले पत्र-व्यवहार, और टिप्पणी,

3. अमला (ऐस्टब्लिश्मेण्ट) संबंधी तमाम आवेदन-पत्र, टिप्पणी और पत्र-व्यवहार, जिसमें तत्सम्बन्धी अपीलें, निगरानी तथा पत्र-व्यवहार भी शामिल हैं। हिन्दी भाषा में ही लिखे जावें।

ह० (विष्णुदत्त शर्मा)

उदाहरण 8 :

राजस्थान सरकार

भाषा विभाग

परिपत्र

क्रमांक 1 (81) भा० वि०/65/1124 दिनांक 24 नवम्बर, 1965

राज्य सरकार ने हिन्दीकरण के संबंध में जो निश्चय किया है उसके अनुपालन में यह आवश्यक है कि प्रत्येक शासकीय विभाग में रजिस्टरों, फार्मों आदि के जो प्रारूप स्वीकृत हैं, वे सब हिन्दी में और आगे से पेशानियां हिन्दी में ही मुद्रित कराई जाएं। ऐसा बताया गया है कि कई विभाग अब भी इस ओर ध्यान नहीं दे रहे हैं और अपने रजिस्टरों, फार्मों आदि को अंग्रेजी में छपने के लिए भेजते हैं। यह उचित नहीं है और मुद्रण एवं स्टेशनरी विभाग के निदेशक से कहा जा रहा है कि वे आगे से अंग्रेजी में किसी भी विभाग के रजिस्टर व फार्म आदि मुद्रित न करें जब तक कि ऐसे मुद्रण कार्य अंग्रेजी में करने की विशेष अनुमति भाषा विभाग से प्राप्त न कर ली गयी हो। भाषा विभाग अपवादस्वरूप ऐसी अनुमति अभी थोड़े समय देता रहेगा। परन्तु अपेक्षा यह की जाती है कि शासकीय कार्यालयों के रजिस्टर व फार्म आदि अब अनिवार्य रूप से हिन्दी में तैयार कराये जाएंगे और उपर्युक्त अपवाद की आवश्यकता बहुत कम पड़ेगी।

प्रत्येक विभागाध्यक्ष अपने विभाग के काम में आने वाले रजिस्टर व फार्मों आदि की पेशानियों का हिन्दी अनुवाद हिन्दी में विशेष रुचि रखने वाले अपने अधीनस्थ अधिकारियों अथवा कर्मचारियों से करवा सकते हैं। उचित यह होगा कि यह अनुवाद निदेशक, भाषा विभाग से अनुमोदित करवा लिये जाएं ताकि इनमें एकरूपता रखी जा सके।

यह आवश्यक है कि इन आदेशों का कड़ाई से पालन किया जाए।

इस आदेश की प्राप्ति की सूचना भी कृपया भिजवायी जाए।

ह० विष्णुदत्त शर्मा

शासन सचिव

क्रमांक सं० 1(81)भा० वि०/65/11242-11395 दिनांक 24 नवम्बर, 65

....

उदाहरण 9 :

राजस्थान सरकार

भाषा विभाग

क्रमांक भा 1 (1) भा० वि०/66/5156 जयपुर, दिनांक 31 अगस्त, 1966

आज्ञा

राज्य शासन की हिन्दीकरण की नीति के अनुसरण में यह निश्चय किया गया है कि समस्त राजकीय व्यवहार में, और हर तरह के राजकीय कागज-पत्रों पर, संबंधित अधिकारी अथवा कर्मचारी के हस्ताक्षर केवल मात्र देवनागरी में लिखित

हिन्दी भाषा में किये जाने चाहिए। यह निश्चय उन कागजों-पत्रों एवं आन्तरिक व्यवहार में प्रयुक्त टिप्पणी पर भी लागू होगा जो किसी कारण अंग्रेजी अथवा किसी दूसरी भाषा में लिखे जायेंगे।

विधि, न्याय, वित्त एवं बैंकिंग विषयों से संबंधित जिन कागज-पत्रों पर प्रमाणित हस्ताक्षर करने की आवश्यकता होती है, उनके लिए संबंधित अधिकारियों को अपने हस्ताक्षर हिन्दी में प्रमाणित करा लेने चाहिए।

यह निश्चय तत्काल लागू किया जा रहा है।

15 सितम्बर 1966 के बाद सरकारी कर्मचारियों एवं अधिकारियों के हिन्दी के अतिरिक्त किसी अन्य भाषा में किये गये हस्ताक्षर राज्य सरकार की ओर से प्रमाणित नहीं माने जावेंगे।

ह० विष्णुदत्त शर्मा
शासन सचिव

क्रमांक 1 (1) भा० वि०/66/5157-456 जयपुर, दिनांक 31 अगस्त, 1966

....

उदाहरण 10 : राजस्थान सरकार

भाषा विभाग

क्रमांक 1 (1)भा० वि०/66/5035 जयपुर, दिनांक 1 सितम्बर 1967

आज्ञा

विषय : प्रशासनिक आदेशों के हिन्दी में अनिवार्यतः प्रसारित किये जाने के संबंध में।

शासन की हिन्दीकरण की नीति के अनुक्रम में समय-समय पर ये आदेश प्रसारित हुए हैं कि सचिवालय तथा विभागाध्यक्षों के स्तर से समस्त प्रशासनिक आदेश, परिपत्र, विज्ञप्तियां आदि देवनागरी में लिखित हिन्दी में होंगे। किन्तु राज्य शासन के ध्यान में लाया गया है कि उक्त आदेशों का अनुपालन पूर्णतः नहीं हो पा रहा है और अब भी सचिवालय तथा विभागाध्यक्षों के स्तर से ऐसे प्रशानिक आदेश अंग्रजी में जारी कर दिये जाते हैं।

ऐसी स्थिति में शासन ने यह निर्णय किया है कि 14 सितम्बर, 1967 से सचिवालय एवं विभागाध्यक्षों के स्तर से ऐसे सभी प्रशासनिक आदेश जो नियुक्ति, पदोन्नति, पद-स्थापन, वेतन वृद्धि, अवकाश, कार्य-ग्रहण तथा सेवा निवृत्ति से संबंधित हों, शासन की ओर से प्रमाणित तभी माने जायेंगे जबकि वे देवनागरी में लिखित हिन्दी में जारी किये गये हों।

समस्त संबंधित अधिकारियों से अनुरोध किया जाता है कि वे इस आदेश को समस्त अधीनस्थ अधिकारियों/कर्मचारियों में प्रसारित कर दें तथा उपर्युक्त तिथि से इसके पूर्ण अनुपालन की व्यवस्था करें।

इस पत्र की प्राप्ति शीघ्र ही भिजवाने का कष्ट करें।

ह० मुख्य सचिव

क्रमांक 1 (1) भा० वि० / 66 / 5036-5335 दिनांक 1 सितम्बर, 1967

....

उदाहरण 11 : राजस्थान सरकार

भाषा विभाग

क्रमांक एफ 1 (12) हि० वि० / 65/ 2739 जयपुर, दिनांक 8 दिसम्बर, 67

आदेश

राजस्थान में सम्पूर्ण राजकार्य हिन्दी में करने संबंधी मंत्री मण्डलीय पूर्वादेश दिनांक 25 जनवरी 1965 के अनुसरण में राज्य सरकार आदेश देती है कि 26 जनवरी 1968 से राजस्थान में राज्य कार्य पूर्ण रूप से हिन्दी में किया जाय।

परन्तु अहिन्दी भाषी प्रान्तों के रहने वाले वे अधिकारी जिनकी मातृभाषा हिन्दी नहीं है :

1. यदि उनकी आयु 45 वर्ष अथवा उससे अधिक है तो उक्त नियत तारीख के पश्चात भी वे अपनी सुविधानुसार हिन्दी या अंग्रेजी में राज्य कार्य कर सकेंगे।

2. यदि उनकी आयु 45 वर्ष से कम है तो उनके लिए यह आवश्यक होगा कि वे 5 वर्ष की अवधि में हिन्दी भाषा सीख लें। इस अवधि में उन्हें छूट होगी कि वे अपनी सुविधानुसार हिन्दी अथवा अंग्रेजी में राज्य कार्य निष्पादित करें।

सरकार ने यह भी निर्णय लिया है कि राजस्थान हाई कोर्ट के अधीनस्थ न्यायालयों को छोड़कर राज्य सरकार के समस्त न्यायालयों में, जिनमें वाणिज्य-कर न्यायालय, राजस्व-मंडल आदि सभी न्यायालय सम्मिलित होंगे, दिनांक 26 जनवरी 1968 से सारा राज्य कार्य हिन्दी में किया जाए किन्तु सचिवालय स्तर पर विधि विभाग आगामी तीन वर्ष तक टिप्पणी, पत्र-व्यवहार आदि में अंग्रेजी भाषा का प्रयोग कर सकेगा।

साथ में यह भी निर्णय लिया गया है कि भारत सरकार से पत्र-व्यवहार सुविधा अथवा आवश्यकतानुसार हिन्दी या अंग्रेजी में किया जा सकेगा।

ह० विष्णुदत्त शर्मा

शासन सचिव

क्रमांक 1 (12) हि० वि०/65/2740-2950 जयपुर, दिनांक 8 दिसम्बर, 67

....

उदाहरण 12 : राजस्थान सरकार

भाषा विभाग

क्रमांक 2 (4) भा० वि० / 65 / 10734 जयपुर, दिनांक 27 अक्टूबर, 70

परिपत्र

शासन ने अपने विभिन्न परिपत्रों द्वारा यह स्पष्ट निर्देश दिये हैं कि सचिवालय एवं विभागाध्यक्षों के स्तर से राजपत्र में मुद्रणीय सामग्री अधीक्षक, राज्य केन्द्रीय मुद्रणालय को भेजी जाय वह हिन्दी में ही होनी चाहिए। परिपत्र संख्या 2 (4) भा० वि० / 65 / 3761 दिनांक 3-8-66 द्वारा यह पुनः स्पष्ट किया गया था कि परिपत्र, विज्ञप्तियां, आज्ञाएं, विज्ञापन, शुद्धि-पत्र, नियमोपनियम एवं संहिताएं आदि सभी सामग्री हिन्दी में ही राजपत्र में छपे। यदि विधि विभाग के कोई संवैधानिक प्रकार के कानून या अधिसूचनाएं सांविधिक दृष्टि से अंग्रेजी में छपनी अनिवार्य हों तो उन्हें छूट दी गई थी।

राजकीय मुद्रणालय को भी शासन के निर्देश थे कि ऐसी कोई भी सामग्री भाषा विभाग की पूर्वानुमति के बिना अंग्रेजी में न छापी जाय। फिर भी यह देखा गया है कि कुछ विभाग उक्त आदेशों के बावजूद ऐसी सामग्री राजपत्र में छपाने हेतु अंग्रेजी में भेज देते हैं जो हिन्दी में होनी चाहिए, और जिसके लिए कोई छूट नहीं है। राज्य की भाषा नीति के अनुकूल नहीं होने के कारण यह स्थिति वांछनीय नहीं है। अतः सभी विभागों से निवेदन है कि वे कृपया भविष्य में इस बात की सतर्कता रखें कि इस प्रकार की कोई भी सामग्री राजपत्र में छपाने हेतु केवल हिन्दी में ही भेजी जाय। जिन कानून आदि का अंग्रेजी में होना भी वैधिक दृष्टि से आवश्यक हो वे द्विभाषी रूप में हिन्दी और अंग्रेजी में (अनुवाद के साथ) छपाने भेजे जा सकते हैं। यदि किसी अनिवार्य कारणवश किसी सामग्री का अंग्रेजी में मुद्रण आवश्यक हो तो भाषा विभाग से उसके लिए पूर्वानुमति ले ली जाय।

ह० एस० एल० खुराना
शासन सचिव

क्रमांक 2 (4) भा०वि०/65/10735-11035 दिनांक 27 अक्टूबर, 70

सन्दर्भ

1. Government of Rajasthan
Judicial Deptt.
Notification

F 3 (11) Ind/50 Jaipur, Feb. 14, 1950

In pursuance of clause (2) of article 348 of the Constitution of India, His highness the Rajpramukh is pleased to authorise, with the previous consent of the president of India, the use of the Hindi language in proceeding in the High court of Rajasthan to the extent permissible under the provisions of the said clause.

By order of H.H. the Rajpramukh
Secretary to the Government of Rajasthan,
Judicial Deptt.

Published in Rajasthan Gazette, part I dated 25.2.50, page 235.

2. The Ajmer official Language Act, 1952
(Ajmer Act No. IV of 1952)

An Act to provide for the adoption of Hindi in Devnagri script as the Language to be used for the official purposes of the State of Ajmer.

Be it enacted by the Legislative Assembly of the State of Ajmer as follows :

1. Short title, extent, commencement and interpretation :
   (1) This Act may be called the Ajmer Official Language Act, 1952.
   (2) It extends to the whole of the State of Ajmer.
   (3) Section I shall come into force at once, and section 2 shall come into force on such date as the Chief Commissioner may by notification in the official Gazette appoint, and different dates may be appointed for different official purposes of the State :

Provided that the date or dates so appointed for shall not be later than seven years from the date on which section 1 comes into force.

(4) The General Clauses Act, 1897 (X of 1987) applies for the interpretation of this Act as it applies for the interpretation of a Central Act.

2. Official Language : (1) Subject to the permission of the Article 346-347 and 348 of the Constitution of India, the language to be used for the official purposes of the State shall be Hindi in Devnagri script with the international form of Indian numerals.

(2) Nothing in this Act shall be deemed to affect the provisions of section 33 of the Government of part C states Act, 1951 (XLIX of 1951)

हिन्दी विधि शब्दावली, पृष्ठ 384, डा० मोतीबाबू

3. Published in Rajasthan Gazette, part IV—A dated December 13, 1952

हिन्दी विधि-शब्दावली, पृ० 253, डा० मोती बाबू

4. हिन्दी विधि शब्दावली, ले० डा० मोती बाबू, पृष्ठ 253

5. वही

6. वही, पृ० 254, राजस्थान राजपत्र, भाग 4 (क) दिनांक 27 जून सन् 1957 में प्रकाशित—हिन्दी विधि शब्दावली, पृ० 422-423

7. सामान्य प्रशासन (क) विभाग अधिसूचना, जयपुर, दिसम्बर 1, 1954

संख्या एफ 2 (151) खण्ड 3/जी० ए०/ए०/51 राजस्थान राजभाषा अधिनियम (अधिनियम संख्या 27, सन् 1952 ई०) की धारा 2 की उप-धारा 2 के अनुसार राजस्थान सरकार आदेश प्रदान करती है कि दिनांक 6 दिसम्बर, 1954 ई० से राजस्थान सचिवालय से जनता के नाम प्रचलित होने वाले पत्रादि हिन्दी देवनागरी में लिखे जायें।

बी० जी० राव

मुख्य सचिव

परिशिष्ट

सज्जन कीर्ति सुधाकर
उदयपुर चित्तौड़गढ़ रेलवे

UDAIPUR CHITTORGARH RAILWAY.

NOTICE.

It is hereby notified that for the facility of the travelling public through tickets will be issued from all U. C. Rly. Stations to Charbhuja and vice versa via Garbor Road Rly Station with reduced motor hire available from the 24th September to 30th September 1936 on the occasion of the most important fair at Charbhuja on Sunday the 27th September 1936.

Passengers holding these through tickets in either direction will be allowed to break Journey for 24Hrs, at Kankroli and Nathdwara each as a special concession.

No refund will be granted on partly used concession tickets.

नोटिस.

सर्व सज्जनों को सूचना दी जाती है कि ता० २७ सितम्बर सन् १९३६ रविवार को होने वाले [illegible] की चारभुजाजी के मेले के [illegible] पर यात्रियों की सुविधा के लिये उदयपुर चित्तौड़गढ़ रेलवे के प्रत्येक स्टेशन से रेलवे स्टेशन गढ़बोर रोड होकर श्री चारभुजाजी तक के टिकिट मिलेंगे और वापसी के टिकिट इसी तरह चारभुजा से मिलेंगे जिनमें मोटर किराया भी शामिल होगा जिसकी दर कम करदी गई है। ये टिकिट ता० २४ सितम्बर से ता० ३० सितम्बर तक [illegible] तक मिलते रहेंगे.

इन टिकिटों के खरीदने वालों के साथ विशेष सुविधा यह रक्खी गई है कि बीचमें नाथद्वारा और कांकरोली हर जगह चौबीस २ घंटे के लिये ठहर सकेंगे.

इन रियायती टिकिटों के पूरे इस्तेमाल नहीं होने की हालत में बाकी का किराया वापस नहीं मिलेगा.

विषय वस्तु अंश नोटिस

सर्व सज्जनों को सूचना दी जाती है कि···

टिप्पणी : राजस्थान राज्य अभिलेखागार, बीकानेर, फाइल सं० स ३६-३७ /जु-ज/१

जैपुर गजट

जिल्द ४६ नम्बर ४३२४

१ जनवरी सन १९२४ इस्वी
मुताबिक मिती पौस सुदि ९ सम्वत १९८०

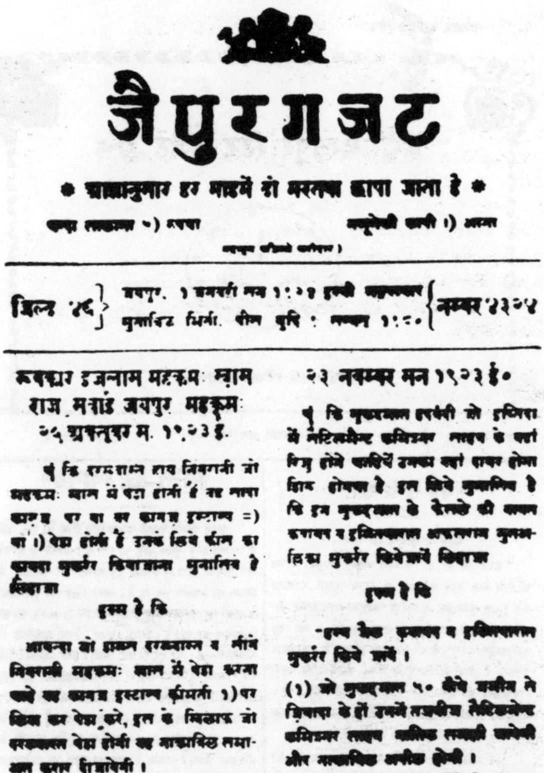

विषयवस्तु अंश : हुक्म है कि आयन्दा जो शख्स दरखवास्त व सीगे नगरानी महकम: खास में पेश करना चाहे वह कागज इस्टाम्प क़ीमती १) पर लिखकर पेश करे, इसके खिलाफ जो दरखवास्त पेश होगी वह नाकाबिल समाअत क़रार दी जावेगी।

टिप्पणी : महकमा शब्द के लिए महकमह लिखने के बजाए महकम: लिखा गया है जिसमें विसर्ग लगे हैं।

राजस्थान राज्य अभिलेखागार, बीकानेर, फाइल सं० ज-२४ /ज-दि/ १

भरतपुर स्टेट गजट

भाग ६ | १ फरवरी सन् १६२० ई०

अंक ६

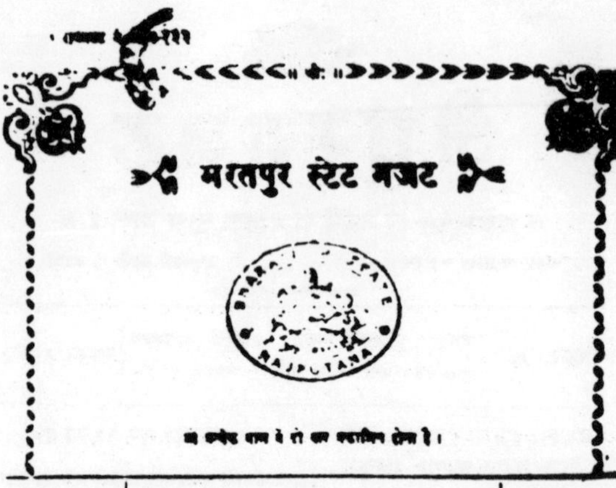

भरतपुर स्टेट गजट

हर्ष समाचार

बसन्त का स्वागत।

विषयवस्तु अंश : हर्ष समाचार—महाराज कुमारी का जन्म

बसन्त का स्वागत—बसन्त पंचमी का मनोहर दिन

टिप्पणी : सुन्दर शब्दावली, राजस्थान राज्य अभिलेखागार, बीकानेर, फाइल सं० भ-१६-२२/१